Susanne Wittpennig
Maya und Domenico:
Träume mit Hindernissen

AF705066

www.fontis-verlag.com

Infos über die Autorin und über «Maya und Domenico» gibt es auf: www.schreibegern.ch

Ein Hinweis zu diesem Buch:

Der Prolog am Anfang dieses zehnten «Maya und Domenico»-Bandes ist vor einiger Zeit bereits einmal veröffentlicht worden – aber nie in einem der ersten neun Bände der Reihe. Der Fontis-Verlag fasste vor einigen Jahren die ersten neun Bände in einem schön gestalteten Schuber zusammen – darin enthalten waren drei dicke Hardcover-Ausgaben, in denen der damalige Gesamttext in seiner Ganzheit wiedergegeben war, viele Hintergrundinfos zur Entstehungsgeschichte der Reihe und zum Leben der Autorin inklusive. Ergänzt wurde jene Gesamtausgabe mit einem damals noch exklusiven neuen Text, der das Bindeglied darstellte vom Ende des neunten Bandes zum Ist-Zustand etwa vier Jahre später. Dieser Text bildet jetzt in leicht aktualisierter Form auch das Bindeglied zwischen dem neunten und dem heute vorliegenden zehnten Band und ist deshalb hier als «Prolog» der neuen Story vorangestellt.

Widmung:

Für all diejenigen, die sich gewünscht haben,
dass es mit Maya und Domenico weitergeht.

Susanne Wittpennig

Maya und Domenico:

Träume mit Hindernissen

fontis

MIX
Papier | Fördert gute Waldnutzung
FSC® C014138

Bibliografische Information der Deutschen Nationalbibliothek
Die Deutsche Nationalbibliothek verzeichnet diese Publikation in der Deutschen Nationalbibliografie; detaillierte bibliografische Daten sind im Internet über www.dnb.de abrufbar.

Das in diesem Roman von Mayas Papa Martin (in wenigen Teilen) vorgelesene Interview «Mafiosi wirken wie brave Bürger» auf Seite 323/324 erschien sowohl im Internet wie auch in diversen Printmedien, so u. a. bei «Tamedia Basler Zeitung», 3. August 2023, Seite 2. Und der in den Kapiteln 9 und 13 des Romans spezifisch beschriebene Drogenfund steht in Bezug zu diversen realen Begebenheiten: In ganz ähnlicher Weise fand man zum Beispiel 2023 vor der Ostküste Siziliens im Meer treibende Drogenschmuggelware im Wert von über 400 Millionen Euro; jener Fall wurde in unzähligen Medien europaweit thematisiert, u. a. bei der italienischen RAI.

Der Fontis-Verlag wird von 2021 bis 2026
vom Schweizer Bundesamt für Kultur unterstützt.

Fontis AG
Steinentorstr. 23 | 4051 Basel | Schweiz
info@fontis.ch

Verantwortlich in der EU:
Fontis Media GmbH
Baukloh 1 | 58515 Lüdenscheid | Deutschland
fontis@fontis-media.de

3. Auflage 2026

Umschlag: Susanne Wittpennig, Basel
Bild Umschlag U4: «Sicily by night» by Canva
Satz: Innoset AG, Justin Messmer, Basel
Druck: Finidr
Printed in Europe

ISBN 978-3-03848-265-9

Inhalt

Prolog

Mein liebes Tagebuch,

es ist höchste Zeit, dass ich endlich mal wieder ein paar Zeilen schreibe. Nun lebe ich schon fast vier Jahre als verheiratete Frau hier auf Sizilien – und ich habe dich kaum mehr angerührt! Du musst mich vermisst haben! …

Es gibt hier ja auch immer so viel zu tun, dass ich kaum dazu komme, mal ein paar Zeilen zu schreiben. Doch nun habe ich gerade mal eine Stunde Zeit, bevor Nicki nach Hause kommt und wo zur Abwechslung mal niemand im Haus ist, und diese Zeit will ich nutzen. Denn es gibt viel zu erzählen.

Wenn ich zurückblicke auf all die Jahre, werde ich voll und ganz mit Dankbarkeit erfüllt. Ich kann zwar nicht behaupten, dass mein Leben perfekt ist, aber wenn ich bedenke, wie sehr wir gekämpft und was wir nun alles erreicht haben, so kann ich nicht anders, als nun endlich mal innezuhalten und meinem Schöpfergott zu danken.

Zuerst einmal kann ich wirklich von ganzem Herzen sagen, dass ich es bis jetzt nie bereut habe, Domenico geheiratet zu haben. Ich war mir tief drinnen so was von sicher, dass wir zusammengehören, trotz all der Probleme, die wir damals hatten. Und ein besseres Gefühl als dieses Wissen kann es fast nicht geben. Ich bin glücklich mit der Wahl, die ich getroffen habe, auch wenn unser Leben nicht ohne Herausforderungen und Hürden ist. Wir haben jedoch gemeinsam schon so vieles überwunden, sind durch so viele Höhen und Tiefen gegangen, dass wir nun unwiderruflich miteinander verbunden sind. Das schweißt uns einfach fest zusammen.

Und Domenico hat derart intensiv an sich gearbeitet, wie es überhaupt nur möglich ist. Schon vor der Hochzeit hat er wirklich alles darangesetzt. Er wollte so sehr sein Leben auf die Reihe kriegen. Für mich, für Manuel und für unsere Kinder. Und er hat es wirklich geschafft, kann man sagen.

Nach der Therapie, die ja nun schon so einige Jahre zurückliegt, hat er noch öfters mit Flashbacks und den Nachwirkungen seines ehemals ausschweifenden Lebensstils zu kämpfen gehabt. Sein Körper und seine Psyche sind manchmal fast zusammengeklappt. Aber er hat nie resigniert oder klein beigegeben. Er hat sich immer wieder aufgerafft und sich zusammengerissen.

Und er hat sich standhaft geweigert, jemals wieder irgendwas an Pillen reinzuschmeißen. Vom Rauchen und anderen Stoffen ganz zu schweigen. Er hat es tatsächlich geschafft, sich seit unserer Hochzeit nie wieder eine Zigarette anzuzünden. Darauf ist er wohl am meisten stolz. Und ich bin es ebenfalls. Die Arbeit hier auf Sizilien und bei Zio Giacomo hat ihm dabei sehr geholfen. Und natürlich Manuel. Und ich habe ihn ja auch besucht, so oft es mir möglich war, und wir haben immer wunderschöne Ferien gehabt.

Er hat mich dann immer nach Strich und Faden verwöhnt und mich auf Händen getragen.

Nicki hat in jener Zeit Zios ganzes Haus für uns renoviert, damit wir nach der Hochzeit ein schönes Zuhause haben. Das hat ihm viel Freude gemacht. Er hat neue Möbel für uns organisiert, ein wunderschönes neues Bett und sogar eigenhändig eine neue Küche eingebaut. Nicht, dass die Sachen nigelnagelneu gewesen wären, nein, er hat sie alle irgendwie durch ehrliche Deals und Gefälligkeiten günstig erstehen und organisieren können.

Und Zio Giacomo hat ihm dabei geholfen. Es war ihm nur recht, dass Nicki hier das Zepter übernahm, und er hat uns gerne das Eheschlafzimmer überlassen. Nicki hat ihm dann dafür das Kajütenbett-Zimmer neu eingerichtet und ihm ein neues, bequemes Bett beschafft.

Und schließlich hat Nicki mir auch eine grandiose Hochzeitsnacht geschenkt, ein wunderschönes «erstes Mal». Meine Freundinnen sind immer ganz neidisch gewesen, wenn ich ihnen davon erzählt habe.

Das heißt, nein, von unserem allerersten körperlichen Zusammenkommen selbst habe ich eigentlich nie erzählt. Dieses kostbare Geheimnis habe ich ganz für mich behalten, aber dir, mein liebes Tagebuch, vertraue ich es an.

Nicht, dass alles glorios gewesen wäre. Wir waren beide so un-

heimlich nervös. Und sind so vorsichtig miteinander umgegangen. Nicki hat ein wenig Angst gehabt, mir irgendwie wehzutun. Er fühlte so eine riesengroße Verantwortung, mir mein erstes Mal so schön wie nur möglich zu bereiten. Er hat mir später gestanden, dass er sich schon wochenlang zuvor darauf vorbereitet hat. Er hatte sogar meine Mutter angerufen und sie um Rat gefragt, stell dir vor. Er wollte total sicher sein, alles richtig zu machen, weshalb er doch tatsächlich von Mama als erfahrener Ratgeberin wissen wollte, was eine Frau beim Sex eigentlich alles fühlt und was für sie denn wirklich schön ist. Und ob ein Mann verhindern könne, dass es beim ersten Eindringen zu einer Blutung komme. Wie lieb von ihm! Welcher sizilianische Macho würde seine Schwiegermutter sonst so was fragen?

«Blutung ist normal, mein lieber Nicki», sagte Mama zu ihm. «Passiert meistens, aber nicht immer. Es gibt Frauen, bei denen kein Tropfen Blut zu sehen ist.»

Na, bei mir dann aber schon. Aber du, es hat mir nichts ausgemacht, und ich war sogar eine wenig stolz darauf!

Der ehemalige Straßentiger hat sich ja früher nie darum gekümmert, was die Mädchen gefühlt haben. Im Gegenteil, er hatte sie benutzt, um ihnen wehzutun und um sich unbewusst – und manchmal auch sehr bewusst – an seiner Mutter und überhaupt an allen Frauen schlechthin zu rächen, die ihn nur ausgenutzt und im Stich gelassen hatten. Für ihn hatte Sex nie etwas mit Liebe zu tun gehabt, sondern mit Rache und Revanche.

Wir haben einmal in einem langen Gespräch miteinander ausgemacht, dass er all diese Details, wie und was genau da alles abgelaufen ist, lieber für sich behalten will. Auch sein Psychologe in der Therapie in Norwegen hatte ihm dazu geraten, seiner zukünftigen Frau nicht alles auf die Nase zu binden. Und ehrlich gesagt bin ich mittlerweile selbst froh, nicht alles wissen zu müssen. Das, was ich weiß, hat mich schon genug belastet, und mehr Details brauche ich nun echt nicht mehr zu kennen.

Aufgrund all dieser Dinge hatte Nicki natürlich Angst, es in unserer Hochzeitsnacht irgendwie zu verpatzen. Aber er hat es nicht verpatzt.

Nicht, dass dieses erste Mal nun das beste Mal und die Krönung schlechthin gewesen wäre – nein, das war es bei weitem nicht. Wir haben uns beide in dem Bestreben, alles richtig zu machen, ziemlich linkisch angestellt, wenn man das so sagen kann. Wir waren ja auch ganz schön müde nach diesem rauschenden Hochzeitsfest. Aber die Zärtlichkeit und der Respekt, mit dem wir miteinander umgingen, haben das alles wieder wettgemacht. Und wir haben auch viel gelacht dabei! Ich hatte mir das alles viel ernster vorgestellt!

Nicki hat mich zuerst nach guter alter Manier über die Türschwelle getragen und mich sanft aufs Bett gelegt, wo er bereits die Tage zuvor alles mit Lichterketten geschmückt hatte. Ich durfte es natürlich nicht sehen, weil er mich damit überraschen wollte.

Ja, ich habe wirklich einen wunderbaren Mann. Das sagt nun sogar Delia, die immer so skeptisch gewesen ist. Aber sie lässt nun auch immer wieder durchblicken, dass ihr Ronny ja nie auf solche Ideen kommen würde. Der ist so ziemlich der unromantischste und unsensibelste Typ, den man sich vorstellen kann. Delia hat mir einmal gestanden, dass ihre Hochzeitsnacht eher nach dem Motto «Rein und wieder raus» abgegangen sei, und dann sei Ronny einfach fix und fertig neben ihr eingepennt und habe sich, erschöpft, wie er nun einmal war, nicht mehr darum gekümmert, ihr ebenfalls ein schönes Erlebnis zu bieten. Er war happy – und Delia fühlte sich hohl und leer. Kein Wunder, dass sie oft sagt: «Ach, Freunde der Südsee, Sex wird einfach massiv überbewertet!»

Da ist Nicki einfach ganz anders. Es war ihm wirklich wichtiger als alles andere, dass es für mich schön war. Auch Manuela, die ja nach so langem Warten endlich ihren Marc gefunden hat, sagt immer wieder, dass ich mit Domenico das große Los gezogen habe und echt zu beneiden sei. Wobei sie ja immer wieder vergisst, wie viele Jahre ich um ihn gekämpft habe und untendurch gegangen bin. Wie viele Liter Tränen ich seinetwegen geweint habe, und wie oft meine Brust vor Schmerz fast in Stücke gerissen wurde. Es war ja nicht so, dass uns da ein Geschenkpaket aus dem Himmel genau vor die Füße fiel, das wir dann nur noch zu öffnen brauchten. Nein, das wäre die falsche Darstellung der Geschehnisse.

Dazu muss ich sagen, dass es ja nicht so ist, dass Nicki und ich uns nie streiten. Im Gegenteil, er hat immer noch seine Tage und Launen, wo er kaum ansprechbar ist und auf Distanz geht oder wo ihm der Puls mal auf 180 geht. Das hat eben mit seinem Charakter zu tun und mit seiner Vergangenheit. Doch mittlerweile weiß ich auch, wie ich damit umgehen muss, und lasse ihn dann einfach in Ruhe. Ich weiß doch längst, dass es nichts mit mir zu tun hat. Und dann kommt er meistens von selbst wieder auf mich zu.

Nur manchmal, wenn er besonders stur ist, muss ich darauf achten, die richtigen «Knöpfe» bei ihm zu drücken und zu drehen. Aber ich bin ja selbst alles andere als vollkommen, und dann gibt es Zeiten, wo Nicki seinerseits mich zur Abwechslung runterholen und beruhigen muss. Ah ja ... diese Zeiten gibt es sogar recht häufig, denn manchmal mache ich mir schlicht und ergreifend zu viele Sorgen. Da ist Nicki viel lockerer.

Also, so ganz ohne Vorbehalte kann man nicht sagen, dass ich das große Los gezogen habe. Es war mehr als nur harte Arbeit. Im Gegensatz zu Manuela, die Marc auf einer Dating-Seite gefunden hat. Beiden war dann recht schnell klar, was sie wollten, und jetzt sind sie zusammen. Es ist sicher nicht so romantisch gewesen, wie Manu es sich immer gewünscht hatte, doch sie hat wirklich keinen Bock gehabt, noch länger zu warten. Ob das die richtige Entscheidung war, lässt sich von heute aus nur schwer beurteilen. Doch Marc ist ganz okay, denke ich.

Wenn ich so Bilanz ziehe, sind die meisten nun recht zufrieden. Delia und Ronny kommen zwar nur gerade so einigermaßen klar miteinander, aber Delia hat sich dafür entschieden, es durchzuziehen, egal, wie viel Zeit, Energie und Aufwand sie nun in die Beziehung reinbuttern müssen. Scheidung käme für sie nie und nimmer in Frage. Außerdem haben sie ja nun eine kleine Tochter. Sie heißt Larissa und wird eines Tages bestimmt ebenso hübsch werden wie ihre Mama. Das wunderschöne blonde Engelshaar hat sie bereits von ihr. Ich hoffe, ihre Nase formt sich nicht zur selben Plattnase, wie Ronny sie hat. Na, bisher sieht es nicht danach aus.

Jetzt bekomme ich gerade richtig Lust darauf, alle meine

Freunde mal durchzugehen und Bilanz zu ziehen, was aus ihnen geworden ist. Fangen wir mit Hendrik an.

Der ist immer noch glücklich mit seiner Runa. Sie haben fast ein Jahr nach Nicki und mir geheiratet, an einem herrlichen Sommertag. Nicki und ich sind ihre Trauzeugen gewesen. Es war großartig, wieder mal nach Norwegen zu kommen, und das sogar im Hochsommer, wo es gar nicht mehr richtig dunkel wird. Dafür haben Hendrik und Runa uns dann im Winter auf Sizilien besucht, um der nordischen Kälte für eine Weile zu entfliehen. Wir hatten eine super Zeit zusammen.

Und Runa ist wirklich erstklassig. Mit ihr kann man bedenkenlos alles Mögliche unternehmen, und sie ist das unkomplizierteste Mädchen, das ich kenne. Sie und Hendrik passen echt wunderbar zusammen.

Ihre Band «Royal Streetnoiz» hat mittlerweile in Skandinavien großen Erfolg. Sie sind sogar auf Platz fünf in den norwegischen Charts gelandet, und in Schweden auf Platz zehn. Es sieht wirklich so aus, als ob Hendriks Traum in Erfüllung geht. Und ich könnte wetten, dass dort ebenfalls bald Nachwuchs kommt.

Und auch Hendriks jüngerer Bruder Kjetil hat nun eine feste Freundin. Endlich. Er hat ein paar missglückte Versuche gehabt. Irgendwie ist er immer an das falsche Mädchen geraten. Oder er war einfach selber noch nicht reif für eine Beziehung. Seine jetzige Freundin heißt Kristine, und eigentlich finde ich sie auf den ersten Blick ein wenig langweilig. Aber, heihei, Kjet scheint sie wirklich zu lieben. Das hat dann schlussendlich bei Manuela, die sich bei unserer Hochzeit unglücklich in ihn verliebt hatte, endgültig den Ausschlag gegeben, sich einen Mann zu suchen, der auch etwas von ihr wissen will.

Kjetils Zwillingsschwester Solvej ist momentan solo, doch sie macht gerade ihren Master in Medienwissenschaft und hat anderes im Kopf als Männer. Und sie ist ganz zufrieden damit.

Dann wäre noch die italienische Seite von Domenicos Verwandtschaft: seine kleine Halbschwester Bianca, die nun ihre erste längere Beziehung mit einem italienischen Hotelbesitzer hat, der allerdings viel älter ist als sie, nämlich schon über vierzig. Doch er will sie unbedingt heiraten, und sie ihn. Vielleicht braucht Bianca einfach einen älteren Partner, der ihr ein bisschen den Weg weisen kann? Doch ehrlich gesagt glauben Nicki und ich, dass da eher äußere Aspekte wie Geld, Sicherheit, Reputation und Schönheit mitspielen.

Wie auch immer: Dieser Mann kann Bianca auf jeden Fall eine solide Zukunft bieten, und klar, dass er auf eine so schöne und junge Frau wie Bianca abfährt. Nicki vermutet jedoch, dass Bianca weitgehend durch ihre Mutter beeinflusst ist, die unbedingt will, dass ihre Tochter einen vermögenden Geschäftsmann abkriegt, damit sie selbst ebenfalls ausgesorgt hat.

Da Nickis Menschenkenntnisse meistens ins Schwarze treffen, kann ich ihm nur zustimmen, und ich kenne ja seine Mutter Maria selbst zur Genüge! Ich sage es nicht gern, auch wenn Nicki immer meint, ich könne es ruhig beim Namen nennen: nämlich dass seine Mutter eine ziemliche Schmarotzerin und Egomanin ist und vorwiegend vom Geld anderer lebt. Und Nicki ist so gutmütig und gibt ihr immer wieder was, weil er Mitleid mit ihr hat.

Es ist ohnehin unglaublich, wie geduldig er nun mit ihr umgeht. Er hat eine Stärke entwickelt, die mich immer wieder aufs Äußerste verblüfft. Wo sie ihn doch in seiner Kindheit und Jugend so sehr verletzt und enttäuscht hat und es auch jetzt immer wieder tut. Aber er hat irgendwann den Entschluss gefasst, ihr einfach zu vergeben und ihr Gutes zu tun. Das hat irgendwie dann Auswirkungen auf ihn selber gehabt. In all den Jahren ist er dadurch viel ruhiger geworden.

Es ist echt lange her, seit er den letzten wirklichen Jähzorn-Ausbruch gehabt hat. Das war, soweit ich mich erinnere, vor etwa anderthalb Jahren, als ein Typ seine Schwester Bianca mies behandelt und sitzengelassen hat. Oh, dann kann er immer noch hochgehen, der ehemalige Tiger, der ja nun ein Löwe geworden ist. Er hat den Typen dann nach Strich und Faden vermöbelt. Das hat uns gewisse Troubles eingebrockt, und es war mir extrem unangenehm, obwohl ich ja auch wütend war auf Biancas untreuen Freund. Der Typ musste mit gebrochener Nase ins Krankenhaus, und Nicki bekam mal wieder eine Anzeige. Doch diese Dinge geschehen immer sel-

tener. Mein Mann schafft es nun wirklich in den meisten Fällen, sein Temperament zu zügeln und zu kontrollieren und es – das ist der wichtigste Punkt – dort einzusetzen, wo es wirklich nötig ist.

Es hat uns in der Tat auch schon mal vor arg Negativem bewahrt. Als nämlich ein paar Mafia-Typen Zio Giacomo an den Kragen wollten und von ihm wegen sogenannter «Schutzgeld-Forderungen» eine Summe verlangten, die er nicht bezahlen konnte – und auch nicht wollte. Da hat Nicki denen gedroht, so dass die schnell das Weite gesucht haben. Es ist mir bis auf den heutigen Tag ein Rätsel, wie er das schafft. Er kann so eine Autorität an den Tag legen, dass sogar ich innerlich erzittern muss, obwohl er ja mein Mann ist und mich niemals bedrohen würde. Früher, als er sein Temperament noch nicht beherrschen konnte, hat er mich einige Male seelisch richtiggehend überfahren damit und einmal sogar körperlich verletzt.

Aber das ist längst Geschichte. Es scheint, als hätte Gott meinem Nicki damit eine Gabe geschenkt, die er nun braucht, um uns, seine Familie, und andere zu beschützen. Nicht ganz unwichtig in Sizilien. Wie auch zum Beispiel vor einem Jahr während dieses furchtbar heißen Sommers, als unser Haus von einem Buschbrand bedroht wurde. Nicki hat uns alle in Sicherheit gebracht und dann mitgeholfen, den Brand zusammen mit der Feuerwehr und den Männern der Nachbarschaft wieder unter Kontrolle zu bringen. Allerdings hatte er dabei zu viel Rauchgas eingeatmet und musste ins Krankenhaus eingeliefert werden. Ich hatte panische Angst um ihn, aber Gott sei Dank ist alles gutgegangen. Er hat wirklich wie ein Löwe um unser Heim gekämpft.

Nicki hat gelernt, seine Stärken richtig einzusetzen. So wie einst Pfarrer Siebold und Hendrik es ihm sozusagen prophezeit hatten. Aus dem Jungen, der vor langer Zeit am Tiefpunkt seines Lebens angelangt war, ist nun wirklich eine Art «King David» geworden. Ich bin so stolz auf ihn! Und er ist sogar ein Vorbild für so manchen Jugendlichen hier in Licata geworden. Alle kennen ihn.

Ist ja klar: Wo auch immer Nicki hinkommt, sorgt er für Aufmerksamkeit und Aufsehen. Das hat er einfach so an sich, schon seit seiner Jugend, und das hat er nie verloren. Das muss wohl so sein: Dadurch, dass alle ihn kennen, hat er Zugang zu Menschen, an die sonst keiner rankommt, und kann sie ermutigen. Oder auch warnen und in die Schranken weisen. Und er hat schon mehrere Jugendliche davon abgehalten, Drogen zu probieren oder sonst irgendwelche Dummheiten zu begehen. Er ist wirklich saustark, mein Nicki!

Und ja, vor einem halben Jahr waren wir auf dem außerordentlichen Ärztekongress in Deutschland. Ich habe mir lange überlegt, ob ich wirklich dorthin reisen sollte, zumal es mit unseren Finanzen auch nicht gerade zum Besten stand. Aber dann hat Paps mir so sehr ans Herz gelegt, dieses eine Mal hinzugehen, weil er meinte, dass diese beruflichen Kontakte für meine spätere Zukunft wichtig sein könnten. Er hatte mir sogar angeboten, mir die Reise zu bezahlen. Und als Tochter des bekannten Doktor Fischer war ich ja eine gern gesehene Teilnehmerin.

Nicki hat auch gespürt, wie gern ich wieder mal nach Deutschland reisen würde, und war ebenfalls der Meinung, dass ich gehen sollte. Ich bat ihn, mitzukommen, und nach einigem Zögern hat er eingewilligt. Ich wollte doch nicht als Einzige ohne meine bessere Hälfte erscheinen! Schließlich waren ja die Ehe- und Lebenspartner miteingeladen.

Vermutlich hat auch Zio Giacomo noch ein wenig dazu beigetragen, dass Nicki hier alles stehen und liegen ließ und mich begleitete. Die Kinder durften dann während dieser Tage bei Nickis Tanten bleiben. Und so haben wir das Geld zusammengekratzt – die Hälfte hat uns Paps bezahlt – und haben uns diese kleine Deutschland-Ferientour geleistet.

Und ich habe so über meinen Nicki gestaunt! Er hat mich wirklich ohne irgendwelche Eskapaden zu diesem Kongress begleitet und sich verhalten, als wäre das die normalste Sache der Welt. Früher hätte ich so was nie im Leben mit ihm machen können! Er wäre mir irgendwie ausgebüxt oder hätte sonst einen Absturz fabriziert, weil er sich unter all diesen hochangesehenen Ärztinnen und Ärzten mies und deplatziert vorgekommen wäre, vielleicht auch minderwertig. Aber er blieb ganz gelassen und hat sogar mit einigen der Teilnehmer geplaudert.

Er war zwar so ziemlich der Einzige, der ohne Schlips und Anzug erschien, aber ich kann meinen Löwen doch nicht in so ein Kostüm zwängen! Also lasse ich ihm die Freiheit, so aufzutreten, wie es ihm am wohlsten ist. Natürlich hat er seine besten Hosen und sein bestes Hemd angezogen, das war für ihn Ehrensache, und er hat auch sein Haar aus dem Gesicht gekämmt, so dass die dort Anwesenden ihm in die Augen schauen konnten.

Und ich muss zugeben, ich hätte ihn gegen keinen der anderen Ehemänner meiner Arztkolleginnen eintauschen wollen. Nicht nur, weil Nicki wieder mal mit Abstand der am besten aussehende männliche Anwesende war (nicht, dass das nun das Wichtigste wäre, aber ich kann nicht leugnen, dass ich immer wieder stolz bin, wenn ich mit ihm irgendwo «auftreten» darf, besonders in Deutschland). Nein, auch weil die meisten anderen Männer hier im Gegensatz zu Nicki schlicht und ergreifend langweilig waren.

Das ist mir dann vor allem beim Dinner aufgefallen, wo endlich mal Raum für ein paar spannende Konversationen vorhanden gewesen wäre. Aber nein, die Herren mit ihren Krawatten und Anzügen, viele bereits mit Glatze und markantem Bauchansatz, haben sich über furchtbar langweilige Sachthemen unterhalten und manchmal mit kompliziertem medizinischem Fachjargon nur so um sich geworfen, anstatt mal über das Leben an sich zu reden. Also, gerade in der Medizin sollte doch der Mensch im Mittelpunkt stehen und nicht irgendwelche Statistiken und Umsatzzahlen. Nicki hat mir ein paar Mal ziemlich belustigte Blicke zugeworfen, wenn mal wieder so ein hochstudierter Arzt in für ihn unverständlichen Hieroglyphen gesprochen hat.

Nicki hat übrigens erstaunlich viel Aufmerksamkeit gekriegt. Er fällt ja schnell mal auf mit seiner Erscheinung, den Narben im Gesicht und den tätowierten Handgelenken (die anderen Tätowierungen an seinem Oberkörper sahen die ja gar nicht unter der Kleidung …).

Viele haben uns gefragt, wie wir denn ein in ihren Augen so «ungewöhnliches» Leben auf Sizilien überhaupt meistern. Und wie denn eine Beziehung zwischen zwei so unterschiedlich gebildeten Partnern, wie wir es nun mal sind, überhaupt funktioniert. Und Ni-

cki war erstaunlich freimütig und offen und hat ohne Umschweife erzählt, dass er das Fischereigeschäft seines Onkels führt und manchmal als Aushilfskellner und Tätowierer arbeitet. Es schien ihm völlig egal zu sein, was die von ihm dachten.

Einige haben sehr positiv reagiert und gemeint, Hut ab, wie wir das alles auf die Reihe kriegen. Einige der Frauen haben mich sogar unter vier Augen gefragt, wie ich denn an so einen Mann gekommen sei. Ich bin natürlich nicht ins Detail gegangen, habe aber durchblicken lassen, dass wir uns schon seit unserer Schulzeit kennen und gemeinsam durch viele Höhen und Tiefen des Lebens gegangen sind. Ich glaube, ich sah ein wenig Neid in einigen Augen aufblitzen. Oder waren es Sehnsüchte? Die hätten wohl ihren gesetzten, hochkonformen glatzköpfigen Ehepartner zu gern gegen meinen hübschen, sportlichen, unangepassten und lebhaften Nicki eingetauscht. (Ups, liebes Tagebuch, bitte vergib mir: Jetzt werde ich doch ein bisschen überheblich, gell! …)

Es gab natürlich schon auch ein paar negative Feedbacks, vor allem von Seiten der Männer, die mit ein paar zynischen Seitenhieben reagiert haben. Einer von ihnen – ein besonders lautstarker Medicus mit Schlemmerbauch und Querstreifen-Krawatte, der vorwiegend in der Dermatologie tätig ist – hat gemeint, das wäre aber wirklich unpassend, dass zu so einem Kongress auch Tätowierer eingeladen würden! Wo es hier doch schließlich um die Gesundheit und das Wohl der Menschen ginge.

Das war eine Frechheit hoch drei! Ich wäre diesem Typen am liebsten an die Gurgel gesprungen. Er hat es derart laut und dominant gesagt, dass alle um uns herum inklusive Nicki es hören mussten. Aber Nicki hat so was von cool und ruhig reagiert:

«Seien Sie doch froh, dass ich nicht als Holzfäller mit der Axt komme», hat er in seinem besten Deutsch gekontert. «Sonst müsste die ganze Sippe hier noch befürchten, dass ich irgendjemandem die Füße abhacke. Als Tätowierer mache ich den Leuten lediglich ein paar schöne Zeichnungen auf den Körper.»

«Also, das verbiete ich mir jetzt aber», hat der Typ dann ziemlich beleidigt geschnaubt. «Wo sind wir hier eigentlich?»

«Beim Ärztekongress», hat Nicki nur schulterzuckend geantwor-

tet und dabei dieses verstohlene unschuldige Grinsen aufgesetzt, das mich regelmäßig an das von seinem Vater Morten erinnert.

Einige um uns herum mussten losprusten. Ich habe fast meinen Bissen Brot verschluckt und musste auf die Toilette flüchten, um laut herauszulachen. Mein Mann kann manchmal so witzig sein! Er hat mich dann gesucht und mich auch gefunden und sich gewundert, warum ich in der Toilette stehe und vor mich hin kichere.

«Ist doch wahr. Wenn der schon so blöd fragt, wo wir hier sind», hat er nur trocken gemeint, als ich es ihm erklärte. Wir haben dann beide gelacht, und Nicki hat mich in den Arm genommen und gemeint, dass ich doch definitiv die süßeste Frau dieser Versammlung sei.

Wir sind dann gar nicht mehr zurückgegangen, sondern haben uns erst mal für eine Weile in den Garten hinter dem Restaurant verzogen. Früher hätte Nicki so einem Typen «die Fresse poliert», wie er es genannt hätte. Heute kratzt ihn so was nicht mehr.

Ich glaube, die Geschichte hat sich hinterher ziemlich herumgesprochen. Ich bekam dann ein paar E-Mails von gewissen Ärztefrauen, die mir mitteilten, dass sie mich wirklich bewunderten und die Reaktion meines Mannes auf diese blöde Bemerkung einfach köstlich fanden.

Sogar die Frau dieses besagten Dermatologen schrieb mir und sagte, dass sich ihr Mann bei uns entschuldigen wolle – ihm sei einfach der Gaul durchgegangen, und er könne sich selbst nicht erklären, was ihn da geritten habe.

Oh, aber das Beste habe ich vergessen zu erzählen: Doktor Bonaventura, der Domenico einst in seiner Jugend psychologisch betreut hat, war auch anwesend – als einer der Pensionierten –, und er hat mich beiseite genommen und mich gefragt, ob das wirklich dieser Junge sei, der damals so total am Rande der Existenz gelebt hatte und dessen Eskapaden seitenweise Arztberichte geliefert hatten?

Er meinte, das wäre wohl eines der unglaublichsten Dinge, die er je gesehen habe: dass ein Mensch mit so schweren psychischen Störungen, wie Domenico sie hatte, nun so dermaßen verwandelt sei und so sicher und stabil durchs Leben ginge, wie Nicki es nun tut. Also, das sei es gewiss wert, als Dokumentation verfilmt zu werden, die ganze Anamnese inklusive.

Ich musste wieder fast lachen. Nicki und Filmen! Er lässt sich zwar mittlerweile fotografieren, aber vor eine Filmkamera würden ihn trotzdem keine tausend Pferde bringen, glaube ich. Nein, das lassen wir wohl schön bleiben. Aber ich kann nicht genug betonen, wie stolz ich auf Nicki bin, wirklich. Ich habe es sicher bereits hundertmal erwähnt …

Es ist schade, dass ich so wenig Zeit habe, regelmäßiger deine Seiten zu füllen, liebes Tagebuch, und all das zu erzählen, was bei uns alles abgeht. Ich arbeite schlicht und ergreifend viel zu viel. Das sagt Nicki ja schon lange, aber so einfach ist das alles eben nun auch wieder nicht …

Wen habe ich noch vergessen? Ach ja, Patrik … na, der ist immer noch Single. Vermutlich ist es etwas schwierig für ihn, eine konkrete Beziehung einzugehen, wenn man berücksichtigt, wie viel und oft er von Berufs wegen umherreisen muss. Kürzlich hat er als Co-Pilot seinen ersten Langstreckenflug nach Südafrika gehabt. Doch es liegt wohl nicht nur an seinem Beruf – Patrik ist schon immer ein Einzelgänger gewesen.

Und selbst wenn ihm eine Frau gefallen würde – was sicher irgendwann passiert, denn der gute Patrik ist ja nicht blind –, bin ich mir nicht sicher, ob er es wirklich schaffen würde, den ersten Schritt zu wagen. Er hat mir ja mal gestanden, dass er jahrelang in mich verliebt gewesen sei, sich aber nie getraut habe, etwas zu sagen. Bei ihm muss es wohl eher so sein, dass die Frau den ersten Schritt machen wird – so wie damals Jenny es getan hat. Andererseits sagt man, Piloten seien in ihren strammen Uniformen und mit ihrem Status als Weltreisende die begehrtesten Männer der Welt – also müsste doch auch Patrik es ganz leicht haben. Er hat aber noch nie was von einer besonders ansprechenden Stewardess erzählt …

Apropos Jenny: Ich habe jahrelang nichts mehr von ihr gehört, doch kürzlich hat sie mich auf Facebook geaddet. Und stell dir vor, liebes Tagebuch, auch Jenny ist auf ihre Art im Leben weiter nach vorn unterwegs: Sie hat jetzt eine kleine Tochter! Vom Vater scheint's zwar keine Spuren zu geben (sie erwähnt ihn auch nirgends) – der hat sich wohl «verdünnisiert», ist davongeschlichen wie so viele andere. Sie scheint ihr Leben jedoch zu genießen und wohnt offenbar immer noch in Berlin, ihrer Heimatstadt.

Ich habe ein paar Bilder von ihr gesehen. Sie sieht immer noch genauso zerzaust aus wie einst, nur dass sie einfach älter geworden ist. Und das sieht man auch auf den Bildern: Ihre dünne Haut ist schon ganz faltig, obwohl sie, wenn ich mich richtig erinnere, erst einunddreißig ist. Und ihre Tochter sieht ihr sehr ähnlich.

Wie Jenny das alles meistert mit nur einer Hand, weiß ich nicht, aber heya, sie war schon immer eine Fighter-Natur. Fiel irgendwo immer auf die Füße, nie in den Graben. Ich vermute jedoch, dass sie nicht arbeitet, sondern Sozialhilfe bezieht. Obwohl, als Mutter hat sie ja schon einen Vollzeitjob – wer weiß das besser als ich! Und so, wie es aussieht, ist sie immer noch ziemlich verrückt: Ihre Tochter heißt nämlich Cassandra Aurora Cosma Moonshine. Das ist doch irgendwie typisch Jenny …

So etwas würden Nicki und ich nie machen. Da ist ein Kind ja schon fast bestraft, wenn du auf dem Spielplatz deinem Töchterlein zurufst: «Cassandra Aurora Cosma Moonshine, kommst du bitte mal her?!»

Wen kenne ich noch aus früheren Zeiten? Hm, Suleika … von der habe ich nie mehr etwas gehört. Nicki hat den Kontakt zu ihr völlig abgebrochen. Er wollte einfach nicht, dass das zu einem Problem für mich werden könnte. Er war sehr offen zu mir und sagte, dass Suleika, obwohl sie Nicki und mir ja ihren Segen gegeben hat, doch irgendwie immer wieder Zugang zu ihm haben wollte und an ihm hing. Er hat es dann besser gefunden, den Kontakt zu ihr einzustellen, so dass es einerseits mich nicht belastet und andererseits auch Suleika endlich in ihrem Leben vorwärtskommen und vielleicht ein neues Glück finden kann.

Und ich muss zugeben: Ich bin dankbar über Nickis Entscheidung. Es gibt ja Leute, die erzählen mir, dass da immer noch eine alte Freundin in ihre Beziehung hineinspiele und es sich anfühle, als sei da noch eine dritte Person in ihrer Ehe mit drin. Wie sagte doch Lady Di über ihren Prinzgemahl Charles und dessen damalige

«Mätresse» Camilla: «There were three of us in our marriage, so it was a bit crowded.» Nein, das möchte ich keinesfalls, Suleika in allen Ehren!

Ob Suleika sich ein neues Leben und ein neues Beziehungsnetz aufbauen konnte, wissen wir nicht. Vielleicht werden wir es ja irgendwann erfahren. Vielleicht auch nicht. Sie ist jedenfalls nicht auf Facebook oder sonst wo auf den Social-Media-Plattformen zu finden. Es ist ja oft allein dank dieser Portale, dass ich überhaupt weiß, wie es um einige Leute steht.

Ich denke dabei gerade an meinen Ex-Freund Leon, mit dem ich ja keinen direkten Kontakt mehr habe und der auch nicht zu jenem besagten Ärztekongress kommen konnte, aber Facebook verrät mir doch so einiges. Bei ihm hat sich alles genau so erfüllt, wie es schon lange vorgesehen war: Er hat sein Medizinstudium mit großem Eifer durchgezogen und arbeitet nun als Assistenzarzt im selben Krankenhaus wie sein Vater. Es wird wohl nicht mehr lange dauern, bis auch er eine leitende Position innehat. Und er sieht seinem Vater immer ähnlicher. Er ist an seinen Schläfen schon recht kahl geworden.

Und er hat mittlerweile ebenfalls geheiratet. Seine Frau ist – wie könnte es anders sein – selbst auch Ärztin. Leon hat immer einen genauen Plan für sein Leben gehabt und sich strikt daran gehalten. Er hatte ja – das hat mir viel später seine jüngere Schwester Frauke verraten – noch lange meinetwegen gelitten. Umso mehr bin ich froh für ihn, dass er sein Glück doch noch gefunden hat. Und ja – der Grund, warum er nicht bei so einem wichtigen Ereignis wie dem Ärztekongress aufgetaucht ist, war schlicht und einfach der, dass er und seine Frau zu der Zeit gerade einen Sohn bekommen haben! Auch das weiß ich aufgrund der Facebook-Beiträge.

Und Elijah, der Bananenkönig – er war ebenfalls ein guter Freund von mir. Ein wirklich guter Freund. Doch er lebt wieder in den USA und ist im Filmgeschäft tätig. Deswegen ist auch dieser Kontakt fast etwas eingeschlafen. Doch er hat einige Bilder von sich auf Facebook gestellt, und sie zeigen, dass er sich optisch ziemlich verändert hat: Seine widerspenstigen Locken hat er wachsen lassen, und er trägt immer so eine Baskenmütze, wie Regis-

seure sie nun mal zu tragen pflegen. Dazu kommt noch so eine Woody-Allen-Brille, die er sich bestimmt nur zur Verzierung aufgesetzt hat. Er sieht wirklich lustig aus.

Ob er immer noch so viele Bananen isst, weiß ich nicht. Eine Freundin hat er momentan nicht, aber ich denke, dass er seinem Grundsatz, auf die Richtige zu warten, treu geblieben ist. Wir haben einander kürzlich doch mal wieder geschrieben, und bald kommt sein erster Kurzfilm heraus. Auch er lebt seinen Traum.

Von den anderen Ehemaligen meiner Berliner Klasse höre ich nicht mehr viel. Der Kontakt zu Amy und Vicky ist irgendwie abgebrochen. Aber diese Freundschaft hat sich nie wirklich tief angefühlt. Die beiden waren eher oberflächlich. Ich sehe noch ihre Bilder auf Facebook, doch wir schreiben einander nie. Amy tingelt durch die Welt, besonders durch ihre afrikanische Heimat, während man von Vicky manchmal monatelang nichts auf Facebook sieht – und dann ab und zu doch wieder ein paar Partybilder. Fast so, als wolle sie zwischendurch wieder mal demonstrieren, dass auch sie ein tolles Leben führt und sich von Hype zu Hype tanzt. Und von Heiko höre ich gar nichts mehr. Zu ihm ist der Kontakt vollständig abgebrochen.

Also, es scheint den meisten, die ich kenne, recht gut zu gehen. Einige haben Erfolg, andere dümpeln ein wenig durchs Leben, doch irgendwie kommen sie alle durch.

Aber ach, eine traurige Geschichte muss ich leider dennoch verbuchen: Manuel ist nun Vollwaise geworden. Seine Mutter Carrie ist vor einem Jahr an einer Lungenentzündung gestorben. Es hat sich herausgestellt, dass sie eben doch irgendwo das HI-Virus aufgelesen hat. Das war ein ziemlich großer Schock für uns, vor allem für Nicki, der immer irgendwie dafür gesorgt hat, dass Manuel mit seiner leiblichen Mutter in Kontakt bleiben konnte.

Und Manuel ist und bleibt etwas vom Liebsten, das es in Nickis Leben überhaupt nur geben kann; für den Sohn seines verstorbenen Zwillingsbruders würde er vermutlich sogar zu einer Organspende einwilligen, falls es jemals notwendig würde.

Carrie war es ja scheinbar eine Zeitlang noch recht gut gegangen. Und obwohl sie ihren Sohn immer geliebt hat, hat sich doch irgendwas in ihr geweigert, ganz mit den Drogen Schluss zu machen. Dafür sei es einfach zu cool gewesen, high zu sein, behauptete sie. Tja, Tatsache ist: Wenn sie nix eingeworfen hatte, fühlte sie sich grässlich in ihrem Körper, total unruhig und Zwängen ausgesetzt.

Und dann ist alles ganz plötzlich gekommen. Zuerst diese Erkältung, die sie partout nicht mehr losgeworden ist und die dann schon bald auch ihre Lunge angegriffen hat. Ihr Körper hatte nicht mehr genügend Abwehrkräfte. Eine Sozialarbeiterin rief uns eines Vormittags an und hat uns die traurige Nachricht von Carries Tod übermittelt.

Allerdings hat Manuel den Tod seiner Mutter viel besser verkraftet, als wir das erwartet hätten. Zum einen muss man wohl sagen, dass seine Beziehung zu seiner Mutter nicht mehr sehr tief war, zumal er sie ja auch nur ein oder zwei Mal pro Jahr hatte treffen können. Vielleicht war sie ihm in ihrer bedürftigen, irgendwie schrägen und unzuverlässigen Art auch peinlich gewesen. Kinder spüren so was ja intuitiv.

Und allzu viel hatten sich die beiden dann eben nicht mehr zu sagen gehabt. Carries Leben bestand im Grunde aus nicht viel anderem als Fernsehen, Drogen und ihren Tieren, die sie zwischendurch gepflegt hat. Und zum anderen hat Manuel eine so tiefe Verbundenheit mit Nicki aufgebaut, der ihm wohl der beste Ersatzvater geworden ist, den man sich nur denken kann.

Natürlich hat Manuel geweint, als man ihm die Nachricht überbracht hat, dass seine Mutter gestorben ist. Wir konnten wegen der Arbeit und aus finanziellen Gründen nicht nach Deutschland zur Beerdigung reisen, aber Nicki hat zusammen mit der Sozialhelferin veranlasst, dass Carrie neben Mingo begraben wird. Schließlich ist sie die einzige Frau in dessen Leben gewesen, mit der er je eine Liebesbeziehung gehabt hat, wenn sie auch nur kurz war.

Doch schon bevor seine Mutter starb, hat Manuel sich gedanklich mehr mit seinem richtigen Vater beschäftigt und hat Nicki immer öfter nach Mingo gefragt. Nicki ist dann nach Carries Tod mit Manuel für ein Wochenende weggefahren, irgendwohin an einen schönen, einsamen Ort an der Küste in Richtung der Südspitze Si-

ziliens. Dort haben sie in der Wildnis und am Meer übernachtet, und Nicki hat viel mit Manuel geredet. Darüber, wer seine Eltern waren und was sie in seinem kurzen Leben gemacht haben. Und warum sie gestorben sind, erst sein Vater, dann seine Mutter. Nicht, dass Manuel es im großen Ganzen nicht schon gewusst hätte – aber die vielen traurigen Einzelheiten aus Mingos und Carries Leben kannte er noch nicht bis ins Detail.

Auch über Leben und Tod im Allgemeinen haben sie geredet, und über Gott und die Welt. Und darüber, welche Entscheidungen im Leben wichtig sind. Darüber weiß Nicki ja nun mehr als genug. Und das sind die Zeiten, in denen ich die beiden allein lassen muss, das weiß ich genau. Wo ich einfach keinen Zutritt habe in deren gemeinsame Welt. Das ist ihr ganz eigenes Refugium, und das habe ich mittlerweile so akzeptiert.

Es ist mir nicht leichtgefallen am Anfang. Nicki und ich hatten auch ein paar Mal Streit deswegen, weil ich mich jedes Mal beschwert hatte, wenn die beiden mich ausgeschlossen haben. Doch dann habe ich eingesehen, dass die zwei das nun mal brauchen und sie so einen besonderen Draht zueinander haben, dass es ohnehin für einen Außenstehenden kaum möglich ist, da einzudringen. Mittlerweile sehe ich das sehr entspannt und lasse ihnen diese Freiheit, und Nicki ist mir sehr dankbar dafür.

Außerdem muss ich zugeben, dass ich nicht die talentierteste Ersatzmutter für Manuel bin. Ich habe ja nie, so wie Nicki, für andere sorgen müssen. Ich habe mein eigenes Leben gelebt und mich vorwiegend um mich selbst gekümmert. Darüber hinaus bin ich es, die vorwiegend arbeitet und das Geld für uns verdient, weil wir von Nickis schlecht bezahlten Hilfsjobs kaum leben können. Doch das darf ich in seiner Gegenwart nicht erwähnen … sonst verletze ich seinen sizilianischen Männerstolz.

Aber da wir Manuel nun endgültig adoptieren wollen, muss ja einer von uns ein geregeltes Einkommen haben. Und so ist es eben vorwiegend Nicki, der für die Kinder da ist. Und er macht seine Sache hervorragend. Manuel hat sich super entwickelt, und ich habe ihn wirklich gern. Er ist so ein lieber Junge.

Und jetzt, wo er bald das Alter erreicht hat, das Nicki und

Mingo hatten, als ich sie kennen lernte, wird die enorme Ähnlichkeit immer mehr sichtbar. Manuel ist seinem Vater Mingo und somit auch Nicki fast wie aus dem Gesicht geschnitten – die Augen, die Nase, die Wangenknochen, die Augenbrauen, die Körperstatur und die Größe, wirklich fast alles. Auch die Haare sind genauso kupferfarben wie die von den beiden. Nur so einen gewissen ganz eigenen Zug um den Mund könnte man dem noch entgegenhalten – den hat er von seiner Mutter Carrie.

Ein superhübscher Junge ist er geworden, auch wenn er nicht so ganz Nickis Fähigkeit hat, jedem Mädel den Kopf zu verdrehen. Dazu ist er schlichtweg zu schüchtern. Aber er ist ziemlich intelligent. Er ist recht gut in der Schule, obwohl er wie sein Onkel lieber draußen herumrennt und Sport treibt oder an irgendwas herumbastelt. So was wie Hausaufgaben und Prüfungen, wo man stillsitzen und pauken muss, uuuh, das hasst er.

Immerhin hat er die Leseschwäche seines Vaters Mingo nicht geerbt. Wobei es bei Mingo ja auf einen Geburtsschaden zurückzuführen war. Doch auch Manuel hätte aufgrund seiner schweren Geburt behindert sein können, aber er ist es nicht, Gott sei Dank. Bis auf seine Lunge, die durch die Frühgeburt und den Drogenkonsum der Mutter beschädigt worden ist, so dass er mit nur einem Lungenflügel leben muss. Wie Nicki das aufgrund seiner Eskapaden in seiner Jugend ebenfalls tun muss.

Doch die beiden kommen echt gut klar damit. Nicki weiß mittlerweile, wie er Schmerzen vermeiden kann, und Manuel kann trotz allem recht gut Fußball spielen, auch wenn seine Puste nicht ganz so lange reicht wie die seiner Fußballkameraden. Aber keiner hänselt ihn deswegen. Die wissen alle ganz genau, dass sie dann Probleme mit Nicki kriegen würden, wenn nur einer es wagen würde, Manuel ein Haar zu krümmen.

Manuel selbst ist eher sensibel, so wie Mingo. Er ist nicht der Kämpfer wie Nicki, der alles wegsteckt und nach jedem Niederschlag wieder aufsteht. Nur in den Wutanfällen ist er ihm ähnlich – also so, wie Nicki in seiner Jugend war. Und wenn Manuccùli, wie wir ihn nennen, wütend wird, dann fasst man ihn besser nicht an oder lässt Nicki das regeln. Doch wie gesagt, sonst ist er echt ein lieber Junge und auch wahnsinnig hilfsbereit. Ja, er liebt es regelrecht, Nicki und Zio Giacomo bei der Arbeit zu helfen.

Es ist auch nötig, weil der Zio immer schwächer wird. Er hat ständig Rückenschmerzen, und Nicki findet, dass er sich endlich zur Ruhe setzen soll. Tolle Rede, aber Zio Giacomo hat den gleichen sizilianischen Sturkopf wie Nicki! Zum Glück packt Manuel nun wirklich kräftig mit an. In seinen Schulferien geht er auch nachts mit Nicki fischen. Während der Schule erlaubt Nicki es ihm nicht. Er will nicht, dass Manuel denselben unregelmäßigen Lebensrhythmus kriegt wie er selbst und später an Schlafproblemen leidet.

Mir persönlich fällt es nicht immer leicht, nachts auf Nicki neben mir zu verzichten, wenn er mit dem Boot draußen ist. Ich liebe es doch so, an seiner Brust zu liegen. Aber da ich selber ja auch oft Nachtschichten habe, muss er mich ebenfalls oft entbehren. Das bedeutet, dass wir die wenigen Nächte, die wir nebeneinander im Bett liegen können, wirklich genießen. Es ist manchmal unglaublich, wie wir das alles meistern.

Ich hoffe, ehrlich gesagt, dass Nicki die Fischerei irgendwann an den Nagel hängt, aber er fühlt sich dem Zio gegenüber verpflichtet, dessen Geschäft vorläufig noch weiterzuführen. Außerdem findet er ja, dass vielmehr ich mit dem Arbeiten aufhören solle. Aber was soll ich denn sonst machen, wenn Nicki sowieso am liebsten alles selber übernimmt, sprich: Haushalt erledigen, einkaufen gehen, auf die Kinder aufpassen und dann nachts auch noch auf dem Boot arbeiten? Wenn es nach ihm ginge, sollte ich das Leben einfach nur genießen und mich von ihm rundum verwöhnen lassen.

Ja, das würde ihm so passen! Da würde ich mich doch schrecklich langweilen und vermutlich vor lauter Rumhängen und Nichtstun noch dick werden, weil ich außer Essen nicht viel anderes machen kann. Denn auch das Kochen übernimmt mein Mann! Nein, mein Lieber, nicht mit mir!

Zumal dieses Leben in diesem Kaff mir manchmal schon zum Hals heraushängt – je länger, je mehr, um ehrlich zu sein. Außerdem möchte ich ebenfalls etwas beitragen. Wir müssen doch unse-

ren Kindern inklusive Manuel auch eine Zukunft bieten. Wir können nicht nur von Luft und Liebe leben.

Darüber hinaus liebe ich meine Arbeit, trotz des Stresses. Ich habe nicht geglaubt, dass ich eines Tages eine so gute Ärztin abgeben würde. Und ich hatte das Glück, diese Stelle auf der Kinderabteilung der Klinik zu kriegen. Denn das geht genau in diese Richtung, von der ich nach wie vor träume: eines Tages obdachlosen und verwahrlosten Kindern und Jugendlichen medizinisch helfen zu können, zusammen mit Nicki, der sich dann um ihre seelischen Belange und ihren Hunger und Durst kümmern wird. Das ist unser gemeinsamer Traum für die Zukunft.

Aber erst mal sind unsere eigenen Kinder dran.

Unsere Eltern können uns finanziell nicht allzu sehr unterstützen. Oh, das habe ich ganz vergessen zu erzählen: Mama und Papa geht es gut. Wirklich gut. Auch von ihnen kann man sagen, dass sie ihre Ehe schließlich doch noch auf die Reihe gekriegt haben. Meine Mutter hat wirklich alles gegeben, damit die Flamme weiterbrannte und der Docht nicht mangels Öl austrocknete. Keep the flame burning, mum!

Und das Schönste ist, dass sie nach wie vor fit ist. Ist das nicht ein Wunder? Der Tumor in ihrer Leber ist zwar immer noch da, aber er wächst offenbar nicht weiter, schon seit Jahren nicht, und sie kann gut damit leben. Auch mit der operierten Bauchspeicheldrüse kommt sie dank der Medikamente gut zurecht. Dass es Medikamente gibt, die – wenn man sie täglich und ohne Unterlass einnimmt – die Funktion der Bauchspeicheldrüse voll übernehmen können, ist für mich ein Wunder der Wissenschaft. Und der Arzt spricht immer wieder davon, dass er selten so einen positiven Krankheitsverlauf gesehen hat. Ich hoffe und bete, dass es weiterhin so bleiben wird.

In wenigen Jahren geht Paps in Rente. Von dem kleinen Vermögen, das sie einst besaßen, ist durch all die Umstände von Mamas Krankheit und die Reisen nicht mehr so viel übriggeblieben. Deswegen haben wir beide, Nicki und ich, darauf bestanden, keine Unterstützung von ihnen anzunehmen. Sie sollen lieber später ihre Rente genießen und noch viele Reisen zusammen unternehmen.

Auch Nickis Vater Morten hat finanziell schon so viel für uns getan, dass wir nicht noch mehr annehmen möchten. Außerdem ist es für seine Frau Liv nicht immer einfach, die Sache mit Mortens Jugendsünden, aus denen ja letztendlich Nicki und Mingo entsprungen sind, ständig mit auszubaden. Morten hat uns einmal gestanden, dass er und seine Frau deswegen mehrmals beinahe vor dem Aus gestanden hätten. Doch Morten fühlt sich seiner Frau gegenüber sehr verpflichtet nach all dem, was er ihr zugemutet hat. Darüber hinaus hat er ja noch drei andere Kinder.

So haben Nicki und ich uns auch hier entschieden, ohne seine Hilfe auszukommen. Diese Entscheidung war nicht ganz leicht, denn es bedingte, dass nun eben ich umso mehr anpacken muss und die Ernährung der Familie übernommen habe, während Nicki sich um die Kinder kümmert.

Domenico di Loreno, stolzer sizilianischer Gatte, Papa, Onkel, Fischer und Hausmann – klingt doch gut!

Aber ehrlich, ich weiß trotzdem nicht so genau, wie lange das noch so weitergehen kann. Die unregelmäßigen Arbeitszeiten im Krankenhaus und die oft bis zu zwölf Stunden langen Schichten machen mich häufig total müde, so dass ich unsere gemeinsame freie Zeit und die Kinder gar nicht richtig genießen kann, sondern mich in diesen Stunden von den Strapazen erholen muss.

Ich habe Nicki nie mehr einen Vorwurf gemacht, dass er seine Schulbildung nicht nachgeholt hat und deshalb nur schlecht bezahlte Hilfsjobs kriegen kann. Ich weiß ja, dass ihm das mit dem Lernen alles andere als leichtgefallen ist. Und er macht seine Sache nun wirklich erstaunlich gut und wird immer wieder irgendwo angeheuert, sei es als Aushilfe im Restaurant, wo er schon seit Jahren immer wieder als Hilfskellner ein und aus geht, sei es als Tätowierer oder auch als hochwillkommene Arbeitskraft bei handwerklichen Herausforderungen, denn diesbezüglich ist er ja recht geschickt, genauso wie als Maler und Zeichner.

Hier auf Sizilien kann eigentlich keiner für Kunst wirklich viel Geld bezahlen. Doch Nicki ist wahnsinnig begabt darin, überall Beziehungen aufrechtzuerhalten. Dieser Träumer glaubt tatsächlich, uns irgendwie durchbringen zu können, falls ich aufhören würde zu arbeiten. Doch da bin ich viel realistischer. Wären es nur wir beide gewesen, Nicki und ich, hätten wir das ja vielleicht hingekriegt.

Aber ich möchte, dass unsere Kinder einmal eine vernünftige Ausbildung genießen können und auch sonst alles bekommen, was sie benötigen. Und dass wir immer wieder mal nach Deutschland, zu meinen Eltern in die Schweiz oder nach Norwegen reisen können, ohne immer jeden Cent umdrehen zu müssen.

Doch dieses Thema sorgt in letzter Zeit immer öfter für Diskussionen und Meinungsverschiedenheiten zwischen uns. Und ausgerechnet jetzt, wo ich wieder schwanger bin, vertrage ich nicht so viel. Umso mehr ist Nicki nun darauf bedacht, dass ich die Arbeit bald reduziere. Er meint, ich würde sonst noch Krampfadern kriegen. Die sind jedoch im Moment mein kleinstes Problem. Ich werde ja sowieso bald Schwangerschaftsurlaub nehmen müssen, und ob ich danach wieder an meine Stelle zurückkann, steht in den Sternen. Dann wird sich ohnehin zwangsläufig einiges ändern.

Meine allergrößte Frage ist vielmehr die, wo wir die Zukunft verbringen werden. Manuel wird nun bald vierzehn, und eine höhere Schulbildung hat Licata nicht zu bieten. Früher oder später müssen wir in irgendeine Stadt ziehen. Nicki sieht das ja auch ein, aber er hängt viel zu sehr an diesem Ort, als dass ich ihn von da wegbringen könnte. Und ich kann das ja durchaus verstehen.

Doch bei mir ist es anders: Ich möchte irgendwann von hier weg. Ich bin nun mal keine Sizilianerin, und auch wenn ich die Sprache mittlerweile beherrsche, so bin ich zu sehr in meiner deutschen Kultur verwurzelt, als dass ich in Licata auf Dauer wirklich glücklich sein kann. Ich habe zwar ein paar Freundinnen, das schon, aber mit denen kann ich mich nicht immer so unterhalten, wie ich es gerne tun würde. Die verstehen mich teilweise einfach nicht, und ich sie manchmal noch weniger, weil sie hier eben ganz anders ticken. Und weil sie zu schnell reden und ich ihren Humor nicht durchschaue. Wenn sie sich was Lustiges erzählen und alle lachen, verstehe ich weitgehend nur Bahnhof, die Pointe aber kapiere ich mit Sicherheit nicht. Und auch mit Nickis Tanten gerate ich in letzter Zeit immer wieder aneinander.

Wir haben bereits vor der Hochzeit viel über die Zukunft diskutiert, und Nicki hat mir immer versichert, dass das kein Problem sei und wir nicht für ewig hierbleiben würden.

Doch jetzt, wo diese Entscheidung sich immer mehr aufdrängt, spüre ich, wie schwierig das wahrscheinlich werden wird und dass Nicki eben viel, viel mehr an Licata hängt, als er es zugeben und wahrhaben will.

Und auch Manuel würde am liebsten hierbleiben. Er hat doch alle seine Freunde hier.

Ach, ich weiß auch noch nicht, wie wir das lösen werden …

Ich bin schon bereit für einen Kompromiss, sprich, entweder nach Rom oder Milano zu ziehen. Es muss ja nicht Deutschland sein, obwohl ich, wenn es nach mir gehen würde, doch am liebsten wieder in meine Heimat ziehen würde. Auch weil ich mir langsam etwas Sorgen mache, dass Nicki sein Deutsch irgendwann noch ganz verlernen wird und wir als ganze Familie nicht mehr Deutschland-kompatibel sein werden, weil uns alles fremd sein wird und sich ungewohnt anfühlen könnte.

Je besser ich Sizilianisch verstehen konnte, desto mehr hat Nicki angefangen, in seiner Muttersprache mit mir zu reden. Er kann sich so eben besser ausdrücken, meint er. Natürlich reden wir ab und zu auch noch Deutsch zusammen, vor allen Dingen, weil ich manchmal einfach stur auf Deutsch antworte. Und ich bestehe weiterhin darauf, dass unsere Kinder sowohl Deutsch wie auch Italienisch lernen. Aber mein lieber Mann verfällt automatisch immer wieder ins Sizilianische. Ich gebe es langsam auf.

Aber ich weiß auch, dass es für Nicki in Deutschland unter Umständen wieder schwierig werden könnte. Vor allen Dingen in meiner Heimatstadt. Obwohl Nickis wildes Tigerleben nun schon Ewigkeiten zurückliegt, ist mir klar, dass es dort immer noch Leute aus seiner alten Gang gibt und eine Menge Feinde, die furchtbar nachtragend sind und ihn sicher wiedererkennen werden.

Auch für Manuel würde es wegen der Sprache nicht so leicht werden. Er versteht zwar Deutsch und kann es lesen und fließend sprechen, nicht zuletzt, weil ich selbst oft Deutsch mit ihm rede, doch seine Sprachkenntnisse reichen bei weitem nicht aus, um in einer höheren Schule mitzuhalten.

Eine andere Option bestünde darin, in die Südschweiz zu ziehen. Dort sind die italienische und die deutsche Kultur bereits irgendwie miteinander vermischt, und die Amtssprache ist Italienisch. (Und das Essen auch, ha! ...) Oder dann Norwegen, das wäre meine zweitliebste Variante, aber dann hätten wir wieder dasselbe Sprachproblem. Manuel hat sein Norwegisch ja mittlerweile fast verloren.

Manno, ich weiß auch nicht, was wir machen sollen, und ich bete jeden Tag darum, dass Gott uns eine gute Lösung zeigen wird.

Gerade eben kommt Nicki herein, der von einem Besuch bei Tante Luisa zurückgekehrt ist, und bringt mir unsere kleine Tochter Ariana, die auf seinen Armen eingeschlafen ist. Sie ist bald zwei Jahre alt. Ich nehme sie auf den Schoß und drücke sie fest an mich, während ich das hier noch zu Ende schreibe. Denn dieses Mal will ich meinen Tagebucheintrag wirklich abschließen.

Nicki lächelt, als er mir zuschaut, und fragt mich, ob er mir einen Tee machen soll. Er massiert mir ein wenig die Schultern und den Rücken, weil ich durch die Schwangerschaft ständig Rückenschmerzen habe. Er ist so lieb zu mir. Ehrlich, ich würde niemals einen anderen Mann als ihn haben wollen, trotz der momentanen Herausforderungen. Aber ich fühle mich so sicher und geborgen an seiner Seite und weiß, dass ich ihm mehr als hundertprozentig vertrauen darf. Er hat mir ja auch bei der Geburt von Ariana so unerschütterlich zur Seite gestanden.

Das war sowieso ein Abenteuer der besonderen Kategorie. Weil das Taxi nicht gekommen ist und der Zio ausgerechnet an diesem Tag mit unserem Wagen weggefahren war (was hat er sich dabei nur gedacht?), hat Nicki mich kurzerhand aufs Motorrad gepackt und ist mit mir in halsbrecherischem Tempo ins Krankenhaus gefahren, nachdem die Wehen so stark eingesetzt hatten, dass ich nicht mehr stehen konnte. Und mir war das so was von egal, ob es gefährlich war oder nicht, weil ich einfach nur noch ins Krankenhaus wollte.

Und Nicki ist dann keine einzige Sekunde von mir gewichen. Im

Gegensatz zu vielen anderen Vätern (italienischen zumal!), die irgendwann beim Anblick der Presswehen, der keuchenden Frau, der nervösen Hebammen, der hyperaktiven Ärzte, des vielen Blutes, der medizinischen Bestecke, der piepsenden Apparate, der Mundschutzmasken, des noch recht verschmierten Babys, des Abklemmens der Nabelschnur und einer im bisherigen Leben ja noch nie zuvor gesehenen Plazenta (die eine Hebamme liebevoll «Mutterkuchen» nennt und die ganz am Ende vom Körper ausgeschieden wird) vor lauter Aufregung den Boden unter den Füßen verlieren, ohnmächtig werden und neben dem Bett zusammenklappen, hat Nicki tapfer durchgehalten. Wann immer es möglich war, hat er meine Hand gehalten, um mir durch die Schmerzen hindurch zu helfen. Und er hat alle paar Minuten einen Lappen unters eiskalte Wasser gehalten und ihn mir dann feucht und schön erfrischend auf die Stirn gelegt. Es war die einzige Berührung, die ich beim letzten Part der Geburt überhaupt noch ertragen konnte!

Domenico hatte, so sagte er mir später, ein furchtbar schlechtes Gewissen, weil ich so leiden musste. Er fühlte sich schuldig und dachte: «Alles nur meinetwegen!» Ach, die Männer! Manchmal sind sie weicher und tiefgründiger, als man denken könnte! …

Ja, die Geburt war so schmerzhaft, wie es im Buche steht, was anderes kann ich darüber gar nicht sagen. Es war superheftig. Und ich habe mich lange so fest an Nickis Hand festgeklammert, wie es mir nur möglich war. Doch wie gesagt, die letzte Strecke konzentrierte ich mich so sehr aufs Atmen und Pressen, dass ich keinen Körperkontakt mehr wollte, weder zu Nicki noch zur Hebamme.

Doch es ist auch so, wie alle immer sagen: Nach der Geburt, wenn man sein Kind in den Armen hält, vergisst man all die Schmerzen, und man sieht nur noch dieses großartige, einmalige Wunder, das einem da beschert worden ist.

Nicki hätte noch fast einen Streit angezettelt, weil die Hebamme ihm Ariana nicht gleich in die Arme geben wollte, aber er musste sich schön brav gedulden. Er war so aufgekratzt vor Freude, dass ihm die Tränen in den Augen standen.

In uns waren in den letzten Wochen vor der Geburt ja eigenartige Gedanken hochgekommen, besonders bei Nicki. Etwa in der Art: Wenn man bedenkt, was Nicki früher alles in sich reingeworfen hatte – Drogen, Medikamente, Schlafmittel, Aufputschmittel, Teer und Nikotin ohne Ende, dazu ein Durcheinander von ungesundem Food und fragwürdigen Getränken – und was er für einen verrückten Lebensstil pflegte –, also, hm, muss man dann nicht Angst haben, dass das einen Einfluss hat auf seine Gene und dass es abfärbt auf unser Kind? Dass es also einen «Schaden» hat, einen «Defekt»? Dass ihm etwas fehlt oder gewisse Organe nicht gesund sind?

Das hat uns dann enorm beschäftigt. Wir haben ein paar Nächte lang unruhig darüber debattiert. Ich habe gehört, dass das praktisch allen so geht, die früher mal Drogen oder zu viel Alkohol konsumiert hatten. Eine ganze Jugend lang und auch als junge Erwachsene haben sie sich nie darum gekümmert, was sie ihrem Körper und ihren inneren Organen eigentlich zumuten, und dann werden sie mit einem Mal schwanger und stehen dann vor der Geburt. Und plötzlich bewegen sich die Gedanken im Kreis: «Wenn da nur alles dran ist! Wenn das Kind nur gut durchkommt! Himmel, was war ich blöd!»

Und so haben wir natürlich auch darüber gesprochen, wie wir uns verhalten würden, wenn das Kind behindert wäre oder wenn ihm irgendetwas fehlen würde. Für uns beide war sonnenklar: Dann würde es eine doppelte Portion Liebe von uns bekommen. Wir würden ihm alles geben, was wir nur können und was wir nur in uns tragen an Wärme und Zuneigung und Schutzvermögen. Es wäre unser Kind, es wäre geliebt, gewünscht und angenommen – so, wie es eben sein würde.

Das hatten wir miteinander besprochen, ja, aber natürlich fühlten wir uns trotzdem unsicher und hatten gemischte Gefühle in uns. Wir haben beide, jeder für sich und in einer Nacht auch zusammen, intensiv gebetet. Intensiver als sonst, dringlicher, nachdrücklicher. Es gibt Dinge im Leben, die kann man allein gar nicht tragen. Die muss man in die Hand eines Höheren legen. Damit habe ich immer nur gute Erfahrungen gemacht.

Und dann hatten wir Ariana in unseren Händen. Nicki hat sie lange angeschaut, von oben bis unten: Kopf, Augen, Nase, Ohren,

Mund, Lippen, erster Haarflaum, Hals, Oberkörper, Arme, Hände, Finger, Geschlechtsorgane, Beine, Füße, Zehen – alles da! Alles da! Sogar die klitzekleinen Fingernägelchen! Die Gefühle haben ihn da übermannt – und mich auch! Ariana war gesund!

Aber zurück zu Licata: Also, ich bleibe lieber mein Leben lang in diesem Kaff, als dass ich mich je von Nicki trennen würde, so viel ist klar. Ich hoffe aber schon, dass es eine bessere Lösung geben wird, die für uns alle stimmt. Und ehrlich gesagt glaube ich, dass Gott noch viel mehr für uns hat als das Leben hier. Besonders für Nicki, von dem ich glaube, dass er eines Tages noch viel mehr Menschen beeinflussen und bereichern wird. Und auch für unsere Kinder …

Außerdem bietet Zios Haus langsam, aber sicher nicht mehr genug Platz für uns. Manuel schläft im Wohnzimmer, und Ariana schläft bei uns, doch irgendwann brauchen die Kinder nun mal ihre eigenen Räume. Zumal jetzt bald ein weiteres dazukommt …

Ich streichle voller Liebe über Arianas Kopf. Sie hält ihren regenbogenfarbenen Spielball in den Händen und schaut mich mit großen Augen an. Nickis markante Gesichtszüge sind schon so deutlich in ihrem Kindergesicht sichtbar. Sie hat bereits dieselben hohen Wangenknochen und seine schmale Nase. Die Augen hat sie hingegen von mir. Sie wird einmal bildhübsch werden, da bin ich mir sicher. Sie ist es jetzt schon.

Was ich ziemlich erstaunlich finde, ist, wie dunkel ihre Haare sind. Viel dunkler als meine. Da scheinen doch tatsächlich die Gene von Nickis Mutter Maria durchzudringen. Sie hat auch eine Menge Löckchen im Haar, und Nickis gesamte weibliche Verwandtschaft, Mutter, Tanten und Cousinen, macht ihr immer die tollsten Frisuren.

Wenn sie tatsächlich die Haarpracht von Maria geerbt hat, dann werden sich wohl die Jungs eines Tages die Köpfe nach ihr verdrehen.

Ich muss allerdings im Moment gerade darum kämpfen, dass sie nicht zu pummelig wird. Nickis Verwandte verwöhnen sie nämlich nach Strich und Faden mit allen erdenklichen Süßigkeiten, und Ariana lässt sich das natürlich nur allzu gern gefallen. Wenn sie nach Schokolade, einem Lolli oder einem Cornetto mit Gelati verlangt, wird ihr sofort jeder Wunsch erfüllt. Kaum will sie was und spricht es aus – tadaa, schon wird es hervorgezaubert und ihr strahlend überreicht! Und das hat sie bald herausgefunden – und entwickelt jetzt täglich hundert Wünsche!

Ich musste Luisa und Giovanna und der Nonna dann als Ärztin mal erklären, welche negativen gesundheitlichen Auswirkungen das auf ein Kind haben kann und welche Verantwortung wir Eltern und Verwandten diesbezüglich haben. Aber davon wollten sie gar nichts wissen, und sie waren sogar ziemlich beleidigt! In ihren Augen bin ich nun die spindeldürre Deutsche, die immer was zu meckern hat. Dabei will ich doch gar nicht rummotzen, sondern möchte einfach nur unsere Verantwortung richtig wahrnehmen und also das Beste für unsere Kinder – und fünf Mal Pizza, Pasta und Dolci pro Tag sind eben zu viel des Guten.

Hier prallen halt einfach mal wieder zwei völlig verschiedene Kulturen aufeinander, und ich hoffe, dass wir im Laufe der Zeit besser lernen, einander zu verstehen. Nicki musste schließlich den Streit schlichten, und er passt nun tierisch auf, wenn er mit Ariana bei den Verwandten ist, dass sie ihr nicht zu viel zustecken. Aber bei denen ist Ariana nun mal die absolute Königin. Und man hat mir gesagt, dass sie in Sizilien geradezu ausflippen, wenn dann mal noch ein Junge käme! Ui! Ich zähle in Gedanken schon die Kalorien! …

Wir haben es ja auch an Bianca gesehen, die mit den Jahren immer mehr zugelegt hat, seit sie dort wohnt. Sie ist zwar eine hochattraktive Frau geworden, hat aber eindeutig etliche Kilo zu viel auf den Hüften.

Doch ganz verhindern können wir die «Vollstopferei» mit Süßigkeiten leider nicht, da wir Ariana wegen der Arbeit manchmal auch ein paar Stunden allein dort lassen müssen. Wir sind ja froh und dankbar, dass wir Nickis Verwandte haben, die sich hin und wieder um sie kümmern können. Und sie verwöhnen sie immer noch mehr als genug mit teuren Kinderkleidern und Spielsachen. Ach, sie meinen es ja so gut!

Aber es ist nicht immer leicht, und ich muss mich wohl damit abfinden, dass meine Tochter mehr Italienerin als Deutsche ist. Das sieht man auch an ihrem Temperament, das sie wohl eindeutig von ihrem Vater hat. Sie weiß schon ziemlich genau, was sie will, und sie setzt es durch. Und vor allen Dingen weiß sie, was sie nicht will, und dann wird sie genauso bockig wie Nicki.

Ich bin gespannt, welche Talente sie von uns geerbt hat. Wird sie wie Nicki eine gute Zeichnerin und Sportlerin werden, oder wird sie sich eher zum Schreiben hingezogen fühlen, so wie ich? Oder wird sie ihre ganz eigenen Gaben entwickeln?

Ach, vor uns liegen so viele spannende Jahre. Wenn ich Ariana so ansehe, läuft mein Herz über vor Liebe zu ihr, und ich will ihr wirklich die beste Zukunft bieten, die überhaupt möglich ist.

Wir beide, Nicki und ich. Er hat auch darauf bestanden, dass wir sie Ariana Esther taufen – als Tribut an meine Mutter. Und den Namen Ariana haben wir uns gemeinsam ausgesucht, weil er uns einfach gefallen hat. Er bedeutet «die Ausweg-Findende». Und ich hoffe, dass sich das in ihrem Leben bewahrheiten wird und sie immer, wohin sie auch gehen wird, einen Ausweg finden darf, wenn es einen solchen braucht.

Und bald wird Ariana noch ein kleines Brüderchen bekommen!

Nicki und ich diskutieren immer noch über den Namen. Wir sind uns noch nicht ganz sicher. Groß im Rennen ist David, weil King David ja eine bedeutende Rolle in Nickis Leben gespielt hat und es eigentlich immer noch tut. Doch ich weiß, dass Nicki auch gern einen Michele hätte – nach seinem Bruder Mingo benannt. Ich könnte mir gut einen David Michele vorstellen. Aber wir werden sehen. Wir haben noch ein paar Wochen Zeit.

Jetzt muss ich Ariana erst mal ins Bett bringen. Und dann wartet Nicki auf mich. Wir wollen uns heute gemeinsam einen schönen Abend machen, nur wir zwei. Manuel ist bei Tante Luisa geblieben. So haben wir endlich mal wirklich etwas Ruhe im Haus.

Und da steht Nicki auch schon wieder an der Tür, meinen Tee in der Hand. Ich halte kurz inne und schaue ihn an. Er ist immer noch so hübsch wie früher. Die Spuren seines einstmaligen Lebensstils sieht man ihm bis auf die Narben kaum noch an. So vieles ist in ihm geheilt worden. Doch er braucht immer noch sehr viel von meiner Sanftheit und Behutsamkeit, das spüre ich, selbst wenn er es nicht gerne zugibt.

Sein kupferfarbenes Haar ist voll und schön und hängt ihm immer noch ins Gesicht, wenn er es sich nicht zurückbindet. Und er hat auch noch kein einziges graues Haar, während ich mir gestern das erste ausgezupft habe. Und das mit dreißig! So eine Gemeinheit! Aber Nicki hat nur gelacht und gemeint, dass ich es einrahmen soll. Ihm sind solche Dinge völlig egal.

Ich lächle ihm zu und sage, dass ich gleich zu ihm komme. Und daher beende ich diesen Tagebucheintrag. Möge Gott seine Hand weiterhin über unserer kleinen Familie halten. Das wünsche ich mir von ganzem Herzen.

1. Der Löwe des Hafens

Obwohl ich den Sommer liebte, war ich froh, dass die sizilianischen Hitzetage langsam am Abflauen waren. Genau genommen heißt das, es war gerade mal 29 Grad warm, und das war nichts im Vergleich zu den über vierzig Grad, die wir im Sommer über uns ergehen lassen mussten. Eine spezielle Art von Tortur, besonders wenn die Klimaanlage ausfiel, wie das gerade mal wieder der Fall war.

Ich saß im Foyer, und bereits in den Vormittagsstunden rann mir der Schweiß aus allen Poren. Zum dritten Mal versuchte ich vergeblich, meinen Mann anzurufen. In der Regel gab es drei Möglichkeiten: Entweder er hörte das Telefon nicht. Oder sein Akku war leer. Oder er hatte das falsche Handy dabei. Dabei hatte er mir versprochen, mich gleich nach meiner letzten Nachtschicht – und meinem letzten Arbeitstag! – vom Krankenhaus abzuholen.

Ich versuchte, mir keine Sorgen zu machen. Das hatte ich mir in den vergangenen vier Jahren Ehe hart antrainieren müssen. Immerhin hätte mein Mann schon vor einer Dreiviertelstunde da sein sollen. Mir war schon klar, dass der Verkauf etwas länger dauern konnte, aber er wusste, wann ich Feierabend hatte, und er hatte mir versichert, da zu sein. Sizilianischer Lifestyle in Ehren, aber ich war immer noch eine deutsche Frau mit Sinn für Pünktlichkeit. Außerdem hatte ich Ari versprochen, dass wir sie so bald wie möglich abholen würden.

Nach dem vierten erfolglosen Anruf stand ich entschlossen auf. Ich würde nun die Sache selbst in die Hand nehmen.

Meine Füße fühlten sich an, als würden sie demnächst aus allen Nähten platzen, und das Kind in meinem Bauch drückte auf meine Eingeweide, besonders auch wieder auf die Blase. Ich sehnte mich mit jedem Tag mehr nach der Geburt und danach, wieder ein paar Kilo leichter zu sein. Nächstes Mal würde ich dafür sorgen, dass die letzten drei Monate der Schwangerschaft auf die Wintermonate fallen würden.

Wenn es denn ein nächstes Mal geben würde …

Ich trat hinaus in die gleißende Sonne und blickte auf die Straße, wandte mich dann um und betrachtete den großen Block mit der für Sizilien so typischen hellgelben Fassade. Etwas wehmütig war mir schon zumute. Fast vier Jahre hatte ich hier gearbeitet und hatte den Job auf der Kinderabteilung gern gemacht. Die Kleinen waren mir echt ans Herz gewachsen. Aber die Arbeit hatte mehr von mir gefordert, als ich hatte geben können. Und da mein Antrag auf ein kleineres Pensum abgelehnt worden war, hatte ich keinen anderen Ausweg gesehen, als mein Arbeitsverhältnis zu kündigen. Ich konnte meinem werdenden Baby nicht noch mehr Schlaf-Unregelmäßigkeiten wegen meiner Arbeitsschichten zumuten, und meinen Beinen nicht noch mehr Gewicht. Die ersten Krampfadern fingen schon an zu sprießen, und es wurden immer mehr. Die Venenschwäche hatte ich von meiner Mutter geerbt – hätte jetzt nicht sein müssen! …

Ich ging zu den Parkplätzen und schlängelte mich durch die eng geparkten Autos zu dem abgetakelten weißen Fiat, der so ziemlich zuhinterst stand. Es war wohl mit Abstand die älteste Karre hier. Wir hatten sie uns vor etwa einem Jahr geleistet. Konkret: Domenico hatte sie durch ein paar ehrliche Deals erstanden. Er hatte zusammen mit seinem Neffen Manuel einiges reparieren müssen, aber nun fuhr das Ding wie ein Formula-Uno-Ferrari nach einem Boxenstopp.

Na ja, fast.

Mit Absicht hatte ich diesen Parkplatz ausgewählt, weil es sich dort am besten einparken ließ. Ich hatte den Führerschein erst seit einem Dreivierteljahr. Meine Eltern hatten mir die Stunden beim Fahrlehrer bezahlt, weil sie es gut fanden, wenn es in der Familie di Loreno wenigstens *ein* Mitglied gab, das ruhig und vernünftig fuhr. Was in dem temperamentvollen Sizilien allerdings zuweilen eine mega Herausforderung war …

Ich hatte einige Schwierigkeiten, das Auto aus dem meiner Ansicht nach immer noch viel zu engen Parkplatz heraus zu manövrieren. Wie froh wäre ich gewesen, wenn Domenico mich abgeholt oder zumindest angerufen hätte, doch mein Smartphone zeigte immer noch Funkstille an.

Mittlerweile fuhr ich ja allein zur Arbeit und zurück, aber die Unsicherheit auf der Straße und im sizilianischen Verkehr hatte ich immer noch nicht abschütteln können. Ich fühlte mich wie eine einsame Ameise in einer Armee röhrender Elefanten.

Ich versuchte, nicht auf das impulsive Hupen rund um mich her zu achten, als ich langsam und sorgfältig ins Städtchen hineinfuhr und den mir so gut bekannten Weg zum Hafen einschlug. Es war halb elf, und ich ging davon aus, dass Domenico noch dort war und sich mit dem Verkauf der Fische herumschlug. Ich war versucht, der Wut über die Tatsache, dass er mich nicht mal angerufen hatte, nachzugeben, doch auf der anderen Seite wusste ich auch, dass er es garantiert nicht mit Absicht gemacht hatte.

Allerdings war ich mir noch nicht so sicher, ob es nicht doch allmählich an der Zeit war, mir ernsthafte Sorgen zu machen.

Ich stellte die alte Klapperkiste in der Nähe der Bootsanlegestellen in einer Nische zwischen den Häusern und der Straße ab – eine Stelle, die mir Domenico mal gezeigt hatte. Der mittlerweile antike, teilweise mit PVC-Klebeband zusammengehaltene Alfa Romeo von Zio Giacomo stand tatsächlich auch da, und etwas weiter hinten sah ich Domenicos Motorrad, an einigen Stellen ebenfalls mit braunem Elektriker-Tape versehen. Aus all dem konnte ich schließen: Mein Mann und sein Großonkel waren also immer noch am Verkaufen.

Den Rest bis zu der Stelle, wo die Fischer ihre Ware an die Kunden brachten, ging ich zu Fuß. Meine Kleider klebten mittlerweile klatschnass an meinem Körper, und ich fühlte mich mit meinem dicken Bauch eher wie ein ans Ufer gespülter glitschiger Walfisch als ein menschliches Wesen. *Ein Auto mit Klimaanlage wäre in so einem Land wirklich kein Luxus,* dachte ich. Doch sowas war zurzeit unerschwinglich für uns.

Die kleinen Wellen glitzerten im Licht der Vormittagssonne, als ich mich auf meinen müden Beinen die Mole entlang schleppte. Wahrscheinlich war es keine gute Idee gewesen, hierher zu kommen. Ich hätte einfach nach Hause fahren sollen. Doch mich verlangte danach zu erfahren, was Domenico daran hinderte, sich bei mir zu melden. Denn langsam wurde dieses Schweigen tatsächlich unheimlich. Ihm war doch hoffentlich nichts zugestoßen?

Trotzdem kam ich nicht umhin, einen Moment innezuhalten und auf das sich pausenlos bewegende saphirblaue Wasser zu schauen. Die Meeresbrise löste mein Kleid ein wenig von meinem schweißverklebten Körper. Viele meiner Freunde in Deutschland beneideten mich darum, am Meer zu leben. Sie stellten sich das alles sehr romantisch vor. Was es ja auch ist. Doch ich hätte ihnen schon noch das eine oder andere darüber zu sagen gehabt, hätte ihnen gern erzählt, dass es nicht immer einfach war, mit einem Fischer verheiratet zu sein und in einem Land zu leben, das trotz seiner wilden Schönheit eben auch unberechenbar ist. Jedenfalls aus der Sicht einer Deutschen, die aufgrund ihrer Erziehung Sicherheit und Beständigkeit gewohnt ist.

Erst jetzt bemerkte ich, dass da vorne, wo die Fischer ihre Stände hatten, einiges los war. Es wimmelte regelrecht von aufgeregten Menschen. Nanu? Hatte da einer einen spektakulären Fang gemacht, dass alle so aus dem Häuschen waren? Oder was konnte sonst der Grund sein?

Erst als ich das Boot der Küstenwache sah, wurde mir klar, dass irgendein Jahrhundertfang nicht der Grund der Aufregung sein konnte. Hier war etwas passiert, und zwar etwas ziemlich Ernstes, und schlagartig wurde mir auch klar, dass das vermutlich auch die Ursache war, dass Domenico sich nicht bei mir meldete.

Bevor mich Schrecken erfassen konnte, beschleunigte ich meine Schritte, so gut meine geschwollenen Füße es zuließen. Die Polizei war auch da, wie ich am Blaulicht erkennen konnte. Und jetzt rieselten die Gedanken, die ich eigentlich vermeiden wollte, doch langsam in mich hinein. Mein analytisch veranlagtes Hirn setzte das Schreckensszenario in Sekundenschnelle zusammen: Domenico war etwas zugestoßen! Er war mit dem Boot verunglückt. Er war ertrunken, lag irgendwo auf dem Grund des Meeres, in der Dunkelheit, wo ihn keiner mehr retten konnte. Das, und nur das allein war der Grund gewesen, dass er sich am Telefon nicht gemeldet hatte. Und dass er seine hochschwangere Frau nicht wie versprochen abgeholt hatte. Und ich war allein mit einem Kind und bald einem zweiten, hier, auf Sizilien, in einem fremden Land, und ich würde mich allein durchschlagen müssen …

Stop, halt, Maya, schalt ich mich, zwang mich, Ruhe zu bewahren, während ich mir den Weg durch die Menschenmenge bahnte. Dass einem aber auch immer alle in die Quere kommen mussten! Ich wurde regelrecht rabiat, schubste mal hier, mal dort jemanden gnadenlos auf die Seite im Versuch, mich zum Zentrum des Geschehens durchzudrängen.

Ich kannte das zur Genüge: Mein Verstand war Meister darin, sich immer gleich das Schlimmste auszumalen. Dass es zwischen fataler Katastrophe und kleinem Malheur noch etliche weitere Abstufungen gab, wollte er in solchen Momenten nicht wahrhaben.

Allerdings – bei meinem Nicki konnte man wirklich nie sicher sein.

Ich schnappte mir den erstbesten Mann, der annähernd so wirkte, als habe er eine Ahnung, was hier lief. Er sah jedenfalls aus wie einer der Fischer, mit denen Domenico hin und wieder zusammenarbeitete. Ich kannte sie nicht alle, aber zumindest erkannte ich die Männer an ihren Kleidern und ihren Gebärden. Und auch an der Mütze, die sie meistens aufhatten.

«Scusi, Signore, cos'è successo?»

Der Mann fuchtelte wild mit seinen Händen und stieß in dem Tempo eines Maschinengewehrs Sätze hervor, die ich mühsam entcodieren musste. Ich verstand alles Sizilianische, wenn es in normaler Geschwindigkeit gesprochen wurde. Das hier klang allerdings so, als würde man eine Sprachnachricht in vierfacher Geschwindigkeit wiedergeben.

Boot. Libyen. Verletzte. Unfall. Gekentert. Ertrunken. Kinder. Katastrophe. Polizei.

Bevor ich ihn unterbrechen und zu einer Frage ansetzen konnte, war der Mann schon wieder weg. Als hätte er sich vor meinen Augen in Luft aufgelöst. Immerhin wusste ich nun so viel, um dem Ganzen den Schrecken etwas nehmen zu können: Es hatte offenbar nichts mit Domenico zu tun. Nun blieb mir nur noch, ihn in dem ganzen Trubel zu finden…

Ich ruderte weiter durch die Menschenmenge, wobei ich mir mit einer Hand ein wenig Freiraum verschaffte und den anderen Arm schützend um meinen kugelrunden Bauch legte. Mein armes Baby brauchte nicht so kurz vor der Geburt noch einen Schlag versetzt zu bekommen!

Männer in gelben Overalls rannten hin und her und schrien einander etwas zu. Einer trug einen halb bewusstlosen afrikanischen Jungen auf dem Arm und brachte ihn zu einer Art improvisiertem Lazarett, wo schon mehrere Menschen lagen. Bestürzt schaute ich in das dunkle Gesicht des Jungen. Weiße, furchterfüllte Augen starrten mich an. Ich wusste nicht, ob ich jemals so viel pure Angst und Einsamkeit in den Augen eines Menschen gesehen hatte.

Es drehte mir fast das Herz um.

Meine Gedanken nahmen auf einmal eine ganz andere Wendung: Wie viele Menschen waren hier verunglückt? Wie viele Kinder und Jugendliche waren darunter? Konnten sie alle gerettet werden? Oder gab es Tote, Vermisste? Was war überhaupt genau passiert? Warum war das Boot gekentert? War es überhaupt nur ein einzelnes Boot, oder waren es mehrere gewesen?

Dass Sizilien täglich für Hunderte von Flüchtlingen aus dem afrikanischen Kontinent das Tor zu Europa bildete, davon berichteten die Medien meiner Meinung nach viel zu wenig. Auch viele Einheimische waren gut darin, dieses riesengroße Problemfeld aus ihren Gedanken zu verdrängen. Mein Mann Domenico hingegen war am Puls des Geschehens und erzählte mir fast täglich, was sich an der Migranten-Front so alles zutrug. Vor allen Dingen, dass die Flüchtlinge immer jünger wurden …

Doch ein derartiges Unglück hatte selbst er wohl noch nicht hautnah miterlebt. Wir hatten kürzlich über die Verhältnisse in Lampedusa und Griechenland gelesen, und wir hatten darüber diskutiert und gehofft, dass das hier nicht auch passieren würde.

Ich wagte einen Blick hinüber zu dem Lager, wo sich die Verletzten am Boden wälzten und betreut wurden. Ich war erschüttert, als ich sah, wie viele von ihnen minderjährig waren. Gab es hier überhaupt genügend Helferinnen und Helfer? Bestimmt nicht …

Ehe ich mich's versah, trugen meine Füße mich trotz all der Erschöpfung zu dem Lazarett. Hier durfte man nicht lange diskutieren, nicht lange fackeln und abwägen, sondern musste einfach handeln. Das hatte Domenico mir beigebracht.

«Permesso!», rief ich. «Sono un dottore. Dottore di Loreno. Qualcuno ha bisogno di assistenza medica?»

Einer der Sanitäter, der am Boden neben einer jungen Frau kauerte, schaute zu mir hoch. Das Erste, worauf sein Blick fiel, war anscheinend mein kugelrunder Bauch. Seine Augenbrauen zogen sich skeptisch zusammen.

«Hier, mein Ausweis.» Ich zückte die Karte, die mich als medizinische Fachperson auszeichnete, aus dem Etui meines Smartphones und wedelte damit vor seinem Gesicht herum.

«Gehen Sie weg, Signora. Wir brauchen hier niemanden!», sagte er barsch auf Italienisch. «Wir sind genug Leute.»

«Und jetzt? Deswegen kann ich trotzdem helfen.» Ich war nicht willkommen, das war mir schon klar.

«Di Loreno?», warf ein anderer Helfer ein. «Den Namen hab ich hier schon gehört.»

«Oh, ja, mein Mann ist hier ganz bekannt», entgegnete ich trocken. «Er ist schließlich Fischer.» *Unter anderem,* hätte ich am liebsten hinzugefügt. Ich hätte wirklich viel gegeben, ihn in dem ganzen Trubel endlich zu finden, aber das hoffnungslose Gesicht des Jungen vorhin hatte sich zu sehr in meine Seele eingeprägt. Zumal ich nun wusste, dass nicht Domenico derjenige war, der in Schwierigkeiten steckte. Als ich vorhin die Karte aus dem Etui genommen hatte, hatte ich in der gleichen Sekunde auch gesehen, dass er sich immer noch nicht auf meinem Smartphone gemeldet hatte. Ich ging mittlerweile davon aus, dass sein Akku leer sein musste.

Meine Augen suchten nach dem Jungen mit dem furchterfüllten Blick. Zum Glück achtete niemand mehr auf mich. Ich hatte nur gesehen, dass der Helfer im gelben Overall ihn irgendwo ganz nach hinten gebracht hatte. Obwohl hier am Boden so viele Menschen lagen, die gewiss noch mehr Hilfe benötigt hätten, zog etwas in mir drin mich zu diesem einen Jungen, dessen Augen ich einfach nicht vergessen konnte.

Aber wo war er?

Ich war bei der hintersten Reihe angelangt. Männer, Frauen und Kinder lagen zusammengepfercht da, einige schlafend, einige wach, die meisten zumindest notdürftig versorgt. Aber der Junge schien wie vom Erdboden verschluckt zu sein. Wo hatte man ihn denn bloß hingebracht?

Ich steuerte auf eine Gruppe Männer zu, die eng zusammengerückt waren und eifrig diskutierten. Einer heizte den andern gerade kräftig ein und stauchte die Gruppe ordentlich zusammen. Sie standen im Schatten einer Plane, und so konnte ich nicht auf den ersten Blick erkennen, wer es war.

Doch seine Stimme war unverkennbar.

«Amunì, chiamate cchiù cristiani! Un ce'a facemu suli nuatri piscaturi. Cinnè assà a mare ancora, prestu! Aiuto! Pì carità, unni facemu mòrere affugati!»

«Nicki!», rief ich voller Erleichterung. Endlich! Wenigstens meinen Mann hatte ich gefunden!

Er wandte sich um und trat aus dem Schatten des Verdecks.

«Maya!»

«Nicki!» Ich rannte auf ihn zu – versuchte es zumindest. Ein ziehender Schmerz im Unterleib ließ mich innehalten und aufschreien.

«Amore!» Mit einem Satz war Domenico bei mir und hielt mich fest. Sein kupferbraunes Haar triefte vor Nässe und befeuchtete meine Schulter.

«Au», stöhnte ich und legte die Hände unter meinen Bauch. «Das kann doch nicht sein!»

«Setz dich ... komm ... cori mia, ist es ...?» Er stützte mich und sah mich entsetzt an. «Warum ...?»

«Du hast mich vergessen, Nicki ...», knirschte ich mit zusammengebissenen Zähnen, während er mich behutsam zu einem Stuhl geleitete.

Entsetzen breitete sich in seinem Gesicht aus.

«Wie spät ist es, Maya?»

«Bald halb zwölf. Ich warte seit halb zehn auf dich. Du hast mir versprochen, mich abzuholen. Ich hatte doch meine letzte Nachtschicht.» Verwirrt setzte ich mich hin.

«Ich weiß ... madonna, ist es schon halb zwölf?» Er klaubte in seiner Hosentasche und suchte anscheinend sein Handy. «Warum hast du mich nicht angerufen?»

«Hab ich doch. Mehrmals.»

«Ma comu …» Er suchte auch in der anderen Hosentasche, doch offensichtlich wurde er nicht fündig. «Ma cè de mòrere, das kann doch nicht sein! Hab ich das verloren?»

«Warum bist du so nass?» Ich schaute zu meinem Mann hoch. Sein weißes Tanktop klebte an ihm wie eine zweite Haut und ließ die Tätowierungen darunter erkennen.

«Bin seit über einer Stunde beschäftigt, Leute aus dem Wasser zu holen», sagte er. «Bedda mia …» Er sah mich mit seinen durchdringenden blaugrauen Augen an. «Es tut mir so leid … ich hab die Zeit total vergessen … auf einmal kam dieser Notruf … und all die Menschen, die um Hilfe schrien … und wir haben noch längst nicht alle … wenn die doch endlich mal spuren würden!»

Er sah sich hektisch um und winkte einem der jungen Männer, der sich an eine Palme gelehnt hatte und in aller Seelenruhe eine Zigarette rauchte.

«Gianluca, ti dissi di chiamare a Matteo e a Lorenzo! Ma unne sunnu? Ancora c'è gente a mare, picciò. Si un' ni aiutati chisti mòrunu tutti, prestu!», brüllte er ihn an. «Vidi ca a momenti avemu nu cimiteru ccà. Arrimìnati, amunì!»

Der Bursche zuckte zusammen, als würde ihm erst jetzt einfallen, warum er eigentlich hier war. Er warf seine Zigarette weg und rannte mit einem Satz davon, als hätte ihn eine Tarantel gebissen.

Ganz ehrlich: Mir war manchmal schon unheimlich, wie autoritär mein Mann klingen konnte, wenn er das Kommando übernahm. Andererseits bewunderte ich ihn auch irgendwie dafür.

«Nicki!» Ich packte Domenico am Arm und zog mich so wieder auf die Beine. «Hast du diesen Jungen irgendwo gesehen … zehn Jahre alt, schätze ich … jemand hat ihn hier nach hinten gebracht …» Ich deutete mit dem Finger in die hinterste Ecke des Lazaretts, wo die ganze Szenerie inzwischen einem Chaos glich und nicht mehr überschaubar war.

Domenico keuchte ein bisschen und presste kurz die Hand auf seine Brust, dann fasste er sich wieder. Interessanterweise wusste er sofort, welchen Jungen ich meinte.

«Er ist ganz dort hinten, auf der anderen Seite», sagte er heiser. «Komm mit.» Er nahm meine Hand und führte mich durch die

Menge hindurch zu einer Stelle, wo ich vorhin nicht hingelangt war. Ich hatte nicht mal gesehen, dass dort auch ein paar notdürftige Lager aufgebaut worden waren.

Ich erkannte den Jungen auf Anhieb wieder. Die weißen, angsterfüllten Augen starrten mich immer noch voller Pein an. Er war in eine Decke gewickelt worden und schlotterte am ganzen Körper. Vermutlich nicht nur vor Kälte, sondern auch aus purer Beklemmung und wohl auch Todesangst – nicht nur wegen sich selbst, sondern bestimmt auch wegen der Leute, die mit ihm in dem Boot waren, vielleicht sogar Familienmitglieder, Freunde, Verwandte ….

Mir war, als könne ich in seinem Gesicht lesen. Ich spürte sein verzweifeltes Verlangen, mit jemandem zu sprechen, jemanden zu finden, der seine Sprache sprechen und verstehen konnte.

«Nicki», sagte ich. «Du kannst doch etwas Arabisch, oder nicht?»

Domenico beugte sich vorsichtig zu dem Jungen nieder und legte seine Hand auf die Decke, die ihn hätte wärmen sollen. Leise sprach er ein paar Worte Arabisch mit ihm. Er hatte hier in den Jahren einiges aufgeschnappt, weil er sich oft mit den Flüchtlingen abgab. Und die kamen ja von überall her: aus Dschibuti, aus dem Tschad, aus Mali, Libyen, Oman, Jordanien, Somalia, Bahrain, dem Sudan …

Der Junge, offensichtlich zutiefst dankbar, dass endlich jemand mit ihm sprach, stieß ein paar abgehackte Sätze hervor. In seinen Augenwinkeln glitzerten unverkennbar Tränen. Ich kauerte mich vorsichtig neben ihm nieder. Das hätte ich besser gelassen, ich weiß, aber ich hatte das starke Bedürfnis, dem Jungen irgendwie zu vermitteln, dass er nicht allein war.

«Was sagt er?», fragte ich Domenico.

«Ich verstehe nicht alles, aber … er hat offenbar seinen Bruder verloren.»

Er richtete sich wieder auf und sah sich hektisch um. «Ma unne sunnu sti scemi? Ich kann nicht noch mehr aus dem Wasser ziehen … meine Lunge macht das nicht mehr mit …» Er massierte seine Brust. Es war deutlich zu sehen, dass er mit Schmerzen kämpfte.

«Bedda mia… tu mi capisci, tu mi canusci … es hilft alles nichts … ich muss weitermachen …» Er wollte sich wieder in Bewegung setzen, doch ich krallte mich an seinem Arm fest.

«Nein, Nicki. Auf keinen Fall! Nicht mit diesen Schmerzen. Das kannst du nicht machen!»

«Ich muss. Die anderen sind nicht da …»

«Nein! Das ist viel zu gefährlich für dich.»

«Ach was, ein paar schaff ich noch! Es leben doch sicher immer noch ein paar von ihnen … und kämpfen gegen das Ertrinken … ich kann sie nicht im Stich lassen …»

Er machte sich vorsichtig von mir los. Ich wollte wieder auf die Beine kommen, um ihn erneut festzuhalten, doch irgendwie machte mein Körper nicht mehr mit.

Ein schneidender Schmerz schien meinen Unterleib fast entzweizureißen. Ich schrie auf und taumelte, versuchte, irgendwie Halt zu finden, und fiel geradewegs in Domenicos Arme.

«Maya … Süße …» Seine zutiefst entsetzte Stimme war direkt an meinem Ohr. Der blaue Himmel über mir verdunkelte sich für ein paar Sekunden. Vor meinen Augen war alles gesprenkelt, wie ein alter Fernseher, der eine Bildstörung hatte.

«Nicki … irgendwas stimmt nicht …», hörte ich mich wimmern.

«Ganz ruhig, cori mia, ich bin ja da. Ich bring dich sofort ins Krankenhaus.»

Für einen Moment sah ich gar nichts mehr. Ich konnte nur die starken Arme meines Mannes spüren, die mich festhielten. Seine Stimme war nah an meinem Ohr.

«Ruhig atmen, duci … so ist es gut … tiefer … einatmen …, ausatmen …, einatmen …, ausatmen …, ja, du machst es gut, mach so weiter, immer weiter …»

Ich versuchte mich auf den Rhythmus von Domenicos Armen zu konzentrieren, die mich sanft hin und her schaukelten. Das Ziehen im Unterleib flaute ein wenig ab, nur um mich kurz danach erneut vor Schmerz aufstöhnen zu lassen.

«Piano … uno, due, uno, due … eh, Gianluca, ma chi fa ccà impalatu?» Die Stimme meines Mannes wurde plötzlich wieder messerscharf. «Ancora te l'a' diri? Va chiama a Matteo e a Lorenzo ti dissi!»

«Ich finde die Zwillinge aber nicht», jammerte Gianluca auf Sizilianisch.

«Dann hol mir Jamil und die anderen Jungs», kommandierte Domenico. «Die müssen hier irgendwo sein!»

«Nicki … ich kann nicht mehr …», presste ich hervor. Nicht nur der Schmerz quälte mich, auch die Angst. Ich hatte beim ersten Kind keine so starken Wehen gehabt.

«Wir fahren gleich ins Krankenhaus. Kannst du bis zum Auto gehen, Süße? Ich stütze dich.»

«Ich versuch's …»

Wie in Trance ließ ich mich von Domenico durch das Menschengewimmel und das ganze Chaos führen. Die aufgeregten Stimmen um mich herum drangen noch bis zu mir, aber sie wirkten so, als würden sie durch eine Glasglocke gedämpft.

Die Septembersonne schien auf uns herab, als wäre überhaupt nichts Schlimmes geschehen. Und als sei alles so normal wie immer.

Zwei junge Afrikaner tauchten vor uns auf.

«Da seid ihr ja. Jamil, Ali, bitte helft Zio Giacomo beim Abbauen des Standes! Ich muss dringend weg. Ihr kriegt von mir dann auch einen Zehner!», hörte ich Domenicos Stimme wie aus weiter Ferne.

Die Jungs nickten und stoben davon.

Ich biss die Zähne zusammen. Die Luft flimmerte vor meinen Augen. Jede Sekunde, die verstrich, wurde zur Qual. Am liebsten hätte ich mich ins Krankenhaus gebeamt, aber wir mussten noch die letzten paar Meter bis zum Auto überwinden. Mein Bauch fühlte sich plötzlich dreimal so schwer an, und am liebsten hätte ich mich mitten auf der Straße übergeben.

«Keine Panik, Maya, ich halte dich», flüsterte Domenico. «Das Auto ist gleich hier … wir schaffen das …»

Tatsächlich waren wir nur noch wenige Meter von unserem weißen Fiat entfernt.

«Ari … wir müssen Ari holen …», fiel mir in dem Moment ein.

«Die hol ich nachher schon», beruhigte mich mein Mann. «Sie ist ja gut aufgehoben bei Luisa. Erst mal ab ins Krankenhaus.» Er öffnete mir die Tür und half mir beim Einsteigen.

«Es kann doch nicht sein, Nicki», keuchte ich. «Ich bin doch erst in drei Wochen fällig.»

«Du weißt sehr wohl, dass das sein kann.» Er schloss behutsam die Tür, nachdem er sich vergewissert hatte, dass ich bequem saß, und stieg auf der anderen Seite ein. Ein paar Wassertropfen streiften meinen Arm.

Erst jetzt wurde mir erneut für ein paar Sekunden bewusst, dass mein Mann ja immer noch in nassen Klamotten steckte und dass auch mein Kleid auf der einen Seite ganz feucht war, nämlich dort, wo er mich an sich gedrückt hatte. Aber was war mein eigener Schweiß, der stechenden Sonne und dem Stress geschuldet, und was war Meerwasser aus Nickis Kleidern, nachdem er x-mal rausgeschwommen war? Ach, was spielte das jetzt für eine Rolle? War doch völlig egal. Es fühlte sich nur alles sehr unangenehm an: der schmerzende Bauch, die ollen Klamotten, nirgends Abkühlung, der Blutkreislauf außer Rand und Band, genauso wie überhaupt die ganze Maya …

«Willst du dich nicht erst mal umziehen?», fragte ich noch, obwohl dafür nun ein denkbar schlechter Zeitpunkt war. Doch es waren die letzten paar Sekunden, in denen ich noch einigermaßen klar denken konnte.

«Keine Zeit.» Er startete den Motor und lenkte das Auto geschickt aus der kleinen Nische, in die ich es gefühlt Stunden zuvor geparkt hatte. Sobald er freie Bahn hatte, stand er ordentlich aufs Gas, und ich konzentrierte mich wieder darauf, ruhig zu atmen, ehe der nächste Schmerz mir fast den Geburtskanal zerschnitt.

Von da an bekam ich fast nichts mehr mit …

2. David Michele

Ich schaute in die kleinen Babyaugen, die mir einen kurzen Blick aus den spaltbreit geöffneten Lidern schenkten.

«Na, mein Kleiner», flüsterte ich zärtlich. «Bist du auch schon wieder wach?»

Mein Sohn antwortete mit einem Glucksen und kniff seine Lider wieder fest zusammen. Ich drückte den warmen Körper fest an mich und streichelte die zarten Fäustchen. Dieses unglaubliche Glücksgefühl, das schon seit Tagen anhielt, überkam mich jedes Mal erneut, wenn ich diese weiche Haut berührte, die winzigen Fingerchen in die meinen nahm und all die feinen Details dieses neugeborenen kleinen Menschen bestaunte.

David Michele. Ich lächelte, als ich seinen Namen leise aussprach. Ein gesunder kleiner Junge. Wobei man ihn streng genommen nicht klein nennen konnte: Er hatte bei der Geburt satte 3500 Gramm gewogen, und das, obwohl er fast drei Wochen zu früh gekommen war. Mit ein Grund, dass die Schwangerschaft dieses Mal alles andere als problemlos verlaufen war. Im Gegensatz zu Ariana, die mir längst nicht so viele Komplikationen verursacht hatte.

Aber nun, David war genauso gesund und wohlauf wie seine Schwester, und das war die Hauptsache.

Die Tür öffnete sich, und die Pflegeassistentin streckte ihren Kopf herein. «Buongiorno, Signora di Loreno, Ihr Mann ist draußen mit Ihrer Tochter», lächelte sie. «Es geht nach Hause für den kleinen Davide, eh?»

«Sì.» Abermals streichelte ich das Köpfchen meines Sohnes.

Domenico betrat das Zimmer, Ariana auf seinem Arm, der die dunkle, mit einer Glitzerhaarspange gebändigte Lockenpracht wie die Haare einer Prinzessin auf die Schultern fielen. Ich sah meinem Mann sofort an, dass er wieder einmal übernächtigt war, doch er lächelte so glücklich, wie nur ein frischgebackener Vater lächeln konnte. Und doch, irgendein Schatten lag in seinem Blick. Und das schon seit Tagen.

«Happy Birthday, mein Lieber», sagte ich. «Kommst du, um dein Geburtstagsgeschenk abzuholen?»

«So kann man es auch sehen», meinte er. «Nicht schlecht zum zweiunddreißigsten Geburtstag …»

«Ich konnte es leider nicht besser timen», entschuldigte ich mich scherzhaft. «Hätte der Kleine wenigstens noch eine Woche warten können, wäre es ein richtiges Geburtstagsgeschenk gewesen.»

«Ist es doch auch so», sagte er, und zu Ariana gewandt: «Talé, nica, ccà è a mamma e chissu è u to frati. Il tuo fratellino. Sie kommen jetzt nach Hause.»

«Mamma», quäkte Ariana und streckte ihre Ärmchen nach mir aus. Domenico setzte sie vorsichtig zu mir aufs Bett. Ariana krabbelte zu mir hin und tätschelte erst herzhaft meine Wange und dann Davids Kopf.

«Vorsichtig, Ari. Dein Brüderchen ist noch so klein», mahnte ich. «Du musst ihn behutsam anfassen.»

Domenico setzte sich vorsichtig zu mir auf die Bettkante. «Wie geht es dir, cori mia? Wie stark sind die Schmerzen noch?» Er legte vorsichtig die Hand auf die Stelle, wo er meinen Bauch vermutete.

«Ich spüre sie kaum, wenn ich liege. Ich muss einfach in den nächsten Wochen noch aufpassen.»

«Ich sorg schon dafür, dass du dich schonen kannst», sagte er sanft. «Ari, turn nicht so auf deiner Mamma rum. Es tut ihr noch ziemlich weh.» Er hob unsere kleine Tochter hoch, die es sich nun tatsächlich auf meinem Bauch bequem gemacht hatte, und nahm sie auf seinen Schoß.

«Geht schon, Nicki», sagte ich. «Ich bin ja keine Schwerverletzte. Ich hatte nur einen Kaiserschnitt, das ist alles.»

«Und eine Dammverletzung», sagte er ernst. «Ich bin hier ja nicht der Arzt, aber nach dem, was die Hebamme mir erklärt hat … ich verstehe immer noch nicht, wie das passieren konnte.»

«Nun, das kommt vor. Das passiert vielen Frauen. Ich habe mich einfach übernommen», sagte ich und spürte in dem Moment wieder die Erschöpfung der vergangenen Wochen. «Die allzu vielen Nachtschichten und Überstunden haben in meinem Körper einiges durcheinandergebracht. Das hat eben auch David gespürt …»

«Deswegen hab ich ja die ganze Zeit gesagt, dass du aufhören sollst zu arbeiten, duci mia», sagte er warmherzig, doch nicht ohne Tadel in seiner Stimme. Er streckte seine Hand aus und schob mir sanft eine zerzauste Haarsträhne aus der Stirn. Der mittlerweile vertraute leichte Fischgeruch stieg mir in die Nase, der zu einem stetigen Begleiter meines Mannes geworden war, seit er das Fischereigeschäft seines Großonkels führte.

«Schon, aber … wir wissen ja immer noch nicht, wie wir in Zukunft durchkommen sollen ohne meinen Lohn.» Diese Frage hatte mich die letzten Nächte hier im Krankenhaus oft wachgehalten.

«Mach dir doch keine Sorgen», flüsterte er. «Ich krieg das schon hin. Ich hab immer alles aufgetrieben, was wir brauchen, oder etwa nicht?»

«Ja, das hat was …», sagte ich vage.

Nun ja. Ich wünschte mir ja sehr, in dieser Hinsicht so sorglos sein zu können wie Domenico. Doch egal, wie ich alles kalkulierte, ich kam nie auf ein zufriedenstellendes Ergebnis. Es war kaum möglich, dass mein Mann mit seinen Hilfsjobs und der Fischerei es schaffen würde, eine fünfköpfige Familie durchzubringen. Doch er glaubte felsenfest daran.

«Hey.» Er streichelte meine Wange. «Lass mich nur machen.» Gleich darauf verdunkelten sich seine Augen, und er unterdrückte einen Hustenanfall. «Mist, ich hab mich wohl doch etwas erkältet bei diesen vielen Tauchaktionen.»

«Sieh dich bloß vor», warnte ich. «Tauchen ist eigentlich Gift für deine Lunge.»

«Nicht so schlimm», wiegelte er ab. «Es ist eh meine Schuld, dass das passiert ist», sagte er düster. «Das mit deiner Dammverletzung. Ich kann es mir selber nicht erklären, dass ich einfach die Zeit vergessen konnte!»

«Das war ein Notfall», sagte ich. «Du hast Menschen das Leben gerettet. Was hättest du sonst machen sollen?»

Er schüttelte den Kopf. Sein Blick wanderte in eine weite Ferne. Wieder tauchte dieser Schatten in seinen Augen auf. Er fasste sich an die Stirn, und ich spürte seine Anstrengung, wieder zurück in die Wirklichkeit zu kommen.

«Ich hätte dich zumindest anrufen sollen, oder mein Handy nicht verlieren sollen. Dann hättest du einfach nach Hause fahren und auf mich warten können, und es wäre vielleicht nicht zu diesen Komplikationen gekommen», meinte er.

Es war das erste Mal, dass wir darüber sprachen. Bislang war ich zu erschöpft gewesen, um mich diesen Themen zu widmen, wenn er mich die letzten Tage über besucht hatte. Wir hatten uns schlicht einfach nur der Freude über unseren neugeborenen Sohn hingegeben. Und der Dankbarkeit, dass am Ende doch alles gut gegangen war.

«Das kann man nicht wissen», sagte ich. «Die ganze Schwangerschaft war mühselig, und David ist nun mal ein schweres Baby. Komisch, eigentlich. Wir sind doch beide keine Riesen.» Ich musste lachen, schüttelte den Kopf und streichelte unseren kleinen neuen Erdenbürger, der sich fest an mich kuschelte. Allerdings wusste ich ja, dass die Größe der Eltern nicht unbedingt einen Einfluss aufs Gewicht des Babys hat.

«Scheint eben doch ein bisschen Wikingerblut in sich zu haben, der Kleine», meinte Domenico mit einem matten Schmunzeln.

«Tja, das wird es sein», lächelte ich. «Aber sensibel ist er, sag ich dir. Ganz anders als Ari.»

«Das spürst du natürlich als Mutter, nicht wahr?», sagte er weich. «Kann ich ihn mal halten?»

«Natürlich.» Ich hob David vorsichtig hoch und legte ihn auf die ausgestreckten Arme seines Vaters. Bei der Bewegung tat mir der Schnitt wieder weh.

«King David», flüsterte Domenico voller Ehrfurcht und drückte seinen Sohn fest an sich. «Du wirst eines Tages mal richtig groß und stark werden, da bin ich mir ganz sicher. Und dann wirst du deine Mutter und deine Schwester beschützen.»

Ariana saß immer noch wie eine kleine Prinzessin auf meiner Decke und schaute uns mit ihren großen braunen Augen an. Ich sah sehr wohl diesen nur halb versteckten trotzigen Zug um ihren Mund, den sie meistens hatte, wenn sie nicht der Mittelpunkt des Geschehens war.

«Na, momentan hoffe ich eher, dass Ari ihn nicht mit ihrem Temperament überfährt», sagte ich.

«Keine Angst, da pass ich schon auf», versicherte Domenico. Sein Mund verzog sich zu einem kleinen Lächeln, das jene zwei Grübchen in seine Wangen zeichnete, die ich so liebte. Sofort fragte ich mich, ob David später auch solche Grübchen haben würde. Bei Ariana begannen sie sich bereits zu entwickeln.

David fing an, in Nickis Armen zu wimmern, und er gab ihn mir deshalb behutsam wieder zurück. «Er hat Hunger, der Kleine.»

Während ich ihn an meine Brust legte, beobachtete ich meinen Mann, der sich wieder mit Ariana abgab, die kurzerhand auf seinen

Schoß gekrabbelt war. Er hatte eindeutig dunkle Schatten unter den Augen.

«Sag mir ehrlich: Wann hast du zum letzten Mal geschlafen, Nicki?», fragte ich vorsichtig.

«Nca, willst du das wirklich wissen?» Die Erschöpfung zeichnete sich so deutlich in seinen Gesichtszügen ab. «Vabbé, diese Nacht wohl nicht mehr als drei Stunden … bin spät nach Hause gekommen und früh wieder auf. Die haben mich ganz schön auf Trab gehalten.»

«Sind jetzt alle Flüchtlinge im Aufnahmezentrum untergebracht?», wollte ich wissen. Ich hatte wegen der turbulenten Geburt unseres Sohnes in den vergangenen Tagen nur wenig Kapazität aufgebracht, um über die Flüchtlingstragödie nachzudenken, aber Domenico war weiterhin an der Front gewesen.

«Ich hoffe es», sagte er. «Aber das Zentrum ist ja überfüllt, einige mussten weggeschafft werden. Wohin? Ich hab keine Ahnung. Wirklich Übersicht hat da eh keiner mehr. Ali und Jamil büxen ja ständig aus und lungern am Hafen rum, um sich das Geld für eine Weiterfahrt in den Norden zu verdienen. Hast sie ja gesehen. Ich unterstütze sie, obwohl das ja alles illegal ist, was ich hier mache. Ich muss echt aufpassen, denn eine weitere Strafanzeige kann ich nicht gebrauchen. Aber ich kann nicht anders; wenn ich sie sehe, muss ich immer an Mingo und mich denken, an früher … du weißt schon.»

«Und … was ist mit dem Jungen geschehen, der seinen Bruder vermisst hat? Wurde er gefunden?» Ich hatte es die letzten Tage nicht gewagt, diese Frage zu stellen.

Domenicos Gesicht verfinsterte sich noch mehr. «Nein», sagte er mit dumpfer Stimme. «Ich fürchte …» Er wagte es nicht auszusprechen.

«Er ist ertrunken», stellte ich leise fest.

Domenico nickte düster. Wir seufzten – und schauten einander in die Augen und durch sie hindurch auf den jeweils wundesten Punkt in unseren beiden Herzen. Denn wir wussten, was es bedeutete: Wir hatten beide auch einst unseren Bruder verloren.

Fast instinktiv drückte ich David fester an mich, der selig an meiner Brust nuckelte.

«Und wo ist der Junge jetzt?»

«Moses?»

«Heißt er so?»

Er nickte. «Er ist auch im Zentrum. Ganz allein. Ich hab versucht, irgendjemanden zu finden, der sich um ihn kümmert, aber es ist schwierig. Ich darf ja eigentlich nicht rein. Jeder ist mit sich selbst beschäftigt, und Moses sitzt nur da und starrt in die Luft. Es ist schlimm ...»

Ich hörte seiner heiseren Stimme an, wie sehr ihn diese Sache mitnahm und dass er absichtlich nicht viel darüber gesprochen hatte, um mich nicht noch mehr in Aufregung zu versetzen.

«Ich versuch, Jamil und Ali zu überreden, dass sie sich etwas um ihn kümmern, ihn unter ihre Fittiche nehmen. Sind ja schon etwas länger hier. Viel mehr kann ich leider auch nicht machen, so lange Europa die ganze Problematik auf Italien abwälzt ...»

Sein Zorn war der Stimme meines Mannes deutlich anzuhören. «Sie wollen mir sogar das Boot beschlagnahmen und mir einen Gerichtstermin aufdrücken, weil ich sozusagen bei der illegalen Einwanderung geholfen habe.»

«Was?» Ich konnte kaum glauben, was ich da hörte.

Er winkte nur ab. «Ach, das kümmert mich momentan wenig. Bis die Bürokratie in die Gänge kommt, haben sie schon wieder andere Probleme.»

Ich schüttelte nur den Kopf. Das Schicksal des kleinen Moses ergriff mein Herz erneut. Ich stellte mir vor, wie es wäre, ganz allein an einem fremden Ort gestrandet zu sein, ohne Eltern, und dazu die einzige Person verloren zu haben, die einem nahegestanden hatte ... Ich musste aufhören, weil ich diesen Gedanken kaum ertragen konnte. So ein Leid war für mich unvorstellbar.

«Weiß man inzwischen, wieso das Boot gekentert ist?», wollte ich wissen.

«Wahrscheinlich, weil es überladen war. Das passiert ja laufend. Zu viele Menschen auf zu schlechten Booten mit zu wenig Treibstoff und miserablen Motoren. Dazu keine Fachkräfte an Bord, die sich mit dem Meer und dem Wasser auskennen und im richtigen Moment das Richtige tun können. Diesen Schleusern sollte man das Handwerk legen, aber die wollen natürlich an diesen verzweifelten Menschen verdienen. Grausam, echt nur grausam.»

Domenico stand auf und stellte Ariana vorsichtig auf die Füße. «Bist du bereit, Süße? Seid ihr bereit? Lasst uns nach Hause fahren, sonst werde ich nur wieder zornig angesichts dieser ganzen Ungerechtigkeiten.»

«Fünf Minuten», sagte ich, da ich spürte, dass David noch nicht ganz satt war.

Domenico fing inzwischen an, meine wenigen Sachen zusammenzupacken. Ariana half ihm, indem sie sich an sein Bein hängte und ständig «Papà, papà» brabbelte.

Nach all diesen Geschichten war ich umso dankbarer, mit meinen Liebsten zusammen sein zu dürfen.

Ein wohliges Kribbeln machte sich in mir breit, als wir in die kleine Seitenstraße einbogen und den holprigen Hang hinauffuhren, der zu unserem Häuschen führte. Domenico, der ansonsten einen ziemlich dominanten Fahrstil pflegte, fuhr sehr behutsam, um unseren neugeborenen Sohn nicht zu wecken, der an meiner Brust schlief.

Ich wandte meinen Blick von ihm ab und schaute aus dem Fenster. Das an diesem Tag besonders intensiv blaue Meer schien sich bis in die Ewigkeit vor uns zu erstrecken und trug kleine Schaumkronen. Dass dieses wunderschöne azurblaue Meer einfach so Menschen verschlucken konnte, ging mir nicht in den Kopf …

Bald schon sah ich unser Häuschen, das als einziges in der Nachbarschaft einen relativ neuen hellgelben Anstrich hatte und dadurch hervorstach. Domenico parkte das Auto in der dafür vorgesehenen Nische zwischen zwei kleinen Felsvorsprüngen, wo es recht gut geschützt war vor Wind und Wetter.

Was für ein schönes Gefühl es doch war, mit der Familie nach Hause zu kommen!

Domenico hielt mir die Tür auf und nahm mir vorsichtig David ab, damit ich aussteigen konnte. Ein Windstoß verwehte dabei mein langes Haar.

«Es ist niemand da», sagte Domenico. «Wir sind ganz für uns. So wie du es dir gewünscht hast. Der Zio verbringt heute den Tag mit seinen Söhnen. Und Manuel geht nach der Schule zu Enrico und Giuseppe, um das Fußballspiel zu sehen.»

Ich hatte Domenico darum gebeten, dass bloß nicht die ganze Verwandtschaft und halb Sizilien Spalier stehen sollten, wenn ich mit David nach Hause kommen würde. Die Begeisterung der Sizilianer für Kinder ist ja etwas Schönes, aber ich brauchte etwas Ruhe. Mein Mann hatte meinen Wunsch respektiert und seine Verwandtschaft davon abgehalten, uns die Bude einzustürmen.

Im Gegenzug respektierte ich seinen Wunsch, keine Fotos unseres Neugeborenen auf Facebook hochzuladen, obwohl ich doch so gern all meinen Freunden und Verwandten in Deutschland und Norwegen unseren Zuwachs präsentiert hätte. Aber Domenico hasst alles, was mit Social Media zu tun hat. Er findet es abartig, wie man sein ganzes Privatleben vor der ganzen anonymen Öffentlichkeit ausbreiten kann.

Für mich waren Social-Media-Plattformen allerdings oft die einzige Möglichkeit, mit meinen Leuten in Deutschland und den Freunden in Norwegen in aktivem Kontakt zu bleiben.

Ich holte Ariana aus dem Kindersitz, die sofort ihre kleinen Ärmchen um mich schlang. Domenico trug inzwischen stolz seinen neugeborenen Sohn über die Schwelle in unser bescheidenes Heim.

«Benvenuto a casa, nicu mia», sagte er liebevoll, als wir in der Küche standen. David blinzelte kurz. Ein feines Kräuseln umspielte sein Näschen, und er gähnte herzhaft.

«Aha, der junge Herr ist wach», schmunzelte ich.

Domenico grinste ein wenig. «Na klar, er muss doch sein Zuhause bestaunen. Nicht wahr, Davy?»

Ariana zog inzwischen energisch an meiner Hand und gab ein ungeduldiges Wimmern von sich.

«Gleich, Ari», beruhigte ich meine Tochter. «Wir vergessen dich doch nicht.»

Auf dem Küchentisch stand bereits eine große Platte mit vorbereiteten Antipasti. Mein Mann hatte es mal wieder gut gemeint. Dabei wollte ich dringend so bald wie möglich ein paar Kilo abnehmen. Während der Schwangerschaft hatte ich leider ein paar Pfund zugelegt, und die Hälfte meiner Kleider passte mir nun bestimmt nicht mehr. Dazu kam jetzt noch die Narbe vom Kaiserschnitt …

«Also, verhungern muss ich nicht», bemerkte ich mit einem matten Grinsen. Schnell nahm ich den bunten Stoff-Fisch von der Sitzbank und drückte ihn meiner quengelnden Tochter in die Hände.

«Ich dachte, dann hast du für heute Abend auch noch was, wenn ich arbeite», sagte Domenico. «Du musst dich ja die nächste Zeit noch ziemlich schonen. Komm, setz dich, duci mia.» Er zog mir mit einer Hand einen Stuhl heran, mit der anderen hielt er David fest an seine Schulter gedrückt. Dankbar nahm ich Platz. Leider waren die Schmerzen nicht ganz zu unterschätzen. Die würden mich wohl noch eine Weile beschäftigen.

Sanft legte er mir das Baby auf den Schoß. «Ich glaub, der Kleine hat schon wieder Hunger.»

Ich drückte den kleinen warmen Körper an mich und packte meine Brust aus. Das Stillen war für mich etwas vom Schönsten im Leben mit einem Neugeborenen, und ich war glücklich, es nun für die nächste Zeit wieder tun zu dürfen.

Domenico sah uns eine Weile lang ganz stolz und verliebt zu – so lange, bis Ariana wie aus heiterem Himmel lauthals anfing zu heulen. Wütend schmiss sie den bunten Fisch in eine Ecke. David erschrak und verschluckte sich beinahe an der Milch. Als Folge fing er ebenfalls an zu weinen.

«Och, Ari», seufzte ich. «Muss das sein?»

«He, kleine Principessa.» Domenico packte sie, hob sie hoch und setzte sie sich auf die Schulter. Darauf hatte die Kleine nur gewartet. Augenblicklich war sie still und grinste uns stolz von ihrem «Thron» in der Höhe an.

«Nicki, das geht so nicht», tadelte ich. «Sie muss lernen, dass sie nicht immer im Mittelpunkt stehen kann.»

«Amunì», meinte er. «Das wird schon. Sie ist nun mal meine kleine Principessa.»

«Chistu sì», konterte ich auf Sizilianisch, «aber nun gibt es da noch einen kleinen Prinzen. Die kleine Dame muss nun lernen, uns beide mit ihm zu teilen.» Ich verkniff mir die Bemerkung, wie froh ich darüber war, dass Ariana in nächster Zeit nicht mehr so oft bei Giovanna und Luisa sein würde. Domenicos Tanten hatten es ja gut gemeint, hatten die Kleine aber über die Maßen verwöhnt. Das war ihr und ihrer Figur meiner Meinung nach nicht so gut bekommen …

Während Domenico das Essen fertig zubereitete und den Tisch deckte – das alles einhändig und mit Ariana auf der Schulter –, widmete ich mich ganz meinem Sohn und vertiefte mich in das Stillen.

Etwas später, als David satt war, legte ich ihn in den Kinderwagen, den Domenico aus dem Schlafzimmer geholt hatte. Es war kaum Platz vorhanden, um den Wagen neben dem Esstisch zu parken, also blieb mir nichts anderes übrig, als ihn in die Nische zwischen Kühlschrank und Spülbecken zu schieben. Das waren die Augenblicke, in denen ich mich wirklich nach einem größeren Zuhause sehnte …

«Lissimo», gluckste Ariana vergnügt, als Domenico ihr ein paar Häppchen auf dem Teller ausbreitete. Natürlich sollte das «Bellissimo» heißen. Was an dem halbwegs gut verstauten Kinderwagen wunderschön sein sollte, verstand ich nicht, aber Ariana sagte momentan zu allem, was sie mochte oder lustig fand, regelmäßig «Lissimo». Sie verstand durchaus Deutsch, aber sie weigerte sich immer noch, es mit meiner Sprache zu versuchen. Alles, was sie bisher herausbekam, waren italienisch-deutsche Satzfragmente.

Damit ich in Ruhe essen konnte, widmete Domenico sich nun ganz unserer Tochter. Ariana beanspruchte ihn auch recht intensiv, so dass er selbst nicht mal zum Essen kam. Ich beobachtete die beiden, wie sie sich in ihr Spiel vertieften, indem sie kleine Brotstückchen an die knallbunten Fische und Meerestiere verfütterten, die in Reih und Glied auf der Küchenbank saßen. Ariana besaß mindestens zwanzig dieser Plüschwesen, die sie alle von ihren Tanten geschenkt bekommen hatte.

«Allora, der geben wir einen besonders großen Bissen», sagte Domenico zu der Riesenkrake und nahm gleich den ganzen Brotlaib vom Tisch, um ihn der Krake in den Mund zu stopfen. «Accussì!»

«Nicki …», tadelte ich.

«Ist doch wahr: Je größer der Fisch, desto größer das Brot, und die kleinen Fische kriegen eben die kleinen Brote», grinste er.

Ariana kicherte und machte es ihrem Vater nach, indem sie einem kleinen Seepferdchen nur ein winziges Brotkrümelchen in den imaginären Mund stopfte. «Lissimo!», quäkte sie vergnügt.

Ich schüttelte den Kopf und ließ die beiden. Allerdings fiel mir auf, dass mein Mann dringend mal wieder einen Haarschnitt nötig hatte. Die Haare fielen ihm tief in die Augen. Es gab meiner Meinung nach eine Grenze zwischen lang und allzu lang. Generell trug Nicki sein Haar jetzt einiges kürzer als früher in seinen Jugendjahren, und ich wollte, dass es so blieb, da ich es bevorzugte, in seine Augen schauen zu können.

«Wann haben wir dir die Haare zum letzten Mal geschnitten, mein Lieber?», fragte ich daher.

«Oh, e cchi sacciu», winkte er ab. «Ist wohl schon eine Weile her.»

«Ich hole jetzt gleich mal die Schere.» Ehe mich einer aufhalten konnte, war ich aufgestanden, wobei ich den Schmerz ignorierte.

«Duci mia … kann das nicht warten?»

«Du hast die nächsten Tage ja höchstwahrscheinlich kaum je Zeit, um bei deiner wunderbaren Friseurin Maya di Loreno im sagenhaften ‹Salon Lissima› eine gute halbe Stunde stillzuhalten, stimmt's?!», sagte ich fest entschlossen. Denn wenn ich diese Gelegenheit nicht nutzte, würde sie so schnell nicht wiederkommen.

Ich strich ihm sorgfältig das schöne kupferbraune Haar zur Seite und machte mich ans Werk. Er hielt gehorsam still und ließ mich machen. Es war irgendwie gemein: Er hatte noch kein einziges graues Haar, während ich mir mittlerweile das fünfte ausgerissen hatte. Dabei war ich erst dreißig. Na ja, dreißig und ein halbes, um es genau zu nehmen. Dafür hatte mein schöner Mann erste kleine Fältchen um seine mandelförmigen Augen, da seine Haut von der vielen Sonne inzwischen doch ziemlich gegerbt war. Die Sommersprossen auf seiner Nase waren auch mehr geworden – nicht ganz so viele, wie ich sie von Natur aus hatte, aber eindeutig mehr als früher. Natürlich vergaß er laufend, sich mit Sonnencrème zu schützen, und ich hatte es irgendwann aufgegeben, ihn daran zu erinnern.

Ich ließ meine Finger über seine raue Haut gleiten, und er schloss die Augen, weil er meine Berührungen genoss. Mein Blick fiel auf den Haifischzahn um seinen Hals, den ihm sein Neffe Manuel letztes Jahr zum Geburtstag geschenkt hatte. Das erinnerte mich an die vergangenen Zeiten, als er noch einen Tigerzahn um den Hals getragen hatte. Ach, wie lange war das inzwischen her …

«So, fertig», sagte ich nach einer Weile. «Schau mal nach, ob es dir gefällt.»

«Och, das wird schon okay sein.» Er schüttelte den Kopf, um die losen Haare rauszukriegen, bevor sie ihn hinten am Hals und auf den Schultern kitzeln und am Ende noch nerven würden.

«Also, du solltest vielleicht schon einen Blick in den Spiegel werfen, um zu sehen, ob du zufrieden bist», empfahl ich.

«Wieso? Kann mir doch egal sein. Ich muss mich ja selber nicht anschauen. Ihr anderen seid es, die mich anschauen müsst. Wenn es dir gefällt, reicht mir das.»

«Du bist unverbesserlich.» Ich gab ihm einen Klaps.

Als Antwort grinste er nur.

Als hätte sein Handy auf das perfekte Timing gewartet, fing es in dem Moment an zu klingeln. Genau genommen war es eines der beiden Handys, die er noch hatte. Das dritte hatte er wohl beim Rettungsakt vor einer Woche im Meer verloren.

Für eine Weile war er danach komplett in eine Diskussion versunken. Leider gelang es mir nicht, den Anrufer zu identifizieren, doch ich nahm an, dass es einer seiner Fischerei-Kollegen war. Mit denen hatte er des Öfteren satte Diskussionen.

Zum Glück war Ariana immer noch damit beschäftigt, ihre Fische zu füttern. Ich räumte den Tisch ab – bedächtig, damit mir der Schnitt nicht weh tat –, und als ich fertig war, hatte auch Domenico sein Telefonat beendet.

«Ist was passiert?», fragte ich wie meistens, wenn er nach einem hitzigen Telefongespräch zu mir zurückkam.

«Ach nein, nichts.» Er winkte nur ab. «Die üblichen Diskussionen halt. Sie wollen mich dauernd überreden, endlich einer GmbH beizutreten, aber da mach ich nicht mit. Ich will nun mal selbständig bleiben, e basta!»

Er hatte ständig irgendwelche Auseinandersetzungen mit den anderen Fischern. Oft ging es um Themen wie: wer die besten Fangplätze zu welchen Zeiten benutzen durfte, welche Umweltauflagen man einhalten sollte und welche nicht, oder ob man einer Fischereigesellschaft beitreten oder lieber ein freier Fischer bleiben sollte.

Ich schwieg meistens dazu. Meiner Meinung nach wäre eine Fischereigesellschaft vermutlich die bessere Lösung, aber darin waren Domenico und auch Zio Giacomo ziemlich stur. Auch was die Umweltauflagen betraf, hatte ich etwas andere Ansichten als Domenico. Doch ich wollte meinen Mann nicht verletzen, der in diesem Beruf tiefe Erfüllung gefunden hatte.

Doch an diesem Abend war erst mal die Arbeit in der Trattoria dran, wo er hin und wieder im Stundenlohn arbeitete. Immerhin würde Domenico da gegen Mitternacht wieder zuhause sein.

Kurz danach musste er sich verabschieden. Die Arbeit rief. Ariana protestierte und heulte lautstark. Sie wollte ihren Vater nicht gehen lassen. Sie war halt einfach ein «Papi's Girl», und das zeigte sie uns immer wieder und auf alle nur möglichen Arten.

Auch ich hätte ja viel lieber seinen Geburtstag gefeiert und den Abend mit ihm verbracht, aber er machte sich nicht viel aus seinem «Burzeltag». Er fand, dass er lieber arbeiten wolle, um für uns zu sorgen. Wenn *ich* Geburtstag hatte, feierte er ihn wie einen Ehrentag, aber bei sich selbst schien ihm dieser Tag nicht der Rede wert. – Na, dann eben nicht! ...

Domenico nahm Ariana auf den Arm und versprach ihr eine weitere Gutenacht-Geschichte über das Meer, wenn sie ihrerseits versprach, tapfer zu sein und nicht zu weinen. Und das hielt sie dann auch ein: Ari liebte nämlich diese Geschichten!

Auch ich versuchte, tapfer zu sein, und lauschte dem Geräusch seines Motorrades hinterher, das sich langsam von uns entfernte.

Dann war es still.

Ariana hatte sich wieder in das Spiel mit ihren Meereswesen vertieft, nachdem sie von ihrem Vater ordentlich geknuddelt worden war, und David schlief selig im Wagen.

Ich wanderte ein wenig im leeren Haus umher und setzte mich dann im Wohnzimmer aufs Sofa. Auf dem kleinen Couchtisch lagen all die Glückwunschkarten und Geschenke, die wir bekommen hatten und die Domenico bereits alle hier aufgestapelt hatte. Höschen, Pyjamas, Spielsachen, Beißringe – seine Tanten und Cousinen hatten sich vor Freude kaum zurückhalten können. Auch seine Mutter hatte eine ganze Tüte voller teurer Babykleider dagelassen. Ich wollte lieber nicht wissen, woher sie das alles wieder hatte, und ich wusste, dass auch Domenico es vermied, konkreter nachzufragen.

Auch wenn ich momentan meine Ruhe hatte – in den nächsten Tagen würde ich wohl nicht darum herumkommen, «il nuovo bambino» überall herumzuzeigen. Natürlich war ich dankbar für all die wunderschönen Geschenke. Sie wussten ja alle, dass wir uns kaum solche Sachen leisten konnten, und dank ihnen hatten unsere Kinder tatsächlich mehr als genug Kleider und Spielsachen.

Ich ging rüber zu unserer altmodischen Stereoanlage und legte eine meiner alten CDs auf: ein Mix aus Hits aus meiner Jugendzeit. Ich wusste nicht, warum ich ausgerechnet jetzt darauf Lust hatte. Vielleicht, weil die Musik von früher mich daran erinnerte, was für einen unglaublichen Verlauf mein Leben genommen hatte. Dass Dinge wahr geworden sind, von denen ich früher nur zögerlich zu hoffen und zu träumen gewagt hätte. Wenn überhaupt.

Ich war nun Mutter von zwei wunderschönen Kindern und verheiratet mit dem Mann meiner Träume. Seit vier Jahren lebte ich inzwischen auf Sizilien in einem Häuschen direkt am Meer. Und ab jetzt würde ich sogar Zeit ohne Ende haben und konnte tun und lassen, was ich wollte. Ich konnte meine Kinder genießen und endlich meinen langersehnten Roman schreiben. Ich brauchte mich nicht mehr mit einer ungerechten Vorgesetzten herumzuplagen oder mich gegen eifersüchtige Kolleginnen zu behaupten. Ich war frei … Was für ein schönes Gefühl!

Ich stand auf und ging zum Fenster, das direkt aufs Meer gerichtet war. Ich starrte auf das endlose Blau und die weißen Schaumkronen, die unentwegt auf und ab tanzten und nicht den Anschein machten, als würden sie je wieder damit aufhören.

Erneut dachte ich an die Flüchtlingskatastrophe, die sich vor einer Woche direkt vor unseren Augen abgespielt hatte. Wie viele gerettet geworden waren und wie viele ertrunken, hatte man bis heute nicht herausgefunden. Ich spürte nur, dass es Domenico wahnsinnig beschäftigte, obwohl er sich davon so wenig wie möglich anmerken ließ.

Mein Blick wanderte zur Kommode, wo immer noch all die alten Fotos von früher standen und wo sich neue dazugesellt hatten. Kinderbilder von meinem Mann und seinem Zwillingsbruder Mingo, als dieser noch gelebt hatte – aus einer Zeit, wo man Fotos noch auf Film festgehalten und dann im Labor entwickelt hatte. Ein Bild von unserer Hochzeit – das einzige, das Domenico mir aufzustellen erlaubt hatte. Dazu Bilder von Ariana als Baby und von Manuels erstem Schultag. Auch ein paar uralte Familienbilder von Zio Giacomo waren noch da – immerhin wohnte er ja auch mit uns unter einem Dach. Und genau genommen war dies sogar *sein* Haus, und er hatte uns großzügig erlaubt, hier drin das Zepter zu übernehmen.

Es gab also wirklich eine Riesenmenge, wofür ich dankbar sein konnte. Gott hatte so wunderbar für uns gesorgt.

Ariana tapste heran und schleifte ihre Meerestiere ins Wohnzimmer, schön eins nach dem anderen.

«Mamma. Jocamu!»

Ich lächelte und vertiefte mich in das Spiel mit ihr, während David neben uns schlief. Ich hatte den Kinderwagen ins Wohnzimmer geholt.

Und während ich Ariana so ansah, überlegte ich wie so oft, wie sie einmal in fünf, zehn oder fünfzehn Jahren aussehen würde. Was für eine Persönlichkeit sie werden, was für Talente sie entwickeln würde. Sie würde eine Schönheit werden, so viel war gewiss – so ähnlich, wie sie ihrem Vater sah. Sie hatte zwar meine Augen, aber was den Rest ihres Gesichts betraf, kam sie ganz nach Domenico.

Und das galt auch in Bezug auf ihr Temperament!

Ich schaute hinüber zum Kinderwagen, in dem David lag. Wie würde *er* wohl werden? Irgendwie spürte ich, dass er der Stillere und Sanftere der beiden war.

Würde er das kupferne Haar seines Vaters kriegen? Oder wie Ari dunkle Locken, die sie weder von mir noch von Domenico, aber wohl eindeutig von ihrer Nonna geerbt hatte? Oder ganz einfach kastanienbraune Haare, so wie ich?

Doch so wie meistens, wenn ich mir die Zukunft ausmalen wollte, legte sich eine unsichtbare Bremse auf die inneren Bilder, die mich zur Vorsicht mahnte. Konnte, durfte das alles wirklich so schön weitergehen? Wer garantierte uns, dass wir vor Leid verschont bleiben würden? Wer garantierte mir, dass meine Kinder wirklich in gesicherten Verhältnissen aufwachsen und gesund bleiben würden? Und dass Domenico und ich gemeinsam alt werden würden? Gerade Domenico mit seiner handicapierten Lunge, die er wegen seiner wilden Jugendjahre davongetragen hatte, hatte definitiv ein größeres Risiko als Normalsterbliche, eines Tages ernsthaft zu erkranken.

Wie viele Geschichten von Not, Leid, Verlust und Trauer hatte ich schon gehört. Und selbst erlebt. Wer gab mir die Sicherheit, dass auch uns nicht eines Tages so was passieren würde?

So viele Dinge konnten geschehen. Und besonders in einem Land wie Sizilien, das von der Mafia beherrscht wird, und mit einem Mann, der früher in ziemlich viele kriminelle Dinge verwickelt gewesen ist, war vieles möglich. Ich musste diese Vorstellungen und Überlegungen manchmal mit Gewalt in die hintersten Schichten meiner Seele zurückdrängen und mich zwingen, nicht noch länger daran zu denken.

Allein der Gedanke, jemanden von meinen Liebsten verlieren zu können, quälte mich manchmal so sehr, dass ich innehalten und mit Gott sprechen musste. In meinen Gebeten bat ich ihn, unsere kleine Familie zu bewahren, und dankte ihm für all das, was er uns geschenkt hatte.

Und wenn ich nun Ariana und David anschaute, war mir auch klar, warum Kinder ein Geschenk Gottes sind: Da waren zwei kleine und noch ganz und gar unfertige wunderbare Menschlein, die uns anvertraut wurden, damit wir sie erzogen, ihnen Schutz und ein schönes, intaktes Umfeld boten, eine funktionierende Family, einen sicheren Boden. Und damit wir für sie sorgten und sie zu den Menschen machten, die sie nach Gottes Plan werden sollten.

Und ich wollte ihnen alles, wirklich alles geben, was ich nur geben konnte, wollte mich an Nicki und an sie verschenken, damit wir gemeinsam in eine möglichst schöne Zukunft – eine Zukunft voller Freude und Liebe – voranschreiten konnten. Als eine kleine verschworene Einheit von einander liebenden Gefährten, als einander Zugeordnete, als kleine Familie. Als piccola famiglia.

3. Besuch aus Deutschland

Erschöpft setzte ich mich an den Küchentisch. Ich hatte mein Bestes getan und das Haus auf Hochglanz gebracht. Ich war keine begnadete Putzfrau, ganz sicher nicht, aber ich hatte wirklich geschrubbt und gewienert, was das Zeug hielt. Trotzdem sah unsere Küche immer noch eher wie eine Werkstatt aus und nicht wie ein Designer-Meisterwerk. Wir hatten ja kaum Platz, um unsere Sachen richtig zu verstauen. Außerdem war die Ordnung meines Mannes, nun ja ... sehr *kreativ.*

Und mein Fräulein Tochter war heute wieder ziemlich anstrengend gewesen. Das Trotzalter machte seinem Namen alle Ehre, und hin und wieder schaffte ich es kaum, sie zu beruhigen, wenn Domenico nicht da war.

Doch ich wusste, wie pingelig meine beste Freundin Delia war. Unsere Küche würde ihren Kriterien kaum standhalten können. Von dem Rest des Hauses ganz zu schweigen. Sie würde in diesen bescheidenen vier Wänden wahrscheinlich Platzangst kriegen. Ich konnte ihre Kommentare in Gedanken schon hören.

Draußen vernahm ich das unverkennbare Brummen von Domenicos Motorrad, noch bevor ich es sehen konnte. Wenigstens war er zur Abwechslung mal pünktlich. Ich hatte es ihm so ans Herz gelegt, da er gegen halb sieben dringend Delia vom Bus abholen musste.

Vorsichtig hob ich David aus dem Wagen. Ich war so stolz auf ihn, weil er zum ersten Mal sein Köpfchen hatte selbst anheben können. Ich notierte mir all diese Fortschritte in meinem Tagebuch.

Ich drückte meinen Sohn fest an mich und ging Domenico entgegen. Ariana folgte mir mit ihrer Riesenkrake unter dem Arm und fiel prompt auf die Nase, als sie über die Schwelle trat und auf ihren Vater zurennen wollte.

«Oh-oh, Ari», sagte ich und machte mich auf ihr berühmtes Sirenengeheul gefasst, das auch sogleich losging

«Upsala, mia bella!» Domenico war sofort bei ihr und hob sie auf seine Arme. «Ey, Kleine, geh's mal ein bisschen langsam an, ja? Kriegst ja nun eine Spielgefährtin für die nächsten Tage.»

David gefiel der Lärm gar nicht, den seine Schwester da veranstaltete, und fing nun ebenfalls an zu wimmern. Ein verdächtiger Geruch aus der Richtung seines Hintern stieg mir in die Nase.

«Ecché, picciò?» Domenico gab mir einen flüchtigen Kuss auf die Wange und streichelte dann seinem Sohn über die Wange. «Hey, Davy, ist doch alles gut.»

«Dein Fräulein Tochter hat heute wieder einen ihrer Tage», informierte ich ihn. «Und dein Herr Sohnemann hat die Windeln voll.»

«Ach ja?» Er lächelte breit. «Komm, gib ihn mir, ich wechsle sie rasch.»

«Aber du bist doch müde vom Arbeiten», sagte ich und fuhr mit der Hand über sein raues Gesicht.

«Nein, *du* bist müde. Ich seh's dir an.»

Nun, er hatte zwar recht, aber: «Du hast seit vierundzwanzig Stunden nicht mehr geschlafen, mein Lieber. Du bist heute früh nach der Fischerei gleich weiter zum Flüchtlingscamp gefahren und danach zum Ausladen bei Alfredo vorbeigegangen, erinnerst du dich?»

«Ach ja? Vierundzwanzig Stunden, hm ... Na ja, das kann ich heute Nacht nachholen. Komm, gib mir Davy.»

«Nein, nein und nochmals nein. Und schon gar nicht, wenn du in diesem Befehlston mit mir redest. Außerdem musst du doch Delia abholen!»

«Ah, veru.» Domenico stellte Ariana auf die Füße und folgte mir ins Haus.

«Madri mia, sieht das hier aus. Seit wann hat dich die Putzwut gepackt, sag, amò?»

«Nicki, du kennst doch Delia», seufzte ich. «Ich will ja nicht, dass sie gleich einen Schock kriegt.»

«Hat Manuccùli seine Schlafecke aufgeräumt?», fragte Domenico. «Ich hab's ihm gestern Abend nochmals aufgetragen.»

«Hat er!», erwiderte ich. «Heute früh, noch kurz bevor er in die Schule ging. Alles tiptop.»

Auf Manuccùli, wie wir Manuel manchmal nannten, war wirklich Verlass, das musste ich schon sagen. Es war so nett von ihm, dass er sich bereit erklärt hatte, auf dem Sofa zu schlafen, damit Delia und ihre kleine Tochter etwas Privatsphäre hatten. Und auch damals, nachdem ich hier eingezogen war, hatte er seinen Platz im Schlafzimmer neben Nicki geräumt und mir diesen überlassen. Ich hatte mich oft gefragt, ob das für ihn nicht schmerzhaft gewesen sein musste.

Ich verschwand kurzerhand mit David im Badezimmer, um ihn zu wickeln. Wie wir es schaffen sollten, das kleine Bad für die nächsten Tage unter acht Personen aufzuteilen, wollte ich mir gerade nicht vorstellen.

Die klare Herbstluft bescherte uns einen schönen Sonnenuntergang, als Domenico später losfuhr, um Delia an der Busstation abzuholen. Ich liebte es, dabei zuzuschauen, wie die rötliche Kugel im Westen langsam am Meereshorizont verschwand, bis kein einziger Funke mehr zu sehen war und sich über der ganzen Szenerie eine Art von «heiliger Stille» breitmachte, eine totale Ruhe nach dem Spektakel, ein Ausruhen der Natur, ein tiefes Atemholen für die nächsten acht, neun Stunden. Domenico hatte mir allerdings gesagt, dass der Sonnenaufgang noch viel imposanter sei, wenn er ihn am frühen Morgen beim Fischen beobachten konnte.

Delia hatte mir prompt eine Meldung geschickt, dass sie mit dem Bus immer noch in irgendeinem Kaff feststecke. Statt halb sieben würde es wohl eine Stunde später werden.

Es war sogar halb neun, als Domenico endlich mit ihr zurückkam. Der Bus hatte fast zwei Stunden Verspätung gehabt!

Ich dachte es nicht gern, konnte es aber nicht ganz unterdrücken, dass dieser leise Gedanke eben doch mitten aus meiner Seelentiefe bis ins Bewusstsein heraufstieg und sich dort festsetzte: *Typisch!*

Ich wartete draußen in der Dunkelheit auf sie. David hatte ich eben gestillt und zu Bett gebracht, aber Ariana hing voller Spannung an meinem Arm und machte überhaupt keine Anstalten, müde zu werden. Bei dem Adrenalin-Überschuss, den sie von ihrem Vater geerbt hatte, war das ja auch kein Wunder. Manchmal machte ich mir Sorgen, dass sie die Schlafgewohnheiten ihres Vaters entwickeln würde.

Endlich sah ich die Lichter von unserem alten Fiat den Hang rauffahren und dann beim Weg einbiegen, der zu unserem Haus führte. Ich ging mit Ariana vorsichtig ein paar Schritte auf das Auto zu und blieb zehn, fünfzehn Meter davor stehen. Die Scheinwerfer erloschen, als Nicki den Motor ausschaltete, aber die Laterne vor unserem Haus spendete genügend Licht, so dass ich ihn aussteigen und die Beifahrertür öffnen sah.

Eine blonde, bildschöne Frau stieg aus dem Wagen, an der Hand ein ebenso hübsches, etwa zweieinhalbjähriges Mädchen.

Ich winkte stürmisch in ihre Richtung. Delia und ich hatten einander bald ein Jahr lang nicht mehr live gesehen. Das letzte Mal hatte ich sie in Deutschland besucht, als ich zusammen mit Nicki an diesem außerordentlichen Ärztekongress im vergangenen Herbst teilgenommen hatte, doch sie war außer an unserer Hochzeit noch nie bei mir auf Sizilien gewesen. Es machte mir allmählich Angst, wie schnell die Zeit doch immer verging …

Auch sie sah mich und winkte ebenso eifrig zurück.

Domenico holte das Gepäck aus dem Kofferraum und trug alles ins Haus, während Delia mit ihren recht hohen Absätzen in der Dunkelheit etwas unbeholfen über Stock und Stein auf mich zu stakste, ihre kleine Tochter an der Hand.

Ich ging ihnen die letzten zwei, drei Schritte entgegen.

«Endlich», sagte Delia. «So lange haben wir uns nicht mehr gesehen!»

«Das kann man wohl sagen.»

«Und? Darf man dich umarmen? Seit der Pandemie sind ja alle so supervorsichtig geworden.»

«Natürlich», versicherte ich. «Ich arbeite ja nun nicht mehr im Krankenhaus.»

Wir drückten einander vorsichtig. Man musste richtiggehend neu lernen, sich in die Arme zu nehmen und zu herzen, sich anzustrahlen und sich zu knuddeln und seiner Freude Ausdruck zu verleihen.

«Und, wie war die Reise?», fragte ich.

«Ach ja, ich hab's überlebt. Du weißt ja, Fliegen ist nicht so mein Ding. Aber bevor ich es vergesse: Ich soll dich von Manu grüßen. Sie möchte so gern mit ihrem Marc auch mal hierherkommen.»

«Nur zu», sagte ich lächelnd.

Delia trat nun einen Schritt zurück und musterte mich. Ich hatte es befürchtet …

«Ja, ich habe leider etwas zugenommen», sagte ich, um ihr gleich den Wind aus den Segeln zu nehmen. «Die Kilos sind nach der Geburt schwer wegzukriegen. Und mein Mann kocht leider viel zu gut.»

Ich schaffte es blöderweise nie, ganz neidlos auf Delias Top-Figur zu starren.

Sie lachte. «Was man von meinem Angetrauten ja nicht behaupten kann!» Sie beugte sich zu Larissa hinunter. Das kleine Mädchen rieb sich müde die Äuglein und verzog seine herzförmigen Lippen zu einem Schmollmund. Es war unglaublich, wie sehr es seiner Mutter aus dem Gesicht geschnitten war.

«So, Lari, nun sind wir endlich da und gehen dann auch gleich ins Bettchen, ja?»

Doch Ariana, noch voller Energie, zerrte Larissa einfach am Arm. Sie wollte jetzt nicht pennen, sie wollte Action.

«Veni! Jocamu!», kommandierte sie.

«Ari, du musst Deutsch mit ihr sprechen», tadelte ich meine Kleine. «Und ich glaube nicht, dass Larissa jetzt noch spielen mag.»

«Auf gar keinen Fall», pflichtete Delia mir bei. «Larissa muss dringend ins Bett.»

Domenico kam wieder aus der Tür. «Ich hab die Sachen in deine Schlafecke gebracht, Delia», sagte er. «Maya hat dir ja gesagt, dass du in Manuels Bett schlafen kannst, oder?»

«Ja, hat sie», entgegnete Delia. «Danke.»

Ich hatte Delia schon behutsam darauf vorbereitet, dass sie im Wohnzimmer in einem mit Vorhang abgetrennten Bereich würde gastieren müssen. Sie hatte es erstaunlich gelassen zur Kenntnis genommen.

«Und wo ist dein Neugeborener?», fragte Delia.

«Er schläft. Hoffe ich jedenfalls.»

«Tut er», sagte Domenico. «Hab vorhin nach ihm gesehen.»

«Um ehrlich zu sein: Ich wünschte mir so sehr auch ein Geschwisterchen für Larissa. Aber mit der momentanen Situation kann ich das ja voll vergessen.»

Domenico warf ihr einen prüfenden Blick zu.

Und dann auch noch mir.

«Bin dann mal in der Küche und mach das Essen fertig», meinte er und drehte sich weg.

«Willst du dich denn jetzt nicht endlich mal ausruhen?», rief ich ihm hinterher.

«Ach was, ich kann doch jetzt nicht schlafen. Außerdem hab ich den Fisch ja schon gestern Abend ausgenommen und vorbereitet. Alles easy, alles gut.»

Ich schüttelte den Kopf. Dieser unverbesserliche sture Bock! Dabei war er todmüde, ich sah es ihm genau an. Außerdem trug er zur Abwechslung einen langärmligen Pullover, und ich war mir nicht sicher, ob ihm kühl war oder ob er damit seine vielen Tätowierungen vor Delia verstecken wollte.

«So spät noch essen?» Delia blickte auf ihre Uhr.

«Hast du denn keinen Hunger?», wollte ich wissen.

«Nun ja, es ist ja schon nach neun Uhr. So spät esse ich normalerweise nicht mehr ... und ... du meine Güte, wo ist Larissa?»

Ich sah mich um. Ariana und Larissa waren weg! Allerdings machte ich mir ausnahmsweise mal keine Sorgen: Ich wusste, dass sie nicht weit sein konnten. Außerdem hatte mein Mann Augen und Ohren wie ein Luchs. Es würde ihm niemals entgehen, wenn eines der Kinder in Gefahr war. Da konnte ich mich wirklich voll und ganz auf ihn verlassen.

«Sie sind bestimmt im Sandkasten hinter dem Haus», war ich überzeugt.

Tatsächlich erblickten wir die Umrisse der beiden Mädchen im Sandkasten, als wir um die Ecke bogen. Das beleuchtete Fenster der Küche, das direkt dem Garten zugewandt war, sorgte für genügend Licht. So schnell war es Ariana also gelungen, Larissa zu überzeugen! Insgeheim musste ich schon schmunzeln. Dieses Energiebündel!

«Lissimo!», strahlte uns meine Tochter an.

«Oh nein, ich wollte nicht, dass sie sich schon am ersten Abend schmutzig macht!» Delia stürzte auf Larissa zu, die seelenruhig auf einem großen Sandhaufen saß und konzentriert mit einer Schaufel ihren Eimer mit Sand füllte.

«Wir haben eine Waschmaschine», antwortete ich.

Delia seufzte. «Larissa, komm da sofort raus. Mami hat keine Lust, schon am ersten Abend Kleider zu waschen. Außerdem musst du jetzt wirklich ins Bett.»

Larissa zog einen Flunsch und ließ sich widerwillig von ihrer Mutter aus dem Sandkasten holen.

Aber ich hatte nicht mit meiner willensstarken Tochter gerechnet, die es ganz und gar nicht akzeptieren konnte, wenn etwas nicht nach ihrem Kopf ging. Sie fing an, lautstark zu brüllen und zu heulen.

«Wow», murmelte Delia. «Ganz schön im Schuss, deine Kleine. Ist sie immer so?»

«Ari», zischte ich. «Schluss damit!»

«Eh, Ari.» Domenico trat ans Fenster und schaute zu uns heraus. Sein Blick und seine Worte waren wunderbar eingepackt in den wohlig zu uns schwebenden Duft des gerade angebratenen supergut gewürzten Fisches. «Che cè?»

«Larissa sollte ins Bett, und Ari passt das nicht.»

«Bring sie zu mir in die Küche», ordnete Domenico an und wandte sich wieder dem Herd zu.

«Komm, Ari, geh zu Papa.» Ich gab ihr einen kleinen Schubs. Das ließ Ariana sich nicht zweimal sagen und stürmte voraus ins Haus.

«Tut mir wirklich leid, Maya», sagte Delia. «Aber ich würde Larissa nun echt gern ins Bett bringen. Sie ist so sensibel, weißt du, sie braucht ihren Schlaf. Und gerade jetzt, wo ihr Vater nicht da ist ...» Sie brach ab.

«Natürlich.» Ich holte tief Luft, als ich Delia voran ins Haus ging. Jetzt kam der entscheidende Moment! Es blieb uns nichts anderes übrig, als zuerst zu Domenico in die Küche zu treten, um von dort direkt ins Wohnzimmer und in die anderen Zimmer zu gelangen.

Ich beobachtete besorgt, wie Delia auf die zerschlissenen Teppiche reagierte, die den Küchenboden bedeckten. Wir wollten ja schon lange neue kaufen, oder vielleicht korrekter: Domenico wollte den Küchenboden schon längst sanieren. Aber momentan hatten andere Dinge Priorität. Immerhin hatte er vor unserer Hochzeit noch einen ziemlich neuen Herd und neue Schränke eingebaut. Das alte Mobiliar war in einem erbärmlichen Zustand gewesen.

«Sorry, es ist etwas eng hier», klärte ich Delia auf. Als ob sie das nicht selbst schon gesehen hätte! Wir quetschten uns an Domenico vorbei, der gerade das Gemüse anbriet, während Ariana ihm am Bein hing.

Delia betrachtete im Vorbeigehen die Bratpfannen, die an der Wand hingen. Ich hatte sie extra der Größe nach aufgereiht, damit es nicht ganz so strukturlos aussah. Sie wunderte sich wohl, dass wir nicht mal Platz für einen zusätzlichen Schrank hatten.

Erst nachdem wir das Wohnzimmer passiert hatten, traten wir in den kleinen Flur, der Bad, Schlafzimmer und das Zimmer von Zio miteinander verband. Eine bescheidene Garderobe und Delias Gepäck nahmen fast die Hälfte des Flurs in Beschlag.

«Kann ich erst mal das Bad benützen?», fragte Delia höflich. «Nach der langen Reise wär das jetzt hochwillkommen.»

Ich wies auf die schmale Tür, an die Nicki vor langer Zeit eine kleine lustige Zeichnung gehängt hatte, die ein pinkelndes Strichmännchen und ein Strichweibchen zeigte, das dem Männchen dezidiert andeutete, es wäre auch für einen sizilianischen Mann gar nicht mal schlecht, wenn er sich beim kleinen Geschäft setzen und nicht rund ums Klo alles verspritzen würde mit seinem (wie Nicki es nannte) «Sprühnebel»!

Ich hatte extra frische Blumen ins Bad gestellt, damit es nicht so schäbig aussah. Mit Blumen konnte man so vieles aufwerten. Das hatte ich von Mama gelernt.

«Larissa, musst du Pipi?»

Larissa nickte müde und rieb sich die Äuglein. Delia holte ein paar Sachen aus ihrem Koffer und verschwand mit ihrer kleinen Tochter im Bad.

Ein wenig später führte ich die beiden zurück ins Wohnzimmer zu Manuels Schlafecke, die mit einem Vorhang abgetrennt war. Manuel hatte all seine Sachen weggeräumt und sogar die Fußballposter entfernt. Nur ein paar seiner Zeichnungen hingen noch da. Auch hier hatte ich einen Strauß Blumen auf das Nachtschränkchen gestellt. Domenico hatte bei Luisa extra ein zweites Kinderbett für Larissa ausgeliehen. Ich hatte es mit der schönsten Bettwäsche versehen, die wir besaßen.

Obwohl wir uns so viel Mühe gegeben hatten, für unsere Gäste alles hübsch vorzubereiten, bemerkte ich, wie Delia ob des geringen Platzes doch leer schluckte.

«Es tut mir wirklich leid, Deli», sagte ich. «Aber mehr Platz ist nun mal nicht vorhanden.»

«Schon gut», sagte sie tapfer. «Wir schaffen das, Larissa, nicht wahr?»

Larissa gähnte nur. Sie trug ein rosarotes Nachthemdchen mit einer Katze drauf und sah darin zum Knuddeln aus.

«Und, ähm, wie ist das ... Domenicos Neffe soll auch in diesem Raum schlafen?», fragte Delia vorsichtig.

«Ja, dort hinten auf dem Sofa.» Ich deutete rüber. «Aber keine Angst, er wird dich nicht stören. Er ist eh meistens mit seinen Freunden oder Cousins unterwegs, und wenn er da ist, muss er für die Schule lernen oder hilft Nicki beim Arbeiten. Außerdem kannst du den Vorhang ziehen, dann hast du deine Privatsphäre.»

«Und wo schläft dieser Onkel von Domenico, der Zio, oder wie ihr ihn nennt?» Delia sah sich um.

«Im Zimmer nebenan. Der Zio hat natürlich sein eigenes Zimmer.»

«Und ... ihr? Ich meine ... die ganze Familie? Nicki und du und die Kids?»

«Tja, also, wir schlafen alle im großen Schlafzimmer, gleich neben dem Bad.»

«Und das geht?» Meine Vorahnung, dass Delia ziemlich ungläubig reagieren würde, bestätigte sich.

«Hm, es ist nicht so, dass wir nicht auch gern mehr Platz zur Verfügung hätten, aber momentan können wir es uns eben nicht leisten. Wir zahlen ja keine Miete hier, weil das Haus dem Zio gehört, und es ist ein Riesensegen, dass er es uns quasi überlassen hat und wir hier das Zepter übernehmen durften.»

«Und was ist mit dem oberen Stock? Das Haus hat doch zwei Stockwerke, oder sehe ich das falsch?»

«Da oben ist nur der Dachboden», sagte ich. «Nicki hat mal geplant, dieses Stockwerk zu einer kleinen Wohnung auszubauen, aber natürlich haben wir weder die Finanzen noch die Zeit dazu. Jetzt bleibt das halt erst mal so.»

«Hmm.» Ich sah in Delias Gesichtsausdruck, dass diese Vorstellung sie mehr als anstrengte. Sie setzte Larissa vorsichtig ins Kinderbettchen und drückte sie sanft aufs Kopfkissen.

«Soll sie gar nichts essen?», wunderte ich mich.

«Sie hat vorhin im Bus gegessen. Ich möchte nicht, dass sich ihr Ess- und Schlafrhythmus allzu sehr verschiebt. Wir essen normalerweise um halb sieben.»

«Ja, das war mal», sagte ich mit einer leisen Wehmut. «Hier im Süden isst man selten vor neun Uhr. Aber komm, ich zeig dir den Garten.» Irgendwie wollte ich Delia so schnell wie möglich wieder draußen haben. Ich führte sie hinter das Haus, wo unser Garten lag – unsere kleine private Märchenwelt. Wenigstens damit konnte ich bei ihr Eindruck schinden.

«Wow», sagte sie. «Eine richtige Sehenswürdigkeit. Definitiv the best place to be!»

Ja, der Garten war wirklich ein Prachtstück. Er war eins der Hochzeitsgeschenke meines Mannes an mich gewesen. Noch vor unserer Hochzeit hatte er hier etliche Sträucher und Bäume angepflanzt und das Ganze mit gefühlt hundert LED-Solarlaternen in allen Formen und Größen geschmückt, die wie kleine Sterne leuchteten und den Garten bei Dunkelheit in ein sanftes Licht tauchten. Der Duft von frisch erblühten Orangenblüten lag in der Luft und vermischte sich mit dem süßen Aroma von Jasmin-Pflanzen, die an den Holzpfeilern der Pergola emporwuchsen. Die zarten Blütenblätter schienen im sanften Abendwind zu tanzen und verströmten einen betörenden Duft, der sich mit dem salzigen Geruch des Meeres vermengte. Man konnte sich kaum «sattriechen» daran!

Von der Straße aus konnte man den Garten nicht sehen, weswegen er eben ein echter Geheimplatz war. Leider hatte der Brand im vergangenen Jahr einen Teil des Gartens zerstört, und wir hatten vieles wieder neu aufbauen müssen.

Eine ganz besondere Ecke des Gartens bildete das Holzkreuz, das wir hinter dem üppigen Rosmarinstrauch aufgestellt hatten. Das Kreuz war eine besondere Erinnerung an Domenicos verstorbenen Bruder Mingo. Er hatte es damals aus Deutschland mitgenommen, nachdem Mingos Grab einen richtigen Stein aus Marmor bekommen hatte. Lange Zeit hatte Nicki das Kreuz im Schlafzimmer an der Wand gehabt, doch nach der Hochzeit hatten wir ihm dafür einen Ehrenplatz im Garten gegeben.

Um das Kreuz herum hatten wir kleine Steine und Kiesel angeordnet, die in verschiedenen Farben schimmerten. Auf den Steinen hatten wir kleine Vasen mit duftenden Blumen platziert, die ich regelmäßig auswechselte. Neben dem Kreuz standen zahlreiche kleine Windlichter, einige neu, andere bereits erloschen. Domenico zündete fast jeden Abend für Mingo eine Kerze an, und auch ich tat es hin und wieder.

Doch diese kleine Nische zeigten wir niemandem, darum hatten wir sie auch hinter dem Rosmarinstrauch verborgen. Sie gehörte nur uns.

Mitten im Garten stand eine Hollywoodschaukel mit direktem Ausblick aufs Meer. Anfangs waren wir stundenlang darauf gesessen und hatten von der Zukunft geträumt, doch in letzter Zeit waren diese gemeinsamen Abende selten geworden.

Von hier aus führte ein kleiner Steg direkt hinunter bis zum Strand. Auch diesen Steg hatte Domenico noch vor unserer Hochzeit gebaut, damit wir nicht jedes Mal beim Felsen runterkraxeln mussten. Allerdings mussten wir nun alles mit einem Zaun schützen, damit nicht andauernd ungebetene Touristen vom Strand her in unseren Garten gelangen konnten.

Delias Staunen tat mir richtig gut. Ja, unser Haus mochte bescheiden sein, aber so einen schönen Garten hatte sie wahrscheinlich noch selten zuvor gesehen.

«Das ist fast alles Nickis Werk», sagte ich stolz.

«Alle Achtung. Er scheint ja wirklich alles zu können!»

In der Tat hatte Domenico noch viel mehr solcher Pläne. Er wollte einen richtigen Spielplatz für die Kinder bauen. Wann er allerdings Zeit dafür finden würde, stand noch in den Sternen.

«Auf solch romantische Ideen käme mein Ronny ja nie», fuhr Delia fort, während sie jeden Winkel betrachtete. «Ein Garten als Hochzeitsgeschenk – so etwas habe ich noch nie gehört. Ich kann es kaum erwarten, ihn morgen bei Tageslicht zu sehen.»

«Immerhin wirst du dann auch das Meer sehen.»

«Ich kann es zumindest hören.» Sie lauschte den ohne Ende heranrauschenden Wellen, die schon da waren, bevor Nicki und ich hier einzogen, und die noch Jahrhunderte später da sein werden, wenn wir alle nicht mehr da sind … Das Geräusch des Meeres ließ mich immer andächtig werden. Und auch demütig. Die Hollywoodschaukel hier und dazu dieses ewig währende Geräusch – oh, es gab nur wenig, das mich mehr packen und begeistern konnte. Und es erinnerte mich immer an den Titel eines Buches, das ich in einer städtischen Bibliothek mal in der Hand gehabt hatte: «Die Kathedrale des Meeres» …

«Pflanzt ihr hier auch Gemüse an und so? Hier riecht es nach etwas Würzigem» – mit diesen Worten unterbrach Delia meine tiefsinnig werdenden Gedankengänge.

«Hinter dir steht ein riesengroßer Rosmarinstrauch», sagte ich. «Der war aber schon vorher da. Weiter hinten sind noch andere Gewürzpflanzen, etwa Basilikum. Domenico sagt, er will Tomaten und Gemüse und noch viel mehr von der Art anpflanzen. Aber am Ende hat er dann doch keine Zeit dafür. Und wie er den ganzen Garten bewässern will, wenn wieder mal kein Wasser kommt, weiß ich auch nicht.»

«Wieso kein Wasser? Wegen der Trockenheit?»

«Ach, das weiß man nicht immer so genau.»

«Hat das was mit Mafia-Geschäften zu tun? Die Mafia ist ja ziemlich aktiv auf Sizilien, nicht wahr?»

«Sagen wir mal so: Du kriegst nicht viel davon mit, wenn du nicht direkt was mit ihnen zu tun hast. Selbst ich merke nicht viel davon, aber Domenico hat da schon bedeutend mehr Ahnung.»

«Was machen die denn so genau? Ich weiß eigentlich gar nicht viel über die Mafia, also entschuldige die dumme Frage. Halt einfach, was man aus Filmen so kennt …» Delia sah mich ein wenig kleinlaut an. «Ronny ist natürlich über solche Themen besser informiert … ich weiß nur, dass die sizilianische Mafia Cosa Nostra oder so ähnlich heißt.»

«Ach, weißt du, das ist auf den ersten Blick alles sehr unauffällig. Eigentlich machen sie all das, was der Staat nicht effizient genug macht. Müllentsorgung, zum Beispiel. Sie entsorgen illegal Sondermüll für viele Regionen Italiens, radioaktive Abfälle, die sie dann irgendwo verscharren oder ins Meer werfen. Dafür kriegen sie Unsummen Geld. Wer aber mit Recycling oder Umweltschutz arbeiten will, kommt ihnen in die Quere und lebt gefährlich. Und so läuft das in vielen Branchen, bei Vergaben von Bauprojekten, Infrastruktur, Transporten – bei allem, was ihnen halt irgendwie nützt und zu Geld zu machen ist, haben sie die Finger im Spiel.»

«Und wie reagiert die Bevölkerung? Hat die irgendwelche Sympathien für die Mafia-Leute?»

«Gute Frage! Sie übernehmen durchaus auch Aufgaben, welche die Bevölkerung als angenehm empfindet. Sie machen zum Beispiel Druck, wenn die Müllabfuhrfirmen streiken, damit die Stadt nicht im Gestank und Dreck versinkt. Insofern sind die Leute also froh. Andererseits gibt es ja auch gute Gründe, warum diese Firmen streiken. Es ist alles sehr komplex und undurchsichtig; ich weiß nicht, wie ich es besser erklären kann. Domenico meint, ich soll mich nicht zu viel damit beschäftigen. Letztes Jahr gab es eine Geschichte, da dachte ich, dass jemand Zio Giacomo erpressen wollte wegen Schutzgeldern, damit er sein Fischereigeschäft weiterführen darf. In Wahrheit war es aber so, dass seine Fischerlizenz abgelaufen war und Domenico sie nicht erneuert hatte. Für mich sah das damals aus wie Machenschaften der Mafia, und Domenico tat auch ganz geheimnisvoll und wollte mir nichts Genaues sagen, aber eigentlich hatte er es versäumt, das Fischereigeschäft seines Onkels und auch das Boot anzumelden. Ein Typ kam dann und wollte alles für ihn regeln, was wiederum nur mäßig legal gewesen sein muss. Mit der Mafia hatte das aber nichts zu tun, die suchen schon größere Fische als die, welche Zio Giacomo fischt.»

Ich dämpfte meine Stimme, weil ich nicht wollte, dass Domenico uns hörte. Wir hatten uns deswegen schon mehrmals in die Haare gekriegt, als ich dahintergekommen war, wie das damals wirklich gelaufen war. Domenico hatte mir vorgeworfen, ich würde nicht verstehen, wie die Dinge hier liefen, allerdings kapierte ich es mit der Zeit doch immer besser und wusste deshalb, dass nicht alles «Mafia» war, was illegal, suspekt oder einfach nur dumm war.

«Das heißt, Domenicos Onkel muss bezahlen, dass er sein Fischereigeschäft führen darf?», versuchte Delia zu verstehen.

«Nun ja, das müssen alle; die Fischerei ist staatlich geregelt, es braucht Lizenzen, es gibt Vorgaben. Wenn man es rechtzeitig macht, ist es verhältnismäßig in Ordnung, aber weil sie zu spät dran waren und ohne gültige Lizenzen gefischt hatten, wurde es relativ teuer. Ich weiß ehrlich gesagt nicht, wie sie es schlussendlich geregelt haben, meistens muss man einfach einen Anwalt bezahlen, und der kümmert sich dann ein paar Monate lang um Papierkram und Prozesse, die immer wieder verschoben werden. Ich bin sicher, Nicki wollte diese Summen aber nicht unbedingt zahlen und hat irgendeinen Deal ausgehandelt. Deswegen hab ich auch ständig ein wenig Angst um ihn, um uns. Denn es ist leicht, den falschen Leuten einen großen Gefallen zu schulden, und dann steckt man plötzlich in Sachen mit drin, die dich Kopf und Kragen kosten können. Da hilft dann auch kein Anwalt mehr. Was meinst du, wie viele Plätze und Straßen nach ermordeten Richtern benannt wurden … ich will es besser nicht wissen! Domenico meint zwar immer, ich soll mir keine Sorgen machen, da er ja auch viele Leute kennt, auch viele *gute* Leute, aber …»

«Was heißt das, Leute kennen?»

Ich warf einen Blick zum Küchenfenster und legte den Zeigefinger auf meine Lippen.

«Nun ja, Leute, die er von früher kennt. Du weißt ja, in was für Dinge er in seiner Jugend verwickelt war. Einige Leute sind auch ihm einen Gefallen schuldig. Aber nun, er sagt immer, er wolle mir keine Details nennen.»

«Und das kaufst du ihm ab? Einfach so? Und das bei seiner Vergangenheit? …»

«Du, ganz ehrlich, ich will es auch nicht so genau wissen, sonst mach ich mir viel zu viel Sorgen. Ich hab irgendwann beschlossen, das Ganze einfach so stehenzulassen und nicht mehr allzu viel zu grübeln.»

«Hm.» Delia schwieg und schien über das Gehörte nachzudenken. Ich war mir fast sicher, dass sie dabei an ihren Mann dachte, der als Polizist auch sehr nah an den Frontlinien der Kriminalität kämpfte, wenn auch ganz anders als Domenico.

«Uh, Maya … Ehrlich, ich weiß nicht, ob ich so leben könnte», sagte Delia schließlich. «Das klingt ja mega anstrengend. Und wenn dann auf einmal nicht mal mehr Wasser kommt …»

«Wie gesagt, Nicki weiß schon, wie man das Ganze angeht. Er hat ja neben unserem Haus auch einen Wassertank installiert, so dass wir wenigstens für den täglichen Bedarf immer genug Wasser haben. Aber reden wir doch lieber über was anderes, Deli. Das Ganze ist ein heikles Thema …»

«Ich sehe das», kommentierte Delia und ließ ihren Blick über den Garten wandern, dessen Umrisse man dank all der Solarleuchten deutlich erkennen konnte. «Die Laterne hier ist kaputt», stellte sie mit einer vornehm zurückhaltenden Kopfbewegung in Richtung einer dunkel gebliebenen kleinen Gartenlaterne fest, die über der Hollywoodschaukel hing.

Das war jetzt nicht gerade der Themenwechsel, den ich mir gewünscht hatte. Typisch: So sehr ich meine beste Freundin mochte – ihre Eigenart, jedes Haar in der Suppe zu finden, hatte sich mit den Jahren nicht geändert. Selbst wenn es nur eine kaputte Laterne war …

«Ja, ich weiß. Sie ist schon seit längerer Zeit hinüber, aber irgendwie kommen wir nicht so richtig dazu, sie auszuwechseln.»

«Du, sag mal, wie lange braucht dein Mann noch mit dem Essen?», fragte Delia nach einem Blick auf ihre Uhr. «Ich dürfte ja eigentlich nach sieben Uhr nichts mehr essen, und jetzt ist es bald halb zehn. Meine Agentin bringt mich um, wenn sie davon erfährt. Mit bald einunddreißig bin ich langsam in einem kritischen Alter fürs Modeln. Wenn das noch lange dauert, geh ich wohl besser schlafen.»

Ich warf einen Blick zum Küchenfenster. Doch just in diesem Augenblick kam Domenico raus, zwei voll beladene Serviertabletts auf dem Arm. Das schaffte auch nur er!

Ich ging ihm entgegen und nahm ihm eines davon ab.

«Danke, amore», sagte er. «Sorry, ich wurde aufgehalten. Tomaso hat angerufen. Die Jungs sind wieder ausgebüxt und haben bei ihm eingebrochen.»

«Die Jungs?»

«Na ja, Ali, Jamil und die andern.»

Ich schüttelte den Kopf. In letzter Zeit machten die Flüchtlings-Jungs wieder vermehrt Probleme.

«Tomaso will sie nicht bei der Polizei verpfeifen, deshalb hat er mich angerufen. Ich muss nach dem Essen schnell hinfahren und nach dem Rechten sehen.»

«Oh nein, echt jetzt?» Mir entfuhr ein Seufzer.

Ein tiefer.

«Tut mir wirklich leid, Maya. Ich kann ihre Unruhe sehr wohl verstehen. Sie harren hier jetzt schon monatelang in diesen Containern aus, und jeden Tag passiert – nichts! Das rechtfertigt ihr Verhalten natürlich nicht, nein, aber wenn sie endlich Arbeit hätten, würde das so viel ändern. Ich würde so gern mehr für sie tun, aber mir sind die Hände gebunden. Deswegen helfe ich ihnen ja ein bisschen, damit sie sich das Geld irgendwie verdienen können, um irgendwann in Richtung Norden zu reisen. Ist zwar auch illegal, aber auf legale Weise kannst du ja kaum noch Menschen helfen.»

Er zog finster seine Augenbrauen zusammen.

«War Moses auch dabei?», fragte ich leise. Ich hatte den kleinen Jungen, der bei dem Unglück vor einigen Wochen seinen Bruder verloren hatte, besonders ins Herz geschlossen.

«Ich weiß es nicht», sagte Domenico und stellte das Tablett auf dem Tisch der Veranda ab. «Ich hab die eindringlich gebeten, dass sie ihn da raushalten sollen, aber ob sie auf mich hören, weiß ich natürlich nicht.»

Trotzdem. Dass mein Mann nachher schon wieder wegmusste, war ein ziemlich heftiger Schlag für mich.

«Ist Manuccùli eigentlich schon da?» Domenico blickte sich nach allen Seiten um.

«Ich hab ihn nicht gesehen.»

«Der bleibt inzwischen auch immer länger weg ...», murmelte Domenico und ging wieder ins Haus, um weitere Sachen zu holen. Ariana klebte ihm an den Fersen und verstreute überall ihre Stofftiere. Eigentlich gehörte meine Tochter längst ins Bett, aber sie würde sich weigern ohne die Gutenachtgeschichte von ihrem Vater.

Etwas später saßen wir alle um den Esstisch. Es war etwas kühl – immerhin hielt der Herbst langsam Einzug –, doch wir hatten uns daran gewöhnt. Domenico hatte ein paar Wolldecken gebracht. Das hatten wir bei unseren Besuchen in Norwegen gelernt: Draußen sitzen bei jedem Wetter ist einfach großartig – man kann sich ja in Decken einmummeln.

Früher hatte der Esstisch im Wohnzimmer gestanden, doch wir hatten ihn auf die Veranda geschafft, um im Haus mehr Platz zu haben. Jetzt aßen wir meistens draußen, manchmal sogar im Winter. Nur wenn das Wetter ganz garstig war – was hier eher selten vorkam –, aßen wir am kleinen Küchentisch.

Nicki hatte fantastisch gekocht! Vor uns türmten sich sizilianische Köstlichkeiten: gebackene Auberginen-Pizzette, Bruschetta, Meeresfrüchtesalat, Cotto Siciliano, Carponata und vieles mehr. Es war jedes Mal unglaublich, was Domenico innert kürzester Zeit hervorzaubern konnte. Er hatte mir mal gestanden, dass er eigentlich überhaupt kein Konzept hatte, sondern einfach aus dem Bauch heraus das fabrizierte, was er bei seiner Arbeit in der Trattoria aufgeschnappt und dann für die eigene Kocherei abgekupfert hatte. Sehr oft konnte er auch einfach Reste von der Arbeit mitnehmen. Auch wenn wir finanziell eng durchmussten – Essen war genug vorhanden!

«Lasst es euch schmecken», sagte er. «Magst du etwas Wein, Delia?» Er hielt Ariana fest, die auf seinem Schoß saß, und angelte sich mit der anderen Hand eine Plastikflasche mit einer roten Flüssigkeit.

«Oh nein, ich trinke keinen Alkohol», sagte sie.

«Der ist noch ganz jung», sagte er. «Tomaso hat ihn mir gestern erst gegeben.»

«Wein in einer Plastikflasche?»

«Er schmeckt wirklich super, Delia», sagte ich. Domenico und ich tranken gern ein Gläschen Wein zusammen, und der hier war so mild, dass wir ihn kaum spürten. Tomaso, ein kleiner Lebensmittelhändler, gab Domenico oft ein paar Flaschen, weil Nicki ihm schon mehrmals aus der Patsche geholfen hatte.

Im selben Moment sahen wir im Licht der Hauslaterne die Gestalt eines vierzehnjährigen Jungen den Weg entlangkommen. Der lässige Gang war unverkennbar: Es konnte sich nur um Manuel, Domenicos Neffen, handeln. Er kam auf uns zu und ließ sich auf den noch freien Stuhl plumpsen.

«Ciao», sagte er mit heiserer Stimme. Er war gerade mitten im Stimmbruch.

«Ciao Manù», sagte Domenico. «Du kommst spät heute.»

«Ero con Dario e gli altri ...», erklärte Manuel.

«Ma unni?»

«Ni Stefano.»

«A fari che?»

«Wir haben Minecraft gespielt.»

«Ah ja?» Domenico hob die Augenbrauen.

«Das ist ein Computerspiel, Nicki», klärte ich ihn auf.

«Ja, ja, schon klar. Weiß ich.»

Ich war mir sicher, dass er es *nicht* wusste.

«Hey. Ruf mich doch nächstes Mal an, ja?», sagte Domenico sanft, ebenfalls in seiner Muttersprache. «Wäre manchmal schon gut zu wissen, wo du steckst.»

«Jaaa ...» Manuel langte über den Tisch, um sich zwei, drei von den Auberginen-Pizzetten zu schnappen. Um seine Handgelenke hatte er, wie einst sein Onkel, ein paar Bändchen geschlungen. Ich stutzte, als ich sie sah. Das war neu. In letzter Zeit legte Manuel eindeutig mehr Wert auf sein Äußeres, und ich wurde den Verdacht nicht los, dass er damit einem Mädchen imponieren wollte.

Ich konnte generell einfach nicht aufhören, über seine Ähnlichkeit mit Nicki zu staunen. Er war seinem Onkel beinahe wie aus dem Gesicht geschnitten und hatte die gleichen hohen Wangenknochen, dieselben blaugrauen mandelförmigen Augen, eine gegenüber Domenico fast identische Körperhaltung und sogar einen ähnlichen Haarschnitt. Ich kam nicht umhin, mich immer wieder an die Zeit zurückzuerinnern, als ich Domenico zum ersten Mal getroffen hatte. Vor bald siebzehn Jahren ...

«Übrigens, das ist Delia, Mayas Freundin.» Domenico hatte nun auf Deutsch gewechselt, damit Delia uns verstehen konnte.

«Hallo», sagte Manuel höflich. Damit schien schon alles gesagt, weiter verlief die Unterhaltung nicht. Manuel traute sich nämlich nicht so richtig, Deutsch zu sprechen, obwohl er es durchaus konnte. Außerdem schämte er sich wahrscheinlich wegen seiner momentan wackeligen Stimme. Dazu kam, dass er ziemlich schüchtern war, wenn wir Gäste hatten. Kaum war er fertig mit Essen, stand er folglich auch schon wieder auf und verschwand mit den Worten, dass er noch lernen müsse.

«Was der in letzter Zeit pauken kann», sagte Domenico kopfschüttelnd. «Das ist mir echt neu. Diese Gene hat er definitiv nicht von seinem Vater …»

Von seinem Onkel Domenico di Loreno aber auch nicht, ergänzte ich in Gedanken und musste schmunzeln.

Es war mittlerweile fast elf Uhr, und Ariana war auf Domenicos Schoß eingeschlafen. Unser energiegeladenes Action-Girl war also ohne Gutenacht-Geschichte müde geworden; wie schön! Der Zio war immer noch nicht zu Hause, aber das war ziemlich normal. Er kehrte meistens bei einem seiner alten Fischerfreunde ein und blieb dann bis weit nach Mitternacht, in irgendein Gespräch über Politik, Fußball oder aktuelle Probleme vertieft.

Wir brachten das Geschirr nach drinnen und stellten alles in den Trog, und ich sammelte Arianas Stofftiere ein, die zwischen Veranda und Küche überall am Boden verstreut lagen. Ich hatte darauf bestanden, das Geschirr erst morgen früh abzuwaschen, weil ich fand, dass Domenico an diesem Tag und an diesem Abend schon mehr als genug getan hatte.

Delia legte sich sogleich schlafen, Nicki und ich verzogen uns mit Ariana in unser Schlafzimmer. Ich schaute nach, ob bei David alles okay war und er ruhig schlief, ob Körper und Bett nicht zu kalt und nicht zu warm und die Windeln noch trocken waren, während Domenico seinerseits Ariana beim Auskleiden half und ihr den Pyjama überzog. Und das Resultat: Natürlich war dieser Racker jetzt wieder hellwach und verlangte nach der Gutenacht-Geschichte!

Selbst ich fand, dass Nicki spannend erzählen konnte, obwohl doch eigentlich das Geschichten-Erfinden eher *mir* im Blut lag. Aber er hatte auf seinen nächtlichen Fangtouren so vieles gesehen und erlebt, dass es ihm leichtfiel, daraus jeweils eine umwerfende Geschichte zu spinnen.

Wenn Ariana wüsste, dass ihr Vater noch so viel mehr erlebt hat in seinem Leben!, dachte ich bei mir. Ich fragte mich oft, wie wir ihr das eines Tages erzählen sollten. Aber nun, das hatte ja noch Zeit …

Nachdem auch Ariana ins Reich der Träume geglitten war, wollte Domenico auch schon wieder losziehen.

«Willst du jetzt wirklich noch zu Tomaso fahren?», seufzte ich. «Du fällst ja schier um vor Müdigkeit.» Ich hatte ihm schon die ganze Zeit angesehen, dass er konstant versuchte, das Gähnen zu unterdrücken. Es gelang ihm nicht immer.

Irgendwie war ich aber auch … na, wie soll ich sagen? … enttäuscht … empört … frustriert? Ach, es war ein Mix aus all dem. Denn hey, ich wär doch so gern wieder mal in seinen Armen eingeschlafen …

«Ich hab's versprochen», meinte er. «Außerdem fürchte ich, die Jungs brauchen schlicht und einfach mal wieder was Ordentliches zu essen. Die Container sind völlig überfüllt. Du kannst mir nicht erzählen, dass die alle satt werden.»

Mit diesen Worten raste er in die Küche und begann ein paar Reste in eine Tüte zu packen. Ich sah ihm zu und schüttelte nur noch den Kopf. Ich hatte noch immer kein Geheimrezept gefunden, um meinen adrenalingeladenen Mann zur Ruhe zu bringen.

Ich begleitete ihn zum Motorrad und gab ihm einen Kuss, bevor er losfuhr. Er hielt kurz inne und zog mich an sich.

«Sei bald zurück, ja?», bat ich.

«Promesso, cori mia.»

«Als ob ich das glauben könnte», seufzte ich. «Manchmal frage ich mich, ob der Schutzpatron von Licata wirklich Sant'Angelo ist, oder ob er nicht am Ende gar Santo Domenico di Loreno heißt.»

Er lachte über meinen Scherz und klappte das Visier seines Helms runter.

«Pass auf dich auf, Löwe», murmelte ich, und schon war er weg. Nur das Röhren seines Motorrades hallte in der Dunkelheit nach.

4. Freundinnen-Talk

Wie ich befürchtet hatte, kam Domenico erst gegen drei Uhr früh nach Hause. Es war typisch, irgendwo kam immer noch irgendwas dazwischen, und alles dauerte immer länger als geplant. Obwohl das bei ihm nichts Neues war, hielten mich die Sorgen um ihn oft wach. Er war durch seine Aktivitäten stets so vielen Gefahren ausgesetzt. Auch Ariana schlief unruhig, wie immer, wenn ihr Vater nicht da war. Ich hatte extra die Lichterketten brennen lassen, weil Ari die Dunkelheit genauso wenig mochte wie ich.

Im Halbschlummer hörte ich Domenicos Motorrad und drehte mich erleichtert auf den Rücken. Er betrat leise den Raum, um mich und die Kinder nicht zu wecken, und legte sich neben mich. Ich kuschelte mich an ihn, und er drückte mich fest an seine Brust. Doch kaum war ich endlich richtig eingeschlafen, war er auch schon wieder weg, unterwegs zu seinem nächsten Job, was immer das auch sein mochte.

Es war sechs Uhr früh. Ganze drei Stunden hatte er also geschlafen! Wie geht so was auf Dauer?!

Seufzend setzte ich mich im Bett auf. Ariana strahlte mich sofort mit ihrem Milchzähnchengrinsen an. Ihr lockiges Haar stand in alle Richtungen ab und verlangte nach einer Haarbürste. Sie war offenkundig bereits hellwach und spielte munter mit ihren Fischen.

«Mamma, talé», gluckste sie. «Lu Fisch mangia.»

«Ich sehe es», schmunzelte ich und machte mich ans Werk. Da David gerade dabei war, aufzuwachen und herzhaft zu gähnen, nahm ich erst ihn hoch und ließ mein Fräulein Tochter noch eine Weile spielen. Ich wickelte ihn, stillte ihn und setzte dann Ariana auf ihr Töpfchen. Hinter dem Hügel ging die Sonne langsam auf.

Etwas später standen auch Delia und Larissa auf, und bald schon trafen wir uns in der Küche und bereiteten das Frühstück zu. Unsere beiden Mädchen saßen auf dem Teppich am Boden und spielten weiter mit Arianas Plüschtieren. Ariana erklärte Larissa gerade in ihrem Kinder-Italienisch, in welche Richtung die Fische zu schwimmen hatten. Larissa verstand zwar kein Wort von dem, was

Ari von sich gab, nickte aber folgsam. Ich stellte amüsiert fest, dass sie bereits dicke Freundinnen geworden waren, während ich David in eine Babytrage an meine Brust packte, damit ich beide Hände frei hatte.

Ich wusch noch das Geschirr vom Vorabend ab, während Delia ein paar Tomaten schnitt. Für eine Spülmaschine reichte der Wassertank nicht aus, und schon gar nicht, wenn die hin und wieder das Wasser abdrehten. Domenico brachte zu diesem Zweck oft Kanister mit Brunnenwasser mit.

«Dein Mann ist anscheinend spät nach Hause gekommen», bemerkte Delia. «Ich hab sein Motorrad gehört, und als ich auf die Uhr schaute, war es drei Uhr.»

«Ja, muss wohl wieder ein heftiger Notfall gewesen sein», meinte ich.

«Mit diesen Flüchtlingen?» Delia hatte das am Vorabend natürlich aufgeschnappt.

«Ja.»

«Das scheint hier schon ein echtes Problem zu sein», stellte sie fest. «Ich erinnere mich, dass die Zeitungen vor ein paar Monaten voll davon waren.»

«Es ist immer noch so», sagte ich. «Nur schreiben die Medien nicht mehr so viel darüber wie damals. Es ist eine Riesensache hier. Es sind viel zu viele, man kriegt all diese Menschen kaum unter. Und eigentlich wandern sie ja illegal sein. Sizilien ist nun mal die erste Anlaufstelle in Europa, will heißen, der erste Hafen, den man vom afrikanischen Kontinent aus erreichen kann. Ganz schlimm ist es auf Lampedusa, dieser kleinen sizilianischen Insel im Mittelmeer ganz nahe bei Tunesien. Die italienische Regierung arbeitet mit Hilfsorganisationen an Lösungen, aber es ist schwierig.»

«Und Domenico kümmert sich um sie?»

«Ja. Er hat ein großes Herz für diese Menschen. Er weiß ja selber, was es heißt, Hunger zu haben und ums Überleben zu kämpfen. Er würde so gern etwas aufbauen für die Jungs hier, aber das ist schwierig bis unmöglich.»

Ich war fertig mit dem Abwasch und begann den Tisch mit neuem Geschirr zu decken.

«Und warum?» Delia richtete die geschnittenen Tomaten auf einem Teller an.

«Eben, weil das Ganze eigentlich illegal ist. Und auch völlig uferlos – du hilfst einem Flüchtling notdürftig, und schon kommen nach ihm wieder zehn weitere, es hört einfach nie auf. Und letztendlich ist es auch eine politische Angelegenheit. Es versuchen immer einige, von der Situation der Flüchtlinge zu profitieren. Und die lassen sich nicht gern ins Handwerk pfuschen. Und ehrlich gesagt möchte ich nicht, dass Nicki da noch mehr involviert ist, sonst bekommen wir irgendwann wirklich noch ernsthafte Probleme.»

«Schon klar», sagte Delia. «Aber was ist mit den Frauen und Mädchen? Du redest immer nur von Jungs …»

«Die Mädchen landen oft in der Prostitution. Aber es gibt auch Sozialarbeiterinnen, die sich speziell um die Mädchen kümmern. Nicki ist derjenige, der am besten mit den Jungs umgehen kann, deswegen wird er halt dort am meisten gebraucht.»

«Verdient er dabei eigentlich was?» Sie hielt inne, um mir einen Blick zuzuwerfen.

«Nein, er macht das alles ehrenamtlich. Die können gar nicht so viele Leute bezahlen, wie da gebraucht werden.»

«Puh, diese Welt wird schon immer schlimmer, was?» Delia sah zu den beiden Mädchen rüber, die so unschuldig am Spielen waren. Larissas blonder und Arianas dunkelbrauner Haarschopf wirkten nebeneinander wie Vanille und Schokolade. Nicht nur waren die beiden Mädchen fast gleich alt, sondern auch etwa gleich groß.

«Manchmal frage ich mich schon, was aus unseren Kindern werden soll.»

«Ich weiß, Deli. Deswegen sagt Domenico immer, wir müssen dafür kämpfen, unseren Kindern eine bessere Welt zu hinterlassen. Und das macht er … unser Löwe ist dauernd am Kämpfen.» Meiner Meinung nach manchmal eher zu viel … doch das sprach ich vor Delia nicht aus.

Ich ging zum Kühlschrank und holte Käse, Schinken, Butter, Marmelade und Cannoli raus. Unser Frühstück bestand jeweils aus einer Mixtur aus sizilianischer und deutscher Kultur.

«Ist er jetzt eigentlich schon wieder am Arbeiten, dein Löwe?»

Delia musterte mich, und mir war, als läge in ihrem Blick ein Anflug von Neid.

«Ja, er hilft hin und wieder beim Ausliefern von Waren, wenn er nicht fischen kann», sagte ich. «Da muss er früh los.»

«Wieso? Gibt es Tage, an denen er nicht fischen kann? Sorry, ich weiß da zu wenig drüber …»

«Es gibt immer mehr Regeln und Umweltauflagen», sagte ich. «Man will damit die Überfischung verhindern und gewährleisten, dass sich die Bestände erholen können, aber für die Fischer, die nicht regulär angemeldet sind und ohne Lizenz fischen, ist das natürlich ein Problem. Denn die werden in der Zeit dann nicht entschädigt. Aber ganz unter uns, ich bin eigentlich froh darum, sonst wäre mein Mann wohl jede Nacht da draußen.»

«Mal im Ernst: Wie viele Jobs hat er eigentlich? Er hat mir auf der Fahrt von der Busstation bis hierhin erzählt, dass er verschiedene Aufträge hat, aber ich blickte da nicht so richtig durch …»

«Ganz ehrlich, Deli, ich auch nicht. Fünf oder sechs Jobs hat er, würde ich sagen. Mindestens. Neben der Fischerei und der Arbeit als Kellner hilft er oft beim Transportieren und Verladen von Dingen, wird hier und dort angeheuert, und manchmal, selten allerdings, hat er auch einen Auftrag als Tätowierer.»

«Puh, er gibt volles Commitment. Aber verdienen tut er damit wahrscheinlich nicht viel, obwohl es ihm doch eigentlich zustünde bei diesem totalen Einsatz …»

«So ist es.» Mein Seufzer kam eine Spur zu laut. Ich machte mich an der Kaffeemaschine zu schaffen, während Delia mich mit ihrem Blick regelrecht durchbohrte.

«Wie schlagt ihr euch denn durch?»

«Mehr schlecht als recht, würde ich sagen. Es reicht sozusagen gerade für das Nötigste.» Ich zuckte mit den Schultern, als wolle ich damit Gelassenheit demonstrieren. Aber Ratlosigkeit war das bessere Wort für meine aufkommenden Gefühle. «Wenigstens bezahlen wir keine Miete, weil das Haus ja immer noch dem Zio gehört. Und Essen kriegen wir von überall her, das ist also alles gar kein Problem.»

Ich brachte den Kaffee auf den Tisch, und wir konnten endlich essen. Da die Mädchen immer noch so glücklich in ihr Spiel vertieft waren, ließen wir sie ungestört weitermachen. Auch David schien immer noch zufrieden zu sein und strahlte mich an, als ich ihm im Vorbeigehen liebevoll über seine rötlichen Babyhaare strich, die sich immer noch ganz weich und irgendwie flaumig anfühlten.

«Ist das nicht eine ziemliche Umstellung für dich?», fragte Delia, nachdem auch ich am Tisch saß. «Ich meine, du kommst ja aus einer ziemlich wohlhabenden Familie, du bist in einer – darf ich das so sagen? – na, in einer piekfeinen Gegend aufgewachsen, dein Vater ist ein bekannter, hochangesehener Arzt …»

Delia blickte sich um, nahm unsere mehr als bescheidene Küche in Augenschein und ließ ihre durchaus tiefgreifende und auch unangenehme Frage irgendwie ziemlich schwer im Raum schweben.

«Tja, ich habe mich nun mal für Domenico und sein Leben entschieden», sagte ich schlicht. «Da habe ich eben auch zu all diesen Dingen und Zuständen hier Ja gesagt.»

Und mehr wollte ich dazu eigentlich auch nicht sagen.

Eigentlich.

Delia wirkte sehr nachdenklich. Ich hätte gern gewusst, was sie gerade dachte, ob sie an ihrer eigenen Ehe mit Ronny rumgrübelte, die zurzeit arg auf der Kippe stand. Ich wollte sie nicht danach fragen.

«Aber willst du denn nicht wieder arbeiten?» Jetzt ruhte der durchdringende Blick meiner Freundin wieder auf mir und bohrte sich in die Gefilde meiner Seele, wo ich ihn eigentlich nicht haben wollte. «Ich meine, du hast doch einen Doktortitel. Du hättest doch bestimmt auch hier eine Menge Möglichkeiten. Maya, du hast doch nicht studiert, um nun zu Hause am Herd zu stehen, oder sehe ich das falsch?»

Wieso schaffte Delia es immer, mit ihren Fragen in jenen Bereichen herumzuwühlen, die ich nicht unbedingt vor ihr ausbreiten wollte, weil ich doch selber noch daran herumkaute? Am liebsten hätte ich gar nicht darauf geantwortet, aber ich kannte meine beste Freundin: Sie würde nicht eher Ruhe geben, bis ich ihr eine glaubwürdige Erklärung geliefert hatte.

«Also … momentan möchte ich gern noch *selbst* zu meinen Kindern schauen. Wir haben Ariana viel zu oft bei Domenicos Verwandten gelassen, und es ist ihr nicht gut bekommen. Deswegen möchte ich jetzt erst mal einige Zeit für die Kinder da sein. Nachher sehen wir weiter.»

Ich spürte, dass Delia mit dieser Antwort nicht wirklich zufrieden war.

Ich war es auch nicht.

«Und ja, klar, ich habe mir auch schon überlegt, mich als Ärztin in einem der Flüchtlingszentren zu bewerben», fügte ich schnell hinzu und war froh, dass Larissa im selben Augenblick zu weinen anfing. Ariana hatte ihr einfach den Fisch aus der Hand gerissen. Das, was ich eben gesagt hatte, stimmte nämlich überhaupt nicht.

«Ari!», tadelte ich meine Tochter. «So geht das nicht. Lass Larissa doch auch mit deinem Fisch spielen.» Ich schaute in die braunen Augen meiner Tochter, die mich mit einem gewissen Trotz, aber auch treuherzig anstarrten.

«Ziemlich dominant, deine Kleine», bemerkte Delia.

«Ich fürchte, das hat sie von ihrem Vater», seufzte ich.

«Ach so, ja, ja, schon klar. Der gute alte Tiger-X, was?»

«Das ist ewig her», sagte ich etwas brüsk. «Nicki möchte am liebsten gar nicht mehr an diesen Namen erinnert werden.»

In dem Moment piepte mein Smartphone.

«Oh, eine SMS von Nicki.»

«Eine SMS?» Delia starrte mich ungläubig an.

«Ja … Nicki benutzt kein WhatsApp, keine Social Media.»

«Im Ernst jetzt?»

«Er hat sogar ein ganz einfaches, wirklich völlig simples altes Tastenhandy. Zwei, besser gesagt …»

«Was? Gibt es die noch?»

«Na klar. Wobei ich kaum jemanden kenne, der in dieser Hinsicht so altmodisch ist wie mein Mann … na ja, höchstens Zio Giacomo.»

Ich las seine Nachricht:

«Bin zur Siestazeit zurück. Ciao. Ti amo. Nicki.»

«Eigentlich gar nicht so schlecht», überlegte Delia. «Dein Mann hängt wenigstens nicht ständig am Smartphone rum – nicht so wie meiner. Ich konnte ja manchmal kaum eine vernünftige Unterhaltung mit ihm führen, ohne dass er nicht ständig auf den blöden Bildschirm starrte. Ich sage manchmal so halb im Scherz zu ihm: ‹Bist du eigentlich mit Delia verheiratet? Oder mit der Displaylia?›»

«Dieses Problem hab ich mit Nicki wahrhaftig nicht. Dafür kriegt er ständig Anrufe von Leuten, die seine Hilfe brauchen. Er ist eben doch ziemlich bekannt.»

«Und er kann eine Menge», musste Delia zugeben. «Das muss man ihm wirklich lassen. Meiner ist zwar Polizist, kann aber nicht mal einen Topf Spaghetti kochen.»

«Aber als Polizist muss er ja doch sehr viel können», sagte ich, weil ich Ronny ein bisschen in Schutz nehmen wollte. «Das ist ja heutzutage auch kein einfacher Job mehr.»

«Da hast du schon recht», sagte Delia. «Er ist da ziemlich auf die Welt gekommen, das muss ich schon sagen. Polizist zu sein hat nicht mehr viel mit dem Bubentraum zu tun. Er fand es immer cool, ein Bulle zu sein, aber jetzt fühlt er sich fast ein bisschen überfordert. Die Leute haben keinen Respekt mehr vor den Beamten, manche spucken dich auch an, fluchen über dich, schimpfen, flippen aus, werden sogar handgreiflich. Aber deswegen muss man doch nicht jeden Feierabend mit seinen Kumpels Bier saufen gehen ...»

Sie schüttelte den Kopf, so dass ihr das schöne blonde Haar ins Gesicht fiel.

«Vielleicht muss er sich damit irgendwie abreagieren?», überlegte ich. Mir tat Ronny ein bisschen leid. Er hatte es ja auch nicht gerade einfach mit Delia. Ich kannte sie nach all den Jahren gut genug, um zu wissen, dass sie trotz ihrer vielen guten Seiten eben auch sehr anstrengend sein konnte. Nicht umsonst waren wir ganz zu Beginn in unserer Schulzeit noch erbitterte Feindinnen gewesen ...

«Mag sein. Aber es geht doch nicht an, dass er jeden Abend in den Pub geht. Ist mir ja durchaus klar, dass es eine Flucht ist, weil wir im Moment in einer Krise stecken, aber er hat immerhin eine kleine Tochter zu Hause. Da muss man sich doch auch mal zusammenreißen und bewusst auch an der Ehe arbeiten, statt sich einfach nur mit seinen Kumpels volllaufen zu lassen.»

Ich hätte Delia gern gesagt, dass sie bei Ronny vielleicht die Zügel ein bisschen lockerer lassen sollte. Immerhin hatte sie mir ja in unseren Jugendjahren auch mal gepredigt, dass man Jungs ihre Freiheiten lassen müsse. Doch nun waren aus den Jungs Männer geworden, und wenn ich eins gelernt hatte, dann war es, dass Männer sich nicht gern nötigen lassen. Und dass sie es nicht gern haben, wenn Frauen Druck ausüben …

«Hat Ronny Larissa denn nicht immer tolle Gutenacht-Geschichten erzählt?», warf ich mit einem Blick auf Delias kleine blonde Tochter ein, die hingebungsvoll in das Spiel mit Ariana vertieft war. Ich fragte mich oft, wie viel kleine Kinder von unseren Gesprächen wirklich mitkriegten, und war der Meinung, dass man etwas vorsichtig sein sollte mit dem, was man vor ihren Ohren aussprach.

«Ach was. Sci-Fi-Unsinn mit Ufos und Außerirdischen. Larissa findet das zwar lustig, aber ich möchte ehrlich gesagt nicht, dass sie so eine abgedrehte Fantasie kriegt wie mein Mann.» Sie schnaubte.

Ich musste unwillkürlich schmunzeln. Ach ja, der gute alte Ronny mit seinen Weltraumgeschichten. Das hatte schon in der Schulzeit immer für einen Lacher gesorgt.

«Ich frage mich, ob …» Delia zögerte.

«Was denn?»

«Nun ja, ob Nicki nicht vielleicht mal mit ihm reden könnte? Sie haben sich ja eigentlich gut verstanden, Ronny und er, und Ronny hat deinen Mann immer extrem bewundert. Nicki hat irgendwie mehr Durchblick im Leben als er, wenn ich da mal konkreter sein darf.»

«Mag sein, aber momentan können wir nicht nach Deutschland reisen», sagte ich. «Dafür reichen die Finanzen grad nicht.»

«Das dachte ich schon. Aber vielleicht könnten sie mal via Skype oder Zoom miteinander sprechen?» Delia schaute mich, den Kopf in leichter Schräglage, mit ihren blauen Augen irgendwie unsicher und bittend an.

«Uh, Deli … da verlangst du aber was. Nicki und Skypen! Der benutzt den Computer nur, wenn es gar nicht anders geht.»

«Echt? Aber wie erledigt er denn zum Beispiel seine Buchhaltung oder die Steuern? Er muss doch irgendwo seine Ausgaben und Einkünfte festhalten, zum Beispiel aus seinem Fischereigeschäft.»

«Ach, Deli!» Ich winkte ab. «Das mache alles ich. Er kritzelt das alles auf Papier oder Servietten, und ich tippe das dann sauber in ein Excel-Dokument. Anders geht das nicht. Er würde ein totales Chaos anrichten.» Ich grinste ein wenig. «Nein, Skype kannst du vergessen. Die beiden könnten höchstens mal telefonieren miteinander.»

«Na schön, ich sehe, das wird schwierig», seufzte sie.

Wir mussten das Gespräch abbrechen, da die Kinder nach unserer Aufmerksamkeit verlangten. David fing mit einem Mal an zu weinen, weil er Hunger hatte, und als Ariana sah, dass ihr Bruder nun vorübergehend die volle Zuwendung bekam und sie in dem Moment nicht, begann auch sie, sich lautstark zu melden.

Schließlich zog auch Larissa ein Schmollmündchen.

«Unsere Kids ...», sagte Delia, während sie ihre Tochter auf den Schoß nahm. «Zwei Kinder sind wohl schon eine große Herausforderung, was?»

«Deswegen bin ich immer froh, wenn Nicki zu Hause ist und sich um Ari kümmert», erwiderte ich. Und daran bestand keinerlei Zweifel: Delia hatte natürlich völlig recht mit ihrer Beobachtung.

Nach dem Essen und dem Abwasch beschlossen wir, zum Castel Sant'Angelo hinaufzufahren, eine mittelalterliche Festung, von der aus man eine atemberaubende Aussicht über Licata und auf das Meer hatte. Domenico war mit mir oft dahin gefahren, damals, bevor wir geheiratet hatten und ich ihn in meinen Ferien jeweils besucht hatte. Später hatten wir weniger Zeit für solche Ausflüge gefunden, und mit Ariana waren wir erst zweimal da oben gewesen. Für David würde es das erste Mal sein.

Wir quetschten beide Kindersitze plus Kinderwagen und Buggy in unseren alten Fiat. Delia nahm dazwischen Platz und hielt Larissa auf ihrem Schoß, während ich fuhr. Da man sich auf die Busfahrpläne nicht immer verlassen konnte und ich den Weg kannte, hatte ich beschlossen, dass wir mit dem Auto hochfahren. Allerdings stellten die Straßen hinauf bis zum Castel für mich als noch nicht so besonders geübte Fahrerin doch ein ziemlich anspruchsvolles Manöver dar, und wir kamen nicht umhin, uns an mancher Abzweigung und mancher Ecke ein sattes Hupkonzert anhören zu müssen. The legendary Sound of Sicily, sozusagen.

«Ziemlich temperamentvolle Leute hier», stellte Delia trocken fest. «Erinnert mich an Marseille.»

«Ja, an diese Lautstärke und Hektik musste ich mich auch erst mal gewöhnen!», gab ich zu. «Anfangs war ich oft noch völlig eingeschüchtert. Inzwischen geht's besser, und manchmal hupe ich jetzt einfach lang und heftig zurück und gestikuliere mit den Händen in der Luft herum. Irgendwie macht's dann sogar noch Spaß! ...»

Ich stellte das Auto auf dem Parkplatz in der Nähe der Festung ab. Obwohl nicht gerade Feriensaison war, sahen wir doch ein paar Touristen, die mit ihren Kameras in der Hand vor dem imposanten Castel standen und es von allen Seiten fotografierten.

Wir spazierten gemütlich Richtung Tor, das zum Innenhof führte, doch Ariana war mal wieder eine Nasenlänge voraus. Sie packte Larissa einfach am Arm und zerrte sie mit sich.

«Stello», rief sie begeistert, was in ihrer Sprache natürlich «Castello» bedeutete und somit Burg. «Lissimo!»

Doch Larissa ging das alles viel zu schnell, und prompt fiel sie auf die Nase.

«Oh nein!» Delia hob ihre weinende Tochter auf. «Larissa kann doch noch nicht so schnell laufen!» Sie warf mir einen leicht vorwurfsvollen Blick zu.

«Es tut mir leid», sagte ich. «Ari ist in der Tat ein Wirbelwind. Sie rennt manchmal schneller als der vierjährige Junge der Nachbarn.»

«Wird sie wohl auch von Domenico geerbt haben, was?»

«Hm. Kann sein.» Ich hatte mir schon ein paar Mal überlegt, ob Ariana eines Tages auch so eine Sportskanone werden würde wie ihr Vater und ihr Großvater. Und ob sie auch etwas von mir geerbt hatte. Ach ja, es war so spannend ...

«Schwimmen tut sie auch schon», sagte ich nicht ohne Stolz. «Na ja, zusammen mit ihrem Vater natürlich», ergänzte ich auf Delias ungläubigen Gesichtsausdruck hin. «Domenico hält sie fest, und sie paddelt. Sie liebt das Wasser.»

«Eine echte Sizilianerin», stellte Delia fest.

«Ja. Nicki nennt sie manchmal seine kleine Meerjungfrau»,

lachte ich. «Seine kleine sirenetta. Ich bin überzeugt, eines Tages wachsen ihr Schwimmflossen.»

Larissa hatte sich wieder beruhigt, und ich ermahnte Ariana, etwas behutsamer mit dem zarten Mädchen umzugehen.

Wir spazierten durch das Tor in den Innenhof, doch weil wir mit den Kindern nicht auf die höheren Ebenen der Burg steigen wollten, gingen wir bald wieder nach draußen, um die Aussicht zu genießen. Das Thermometer war bereits auf achtzehn Grad. Delia zückte ihr Smartphone und schoss ein paar Fotos. Ich tat dasselbe, weil ich Lust hatte, wieder mal etwas auf Facebook zu posten, und versuchte, ein einigermaßen schönes Bild von Licata hinzukriegen. Ich fand die Schau von oben auf die engen Gassen und verwinkelten Dächer immer so faszinierend, doch meine alte Smartphone-Kamera schaffte es natürlich nicht, diese grandiose Szenerie der Realität entsprechend abzubilden. Immerhin gab das Bild die von Himmelblau bis ins Türkisblau verlaufende Farbe des Meeres einigermaßen akzeptabel wieder – ebenso wie die Küstenlinie, die in der Ferne das Land vom Meer trennt. Ich postete es kurzerhand und schrieb dazu: «Wieder mal ein Gruß aus dem wunderschönen Sizilien, wo die Farben kein Ende nehmen.»

«Wirklich schön ist es hier», sagte Delia und streckte sich in der Sonne, so dass ihr Bauchnabel sichtbar wurde. «Dass das Meer so türkisblau ist! Diese Mischung aus Blau und Grün, einfach gewaltig! Hier oben verstehe ich jetzt, weshalb das Wort ‹Aquamarin› so treffend ist dafür.»

«Ja, es ist in der Tat wunderschön», sagte ich und schielte dabei auf den so perfekt flachen Bauch meiner besten Freundin. Wie sie das bloß geschafft hatte nach der Schwangerschaft?!

«Schade, dass wir bei uns – mal abgesehen von Nordsee und Ostsee – kein Meer von dieser Art haben», meinte Delia. «Das hier hat schon eine ganz andere Qualität, irgendwie. Aber vielleicht bilde ich mir das auch nur ein.»

«Ja, das Mittelmeer würde ich in Deutschland wirklich vermissen», gab ich zu und nestelte an meiner Bluse, um meine Speckröllchen am Bauch etwas zu verbergen.

«Plant ihr denn, je wieder zurückzukommen?» Delia vollzog

eine halbe Drehung, um mich nun anzusehen. Ihr Rock wirbelte dabei anmutig um ihre Beine. Nicht mal eine einzige Krampfader hatte sie!

«Nun ja, früher oder später müssen wir bestimmt von hier wegziehen», sagte ich, während ich wieder auf das weite Blau des Meeres starrte. «Eigentlich möchte ich auch ganz gern wieder zurück nach Deutschland kommen. Vor allen Dingen wegen der Kinder. Ich möchte, dass sie eine gute Bildung bekommen und dass sie … nun ja … Deutschland-kompatibel sind. Sizilien ist halt leider in vielem immer noch etwas rückständig.»

«Was denkt Domenico darüber?»

«Ich weiß es nicht so richtig. Er weicht diesem Thema ein wenig aus. Ich fürchte, er hängt zu sehr an Sizilien …»

«Habt ihr das denn nicht geklärt, bevor ihr geheiratet habt?», wunderte sie sich. «Ich bin mit Ronny jeden einzelnen Punkt durchgegangen, hab ihm genau gesagt, wie ich es haben will und wie nicht. Das muss man doch unbedingt schon vorher klären.»

«Oh, klar haben wir das», meinte ich. «Nicki hat gesagt, sobald die Kinder älter sind, ziehen wir um, entweder in eine Stadt oder nach Deutschland, wo sie eine bessere Schulbildung kriegen können. Aber nun ja, solange man Dinge eben aufschieben kann …» Ich zuckte mit den Schultern.

«Aber was machst du denn so den ganzen Tag? Windeln wechseln und kochen, oder wie?»

«Ach was, das Kochen übernimmt ja meistens mein Mann. Nein, es gibt auch so genug zu tun. Die Kinder brauchen viel Aufmerksamkeit … das Haus, der Garten … langweilig wird mir nie.»

Diese Art von Gespräch liebte ich nicht so sehr …

«Und damit bist du zufrieden? Du als Hausfrau? Du bist doch so intelligent und gebildet. Du hast einen Doktortitel, bist mindestens zehnmal intelligenter als ich. Was willst du in so einem Kaff als Frau eines Fischers, oder was immer er auch ist?»

«Also … ich mach ja nicht nur das. Ich … nutze die Zeit zum Beispiel, um endlich meinen Roman zu schreiben … lese viel …»

Das entsprach zwar nicht ganz der Wahrheit. Die Kinder forderten so viel von mir, dass ich kaum die Muße dafür fand. Aber mir schien, als müsste ich mein Leben irgendwie vor meiner Freundin rechtfertigen, vielleicht auch schönreden. Dass mir bereits nach einigen Wochen die Decke ziemlich heftig auf den Kopf fiel, brauchte außer mir ja niemand zu wissen.

Sie ließ sich von mir natürlich keinen Bären aufbinden. «Wenn du meine Meinung hören willst, Maya: Du lässt dir viel zu viel gefallen. Das sage ich dir ja schon seit Ewigkeiten. Liebe und Hingabe in Ehren, aber irgendwie geht doch immer alles nur nach Domenicos Kopf, hab ich recht?»

Ich war viel zu überrascht, um eine Antwort geben zu können. Mit so einem direkten Angriff auf meine Ehe hatte ich nicht gerechnet. Immerhin war Delia ja hierhergekommen, um abzuschalten und über ihre eigenen Eheprobleme nachzudenken und sich vielleicht sogar von uns beraten zu lassen.

Delia schien meine perplexe Miene zu bemerken. «Tut mir leid. Ich will dir ja nicht auf den Schlips treten. Aber du bist meine beste Freundin, und ich finde es nicht fair, dir meine Gedanken nicht mitzuteilen.»

«Natürlich. Ich schätze das ja auch», sagte ich konziliant, obwohl ich sie ja gar nicht nach ihrer Meinung gefragt hatte.

«Nicki hat hier halt immer noch eine Menge von Verpflichtungen zu erfüllen», versuchte ich die Situation etwas zu entschärfen. «Der Zio und das Fischereigeschäft, das Haus, seine Mutter, seine Verwandten, die Flüchtlinge …»

«Und *du* hast das nicht? Was ist mit *deinen* Eltern? Die werden ja auch nicht jünger. Wie oft siehst du sie? Ein, zwei Mal im Jahr?»

Uff, sie war wirklich um kein Argument verlegen!

«Tja, das ist leider schon so. Aber was soll man machen? Einer muss sich wohl oder übel anpassen, wenn man wie wir aus zwei verschiedenen Kulturen kommt. Wir können ja nicht an beiden Orten gleichzeitig leben.»

Kaum hatte ich den Satz ausgesprochen, merkte ich auch schon, dass es das Dümmste gewesen war, was ich hätte sagen können.

«Aber warum bist immer *du* diejenige, die sich anpasst? Es könnte doch auch mal umgekehrt sein.»

«Im Moment erfordert es die Situation …»

«Wieso das? Ihr hättet es doch bestimmt so viel einfacher in Deutschland. Du könntest dort als Ärztin viel mehr verdienen als hier, und er könnte auf die Kinder schauen, da er ja eh keine Ausbildung hat. Ihr hättet mehr Geld und finanzielle Sicherheit, und in den Ferien könntet ihr ja regelmäßig hierher nach Sizilien fahren.»

Zugegeben, ihr Argument traf ins Schwarze, zumal es etwas war, worüber ich schon etliche Male nachgedacht hatte. Und trotzdem – ich hatte wirklich keine Lust, das jetzt mit ihr zu diskutieren. Das war eine Sache zwischen Domenico und mir.

«Wie gesagt, wir haben schon mehrmals darüber gesprochen, aber momentan müssen wir noch warten. Also ja, eben, ich habe mir gewiss schon überlegt, als Ärztin im Flüchtlingscamp zu arbeiten», tischte ich ihr meine Notlüge erneut auf. Ach, ich hasste es zu lügen! Aber wie sonst konnte ich die bohrenden Fragen meiner Freundin befriedigend beantworten?

In Wahrheit wollten die dort im Camp gar keine Ärzte anstellen, weil alles schon von Hilfsorganisationen abgedeckt war. Immerhin, die Idee hatte ich einst mal gehabt, bis Domenico mir erklärt hatte, dass sie mich dort gar nicht würden haben wollen. Okay, so war es immerhin doch nicht ganz gelogen, der Sachverhalt war so halbwegs stimmig. Irgendwie musste ich Delia ja überzeugen, dass ich mein Leben in die Hand nahm. Sie schien einfach nicht zu verstehen, dass ich momentan in einer Phase steckte, in der ich immer noch am Suchen war.

Zum Glück antwortete Delia nichts mehr darauf. Es tat mir leid, dass ich ihr gegenüber derartige Gedanken hegte, aber ich hatte einfach keine Lust, mir in meiner Situation solche «Expertisen» anhören zu müssen – auch nicht von einer Delia. Ihr Bohren irritierte und verunsicherte mich …

Wir schwiegen und versanken gedanklich für eine Weile in den Weiten des Meers und all den Geräuschen und Gerüchen rund um uns her. So lange, bis mein Smartphone klingelte. Es war Domenico, der mir mitteilte, dass er zur Siesta-Zeit doch nicht nach Hause kommen konnte.

«Es tut mir wirklich leid, amò. Aber ich dachte, du hast ja eh Delia bei dir, da kann ich Tomaso schnell helfen mit seinem kaputten

Dach. Er gibt mir fünfzig Euro dafür. Ich bin ja um sieben zu Hause, und dann können wir den Abend gemeinsam verbringen. Ich kann bis Ende Oktober sowieso nicht fischen wegen der Schonzeit und der Sperrfrist.»

«Wirklich? Um sieben? Versprichst du mir das?» Ich wusste natürlich, dass ich noch mindestens anderthalb Stunden hinzuaddieren musste, weil auf Sizilien immer alles länger dauerte als geplant.

Natürlich spießte Delia mich mit einem prüfenden Blick auf, als ich nach dem Anruf zu ihr zurückkehrte. Doch sie hatte diesmal genügend Taktgefühl, um weitere Fragen zu unterlassen.

Wir spazierten noch ein wenig herum, betrachteten die Festung von außen und beschlossen dann, wieder hinunter ins Städtchen zu fahren. Delia teilte mir mit, dass sie noch ein paar Besorgungen machen musste, also entschieden wir uns, im Shoppingcenter in Licata auch gleich noch einen kleinen Imbiss zu nehmen.

Einige Zeit später schlenderten wir gemütlich durch das Einkaufszentrum. Meine sonst so energiegeladene Tochter war plötzlich müde, also hatte ich sie zusammen mit David in den Wagen gesetzt. Auch Larissa machte ein kleines Mittagsschläfchen in ihrem Buggy.

Delia als blonde Schönheit bekam mehrmals die klassischen «Ciao bella bionda!»-Rufe von jungen Männern zu hören, auf die sie jeweils mit dem fast unscheinbaren Anheben ihres Kinns und dem Ansatz eines müden Lächelns reagierte. War ihr das nur lästig, oder gefiel ihr das irgendwo vielleicht doch ein wenig? Keine Ahnung. Ich mit meinen meiner Meinung nach ganz «gewöhnlichen» langen braunen Haaren sah jedenfalls weitaus weniger exotisch aus und hatte daher meine Ruhe.

Wir setzten uns in eine Caffeterria und genehmigten uns ein Panini – ich eins mit Salami, Delia ein vegetarisches. Und als die Kinder wieder wach waren, machten wir mit unserer Shoppingtour weiter. Delia entdeckte ein paar schöne italienische Klamotten für sich und Larissa. Ich wartete auf sie, während sie die Sachen anprobierte, und guckte selber ein bisschen bei den Kinderkleidern, obwohl ich wusste, dass wir uns kaum was leisten konnten.

Ich entdeckte ein blauweiß gestreiftes T-Shirt, von dem ich wusste, dass es Ari gefallen würde. Sie liebte alles mit Streifen. Ich wünschte mir in dem Moment schlicht und einfach, zwanzig Euro übrig zu haben, um es ihr kaufen zu können, aber ich musste wohl warten, bis Luisa oder Giovanna ihr wieder was schenkten. Allerdings entsprach ihr Geschmack nicht immer dem meinen … Aber was soll's, ich versuchte dankbar zu sein für alles, was sie uns gaben.

Delia trat aus der Garderobe und drehte sich vor dem Spiegel. Der lilafarbene geblümte Rock passte natürlich wie angegossen. Ich zerrte unwillkürlich an meiner eigenen Bluse herum, die mittlerweile schon ziemlich dünn und ausgeleiert war. Es war ewig her, seit ich mir neue Klamotten gekauft hatte …

Larissa steckte in einem himmelblauen Kleidchen mit Glitzersternchen drauf und strahlte übers ganze Gesicht. Sie hätte mit ihrem blonden Engelshaar Cinderella in Kleinformat nicht noch mehr ähneln können. Fehlte nur noch ein Krönchen. Domenicos Tanten hatten Ariana auch schon in solche Kleidchen gesteckt, aber Ari hatte sie immer abgestreift, weil sie sie in ihren Bewegungen einschränkten.

Wir wollten gerade noch einen Abstecher zum Outlet-Laden machen, als ich eine wohlbekannte Stimme meinen Namen rufen hörte.

«Maya, eh, Maya! Du warte!»

Ich drehte mich um und sah eine Frau mit wildgelocktem grauschwarzem Haar auf uns zukommen. Sie steckte in für ihr Alter allzu kurzen Hotpants und trug zwei überfüllte Einkaufstüten unter den Armen.

Ach du meine Güte. Sie schon wieder …

«Ciao, Maria», sagte ich tonlos. Es war nicht so, dass ich Domenicos Mutter – meine Schwiegermutter! – überhaupt nicht mochte. Im Gegenteil, ich empfand oft Mitleid mit ihr. Aber sie hatte das Potenzial, einem manchmal ziemlich auf die Nerven zu gehen. Vor allen Dingen schien sie einen regelrechten Riecher dafür zu haben, wo ich mich gerade aufhielt. Es gab keinen Menschen, der mir so oft «zufällig» über den Weg lief wie sie.

«Ah, Maya, cara, schön – beddra nora mia. Wo ist Domenico, ah? Ich immer telefoniere, er nicht nehme.»

«Er ist beschäftigt. Er arbeitet eben.»

«Ah, travagghia … vabbé. Immer Arbeit, immer keine Zeit fur Mamma. Sempre ha statu accussì, er immer so.» Eine Alkoholfahne kam mir aus ihrem Mund entgegen. Maria hatte es nie aufgegeben, Deutsch mit mir zu sprechen, obwohl ich längst Sizilianisch verstehen konnte.

«Er immer so, immer. Nix Haus, immer Straße. Prima per Michele, ora per te. Er mache alles fur Michele, immer alles mache. Und jetzt du.»

Ich wollte alles andere, als mit ihr über die Vergangenheit zu diskutieren, also sagte ich ihr, dass wir langsam weiterziehen mussten. Doch das nahm Maria nicht mal zur Kenntnis.

«Ariana, Davide, nichi da nonna, chi sapuriti!» Sie beugte sich zu den Kindern im Wagen runter, so dass ihre vielen Ketten klimperten und die tätowierte Tigerkatze in ihrem etwas zu tiefen Ausschnitt sichtbar wurde. «Veni ccà, nonna, veni, dammi un bacetto!» Sie packte Ariana und drückte ihr einen Kuss auf die Wange. Ari verzog das Gesicht und wand sich aus ihrem Arm.

«Beddru Davide, precisu a so' pà è … er kleine Domenico, eh? Fammellu tenere!»

Ich holte David vorsichtig aus dem Wagen und legte ihn auf Marias ausgestreckte Arme. Die lange, feine Narbe, die von ihrem Handgelenk bis zum Ellbogen verlief, stach mir in die Augen. Sie war vielleicht nicht die Großmutter, die ich mir für meine Kinder wünschte, aber sie war es nun mal. Ihr starkes Parfum, das zusammen mit dem Geruch nach Alkohol eine penetrante Mischung ergab, kitzelte meine Nase – und vermutlich auch die von David, denn er fing an zu niesen.

«Beddru da nonna, er Fieber. Ogni dente una notte in bianco, jede Zahn eine Nacht ohne Schlafe, vero? Kinder ist so, schwierig, viel Arbeit, wenig schlafe. Ich zwei! Gemelli, nie schlafe, ich. Bianca immer weine viel … und Domenico und Michele zwei … Oh Michele mio, pace all'anima sua.»

Ich gab darauf keine Antwort. Domenico hatte vor langer Zeit mit seiner Kindheit abgeschlossen, und auch ich hatte es getan.

Ich betrachtete Maria, während sie David an sich drückte. Sie war, obwohl sie fast fünfzig war, immer noch eine sehr schöne Frau. Domenico war ihr fast wie aus dem Gesicht geschnitten. Allerdings schien sie momentan wieder eine Phase zu haben, wo sie sich gehen ließ, wie ich an dem ungefärbten Haaransatz leicht erkennen konnte. Auch ihre Haut wirkte speckig und ungepflegt, was meistens ein Zeichen dafür war, dass sie in ihrem Leben an vielen Fronten am Umherirren war. Weder Domenico noch ich wussten, wo und wie sie lebte, wenn sie sich nicht gerade bei ihrer Schwester Luisa einquartierte.

Das Thema Maria di Loreno war eine ewige Herausforderung. Aber wir hatten gelernt, damit umzugehen.

Ich bat Maria mit einer Geste, mir David zurückzugeben. Meinem Sohn war es in ihren Armen nämlich nicht sehr wohl, wie ich seinem leisen Wimmern entnehmen konnte.

Ariana zappelte ungeduldig auf ihrem Sitz.

Nachdem ich David wieder in den Wagen gebettet hatte, legte Maria mir die Hand auf den Arm.

«Maya, ich muss rede mit Domenico, sehr wichtig rede. Ich große sorpresa.»

«Ach ja?» Ich schaute ungläubig in Marias mit dunklem Kajal umrandete Augen. «Was denn für eine Überraschung?»

«Du sage Domenico, ich rede mit Domenico. Ist sorpresa, poi vedrai.» Sie kicherte triumphierend. «Ich helfe alles besser mache. Domenico große Haus kaufe, Auto kaufe, du nix arbeite, alles gut.»

Ich rollte mit den Augen. Wie ernst konnte man Maria nehmen? Wie oft hatte sie schon Tatsachen verdreht? Zugegeben, manchmal hatte sie sich auch an die Wahrheit gehalten. Aber hier und heute? Ihr Mundgeruch ließ vermuten, dass sie schon mehrere Gläser Wein intus hatte. Sie trank ja bei jeder sich bietenden Gelegenheit einen Ombra del Tempio Sicilia, einen reinsortigen Nero d'Avola. Oder gerne auch zwei. Oder drei. «In Vino Veritas», sagt man – im Wein liegt also die Wahrheit? Das mag ja sein, aber sicher nicht bei Maria di Loreno!

«Maria, ich glaube …»

«Allora, du sage Domenico, ich rede mit Domenico! Er telefoniere seine Mamma, ja?»

«Na gut. Ich richte es ihm aus. Aber wir müssen los.»

«Aspetta, schau! Guarda cos'ho comprato. Ich kaufe.» Sie bückte sich und wühlte in ihren vollen Einkaufstaschen, wobei die Hälfte auf den Boden purzelte. Ich starrte auf die Masse von Klamotten, Modeschmuck und Unterwäsche, die sie scheinbar wahllos gekauft hatte. Das war wieder typisch. Weder Domenico noch ich wollten wissen, woher sie immer das Geld dafür nahm.

«Da, schöne vestito, das fur dich, das fur Ariana, das fur u picciriddu, das fur Domenico. Du schöne Frau, non lasciarti andare, du schöne Kleider mache, besser.» Sie legte mehrere Kleidungsstücke auf den Kinderwagen neben Ariana, zudem eine Handvoll Modeschmuck, Ohrringe, Ketten und Armbänder.

«Hör zu, Maria, ich hab wirklich genug Sachen.»

Das stimmte zwar nicht ganz, aber ich wollte diese Dinge nicht annehmen. Zugegeben, es waren schöne Sachen dabei. Maria hatte einen guten Geschmack. Aber Domenico und ich versuchten schon so lange, ihr abzugewöhnen, immer derart viel einzukaufen.

«Aber ich kaufe, extra kaufe … talé che belle cose …»

«Ich brauche wirklich nichts, Maria. Aber schau, es gibt so viele Flüchtlinge hier, die bestimmt glücklich wären über diese schönen Klamotten, ja? Und wir müssen jetzt wirklich, wirklich los!»

Ich gab ihr die Sachen höflich zurück, obwohl ich tatsächlich Lust gehabt hätte, das eine oder andere zu behalten.

Schließlich ließ Maria es zu, dass wir uns von ihr verabschiedeten. Ich war froh, weil Ariana langsam wieder zu quengeln anfing. Es wurde Zeit, dass sie wieder mal mit jemand anderem was unternehmen konnte – mit ihrem Papa!

Delia sprach aus, was ich dachte: «Ich kann ja kaum glauben, dass das Domenicos Mutter ist, außer, dass er ihr ähnlich sieht. Aber ich hab die dermaßen *anders* kennengelernt, damals bei der Gerichtsverhandlung.» Sie und Larissa hatten während meines Gesprächs mit Maria etwas abseits gestanden, und Delia hatte sich ein

Schaufenster angeguckt, um nicht an unserer Unterhaltung teilnehmen zu müssen.

«Nun ja, sie meint eben immer noch, irgendwas wiedergutmachen zu müssen», sagte ich. «Früher hat sie sich nicht die Bohne um Nicki und Mingo gekümmert, und jetzt ist sie manchmal regelrecht lästig, wenn ich es mal so sagen darf.»

«Vom Alkohol kommt sie wohl nicht mehr los, was?»

«Ach.» Ich winkte ab. «Mal ist es besser, dann wird sie wieder rückfällig. Ein ewiges Auf und Ab.»

«Arbeitet sie immer noch als Prostituierte?»

Darauf konnte ich nur mit einem Schulterzucken reagieren. «Deli, ich habe keine Ahnung.»

«Ihr wisst das nicht?»

«Hm, sagen wir mal so: Wir wollen es nicht so genau wissen. Domenico vermutet, dass sie ein paar illegale Aufträge erledigt, um über die Runden zu kommen. Aber wir fragen da nicht nach. Darüber redet man hier auch besser nicht.»

Ich wollte noch schnell einen Abstecher zur Apotheke machen, um für David eine Zinksalbe gegen die Irritationen im Windelbereich zu holen. Ich kannte den Apotheker persönlich und ging daher immer bei ihm einkaufen. Ich war auch per Du mit ihm. Er hieß Alessandro und freute sich immer über meine Besuche.

So auch heute.

«Signora Maya, was verschafft mir die Ehre?», sagte er, und ein verstohlenes Strahlen schlich sich in seine Augen. Er war durchaus ein attraktiver Mann, für einen Sizilianer ziemlich groß und ruhig, dazu schlank und gepflegt und vermutlich etwa fünf Jahre älter als ich.

Ich sagte ihm, dass ich eine Zinksalbe benötigte, und er drückte mir beim Bezahlen gleich noch eine weitere Tüte in die Hand, vollgepackt mit irgendwelchen Arznei- sowie Körperpflege-Musterpackungen, die ich allesamt ja gar nicht brauchte, und für Ariana gab's noch ein paar Bonbons oberdrauf.

«Kommen Sie bald wieder, Signora Maya», meinte er mit seiner weichen Stimme, als ich mich verabschiedete. «Und Sie wissen ja: Wenn ich etwas für Sie tun kann, jederzeit gern!»

Ich nahm das Gel und die zusätzliche «Wundertüte» entgegen und bedankte mich. Domenico würde die Sachen bestimmt für die Flüchtlinge gebrauchen können.

Wie ich vermutet hatte, kam mein Mann erst gegen neun nach Hause. Wir hatten uns schon längst die Bäuche vollgeschlagen, weil Delia pünktlich um halb sieben hatte essen wollen, und sie war nun bereits auf dem Weg ins Bett.

Er entschuldigte sich gefühlt tausendmal bei mir: «Es tut mir so leid, bedda mia. Hat mal wieder alles länger gedauert. Alfredo kam noch vorbei und hat ein paar Sachen abgeliefert, die musste ich dann auch noch wegbringen, und am Ende war dann mein Tank wieder leer ...»

«So-so», sagte ich und kniff ihn in die Wange. «Wieso dauert bei euch sizilianischen Männern immer alles so viel länger als geplant?»

Er knurrte irgendetwas Unverständliches und sah sich um. «Sind die Kinder schon im Bett?»

«Ja, aber Ari schläft natürlich nicht, bevor du ihr nicht eine Gutenacht-Geschichte erzählt hast.»

«Mach ich gleich. Ist Manuel schon daheim?»

«Noch nicht.»

«Hm.» Er wirkte nachdenklich.

«Sag mal, Nicki, ist er verliebt?»

«Ja, irgendwas scheint da im Busch zu sein», meinte er. «Ich glaub, es ist Marietta.»

«Marietta?» Ich musste erst überlegen, ehe ich begriff, welche Marietta er meinte: Es war die vierzehnjährige Tochter des Chefs von der Trattoria, in der Domenico arbeitete. Manuel hatte schon als Kind mit ihr gespielt.

Ich verzog mich ins Schlafzimmer, während Domenico sich in der Dusche einschloss, nachdem er Ariana mit einer seiner spontan zusammenkomponierten Geschichten in den Schlaf befördert hatte.

Er stieß wieder zu mir, als ich gerade nackt vor dem Spiegel stand und mich betrachtete. Das gedämpfte Schimmern der Lichterketten ersparte mir das Schlimmste, doch ich sah immer noch genug. Ich machte das Deckenlicht selten an. Es war viel zu grell, und außerdem hätte es die Kinder nur aufgeweckt.

Ich kniff mir in den Po und in den Bauch und stellte mir gerade vor, wie es wäre, wenn die überflüssigen Fettpolster sich einfach in Luft auflösen würden. Wenigstens war durch die zusätzlichen Pfunde mein Busen etwas größer geworden. Als Teenager hatte ich immer unter meiner «Plattlandschaft» gelitten, weil ich deswegen auch gehänselt wurde.

«Was machst du?», fragte Domenico leicht amüsiert. Ich konnte im Spiegelbild sehen, wie er mich musterte.

Ich seufzte. «Ich muss jetzt wirklich dringend ein paar Pfunde loswerden.»

«Ach.» Er zog sein T-Shirt aus. Seine muskulösen Oberarme und seine sportliche Figur standen momentan in argem Kontrast zu meiner eher plumpen Erscheinung, wie ich fand.

«Mach dir doch keinen Stress damit. Du hast immerhin zwei Kinder geboren. Das darf man doch sehen.»

«Schon, aber Delia …»

«Delia!» Er ließ sich müde aufs Bett fallen und verschränkte die Arme hinter dem Kopf. «Ich meine, die isst doch kaum was. Das ist ja auch nicht gerade gesund.»

«Schon …» Ich betrachtete meinen Mann, wie er auf dem Bett lag. Natürlich war wegen des Spiegelbilds alles seitenverkehrt. Er gehörte zu den glücklichen Menschen, die essen konnten, was sie wollten und so viel sie wollten, ohne auch nur ein einziges Gramm zuzulegen. Nun ja, er war auch in dauernder Bewegung.

Die vielen Tätowierungen an seinem Körper machten ihn übrigens besonders für Touristinnen zu einem Blickfang. Seit einem halben Jahr hatte er sich einen Fisch auf die Brust tätowiert. Eigentlich fand ich, dass er längst genug Tattoos hatte, aber er wollte damit auch noch die letzte Narbe überdecken, die noch von einer früheren Operation herrührte.

«Ist dir eigentlich aufgefallen, dass du immer dann besonders unzufrieden bist mit dir, wenn du mit Delia zusammen bist?», fragte er leise.

«Hmm.»

Ich wusste ja, dass er recht hatte. Trotzdem …

«Komm jetzt ins Bett.» Er streckte die Hand nach mir aus. Ich wandte mich zu ihm um, um ihn nicht mehr im Spiegel, sondern von Angesicht zu Angesicht zu sehen. Gleichzeitig war Delias so schön flacher Bauch noch immer in meinen Gedanken drin. Schnell nahm ich deshalb mein Nachthemd und zog es über. Nicki rutschte etwas zur Seite, und ich legte mich neben ihn. Er hatte seinen Arm unter meinem Kopf platziert und zog mich an sich.

Ich legte die Hand auf seine Brust und streichelte ihn, spürte, wie müde und zutiefst erschöpft er war. Ich massierte ihn ein wenig, versuchte zu erfühlen, wie es ihm ging. Ob er Schmerzen in der Lunge hatte. Oder ob ihm sonst etwas weh tat – körperlich oder in der Seele. Dafür brauchte ich oft meine Instinkte, denn er sagte es mir ja meistens nicht.

Es kam zum Glück jedoch nur noch selten vor, dass er ein Flashback hatte. Er hatte viel Zeit gebraucht, um sich von den Strapazen seiner wilden Vergangenheit zu erholen. Und um Heilung zu erlangen. Ich hatte alles in meiner Macht Stehende getan, um ihm zu helfen und ihn zu unterstützen, und wir konnten inzwischen wirklich sagen, dass es uns weitgehend gelungen war – Nicki hatte die Schwierigkeiten und Tragödien seiner Kindheit und seiner Jugend überwunden. Und auch die Nöte, die er als junger Erwachsener noch mit sich herumgeschleppt hatte. Seine früheren seelischen Verwundungen, Kränkungen, Einsamkeitsgefühle und Enttäuschungen definierten ihn nicht mehr. Er war nicht mehr «Opfer», er war nicht mehr «lost». Ihn prägte jetzt nicht mehr eine hochgradig verletzte und zerschundene Identität, sondern eine starke eigene Persönlichkeit, gepaart mit einem wunderbar aufrichtigen Charakter und seiner sogar noch ständig wachsenden Liebesfähigkeit.

Ich hätte gern noch ein wenig mit ihm gekuschelt. Doch alles, was ich hörte und fühlte, waren nur sein regelmäßiger Atem und das Klopfen seines Herzens.

Mein Mann war längst im Reich der Träume.

5. Marias große «Sorpresa»

«Jamil, Jungs, passt auf, wo ihr hinlatscht, ja?» Domenico machte eine Vollbremsung, so dass der Staub auf den Straßen aufwirbelte und Delia aufstöhnte. Sogar Manuel, der auf dem Beifahrersitz saß und solche Kapriolen von seinem Onkel gewöhnt war, zog hörbar die Luft ein. Ich hielt instinktiv David fest, den ich mit der Babytrage an meine Brust gebunden hatte.

Wir hatten vor dem Gottesdienst noch einen Abstecher zum Flüchtlingscamp gemacht, das außerhalb von Licata lag. Domenico wollte den Jungs eine Tüte mit Esswaren vorbeibringen. Jedes Mal, wenn wir am Camp vorbeifuhren, erfasste mich ein Gefühl der Beklemmung, wenn ich diese Menschenmassen sah, die sich in diesen improvisierten Lagern aufhielten. Ich wusste oft nicht, was ich darüber denken sollte. Einerseits hatten Italien und Europa ja gar nicht genügend Kapazitäten, um all diese Menschen aufzunehmen; auf der anderen Seite taten mir diese Menschen von Herzen leid, weil sie einfach kaum Chancen auf ein würdiges Leben hatten.

Der provisorische Zaun bot kaum Schutz, weswegen sich viele von ihnen oft auf den Straßen aufhielten. Einige, darunter Ali und Jamil, büxten regelmäßig aus und trieben sich in Licata und besonders am Hafen herum. Hin und wieder wurden sie gefasst und zurückgebracht, doch man hatte definitiv größere Probleme, als sich um ein paar ausgerissene Jungs zu kümmern.

Nicki hatte es irgendwie geschafft, sich hin und wieder Zugang zu verschaffen und den Jungs was vorbeizubringen, seien es Esswaren oder alte Klamotten, die er irgendwo aufgetrieben hatte. Natürlich waren solche Aktionen illegal, aber wie er ja schon oft gesagt hatte: Auf legale Weise konnte man diesen Menschen nicht helfen.

Und die Jungs waren uns nun buchstäblich vors Auto gerannt – deswegen die Vollbremsung.

Ich kannte Jamil und die anderen teilweise nur vom Sehen. Ich wusste, dass Jamil der große Lange war, dessen Kopf alle anderen überragte. Sein bester Kumpel Ali reichte ihm gerade mal bis zur Schulter. Die paar anderen, die mit ihnen waren, kannte ich nicht –

Domenico hatte letzthin erzählt, dass die Gang sich immer wieder neu formierte, weil stets neue Flüchtlinge dazukamen und andere weggeschafft wurden.

Beide Jungs strahlten übers ganze Gesicht, als Domenico ihnen die prall gefüllte Tüte mit den Esswaren überreichte. Sie versuchten, Nicki auf Arabisch und zwischendurch in gebrochenem Italienisch etwas zu erklären, begleitet von wildem Gestikulieren.

«Jungs ... heute ist Sonntag», antwortete Domenico auf Italienisch. «Da bin ich mit meiner Familie zusammen. Die braucht mich auch mal. Ich komm heute Abend nochmals vorbei, um mit euch eine Runde Fußball zu spielen, okay?» Er nickte ihnen zu und deutete dann mit strenger Miene auf die qualmenden Zigaretten zwischen ihren Fingern: «Und hört mit dem Mist auf. Macht euch nur die Lunge kaputt!»

Die Jungs zuckten nur lässig mit den Schultern, und Domenico fuhr langsam wieder an und verabschiedete sich. Wir passierten einen eingezäunten Hof, in dem Zelte in Reih und Glied standen, einige in besserem Zustand als die anderen, die meisten jedoch aus abgenutztem Stoff gefertigt, der Wind und Wetter kaum trotzen konnte. Zwischen den Zelten saßen die Menschen in großen Gruppen, aber alle auf engstem Raum zusammengepfercht. Dieser Anblick erschütterte mich jedes Mal. Sie hatten kaum Platz und schon gar keine Privatsphäre, geschweige denn eine Zukunft oder irgendeine Perspektive. Dagegen kam mir unser enges Häuschen wieder richtig geräumig vor.

Einige Kinder spielten Fußball mit aus Plastiktüten oder Stoffresten geformten Bällen, die sie mit Schnüren zusammengebunden hatten. Manuel winkte ihnen zu, und ein paar der Jungs erwiderten seinen Gruß. Meine Augen suchten nach dem kleinen Moses, aber natürlich konnte ich ihn in der Menschenmasse nicht finden.

«Was wohl aus dem kleinen Jungen werden wird?», fragte ich traurig.

«Wenn ich das wüsste ...», meinte Domenico. «Die Jungs werden immer unruhiger. Sie harren schon so lange hier aus. Ich muss ihnen dringend ein paar neue Fußbälle besorgen.»

«Tragische Sache», kommentierte Delia.

«Kann ich heute Abend mitkommen, zi'?», fragte Manuel.

«Ma unni?»

«O campettu.»

«Zum Fußballspielen?»

«Sì.»

«Mal sehen», erwiderte Domenico. «Je nachdem, wie die Lage sich entwickelt. Wenn zu viele Aufpasser in der Nähe sind, besser nicht. Wir dürften das ja eigentlich alles gar nicht tun.»

Wir parkten in einer Straße nahe der Chiesa del Carmine und gingen die letzten Meter zu Fuß. Schon von weitem erblickten wir die ganze Kompanie von Domenicos Verwandten, die vor der Kirche darauf warteten, dass die Messe bald beginnen würde und man als große und eigentlich überall gut bekannte Familie gemeinsam eintreten und auf diese Weise irgendwie auch eine starke Präsenz signalisieren könnte.

Sie winkten uns stürmisch zu, als sie uns sahen. Manuel rannte sofort zu seinen Cousins hin. Enrico und Giuseppe waren zwar «nur» Cousins zweiten Grades und einiges älter als er, doch für ihn waren sie wie zwei große Brüder. Er hatte ja keine Geschwister …

Auch Zio Giacomo war bereits da, leicht zu erkennen an seinem zerzausten weißen Haar und seinem Seebären-Schnauzer. Er strahlte uns mit funkelnden Augen an.

Domenico nahm Ariana auf den Arm, während ich David weiter in der Trage an der Brust trug. Delia hatte Larissa in den Buggy gesetzt und versuchte, mit mir Schritt zu halten. Das blonde Mädchen mit dem Schmollmündchen wurde sofort zur großen Attraktion, und ehe Delia sich's versah, war sie von entzückten Frauen umringt, die angesichts von Larissas goldenen Locken hin und weg waren. Larissas Mundwinkelfalten hingen allerdings etwas nach unten – das *golden girl* war trotz des lautstarken Zuspruchs nicht wirklich begeistert. Ich fragte mich immer wieder, ob das Mädchen seinen Vater Ronny nicht sehr vermisste.

Und dann erblickte ich Maria. Sie stand allein vor dem Eingangsportal und sah sich nervös um. Seit einiger Zeit hatte auch sie wieder angefangen, am Sonntag zur Kirche zu kommen. Sie trug ein schlichtes knielanges Kleid in dezentem Blauton, das jedoch überhaupt nicht zu ihrer ganzen Erscheinung passte und sie steif und unförmig wirken ließ. Ihr Arsenal an Silberketten hatte sie abgelegt und durch eine einfache Perlenkette ersetzt. Ihre vom Wind und ihren Spezialbürsten meistens etwas aufgeplusterten und zerzausten Haare – Nicki nannte ihr Styling immer «Mammas Sturmfrisur» – hatte sie diesmal mit einem einfachen Haarband nach hinten gestrichen, so dass man ihr Gesicht ohne Einschränkung sehen konnte. Und sie hatte sich auch wieder Make-up aufgelegt. Ich staunte einmal mehr, wie viele verschiedene Erscheinungsbilder sie immer wieder auf Lager hatte. Marias Auftritte und Looks waren in etwa so wechselhaft wie die Launen der Natur. Von schrill bis zaghaft-scheu, von offensiv bis total demütig war je nach Tagesform alles dabei.

«Ach ja, das hätte ich fast vergessen – wir haben sie gestern im Shoppingcenter getroffen», sagte ich zu Domenico, der vor mir herging. Ich erinnerte mich daran, dass Maria von einer großen Überraschung, einer «Sorpresa» gesprochen hatte. Ich hätte zu gern gewusst, was das wohl sein konnte.

«Was hat sie bloß wieder alles eingekauft?», stöhnte Domenico, doch für eine weitere Unterhaltung war keine Zeit mehr. Wir wurden von allen Seiten eingekreist, begrüßt und umarmt.

«Geht schon mal rein und sucht einen guten Platz, ich komm nach», wandte Domenico sich an uns, sobald ihn seine Verwandten wieder Atem schöpfen ließen. Hatte seine sizilianische Familie ihn anfangs noch nicht akzeptiert, weil er ja sozusagen der Sohn einer Prostituierten war, so war sein Ansehen im Laufe der Jahre extrem gestiegen, nicht zuletzt dank Zio Giacomo und der Tatsache, dass er nun verheiratet war und zwei Kinder hatte.

Ariana protestierte, als sie sich von ihrem Vater trennen musste, doch Domenico beruhigte sie mit den Worten: «Geh mit Mamma, okay? Du darfst ja nachher auf meinem Schoß sitzen.»

Ich wandte mich zu Delia um und bedeutete ihr mit einem Kopfnicken, mir zu folgen.

Jedes Mal, wenn ich die Chiesa del Carmine betrat – die Kirche, in der Domenico und ich geheiratet hatten –, eröffnete sich für mich eine Welt der Schönheit und des Friedens. Die hohen Gewölbedecken erhoben sich majestätisch über uns, und das Licht der Sonne, das durch die bunten Glasfenster strömte, schuf – kombiniert mit dem Duft von Weihrauch und Kerzenwachs – eine Atmosphäre der Andacht und der Ruhe.

Wir suchten uns einen Platz so weit vorne wie möglich, doch die vorderen Bänke waren schon belegt, also setzten wir uns in die Mitte. Ich hielt einen Platz für Domenico frei. Manuel würde sich bestimmt wie meistens zu seinen Cousins setzen.

«Ich werde natürlich kein Wort verstehen», klagte Delia, doch ich beruhigte sie, dass ich für sie übersetzen würde.

Domenico erschien kurz bevor der Gottesdienst begann. Er diskutierte lebhaft mit dem Zio und einigen Freunden von der Fischerzunft.

«Dein Mann ist immer noch ein Hingucker», stellte Delia flüsternd fest, den Blick fest auf ihn geheftet. «Das ist dir schon klar, oder?»

«Oh ja!», sagte ich und schaute meinem Mann zu, der sich durch die Reihen auf uns zubewegte: cool und lässig, wie er sich schon seit seiner Jugend gebärdete. Er trug eine hellbraune Cordhose und ein dunkelblaues Hemd, was seine sportliche Figur gut zur Geltung brachte. Sein Haar hatte er mit Gel schwungvoll in Form gebracht. Dafür, dass er nie in den Spiegel schaute, wenn er sich stylte, kriegte er es außerordentlich gut hin. Es gab hin und wieder Frauen, die ihn heimlich anhimmelten, das wusste ich, und seit unserer Jugend hatte ich lernen müssen, damit umzugehen.

Manchmal auf die harte Tour …

«Im Gegensatz zu meinem Ronny, der schon langsam eine Wampe kriegt», fügte Delia in beinahe schnippischem Tonfall an. «Ist doch wahr! Aber das hat man eben davon, wenn man ständig in den Pub geht und am Tresen hängt.»

Na, da brauchte ich mir bei meinem Mann jedenfalls keine Sorgen zu machen. So, wie der dauernd in Bewegung war, würde ihm gewiss nie eine Wampe die Sicht auf seine eigenen Füße verbauen. Außerdem hasste er Bier.

Domenico schlüpfte neben mich an seinen Platz und nahm Ariana auf seinen Schoß. Maria folgte ihm wie ein Schatten und setzte sich auf der anderen Seite neben ihn. Ihr schweres Parfum drang bis zu mir durch. Sie beugte sich zu mir und quatschte erst mich, dann ihre Enkelin voll. Ich hörte ihr nur mit halbem Ohr zu, weil ich mich auf den bevorstehenden Gottesdienst konzentrieren wollte.

«Und du hast doch getrunken, Mà», flüsterte Domenico. «Sei jetzt mal still, die Messe fängt gleich an.»

«Ha. Ich habe gar nichts getrunken, wirklich gar nichts.»

«Warum riecht es denn hier nach Schnaps?»

«Das ist vom Zähneputzen», behauptete Maria steif und fest. «Das Mundwasser.»

«Erzähl das deiner Großmutter», murmelte Domenico und drückte Ariana fest an sich.

Wir standen auf, als das Eingangslied angestimmt wurde. Die Kirche war heute sehr gut besucht. Ich vertiefte mich ganz in das Lob Gottes und ließ dabei meinen Blick umherschweifen, zuerst zu den kunstvollen Fresken an den Wänden, die biblische Geschichten und Heilige darstellten, dann zu den goldenen Verzierungen an den Altären und Säulen, die im Licht glänzten. Ich hatte mich erst an all diese Statuen und den Prunk gewöhnen müssen. Die Kirche, die ich zuhause in Deutschland besucht hatte, war schlicht und einfach gewesen, doch mit der Zeit hatte ich gelernt, die Geschichten von Glauben und Hingabe auch in all diesen reich geschmückten Gemälden und Statuen zu erkennen.

Im Grunde spielte es gar keine Rolle, dachte ich. Gott war dort, wo man ihn anbetete und wo man seine Schönheit erkannte.

Während der Predigt tat ich mein Bestes, Delia so gut wie möglich die Kernaussagen zu übersetzen. Die Kirchengemeinde hatte vor Kurzem einen neuen Priester bekommen, und das war so ziemlich das Beste gewesen, was der Gemeinde hatte passieren können. Der Priester, Pater Cristoforo, mochte schon über siebzig sein, doch er predigte, als sei er soeben aus einer persönlichen Unterhaltung mit Jesus Christus gekommen. Fast ein bisschen wie Pfarrer Siebold, der Pfarrer unserer Kirche in Deutschland, der mittlerweile leider verstorben war. Ach, was vermisste ich seine Ratschläge! Umso eifriger hörte ich daher Pater Cristoforo zu, der es durchaus schaffte, mich mit seiner Predigt zu fesseln.

Es ging darum, dass man nie zu beschäftigt sein solle, um Zeit für die Stille, das Gebet und die Zwiesprache mit Gott zu finden. Er brachte dazu das altbekannte Beispiel aus der Bibel von der rastlosen, vielbeschäftigten Marta und ihrer Schwester Maria, die, anstatt hektisch rumzurennen, lieber zu den Füßen von Jesus saß und dort nichts anderes tat, als ihm konzentriert zuzuhören. Jesus lobte Maria, weil sie das Gute, die Ruhe und die Gemeinschaft mit ihm gewählt hatte, und ermahnte die emsig-nervöse Marta, sich nicht von den Sorgen der Welt derart stressen zu lassen.

Es gibt immer etwas, das einen davon abhalten will, Zeit fürs Gebet und für die Ruhe zu finden, sagte Pater Cristoforo. Wenn es nicht die Arbeit ist, dann ist es ein dringender Anruf, eine Deadline, ein Auftrag, das Smartphone, eines der Kinder – die Liste der Ablenkungen ist lang.

Wie wahr, dachte ich wehmütig und schielte zu Domenico rüber, der mit unergründlicher Miene dasaß und zuhörte. Was wohl in ihm vorging bei diesen Worten? Ich hätte zu gern mit ihm darüber geredet, doch kaum war der Gottesdienst fertig, wurden wir mit der Menge in Richtung Ausgangspforte gedrängt und waren bereits wieder umringt von seinen Tanten und deren Familien, die auf uns einredeten und uns geradezu nötigten, zu ihnen zum Essen zu kommen. So wie jeden Sonntag. Und wir konnten nicht Nein sagen, weil das einer Beleidigung gleichgekommen wäre. Und auch das Argument, dass wir doch Gäste hatten, half nichts:

Delia und Larissa wurden kurzerhand mit eingeladen!

Die sizilianische Gastfreundlichkeit ist ja eine wirklich schöne Sache, aber manchmal schien mir ein Bienenhaus im Quervergleich geradezu ein Ruhepol und ein Ort der Entspannung zu sein. Selbst Nicki hatte schon zugegeben, dass es ihm manchmal zu viel wurde.

Wir gingen zum Auto und pferchten uns und die Kinder hinein. Ich suchte Manuel, doch der war schon nicht mehr da. Wahrscheinlich war er mit Enrico und Giuseppe gefahren. Ich fand, dass er sich in letzter Zeit doch ziemlich von uns abgelöst hatte, und fragte mich, was Domenico darüber dachte. Immerhin hatten Manuel und er ja eine sehr tiefe Verbindung zueinander. Ach, ich brauchte so dringend einen Abend, an dem ich mal wieder ausgiebig mit meinem Mann über all diese Dinge sprechen konnte!

Etwas später parkten wir das Auto in der Seitengasse vor dem Mehrfamilienhaus, in dem Domenicos Verwandte schon seit Urzeiten lebten. Hier in diesen engen Gassen offenbarten sich die weniger schönen Seiten von Licata: Abfall türmte sich an vielen Ecken und schwängerte die Luft mit seinem penetrant unangenehmen Duft. Im Sommer stank es manchmal richtig schlimm. Leere Plastiktüten hatten sich hier und dort an den Gebäuden verfangen und flatterten zerrissen im Wind. Ein einsamer trauriger Hund streifte umher und schnupperte an den Abfällen. Die Fassaden der Häuser waren abgeblättert, die Fenster teilweise kaputt und die Balkone verrostet. Das Haus von Domenicos Verwandten war immerhin noch in einem akzeptablen Zustand. Sie machten sich allerdings nicht viel draus.

Ich war mir nicht sicher, ob Delia wirklich Lust hatte, nach oben mitzukommen. Nein, eigentlich war ich mir ziemlich sicher, dass sie *keine* Lust hatte. Vielleicht war es sinnvoll, sie ein wenig vorzuwarnen.

«Stell dich auf viel Essen ein, Deli», sagte ich.

«Auf *sehr* viel Essen», ergänzte Domenico, während er ausstieg. «Und sei auf der Hut, wenn du etwas davon ablehnst.»

«Was muss ich dann machen?», fragte sie entsetzt.

«Entweder du lässt es unter dem Tisch verschwinden, oder du lässt halt ein paar Schimpftiraden über dich ergehen», informierte ich sie. «Wir kriegen jedes Mal zu hören, dass wir zu dünn seien.»

«Das kann ja heiter werden», stöhnte Delia mit entsetzter Miene.

Wir stiegen aus, und Domenico holte die Kinder aus dem Auto. Ich trug David immer noch in der Babytrage. Hatte er während des Gottesdienstes noch selig geschlafen, fing er nun langsam an, sich zu räkeln.

«Sie kriegen das Abfallproblem hier leider nicht in den Griff», bemerkte Domenico, als er den doch recht skeptischen Gesichtsausdruck von Delia registrierte, die sich angesichts des üblen Geruchs wohl im völlig falschen Film wähnte.

«Ich sehe es», meinte sie spitz.

Die Haustür stand offen, und wir traten ein. Das Treppenhaus wirkte, genauso wie die Häuserfassaden, ziemlich vernachlässigt, aber die Wohnungen von Giovanna und Luisa waren durchaus in gutem Zustand. So war es hier oft: außen etwas verwahrlost, aber innen gepflegt.

Die ganze Familie versammelte sich normalerweise in der Wohnung von Giovanna, weil diese größer war als die von Luisa. Auch Nonna Graziella und Nonno Giuseppe lebten hier. Wir gingen in den oberen Stock mit dem Namensschild *Cavallaro* und traten ein. Die Wohnung war bereits rappelvoll mit Menschen.

«Uff! ...» Delia legte erst mal den Rückwärtsgang ein und schien sich in der Situation alles andere als wohl zu fühlen, doch Domenico ermutigte sie, den Schritt in die gute Stube hinein zu wagen. Die Kinder wurden natürlich sofort von allen liebevoll geherzt, und es dauerte nicht lange, bis die beiden Mädchen von Giovannas Tochter Teresa eine Süßigkeit zugesteckt bekamen.

«Lari, nein!», rief Delia völlig außer sich. «Das gibt's doch einfach nicht!»

Giovanna, die danebenstand, sah Delia pikiert an.

«Lass sie, Deli. Die Leute hier lieben die *bambini* eben», beruhigte ich meine Freundin. «Ich mag's auch nicht, wenn sie Ari mit Süßem vollstopfen, aber am Sonntag können wir ja mal eine Ausnahme machen.»

«Ich will aber nicht, dass sie das isst!»

Doch Larissa hatte schon in den süßen Kuchen reingebissen und sah selig aus. Delia blickte sich hilfesuchend nach Domenico um. Da kam er auch schon zu uns und sah Deli fragend an.

«Kannst du deinen Verwandten sagen, dass ich das nicht möchte?» Delia zeigte auf den gelb, silbrig und rosa glitzernden Kuchen in Larissas Hand.

«E vabbé.» Er nahm Larissa und auch Ariana sanft die Kuchenstücke aus den klebrigen Händen. «Später, Mädels, okay?»

Larissa und Ariana zogen beide eine Schnute. Domenico hob Ariana kurzerhand auf seine Schulter, während Delia sich anschickte, Larissa zu erklären, warum sie jetzt keinen Kuchen essen durfte.

Ich musste David losbinden, da ihn alle halten und herzen wollten. Smartphones wurden gezückt, und schon war mein Sohn der Mittelpunkt der Geschehnisse. Zum Glück war er nun wach und ließ es sogar zu, dass er reihum gereicht wurde.

Domenico grinste, als er die Begeisterung beobachtete. «Also, an Davys Stelle möchte ich jetzt nicht sein.»

Ich prustete los, als ich mir das bildlich vorzustellen versuchte.

Auch Maria kam herangetorkelt, ein ziemlich volles Weinglas in der Hand, und lallte irgendwas, das keiner verstand. Mamma mia, sie hatte wirklich schon wieder einige Promille intus! Im Moment war es wieder schlimm mit ihr. Domenico nahm ihr behutsam das Glas aus der Hand und stellte es auf die Kommode.

Für die nächsten Minuten klebte Maria ihm regelrecht an den Fersen. Sie wusste: Obwohl das ihre Familie war, und obwohl das ihre Schwestern, Eltern, Nichten und Neffen waren, war sie hier doch mehr geduldet als willkommen. Sie war die Hure, die *buttana,* die einst als Teenager von zuhause abgehauen war, weil sie das strenge Regime ihres Vaters nicht mehr ausgehalten hatte und ihr eigenes freies Leben hatte leben wollen. Damit hatte sie damals Schande über die Familie gebracht, und in Licata sprachen sich die schlechten News damals rasend schnell herum.

Eigentlich wusste ich wenig über ihre Geschichte und über die Dinge, die in ihrem Leben passiert waren, bevor sie schließlich ungewollt von einem deutsch-norwegischen Sportler schwanger geworden war. Domenico hatte mir auch nicht viel mehr als nötig darüber erzählt; vermutlich, weil auch er selbst nicht wirklich viel wusste. Eine richtige Nähe zu seiner Mutter hatte er jedenfalls nie herstellen können.

Manuel saß mit seinen Cousins Enrico und Giuseppe zusammen. Die beiden jungen Männer hatten ihn in die Mitte genommen und zeigten ihm etwas auf dem Smartphone. Offenbar verfolgten sie gespannt ein Fußballspiel.

Auch Zio Giacomo war da und hatte sich mit Nonno Giuseppe und den Ehemännern von Luisa und Giovanna zu einer Männerrunde versammelt, wo sie ausgiebig über die neuen politischen Ereignisse in Italien fachsimpelten.

Nonna Graziella, Giovanna und Luisa sowie deren Töchter wuselten zwischen Küche und Wohnzimmer herum und bereiteten das Essen zu – ganz traditionell. Jede half mit.

Der zweijährige Sohn von Teresa krähte in seinem Laufgitter vor sich hin und klimperte mit einem riesigen Kinder-Schlüsselbund aus farbigem Plastik und einem Kinder-Piano mit sechs Tasten herum. Der Fernseher plärrte in Dauerbetrieb, obwohl keiner zuschaute. Die Geräuschkulisse war ein sizilianisches «Orchestra» vom Feinsten.

Weitere Männer betraten den Raum, und ich gab es auf, die Menschen zu zählen, die sich alle in dieser einen Wohnung befanden. Ich wurde regelrecht genötigt, mich mit meinem Baby aufs Sofa zu setzen und auszuruhen, da ich ja noch stillte. Sie waren alle rührend um mich besorgt.

Delia, die sich ziemlich verloren fühlte, nahm schließlich neben mir Platz. «Tut mir leid, ich weiß nicht so recht, ob ich irgendwo mit anpacken soll – ich verstehe ja die Sprache nicht.»

«Lass ruhig», sagte ich. «Du bist doch heute Gast.»

«Es ist einfach wahnsinnig laut hier», meinte sie. «Gehören die alle zu Domenicos Familie?»

«Ja, im entferntesten Sinn schon. Du weißt ja, im Süden pflegt man Familientraditionen viel mehr als in Deutschland», meinte ich. Ich dachte an meine zwei Cousinen und die paar Tanten, die ich hatte; durchaus liebe Menschen, die ich aber nur noch selten bis fast gar nie sah, weil sie auch allesamt in ganz Deutschland verstreut wohnten. Nein, mit einer großen Familie und solchen Zusammenkünften konnte ich nicht auftrumpfen.

Die Vorbereitungen zogen sich in die Länge. Niemand hatte es eilig. Zio Giacomo zückte irgendwann seine Mundharmonika und begann ein wehmütiges Fischerlied zu spielen. Sein Bruder, Nonno Giuseppe, fiel mit seiner tiefen Stimme in die sehnsuchtsvolle Melodie ein. Und auch wenn ich nicht viel vom Text verstand, und Delia noch viel weniger – das war in dem Moment völlig egal, denn der ganze Song und die Vortragsweise der beiden alten Männer sprachen für sich selbst. Es war total bewegend, auch für Deli, das konnte ich sehen und spüren. Es waren drei Minuten wie aus einer anderen Welt.

Domenico half als einziger Mann in der Küche mit und schaute hin und wieder nach den Mädchen, die sich mit Loredana, Luisas Tochter, ins Kinderzimmer verzogen hatten. Ich stillte David, der danach, bereits ziemlich erschöpft von all dem Trubel und dem ganzen Lärm, an meiner Brust auch gleich wieder einschlief.

Sehr viel später quetschten sich alle an den großen Esstisch, der mit ein paar Beistelltischen vergrößert worden war. Ich war so froh, dass ich Ariana an Domenico abgeben und mich ganz um David kümmern konnte. Und auch um Delia, die sich in diesem Lärm und angesichts einer Sprache, die sie nicht verstand, zuweilen doch schlicht überfordert fühlte.

Es war mir jedes Mal ein Rätsel, wie diese Frauen immer dermaßen viel gutes Essen auf den Tisch zaubern und uns mit einer Fülle an köstlichen Gerichten verwöhnen konnten. Antipasti, Lasagne, Gnocchi, Teigwaren, Risotti, Fleisch und gebratene und geräucherte Fische türmten sich auf dem Tisch. Schon nur die Farbenvielfalt der Speisen war fantastisch.

Auf einem überdimensionierten Teller lagen kunstvoll arrangierte Caponata, gegrillte Paprika und Zucchini, eingelegte Oliven und sonnengetrocknete Tomaten. In der Mitte des Tisches stand eine dampfende Schüssel bis zum Rand gefüllt mit Sugo und Thunfischstückchen, Auberginen und Muddrica, geröstete Brotkrumen. Daneben fanden sich verschiedene Fleisch- und Fischgerichte auf dem Tisch, die ich gar nicht alle aufzählen konnte. Und auf der anderen Seite lagen goldbraun gebratene Sardinen, mariniert in Zitronensaft und Olivenöl. Yammieh!

Aber das war noch längst nicht alles. Auf einer separaten Platte stapelten sich frittierte Arancini, kleine Reisbällchen gefüllt mit Ragù und Mozzarella. Nicht zu vergessen der Nachtisch, der uns hinterher auch noch serviert werden würde.

Kein Wunder, konnte ich bei all dem guten sonntäglichen Essen meine überflüssigen Pfunde nicht loswerden …

Giovanna ging mit der Schüssel reihum und klatschte jedem eine Portion Sugo auf den Teller. Delia hatte keine Chance gegen Giovanna, die ihr eine viel zu große Portion auf den Teller schüttete.

«Nicht so viel!», protestierte sie, aber Giovanna kannte keine

Gnade. Luisa stand daneben und versuchte, ihre Schwester etwas zu bremsen, aber Giovanna knurrte nur. Auch mir hatte sie wieder viel zu viel geschöpft.

«Iss einfach, was du magst», beruhigte Domenico meine wunderbar schlanke Freundin Delia, die sich jetzt ohne weitere Gegenwehr mit dem Unausweichlichen abfand.

«Ich will hier ja niemanden beleidigen», seufzte sie. «Aber ich hab nun mal Vorgaben von der Agentur.»

Ich beugte mich rüber zu Domenico: «Nicki, sieh zu, dass Ari auch Gemüse und Fisch isst. Nicht nur Pasta und Arancini.»

Domenico kitzelte Ariana neckisch am Bauch. «Ari, du hast gehört, was deine Mamma gesagt hat: Ein bisschen Fisch und Gemüse, ja?», sagte er auf Sizilianisch.

«Noooo», protestierte Ariana.

«Kinder mögen nun mal keinen Fisch. Hat Morten gesagt», meinte Nicki schulterzuckend.

«*Der* muss es ja wissen», brummte ich. Der andere, nordische Teil von Domenicos Verwandtschaft war natürlich meilenweit entfernt.

Es kam, wie es kommen musste: Delia ließ den Teller halbvoll stehen und wurde sofort zum Mittelpunkt der Diskussionen. Für die Frauen, die mit so viel Liebe und Hingabe in der Küche gestanden hatten, um ihre Gäste zu verwöhnen, kam dies natürlich einer Kränkung gleich.

Schließlich musste Domenico einspringen: «Lasst sie in Ruhe. Sie meint es nicht böse. Delia arbeitet als Model. Die haben da ganz strenge Regeln, was die Ernährung betrifft.»

«Model? Ich auch arbeite come Modella», warf Maria ein, die Domenico gegenübersaß. Ihre Zunge stieß arg an beim Sprechen.

«Sì, vabbé, Mà», murmelte Domenico und verdrehte die Augen. «Bring das jetzt nicht auf den Tisch.»

Maria ließ sich jedoch nicht beirren. Sie quasselte Delia mit ihrem gebrochenen Deutsch voll: «Du schöne Haar. Ich mache style deine Haare, ja? Ich weiß, wie mache schöne Frau. Ho fatto la modella, ich mache ganz professionale.»

«Danke, aber das ist nicht nötig», lehnte Delia höflich ab, der Maria alles andere als geheuer war.

«Lass sie in Ruhe, Mà», befahl Domenico scharf.

«E fammi parlare, Domé … che c'è di male?»

«Ja, wenn du ausnahmsweise mal die Wahrheit erzählst.» Schnell schaltete Domenico wieder auf Italienisch um, damit Delia von dem weiteren Gesprächsverlauf nichts mehr verstehen konnte, aber ich hörte natürlich jedes Wort.

«Ich hasse es, wenn du den Leuten Lügen erzählst!», zischte er über den Tisch hinweg seiner Mutter zu. «Wir wissen, als was du gearbeitet hast. Du warst nie ein Model, sondern was *anderes.* Du weißt, ich hab es akzeptiert, und nun lass gut sein. Wir brauchen da nicht mehr drüber zu reden. Aber unseren Gästen einen Schmarren aufzutischen, das geht gar nicht!»

«Ma che dici? Guarda che dico la verità: Ho una grande sorpresa, ich große Überraschung.» Maria gluckste vergnügt und langte über den Tisch, um die Weinflasche zu ergreifen, aber Domenico war schneller und riss die Flasche sofort an sich.

Nachdem wir alle satt waren, wurde der Nachtisch aufgetischt. Auf einem großen Teller häuften sich Cannoli, gefüllt mit einer Ricotta-Creme und bestäubt mit Puderzucker. Daneben lagen Cassatas, traditionelle sizilianische Kuchen mit Schichten von Ricottacreme und kandierten Früchten. Auf einer separaten Platte stapelten sich weitere Arancini, diesmal gefüllt mit Schokolade oder Pistazien-Creme. Weiter gab es Sfinci, luftige Hefeteigbällchen, die mit einer Mischung aus Honig und Zimt überzogen waren. Weitere Platten beherbergten Kuchen und Torten in allen Farben und Größen, plus eine Fülle an frischen Früchten, insbesondere vielen saftigen Orangen.

Wie jedes Mal hatte ich auch jetzt keine Ahnung, wer das alles noch verspeisen sollte. Ich wunderte mich immer, dass die Dinge am Ende doch alle weg kamen. Ich hatte kaum noch Platz im Magen, doch Domenico langte kräftig zu. Die Vorliebe meines Mannes für Süßes hatte in all den Jahren nie nachgelassen.

«Allora, ich große sorpresa fur alle», fing Maria plötzlich wieder an. «Du bald kaufe große Haus, große Auto, große barca, Domé! Una moto per Manuel, schöne Sache fur de bambini und Maya … Presto presto ich viel Geld! Ich helfe, du mache la dolce vita, grazie alla tua mamma.»

«Ó mà, a finemu? Ich hab dir tausendmal gesagt, dass ich mit deinen Geschäften nichts zu tun haben will.»

«Keine Geschäft. Eine Hochzeit.»

«Che dici?» Es war selten, dass Domenico derart verblüfft war, dass ihm der Bissen im Hals steckenblieb. Er ahnte meistens schon im Voraus, was seine Mutter im Schilde führte. Aber diesmal? «Habe ich richtig gehört, Mà? Du willst heiraten?!»

«Ha! Ich doch nicht.» Maria kicherte vielsagend und stand schwankend auf. Sie nahm kurzerhand ein Glas und hämmerte mit einem Löffel dagegen. Kaum jemand achtete darauf. Domenico nahm ihr das Glas aus der Hand.

«Willst du das jetzt wirklich allen hier verkünden?»

«È importante. Wichtig fur de ganze famiglia.»

«Na schön. Warte hier.» Domenico stand auf, stellte Ariana vorsichtig auf den Boden und ging zu Zio Giacomo. Er tauschte mit ihm ein paar Worte und deutete dann auf Maria.

Der Zio nickte, erhob sich und verschaffte sich mit seinem vollen Bariton schnell die nötige Aufmerksamkeit:

«Sentite tutti. Meine Nichte hat etwas zu sagen!»

Domenico kam zurück und setzte sich wieder neben mich. Sein Blick war richtig finster, so wie früher, wenn er sich bedroht gefühlt hatte. Ich stutzte. Das kam nicht mehr so oft vor.

«Was hat sie wieder angestellt? Einfach mühsam, das alles!», hörte ich Giovanna wettern.

«Hör ihr doch erst mal zu, Giovà», sagte Luisa ruhig.

«Ah, ähm ..» Maria klammerte sich ans Tischtuch, als ihr bewusst wurde, dass sie nun von allen angestarrt wurde. Sie wirkte nervös wie ein kleines Mädchen vor dem ersten Schultag.

«Bianca si marita a novembre!», verkündete sie mit ausgeleierter Stimme und wartete auf Beifall, doch sie starrte in eine Reihe verblüffter Gesichter.

«Eh … ich bin so glücklich. Meine kleine Bianca heiratet einen Hotelbesitzer! Wer hätte das gedacht! *Einen Hotelbesitzer!* Ist das nicht wunderbar?», sagte Maria schnell und aufgeregt im Dialekt.

Maria krallte sich vor lauter Begeisterung und Nervosität an der

Tischplatte fest. Ich sah, dass sie wirklich nicht mehr sicher auf den Beinen stand.

Luisa fing lachend an zu klatschen, und schließlich fielen auch die anderen mit jubelndem Beifall ein. Immerhin – eine Hochzeit war ein Grund zum Feiern. Ich lächelte höflich in die Runde, doch dann sah ich, wie regelrechte Sturmwolken in und über Domenicos Augen aufzogen.

«Was ist los, Nicki?», fragte ich.

Er zischte etwas Unverständliches und stand von seinem Platz auf.

«Warte! …» Ich wollte ihn zurückhalten, doch er riss sich los und ging schnurstracks hinaus in Richtung Balkon.

Ich verstand nicht, was ihn derart aufgewühlt hatte. Dass Bianca heiraten würde, waren doch gute Neuigkeiten! Sie war ja schon seit längerer Zeit mit diesem Hotelbesitzer zusammen, und dass er sie nun zur Frau nehmen wollte, war doch das Beste, was ihr passieren konnte.

«Wann, sagtest du, ist die Hochzeit?» Luisa war neben ihre schwankende Schwester getreten und hielt sie fest, damit sie nicht umstürzte und am Ende noch das Tischtuch mitzog.

«A novembre», lallte Maria.

«Das ist ja schon recht bald.» Luisa runzelte die Stirn. «Warum die Eile? Ist Bianca schwanger?»

«Ha, das weiß ich nicht», sagte Maria. «Vielleicht, eh. Kann sein.»

Delia sah mich mit einem leicht verwirrten Blick an. Sie war natürlich sensibel genug, um den atmosphärischen Bruch und die Unruhe im Raum deutlich zu spüren, aber worum es inhaltlich im Einzelnen ging, konnte sie sich nicht zusammenreimen.

«Ich erklär es dir später», sagte ich und stand auf, um Domenico zu suchen. Ich fand ihn wie vermutet auf dem Balkon, den Rücken mir zugewandt und auf die gegenüberliegenden Häuser starrend.

«Nicki?» Ich legte ihm die Hand auf die Schulter.

Die Wut in ihm war derart spürbar, ja fast greifbar, dass es mich fast umhaute. Mein Mann bebte. Ich zog meine Hand zurück, als hätte sie einen elektrischen Schlag abbekommen. Das hatte ich schon lange nicht mehr so erlebt.

«Bleib», bat er.

Ich stellte mich wieder neben ihn. «Magst du mir erklären, was hier abgeht? Ich verstehe es nicht … ist es denn nicht gut, dass Bianca heiratet?»

«Ich hab nichts dagegen, dass sie heiratet. Aber ich hab was dagegen, dass sie Orlando heiratet.»

«Aber was ist daran verkehrt?»

Er seufzte. «Muss ich dir das wirklich sagen?»

«Nun ja … zufällig bin ich deine Frau, Nicki …»

Er schob den Unterkiefer vor und schien nachzudenken. Ich legte die Hand erneut auf seine Schulter. Schließlich meinte er: «Ich weiß zufällig, was für Beziehungen er hat.»

«Was meinst du damit? Zu üblen Leuten? Zu Kriminellen? Zu einer Gang? Einem Clan? Irgendeinem Syndikat, einem Geheimbund? Zu Betrügern? Zur Mafia? Wovon sprichst du, Nicki? Bitte erklär's mir, ich kapier's sonst nicht! …»

«Das ist schwierig zu definieren. Ich weiß einfach nur, dass nicht alles sauber ist, was er tut.»

«Aber … du hast nie was in der Art durchblicken lassen! Ich dachte immer, du seist auch froh, dass Bianca nun endlich eine stabile Beziehung hat. Anscheinend braucht sie ja einen älteren Mann …»

«Ich hab etwas nachgeforscht», erwiderte er. «Mir war schon klar, dass unsere Mutter da die Finger im Spiel hat. Und wenn sie mitmischt, dann verheißt es meistens nichts Gutes. Aber …», er deutete eine leise Kopfbewegung in Richtung Wohnzimmer an, wo die meisten immer noch um den Esstisch saßen, «… das brauchen die anderen nicht zu wissen.»

«Denkst du, Bianca weiß darüber Bescheid?»

«Ach, Bianca!» Er schnaubte. «Die ist doch, genau wie unsere Mutter, nur auf Geld aus! Sie macht genau die gleichen Fehler wie sie und merkt es nicht mal.»

Maria hatte tatsächlich auch einmal einen Mann geheiratet, der in kriminelle Angelegenheiten verwickelt gewesen war. Aus dieser Ehe war Bianca entstanden, Domenicos Halbschwester. Domenico und sein verstorbener Zwillingsbruder Michele, den wir alle meistens zärtlich Mingo nennen, hatten sehr unter ihrem Ex-Stiefvater gelitten. Irgendwie war Maria wieder aus dieser Ehe herausgekommen, doch die Wunden, die das Ganze hinterlassen hatte, waren noch heute spürbar und bei ihr sozusagen allgegenwärtig.

Ha, genau genommen, so fiel mir in dem Moment ein, hatte ja auch *ich* einen Ex-Kriminellen geheiratet. Allerdings einen, der sein Leben zum Glück in ziemlich gerade Bahnen hat bringen können.

«Okay», sagte ich leise. «Und was machst du jetzt?»

«Weiß ich noch nicht. Muss nachdenken. Lass uns heimgehen, Maya. Für heute reicht's langsam.»

Das war mir nur recht. Während Delia und ich die Mädchen einsammelten, die im Kinderzimmer mit Loredana spielten, stahl Domenico sich davon und erklärte seiner Tante Luisa was im Flüsterton. Luisa nickte; sie verstand offenbar, dass wir uns möglichst unbemerkt aus dem Staub machen wollten. Ich war froh, denn die Küsserei hätte bei der Abschiedsrunde vermutlich kein Ende genommen, obwohl einige nach der Pandemie durchaus vorsichtig geworden waren.

Wir suchten Manuel, doch der wollte noch ein wenig bei Giuseppe und Enrico bleiben. Domenico ließ ihm seinen Willen, ermahnte ihn aber, nicht zu spät nach Hause zu kommen.

Es war bereits acht Uhr, als wir zu Hause ankamen, und dank des üppigen Essens erübrigte sich das Kochen.

Delia brachte Larissa unverzüglich ins Bett, während Domenico und ich uns mit den Kindern noch etwas in den Garten auf die Schaukel setzten, nachdem Nicki eine der Kerzen unter Mingos Holzkreuz angezündet hatte. Ariana saß auf meinen Knien, während Domenico David im Arm hielt. Ich achtete bewusst darauf, dass *beide* Kinder immer wieder etwas Zeit mit ihrem Vater verbringen konnten.

Es war dunkel, und die Solarlaternen leuchteten. Ihre filigranen Metallmuster warfen zauberhafte Schatten auf den Boden und ließen die Pflanzen und Sträucher in einem wundersamen Glanz erstrahlen. Die Schaukel bewegte sich leicht hin und her, und ich fühlte die sanfte Brise der Meeresluft auf meiner Haut. Der feine Rhythmus dieser Schaukel, das Licht der Laternen, das Geräusch des nahen Meeres, das Salz in der Luft, und neben mir mein Nicki, dazu die beiden Kinder – das waren normalerweise immer großartige Momente für mich. Für uns alle vier, da bin ich mir sehr sicher.

Nur die eine Laterne, die über unseren Köpfen hing, war immer noch dunkel.

«Die ist schon seit einiger Zeit kaputt, was?», stellte Nicki fest. «Ich schau mal, ob ich eine neue besorgen kann.»

«Ach, das eilt doch nicht …»

Wie gern hätte ich nun tausend Dinge mit meinem Mann besprochen, doch irgendwie spürte ich, dass es hier und jetzt nicht der richtige Moment war. Nicki hatte mit seinen eigenen Sorgen und Problemen zu kämpfen. Ich sah es an seiner gerunzelten Stirn, fühlte es an der subtilen Halbdistanz, die er gerade zwischen uns aufbaute.

Ich kannte das ja und wusste, dass ich ihm in solchen Momenten den nötigen Freiraum geben musste. Doch in letzter Zeit hatten wir so wenig Zeit füreinander gehabt, dass es mir immer schwerer fiel. Außerdem wollte ich jetzt nicht dazwischenfunken, jetzt, wo er seinen Sohn zärtlich im Arm hielt und diese kostbaren Minuten mit ihm hatte, in denen er sich voll und ganz ihm widmen konnte.

Doch während ich mich bewusst ganz zurückhielt, gab es da ein anderes Element, das wieder mal weit weniger rücksichtsvoll war mit meinem Mann: nämlich Domenicos Tastenhandy, das just in diesem intensiven, tiefen Moment in seiner Hosentasche zu dudeln begann.

Ich seufzte, während er mir David behutsam zurückgab und das Gerät aus der Hosentasche klaubte.

«Pronto?»

Es war offenbar ein Mitarbeiter von einer der Hilfsorganisationen, der ein Anliegen hatte. Sie riefen Domenico oft an, wenn sie irgendeinen Konflikt unter den Flüchtlingen nicht selber lösen konnten. Nicki hatte es fertiggebracht, sich auch dort Respekt zu verschaffen, und hatte Zugang zu Bereichen, die anderen verwehrt blieben.

Ich hörte eine Weile der lebhaften Diskussion zu, die unweigerlich darauf hinauslief, dass Domenico diesen Abend erneut nicht zu Hause verbringen würde.

Und so war es dann auch.

«Ich muss noch mal ins Camp. Da hat mich einer angerufen. Die Jungs sind unruhig. Die hatten heute ziemliche Troubles. Ich hab ihnen sowieso versprochen, dass ich nochmals eine Runde Fußball spiele mit ihnen. Die sind jetzt gerade froh, dass ich komme, auch wenn's schon spät ist.»

Ich unterdrückte ein Seufzen.

«Klar», sagte ich mit belegter Stimme. «Verstehe.»

«Tut mir leid, Maya. Aber wenn ich jetzt nicht gehe, dann drehen sie wieder durch. Würde ich ja an ihrer Stelle vermutlich auch tun. Sie stehen wirklich vor einer alles andere als einfachen Situation, und ich bin einer der Wenigen, die wissen, wie man damit umgehen muss.»

«Absolut», sagte ich und drückte David fest an mich. «Da erzählst du mir nichts Neues. Ich weiß um deine Qualitäten, du bist der richtige Mann für so was. Geh nur. Aber bitte vergiss nicht: Wir hier brauchen dich auch, Nicki. Wir schreien nur nicht so laut nach dir …»

Er stand auf und musterte mich kurz, dann wandte er sich zum Gehen. Etwas später hörte ich ihn mit dem Motorrad davonbrausen.

Ich drückte David an mich, forderte Ariana auf, mir ins Haus zu folgen, und verzog mich mit den Kindern ins Schlafzimmer.

Delia und Larissa schliefen bereits tief und fest. Weder Manuel noch der Zio waren zu Hause. Die machten wohl beide wieder bis tief in die Nacht einen drauf. Und hauten sich bei der Gelegenheit rein, was überhaupt nur noch Platz hatte in ihrem Magen. Bis das letzte Cassata-Eis und überhaupt alle Kuchen- und Torten-Reste weggeputzt und alle Drinks getrunken und alle melancholischen Lieder der sizilianischen Fischerzunft gesungen und in den Seelen bewegt und durchbuchstabiert waren.

Und ich?

War in dem Moment wieder mal ganz allein.

Mit mir und mit den Kindern.

6. Gefährliche Schwester

Drei Tage später verkündete Domenico überraschend, dass er nach Catania fahren und Bianca besuchen wolle. Seitdem sie studierte, lebte sie in der zweitgrößten Stadt Siziliens.

«Hast du heute keine Aufträge?», wunderte ich mich. Es war noch ziemlich früh am Morgen, doch mein Mann war schon längst auf den Beinen. Genau genommen hatte er wieder mal so gut wie gar nicht geschlafen. Er war seit Tagen nicht mehr mit dem Boot unterwegs gewesen, weil ja immer noch *fermo* war. Das machte ihn jeweils kribbelig und unruhig.

«Ich hab das alles verschoben. Ich muss dringend mit ihr reden.»

«Wegen der Hochzeit?»

«Weswegen sonst? Vielleicht hört sie auf mich», sagte er und zog sich ein sauberes T-Shirt über. «Ich bin zumindest der Einzige, der noch eine Chance hat, irgendetwas zu beeinflussen.»

«Was willst du denn beeinflussen? Ist das nicht Biancas freie Entscheidung?»

Er warf mir einen finsteren Blick zu. «Bianca hatte nie einen freien Willen. Sie war immer der Spielball von anderen. Nur merkt sie es nicht.»

Ich schaute ihm zu, wie er sich fertig ankleidete und sich mit der Hand durchs Haar fuhr, bereit, in der nächsten Sekunde loszufahren.

«Kann ich mitkommen?», hörte ich mich selbst sagen.

Er fuhr herum, als hätte ich ihm verkündet, dass ich vorhatte, das Haus abzureißen.

«Sicher nicht. Auf keinen Fall!»

«Nicki?» Ich neigte den Kopf ein wenig zur Seite und trat forsch auf ihn zu – unser vereinbartes Zeichen, wenn ich ihm signalisieren wollte, dass er mit seiner dominanten Art danebenlag.

Er ließ seine Arme sinken. «Tut mir leid … ich meine, nein … das geht nicht. Es ist zu gefährlich. Außerdem, wer schaut zu den Kindern?»

«Zu gefährlich?»

«Du weißt, dass ich in Catania noch ein paar alte Bekannte habe ...»

«Okay, aber es ist ja nicht das erste Mal, dass wir dorthin reisen. Wir könnten doch einfach einen Familienausflug nach Catania machen. Das wäre auch interessant für Delia und Larissa. Dann kannst du Bianca zum Beispiel mitteilen, dass wir unseren Gästen gerne die Stadt zeigen und zu ihr zum Kaffee vorbeikommen wollen. Dann schöpft sie nicht gleich Verdacht, und du kannst danach in aller Ruhe mit ihr reden, während wir Kaffee trinken.»

Ich hatte mir ohne große Hoffnung den Mund fusselig geredet und war erstaunt, dass sein Blick gar nicht mal den zu erwartenden Widerstand zum Ausdruck brachte.

«Okay, hat was», lenkte er ein.

«Kann der sizilianische Macho zur Abwechslung mal einräumen, dass seine Frau doch hin und wieder gute Ideen hat?», neckte ich ihn, doch er blieb ernst.

«Na schön, dann lasst uns bald aufbrechen. In einer Stunde fahren wir los.»

«Ich muss natürlich noch Delia fragen, ob sie mitkommt. Und vielleicht sagst du Bianca noch Bescheid vorher?», riet ich. «Hat sie heute überhaupt Zeit?»

Schließlich einigten wir uns auf Abfahrt um zehn Uhr. Und da ich wusste, dass zehn Uhr für das deutsche und das sizilianische Zeitgefühl längst nicht dasselbe war, addierte ich in Gedanken noch eine gute Stunde dazu.

Delia war überrascht über diese spontane Idee, willigte aber ohne langes Überlegen ein.

«Warum auch nicht?», meinte sie. «Ich hab diesen Ort ja noch nie gesehen, an dem du damals so viele Abenteuer erlebt hast.»

Damals, als ich noch so verzweifelt und voller Sehnsucht nach Domenico gesucht hatte ... wie lange war das her! Damals hätte ich nicht im Traum gedacht, dass wir eines Tages verheiratet sein würden.

Ich hatte mit meiner Zeiteinschätzung recht gehabt: Es war nach elf, als wir endlich losfahren konnten. Delia und ich saßen hinten, eingepfercht zwischen den Kindersitzen, während ich David wie gewohnt an meine Brust gebunden hatte. Manuel konnte natürlich wegen der Schule nicht mitkommen. Er war etwas traurig gewesen, als Domenico ihm am Telefon mitgeteilt hatte, dass wir den ganzen Tag weg sein würden – er hätte seine Tante Bianca gern mal wieder besucht.

Wir hatten ungefähr zwei Stunden zu fahren, inklusive der Rast, die wir dazwischen mal kurz einlegten. Delia, die wegen Domenicos rasantem Fahrstil ziemlich mitgenommen aussah, hatte auf einer Pause bestanden. Ich hatte mich mittlerweile daran gewöhnt, weil ich wusste, dass man sich hier auf den Straßen regelrecht durchsetzen musste, wenn man ans Ziel gelangen wollte, aber auch, weil ich wusste, dass Domenico sein Gefährt meisterhaft beherrschte.

Es war fast zwei Uhr, als wir das Auto in einer Seitengasse neben der Piazza Stesicoro parkten. Domenico hatte sich Sonnenbrille und Schirmmütze aufgesetzt wie meistens, wenn wir in Catania waren. Das war eben hierzulande der Nachteil seiner kupferfarbenen Haare: Man vergaß sie nicht mehr so leicht, wenn man sie einmal gesehen hatte; auch nicht, wenn es schon einige Zeit her war.

Nicki hielt sich etwas abseits von uns, während Delia und ich die Kinderwagen schoben. Ich hatte Ariana und David zusammen in unseren zusammenklappbaren Stadtbuggy gepackt, und unsere normalerweise so hyperaktive Ari war für einmal durchaus glücklich, nicht laufen zu müssen. Wir gingen die Via Etnea entlang, die mitten im Zentrum liegt. Bianca lebte in einer der exklusiveren Wohnungen in einer der Seitenstraßen ganz in der Nähe.

Ich dachte, dass es sinnvoll sei, nahe bei Domenico zu bleiben, doch das war ganz und gar nicht in seinem Sinn.

«Bleibt besser ein paar Meter hinter mir», fuhr er uns ziemlich barsch an. «Braucht nicht jeder zu wissen, dass ihr zu mir gehört.»

Wahrscheinlich hatte er diesen schroffen Tonfall gar nicht beabsichtigt. Daran konnte ich erkennen, wie angespannt er mal wieder war. Ich kannte ihn gut genug, um zu wissen, dass das nicht gegen mich gerichtet war, aber Delia war ziemlich schockiert.

«Meine Güte, kommandiert er dich immer noch so herum?», flüsterte sie, als wir etwas außer Hörweite waren.

«Eigentlich nicht. Er ist momentan ziemlich gereizt wegen seiner Schwester.»

«Trotzdem. Ich würde mir das nicht gefallen lassen.»

Puh. Da war er wieder, ihr Lieblingsspruch. Sollte ich denn jedes Mal einen Streit anzetteln, wenn Nicki sich im Ton vergriff? Delia wusste ja nicht, dass er hin und wieder von Flashbacks geplagt wurde, von alten Erinnerungen, die nun mal tief in seiner Seele drinsaßen und ihm dort ganz massive Nöte bereiten konnten.

«Was soll denn überhaupt das Ganze?», fragte sie. «Hat er Angst, die Mafia würde uns umlegen, oder wie?»

«Nicht direkt», sagte ich. Ich hielt sie etwas zurück, um einerseits Domenicos Wunsch nach Abstand nachzukommen, andererseits, damit er uns nicht hören konnte. «Deli, wie du weißt, haben Nicki und sein Zwillingsbruder hier eine Zeitlang gelebt. Du erinnerst dich an die ganzen Drogengeschichten, in die sie damals verstrickt waren – na ja, Mingo im Besonderen. Nicki fürchtet halt immer noch, dass ihn Leute von damals erkennen könnten; Leute, bei denen er wegen Mingos Drogenkonsum immer noch Schulden hat, die er ja sowieso nie wird begleichen können. Deswegen seine Nervosität.»

«Du meinst, die erkennen ihn noch nach so langer Zeit?»

«Ich weiß es nicht. Aber wenn es um Geld geht, dann hört bei denen der Spaß auf», wisperte ich. «Daher denke ich schon, dass seine Vorsicht angebracht ist. Und deswegen sind wir auch nicht allzu oft hier.»

Delia wollte ein paar Selfies machen von uns, also ließen wir Domenico noch weiter vorgehen und holten ihn erst wieder ein, als wir in die Straße einbogen, in der Bianca wohnte.

Schon standen wir vor dem alten barocken Stadthaus. Ich war immer wieder aufs Neue fasziniert von dem italienischen Prunk aus vergangenen Jahrhunderten. Das Haus hatte wirklich etwas Majestätisches an sich. Die Fassade war aus goldenem Sandstein gefertigt und zeigte kunstvolle Verzierungen, die von einer reichen Geschichte erzählten. Die Fenster waren sehr groß und mit schmiedeeisernen Balkonen versehen, dazu von üppigen Blumenkästen geschmückt.

«Wow», machte Delia, als sie an der imposanten Fassade hochsah. «Nicht schlecht, Herr Specht.»

Domenico blickte über die Schulter kurz nach hinten, als wolle er sich nochmals vergewissern, dass niemand uns sah, dann erst griff er sich an den Kopf und nahm Mütze und Sonnenbrille runter. Er suchte den Klingelknopf und fand schließlich heraus, dass man eine Zahlenkombination eingeben musste. Selbst er hatte Bianca noch nie in ihrem neuen Heim besucht.

Wir hatten uns auf zwei Uhr angekündigt, aber mittlerweile war es schon halb vier. Ich fragte mich, wie Bianca auf die Verspätung reagieren würde, aber sie war sich ja die notorische Unpünktlichkeit ihres Bruders bestimmt gewohnt.

Drinnen erwartete uns ein Aufzug, der uns in die oberste Etage brachte und mit Marmor ausgekleidet war. Ohne Frage: Was Luxus und Reichtum betraf, hatte Bianca es weit gebracht. Aber zu welchem Preis?

Bald schon stand sie vor uns, eine vierundzwanzigjährige hochattraktive Frau. Sie küsste Domenico zur Begrüßung. Uns anderen gab sie etwas steif die Hand.

Sie hatte sich sorgfältig zurechtgemacht – wirklich eine bildschöne Frau, wie ich neidlos anerkennen musste. Mir war klar, dass sie ihren «Erfolg» und ihren gesellschaftlichen Aufstieg vor allen Dingen ihrem Aussehen verdankte. Sie mochte zwar mittlerweile ein paar Pfunde zu viel auf den Rippen haben, doch die saßen zumindest genau an den richtigen Stellen. Und ganz wie ihre Mutter wusste sie genau, wie sie Männer bezirzen konnte.

Ich fragte mich, ob sie tatsächlich schwanger war, doch ich konnte es nicht einschätzen. Ihr schwarzes Haar bildete eine einzige glänzende Pracht fürs Auge, es war gepflegt, voluminös und mit formvollendeten Locken versehen – Naturwellen, wie ich vermutete. Bianca war sorgfältig und gekonnt geschminkt – etwas, das ich selbst mit den besten Tutorials nicht hinbekam, weil mir schlicht die Geduld dafür fehlte. Auch glich sie meinem hübschen Mann ziemlich stark in ihren Gesichtszügen, was natürlich noch ein weiterer Pluspunkt war. Doch leider war in diesem eigentlich so schönen Gesicht nur selten ein Lächeln zu finden – es wirkte oft eher etwas kalt und eingefroren, zuweilen sogar steinern und maskenhaft. Nur jetzt, als sie Ariana erblickte, verzog sie ihre Lippen, und ein verstohlener Glanz huschte über ihre Augen.

«Chi sapurita me niputi!» Sie bückte sich zu Ariana runter und streckte ihre Arme nach ihr aus. Ari lief auf sie zu und ließ sich umarmen. Sie hatte eindeutig den besseren Draht zu Bianca als ich. Bianca herzte sie und wandte sich dann David zu, den ich nach wie vor eng am Körper trug. Er starrte seine Tante mit großen Augen an und nuckelte an seinem Schnuller.

«So, kriegt er also tatsächlich dieselbe Haarfarbe wie du, Nic», sagte sie ganz entzückt zu ihrem Bruder und strich unserem Sohn über seinen rötlichen Haarschopf.

«Scheint so», meinte Domenico.

Bianca zog ihre Hand wieder zurück und nickte uns zu, ihre Miene nun wieder kühl und beherrscht: «Kommt herein.»

Wir begleiteten sie in die luxuriöse Wohnung, die für meinen Geschmack etwas zu dunkel und allzu pompös eingerichtet war. Die Wände waren mit dunklem Holz verkleidet, jeder Raum war mit passenden Möbeln ausgestattet, alles geradezu herrschaftlich und imposant. Persönlich bevorzuge ich helle und frische Einrichtungen, deshalb war ich jetzt nicht unbedingt nur beeindruckt. Die gemusterten Böden sprachen mich ebenfalls nicht besonders an, doch schienen sie hier vor Ort zum üblichen Inventar zu gehören. Insgesamt verfügte die Wohnung über fünf Zimmer, und der lange Flur war durch Torbögen in verschiedene Bereiche unterteilt.

Bianca bat uns, auf der Couch im Salon Platz zu nehmen, während sie in der Küche etwas zubereitete. Domenico folgte ihr, um ihr zur Hand zu gehen.

Ich gesellte mich mit Ariana und David zu Delia, die bereits Platz genommen hatte. Ariana und Larissa fanden bald heraus, dass man mit dem gemusterten Fußboden wunderbar «Himmel und Hölle» spielen konnte – zumindest das, was sie als Zweieinhalbjährige darunter verstanden. Ariana fand es jedenfalls «Lissimo».

Delia kam nicht umhin, Larissa alle paar Minuten darauf hinzuweisen, dass sie ja nichts anfassen möge. Ich ließ es bleiben. Ich hatte keine Lust, Ariana ständig mit Ermahnungen auf den Fersen zu sein, solange sie nichts kaputtmachte. David nuckelte selig in meinen Armen vor sich hin. Ich blickte an die Decke zu den Stuckaturen und versuchte, etwas von dem zu erhaschen, was Domenico und Bianca in der Küche miteinander redeten. Doch ihre Stimmen waren zu weit weg, als dass ich etwas verstehen konnte.

Über mir hing ein schwerer goldener Kronleuchter, den ich eher als erdrückend denn als schön empfand. Es fiel mir echt nicht leicht, die «alte» Bianca, die ich doch schon seit vielen Jahren kannte, jetzt mit all diesem Luxus zusammenzubringen. Alles, was ich wusste, war, dass sie ganz allein in dieser Wohnung lebte und ihr Verlobter, der sich meistens geschäftlich in Palermo aufhielt, ihr diese finanzierte.

Ein goldener Käfig, dachte ich.

Luxus, der ein Preisschild hat.

Nur um eines beneidete ich Bianca: Sie hatte mehr als genug Platz. Etwas, das ich in unserem engen Häuschen natürlich arg vermisste. Doch trotz der großzügigen Ausmaße ihrer Wohnung empfand ich die Atmosphäre irgendwie als beklemmend, so dass ich aufstand und mit David auf den Balkon trat, der den Blick auf den Hinterhof freigab. Nun gut, die Aussicht hier konnte nicht mit der unsrigen mithalten, aber Meeresblick, Laternen-Romantik, Rosmarinsträucher und Hollywoodschaukeln konnte man in einer Wohnung mitten in der Stadt ja auch wirklich nicht erwarten! …

Nach einer geraumen Weile kamen Domenico und Bianca zurück in den Salon. Offenbar hatte Bianca nicht vorgehabt, uns bloß Kaffee zu servieren. Domenico balancierte mit Hilfe der Hände gekonnt zwei riesige Platten mit Tramezzini auf den Innenseiten seiner Unterarme und stellte sie auf den Esstisch. Dann verschwand er wieder in der Küche und brachte den Kaffee, während Bianca das teure Porzellangeschirr aus der Vitrine holte und auf dem Tisch platzierte.

Wir setzten uns, und Bianca füllte unsere Tassen. Sie sprach kein Wort dabei. Ich sah ihr und den etwas ungelenken Handbewegungen zu, wobei sie prompt einige Tropfen des Kaffees verschüttete. Bianca war nie eine begnadete Gastgeberin gewesen, obwohl sie zumindest den letzten Teil ihrer Jugend noch bei ihren Tanten verbracht hatte und dort vielleicht das eine oder andere gelernt haben konnte. Aber vermutlich hatten Giovanna und die Nonna sie zu sehr verwöhnt, weil sie in ihren Augen die «arme kleine Verstoßene» gewesen war.

Während des Essens unterhielt sich Bianca fast nur mit ihrem Bruder. Das Gespräch fand allerdings in oberflächlichen Gefilden statt. Sie wollte wissen, wie es den Verwandten ging, was der Zio machte, wie es mit dem Fischereigeschäft lief, ob ihre Cousinen mittlerweile auch alle einen festen Freund hatten und so weiter. Es klang schon fast, als hätte sie ihre Fragen einstudiert. Nur als das Thema «Manuel» aufkam, wurde ihre Stimme sanfter, und ihr Blick entspannte sich.

«Manuccùli – wie geht es ihm? Kann er mich nicht mal besuchen? Ich möchte ihn so gern wiedersehen.»

«Ich weiß. Er hat ziemlich viel los in der Schule», sagte Domenico. «Hat bald seine Abschlussprüfungen.»

«Weiß er denn schon, was er nachher werden möchte?» Bianca war begierig auf jede Neuigkeit, die Manuel betraf.

«Nicht wirklich», meinte Domenico. «Na, jedenfalls hat er mir bis jetzt noch nichts davon gesagt.»

Ich hatte in letzter Zeit vermehrt gespürt, dass er nicht gern über dieses Thema sprach. Warum das so war, hätte ich nicht genau definieren können.

«Wann adoptiert ihr ihn endlich?» – schon kam Biancas nächste Frage.

Manuels Adoption war in der Tat schon lange ein Thema zwischen uns, doch in der jetzigen Konstellation alles andere als einfach. Mit dem mageren Einkommen, über das wir momentan verfügten, hatten wir wenig bis keine Chancen, dass man uns eine Adoption zugestand.

«Sobald sich unsere Situation wieder etwas stabilisiert hat», antwortete Nicki.

«Aha», machte Bianca nur.

Nachdem wir die Platten mit den kleinen italienischen Sandwichs leer gegessen hatten, stand Domenico auf und sammelte das Geschirr ein. Er wollte das Gespräch mit seiner Schwester über ihre aus seiner Sicht unheilvollen Heiratspläne jetzt wohl so schnell wie möglich hinter sich bringen.

Er sah mich an und hob das Kinn wie beiläufig, ganz kurz und fast unscheinbar. Und in Richtung Balkon. Ich war in all den Jahren sehr geübt geworden darin, die Blicke und Gesten meines Mannes zu lesen, und wusste intuitiv, was er meinte. Auf dem Balkon waren wir außer Hörweite. Das war zwar nicht nach meinem Geschmack, doch was er mit Bianca besprechen wollte, war sicherlich nicht für Kinderohren bestimmt. Also fügte ich mich.

«Was machen wir jetzt?», fragte Delia, als wir wieder draußen auf dem Balkon standen und in den Hinterhof starrten. «Gehen wir weiter, die Stadt anschauen?»

«Ich glaub, Domenico will mit seiner Schwester noch was wegen der Hochzeit besprechen», erwiderte ich. Ich hatte ihr nur angedeutet, dass es ein paar familieninterne Zwistigkeiten und Zerwürfnisse gab. Die Details brauchte sie nicht zu wissen.

Ich lauschte angestrengt, ob ich von hier aus vielleicht doch ein paar Fetzen von dem Gespräch mitkriegen konnte, aber Domenico hatte den Ort, wo wir auf ihn warten sollten, strategisch gut gewählt.

Allerdings hatte er nicht mit unserer Tochter gerechnet, die ausgerechnet in diesem Moment lautstark anmeldete, dass sie Pipi machen musste. Und die Toilette befand sich direkt neben der Küche!

Als ich Ariana an der Hand nahm und mit ihr zurück in die Wohnung ging, fragte ich mich, ob meine Ari nicht doch überdurchschnittlich schlau war und dank ihrer Pfiffigkeit viel mehr begriff, als man einer Zweieinhalbjährigen zugestand. Denn schon von Weitem konnten wir die Stimmen hören, und sie waren ziemlich laut!

Dass Italiener sich manchmal anschreien, wenn sie eine «normale» Konversation führen, daran hatte ich mich gewöhnt, aber das hier klang nach einer handfesten Auseinandersetzung. Ich hielt den Atem an, während ich Ariana leise zur Toilette führte und mich auf all die Worte und Sätze konzentrierte, die ich hier aufschnappen konnte. Natürlich redeten sie Sizilianisch, aber laut genug, so dass ich das Meiste verstand:

«Ich sag's dir nochmals, Bruder: Es ist meine eigene Entscheidung! Und damit basta! Hör auf, dich in mein Leben einzumischen! Ich bin erwachsen, falls du das noch nicht kapiert hast.»

«Das ist mir klar, und trotzdem warne ich dich, Piuma: Du wirst dein Leben in einem goldenen Käfig verbringen, wenn du das tust. Du wirst da nie mehr rauskommen!»

Auch er benutzte die Worte «goldener Käfig». Ich lag mit meinem Empfinden also durchaus nicht falsch.

«Ich will da auch gar nicht mehr raus!», erwiderte Bianca schnippisch. «Lieber ein goldener Käfig als eine verwahrloste Bruchbude. Davon hatte ich nämlich genug!»

Dieser Hieb galt eindeutig Nicki.

Ein paar Sekunden lang kam keine Antwort von ihm, dann fuhr er mit leiserer Stimme fort: «Ich kann es einfach nicht fassen, dass du dich so kaufen lässt, Bìa! Ist dir Geld denn so wichtig?»

«Ha! Das sagt ausgerechnet einer wie du, der du nicht mal deine eigene Familie richtig ernähren kannst!» Biancas Stimme klang schrill, und ihre Worte drangen wie Messerstiche durch mein eigenes Herz.

Autsch. Das war scharfe Munition und traf den wundesten Punkt meines Mannes.

«Ist doch wahr! Wenn deine Frau nicht arbeiten kann, geht ja gar nichts bei euch!»

«Wie kannst du es wagen! Ich kann meine Familie sehr wohl ernähren!» Auch Domenicos Stimme hatte einen gefährlichen Unterton angenommen. «Und meine Frau braucht auch nicht zu arbeiten. Aber das ist hier nicht das Thema.»

«Ist es sehr wohl. Ma hat mir schon gesagt, dass du Schulden hast, auch wenn du es nicht zugibst. Du hast nämlich ein Riesenproblem, Domenico. Glaub mir, ich weiß es ganz genau. Und ich kann dir helfen. Dir und deiner Familie.» Ein gemeines kleines Lachen entschlüpfte Biancas Lippen und beendete den Satz. «Deswegen sei lieber vorsichtig, wie du mit mir umspringst.»

«Wie bitte? Wer sagt, dass ich Schulden habe?» Domenico schnaubte wütend. «Wie kommt Mutter auf so eine Idee?»

«Das weiß doch jeder, Nic. All die Schulden bei den Drogendealern hier in Catania. Ich kenne doch all die Leute. Ich war ja dabei! Mutter bestätigt nur, was ich selber schon weiß.»

«Jetzt verdrehst du aber ein paar Tatsachen, Bìa. Ich hab keine Schulden. Ich bin nicht mehr der, der ich früher mal war, mi senti? Außerdem …» Hier brach er abrupt ab, und ich konnte aus der Distanz förmlich spüren, wie es in seiner Brust schmerzte.

Ich drückte Ariana fest an mich. Wir standen immer noch vor der Toilette. Ari hatte ihr Pipi wohl ganz vergessen. Oder sie hatte am Ende gar kein solches Bedürfnis gehabt, sondern lediglich gespürt, dass ihr Vater in Schwierigkeiten war. Wie auch immer – es war mir nicht recht, dass mein Kind diese Unterhaltung mitkriegte, aber ich musste einfach wissen, was hier abging.

«Da höre ich aber ganz anderes. Erst kürzlich habe ich Paolo Rigatori getroffen. Paolo, du erinnerst dich? Er hat mich nach dir gefragt. Hat gemeint, dass du ihm immer noch eine Menge Geld schuldest. Und dass er, falls du ihm je wieder unter die Augen treten solltest, keine Gnade walten lassen wird.»

Ui. Beim Namen «Paolo Rigatori» zuckte selbst *ich* zusammen. Ich wusste, was dieser Name damals für Nicki bedeutet hatte. Das waren ziemlich üble Geschichten gewesen, in die allerdings in erster Linie sein Zwillingsbruder involviert gewesen war …

Dennoch kam ich nicht umhin zu denken, dass Bianca diese Geschichte vorwiegend dazu nutzte, Domenico eins auszuwischen.

«Weißt du was, Bìa, das glaube ich dir einfach nicht. Hör auf zu lügen! Erstens, ich brauche deine Hilfe nicht. Zweitens, wie ich meine Familie ernähre, ist meine Sache.» Seine Stimme klang stark und bestimmt und hätte wohl jedem anderen Eindruck gemacht, aber nicht seiner Schwester.

«Und wen *ich* heirate, ist ebenfalls meine Sache», keifte sie. «Und wenn du dich da weiterhin einmischst, hat Orlando genügend Beziehungen, um dir das Leben zur Hölle zu machen.»

Für ein paar Sekunden herrschte wieder Totenstille.

«Was ist mit dir passiert, Piuma?», hörte ich Domenicos Stimme, und sie klang nun leise und sogar ein wenig verzweifelt; etwas, das bei meinem Mann selten vorkam. «Was ist nur mit dir passiert?»

«Was mit mir passiert ist? Ha! Ich bin das geworden, was du aus mir gemacht hast!»

«Ich?» Nickis Stimme überschlug sich fast. «Was erzählst du da? Was soll ich aus dir gemacht haben?»

«Na, was wohl! Wegen dir mussten wir ständig in Bruchbuden hausen, von einem Ort zum andern ziehen und manchmal sogar auf der Straße schlafen! Und jetzt? Jetzt hab ich *alles!* Alles, was mein Herz begehrt, und noch viel mehr. Ein anständiges Heim. Ein Dach über dem Kopf. Genug zu essen. Eine Ausbildung. Alles, was einer Frau zusteht. Alles, was du nicht auf die Reihe gekriegt hast!»

Madri mia, dachte ich. Die Atmosphäre war gefährlich geladen. Es würde gewiss nicht mehr lange dauern, und die Situation würde eskalieren. Ich spürte, dass Ari zitterte. Mein Mutterinstinkt sagte mir, dass wir hier schleunigst wegmussten, dass ich mein Kind vor diesem Wortgefecht schützen sollte, aber ich konnte mich nicht von der Stelle rühren.

«Was redest du da für einen bodenlosen Blödsinn!», knurrte Domenico. «Ist dir klar, was aus dir geworden wäre, wenn wir dich da nicht rausgeholt hätten, Mingo und ich? Ich hab dich damals von deinem Vater weggeholt, der dich in dunkle Zimmer gesperrt und dich windelweich geprügelt hat. Weißt du das alles nicht mehr? Wir haben uns um dich gekümmert, wir haben unsere Leben für dich riskiert. Ich hab dafür gesorgt, dass wir immer ein Dach über dem Kopf hatten, und wenn wir es nicht hatten, haben wir dich in unsere Mitte genommen, damit du nicht frieren musstest. Ich hab sogar oft aufs Essen verzichtet, damit du genug hattest!»

«Und trotzdem bin ich nie satt geworden», fiel ihm Bianca ins Wort. «Ich war ja ständig krank, weil ich so unterernährt war. Hättet ihr mich mal lieber bei meinem Vater gelassen! Dann hätte sich das Jugendamt um mich gekümmert, ich hätte zur Schule gehen und vielleicht in einer Pflegefamilie aufwachsen können, anstatt wie ein Vagabund auf der Straße zu leben und ständig Probleme mit der Polizei zu haben!»

«Ah ja? Zufällig wollte ich ja mit der Sozialarbeiterin eine Pflegefamilie für dich finden, aber es gab keine, die dich wollte, weil du ständig andere Kinder verprügelt hast.» Langsam zog auch Domenico seine Waffen. Ich wusste, es kostete ihn viel, solche Worte zu seiner Schwester zu sagen, aber ich musste zugeben: Ich fand in dem Moment, dass Bianca es nicht anders verdient hatte.

«Dann hättest du mich halt ins Waisenhaus oder zu den Nonnen oder sonst wohin gebracht. Dann hätte ich wenigstens in die Schule gehen können und hätte mir nicht all die Dinge später mühsam selber beibringen müssen», konterte Bianca. «Aber weißt du was? Ich hab's dennoch geschafft! Ich mache eine Ausbildung als Hotelfachfrau. Das hab ich alles meiner eigenen Disziplin zu verdanken. Und meinem Verlobten! Im Gegensatz zu dir! Du hast ja nicht mal einen Hauptschulabschluss! Bist der totale Loser und lebst nur von schlecht bezahlten Hilfsjobs! Und ich? Sieh dich um, was ich nun erreicht habe, während du dir nicht mal einen anständigen Teppich für die Küche leisten kannst. Und bis heute hast du es nicht geschafft, deinen Neffen zu adoptieren, obwohl du es ihm schon so lange versprochen hast! Und *du* willst mir erzählen, wen ich zu heiraten habe? Ha! Kehr erst mal vor deiner eigenen Tür, Bruder! Und wenn du es nicht schaffst, Manuel zu adoptieren, dann werde *ich* es tun! Ich kann es mir wenigstens leisten!»

Ich konnte regelrecht hören, wie Domenico seine Schwester am Arm packte. Haut klatschte auf Haut. Bianca schrie sofort auf.

«Lass mich sofort los! Was ist? Willst du mich etwa verprügeln? Nur zu! Mach mich fertig, so wie du Mingo immer fertiggemacht hast!»

Spätestens jetzt, das wusste ich, war der Gipfelpunkt, die Klimax dieser Auseinandersetzung erreicht. Alle anderen Vorwürfe würde mein Mann irgendwie wegstecken, aber nicht die Vorhaltungen, wenn es um seinen verstorbenen Zwillingsbruder ging.

Ariana wimmerte leise, als würde sie spüren, was für innere Qualen ihr Vater bei diesen Worten litt.

«Wie … kannst du … es wagen …» Nickis Stimme klang, als würde ihn jemand würgen.

«Und ob ich es wage! Es war *deine* Schuld, dass wir so heruntergekommen waren! Du hast nämlich immer alle beherrschen wollen! Das wissen wir doch alle! Mich, Mingo und die anderen, deine Gang oder wie du sie genannt hast. War dir eigentlich klar, wie sehr Mingo Angst vor dir hatte, hä?»

Nicht nur Domenico knurrte vor Wut und Schmerz, auch ich ertappte mich dabei, dass ich wie eine Katze fauchte. Es fehlte nicht mehr viel, und ich hätte die Küchentür aufgerissen und Bianca eine gescheuert!

«Du denkst, ich war zu klein, eh? Zu klein, um irgendwas mitzukriegen? Aber ich hab alles mitgekriegt. Alles! Deinetwegen ist Mingo drogenabhängig geworden und schließlich gestorben. Nur wegen dir! Weil du so ein elender Narzisst bist und nur an dich selbst denkst! Weil immer alles nach deinem Kopf gehen muss und du immer im Mittelpunkt stehen wolltest. Mingo war unglücklich – wegen *dir!* Ist dir das nicht klar? Du hast ihn nämlich dauernd allein gelassen! Du wolltest ihn nie dabei haben, wenn du an Partys gegangen bist! Wie oft war er traurig deswegen! Er hing so an dir, aber du hast ihn bloß wie das letzte Stück Dreck behandelt! Deswegen hat er sich doch so mit Drogen zugedröhnt, um mit diesem Schmerz fertigzuwerden.»

Es war, als sei jeder Satz, den sie aussprach, eine schallende Ohrfeige, die mitten in Domenicos Gesicht klatschte; ein eigens dafür geschmiedetes Geschütz, das nur auf ein einziges Ziel hin in Stellung gebracht worden war: sein Herz zu durchbohren.

Ich krümmte mich, als wäre es mein eigener Schmerz.

Ich konnte Domenicos Antwort nicht mehr hören, und wahrscheinlich gab er auch keine. Er konnte nichts mehr erwidern, es gab keinen nächsten Zug mehr in diesem Duell.

Bianca hatte ihn geschlagen.

Er war schachmatt.

Und um sicher zu sein, dass er nicht wieder aufstand, fügte sie hinzu: «Ich wünschte so sehr, er wäre noch hier, mein geliebter Mingo! Er war der Einzige, der mich liebte; der Einzige, der mich verstand, der bedingungslos zu mir hielt! Er war alles, was ich hatte. Sein Tod ist *deine* Schuld! Allein deine Schuld!»

Die letzten Worte türmten sich auf. Eins aufs andere.

Und immer nochmals eins obendrauf. Und noch eins.

Ein Stakkato aus Drama, Tragödie, Gefühlen, Anklagen.

So kreischte sie sich alles aus der Seele.

Hochemotional, fast schon hysterisch.

Aus! Das war das Aus, das wusste ich.

Ich konnte förmlich vor mir sehen, wie die alten Wunden, die Domenico in all den Jahren so mühsam verarbeitet und verarztet hatte, allesamt wieder aufgerissen wurden, und wie seine Seele in einem geistlichen Blutbad lag.

Ich schlug für einen Moment die Hand vor die Augen. Was das für mich, für uns, bedeuten würde? Gütiger Himmel, ich wollte es mir lieber noch gar nicht ausmalen! …

Ich war mir nicht sicher, ob mein Mann stark genug war, um das zu verkraften. Er hatte diesen Schmerz jahrelang mit Medikamenten, viel Nikotin und anderen Stoffen unterdrückt und ihn später durch intensive Therapie einigermaßen bewältigen können. Wir waren beide so stolz gewesen, dass er das nach so langem Ringen und Kämpfen schließlich geschafft hatte.

Ich blickte hinunter auf meine Tochter, und sie schaute mit ihren großen braunen Augen zu mir hoch, als wollte sie mir sagen: «Unternimm etwas, Mami!»

Meine Hand reagierte von selbst und drückte die Türklinke runter. Ehe ich mich's versah, stand ich in der Küche. Ariana hielt ich an der Hand fest, und sie folgte mir widerstandslos.

Bianca lehnte seitlich an der Wand, den Kopf angriffslustig nach hinten geworfen. Ihr Haar wallte stolz über ihre Schulter.

Domenico sah aus, als wäre er von einer Schlange gebissen worden. Sein Gesicht war kalkweiß, sein Mund stand offen, und seine Augen starrten an Bianca vorbei an die Küchenwand, als wären sie eingefroren.

«Entschuldigt die Störung. Ari verlangt dringend nach ihrem Vater», sagte ich.

Auf mein Wort hin streckte Ariana ihre Ärmchen aus. Ich war so stolz auf meine schlaue Tochter! Domenico wandte sich ihr zu und nahm sie wortlos auf seine Arme. Er vergrub sein Gesicht in ihren Locken. Ich war überzeugt, dass er ein paar Tränen in ihr Haar drückte. Meine Brust fühlte sich an, als läge eine Tonne Steine drin.

Bianca streifte mich mit einem verächtlichen Blick, wandte sich ab und ging rüber zu einem der Schränke. Sie öffnete ihn und holte ein Weinglas heraus, das sie sofort mit dem Inhalt der Weinflasche füllte, die – offenkundig noch kaum angerührt – auf der Theke zwischen Öl- und Essigflaschen stand.

Ich verkniff mir jegliche Bemerkung zu der vorhergehenden Fehde zwischen den beiden, obwohl ich Bianca liebend gern ein paar Takte gegeigt hätte.

«Wir sollten los», sagte ich stattdessen mit krächzender Stimme.

Domenico nickte und folgte mir mit Ariana auf seinem Arm. Nicht mit einem einzigen Blick wandte er sich nochmals zu seiner Schwester um. Auch ich verzichtete darauf, ihr auf Wiedersehen zu sagen. Mir kam allerdings unwillkürlich die Aussage der Bibel in den Sinn, dass wir unsere Feinde lieben und ihnen vergeben sollen. Etwas schwierig umzusetzen in der momentanen Lage, fand ich. Eigentlich unmöglich. Darüber würde ich noch in Ruhe nachdenken müssen.

Delia wartete auf dem Balkon immer noch auf uns. Sie war gerade dabei, David zu beruhigen, der mich natürlich schon vermisst hatte.

«Wir gehen», informierte ich sie und übernahm die Führung. Ich sah Delia an, dass sie – sensibel und aufmerksam, wie sie nun mal war – allein nur schon wegen der Vibes in der Wohnung mit Sicherheit ganz viel mitbekommen hatte und jetzt tausend Fragen in sich trug. Ich vertröstete sie jedoch mit einer Geste auf später.

Domenico machte den Schluss und folgte uns mit versteinerter Miene. Ich hatte meinen stolzen Löwen selten so niedergeschlagen gesehen.

Auch als wir der Via Etnea entlang zurück zum Auto gingen, redeten wir kein Wort miteinander. Delia verstand intuitiv, dass man nun nicht mehr über einen Familienausflug zum Park zu reden oder sonstige Aktivitäten und Ideen einzubringen brauchte. Sie stieg anstandslos ins Auto, als ich ihr die Tür aufhielt.

Ich unternahm keinen Versuch, mit meinem Mann ein, zwei Worte zu wechseln, weil ich wusste, dass er dazu nicht mehr in der Lage war. Dass er sich überhaupt ans Steuer setzen und den Motor anlassen konnte, war schon eine große Leistung.

Während der ganzen Fahrt hatte ich Zeit, meinen eigenen Gedanken nachzuhängen und das soeben Gehörte und Erlebte in aller

Ruhe zu verdauen. Die Kinder schliefen irgendwann auf der Heimfahrt ein, und im Rückspiegel sah ich, dass auch Delia die Augen geschlossen hatte. Wobei dieser Nachmittag für sie ja schrecklich gewesen sein musste, und noch schrecklicher war das Bild, das wir vor ihr als Familie abgegeben hatten.

Zwischendurch schielte ich zu Domenico rüber, der mit hochkonzentrierter Miene fuhr, die Lippen fest zusammengepresst. Seine Hände, die das Steuer wie einen Rettungsanker umklammerten, waren extrem unruhig, sie zitterten und vibrierten, und ich bemerkte ein paar Mal, wie er beinahe die Kontrolle über den Wagen verlor. Sehr ungewohnt bei ihm.

Ich presste meine Knie fest gegeneinander und stieß gefühlt tausend Stoßgebete zum Himmel. Wäre ich geübter im Fahren gewesen, hätte ich das Steuer übernommen, aber vermutlich hätte meine Wut auf Bianca auch kein bisschen zu einer verbesserten Sicherheit der Fahrgäste beigetragen …

Ich hatte Domenicos Halbschwester nie wirklich in mein Herz schließen können, doch nun fühlte ich ihr gegenüber regelrechten Hass in mir aufsteigen. Ich kannte solche Gefühle kaum. Normalerweise gab ich mir stets Mühe, solche negativen Emotionen gar nicht erst zuzulassen. Zu sehr hatte ich Respekt vor dem, was Jesus in der Bibel über Hass und dessen Auswirkungen gesagt hatte. Aber nun focht ich buchstäblich eine innere Schlacht aus gegen all die abschätzigen Gedanken, die sich in mir gegen Bianca zusammengerottet hatten.

Was war geschehen, dass sie so geworden war? Was ging in ihr vor? Sie hatte eindeutig einen psychischen Knacks, so viel stand fest (jedenfalls für mich).

Was konnte man ihr trotzdem zugutehalten?

Sie war schwer misshandelt worden von ihrem eigenen Vater, der vermutlich mehr in die Aktivitäten der Mafia involviert gewesen war, als wir je gewusst hatten. Sie hatte jahrelang mit ihren Brüdern auf der Straße gelebt und hatte deren Suchtprobleme hautnah mitbekommen. Obwohl sie ihre Brüder geliebt hatte – und die umgekehrt genauso ihre Schwester –, hatte sie in den beiden während ihrer gesamten Kindheit kein gutes Vorbild gehabt. Nein, hatte sie nicht! Sie hatte auch zusehen müssen, wie ihre Mutter sich prostituiert hatte. Das Beste, was ihr im Leben je passiert ist, war, dass sie später einige Jahre bei ihren Tanten und Cousinen hatte verbringen dürfen. Aber das hatte nicht gereicht, um ihr inneres Trauma zu heilen und die zerrissenen Gefühle und Gedanken, die ganzen Aggressionen und Minderwertigkeitskomplexe, die fragile Lebensstruktur und ihr gesamtes instabiles Fundament als erwachsene junge Frau irgendwie wieder in eine gute Ordnung und ins Lot zu bringen.

Aber würde das überhaupt je möglich sein?, fragte ich mich. Gibt es Menschen, die einfach hoffnungslos an ihren seelischen Verletzungen scheitern und zugrunde gehen?

Oder könnte so ein Mann wie Orlando, wie speziell und eigenartig er auch immer sein mag, ihr vielleicht doch den Halt bieten, den sie zwanzig Jahre lang gesucht und ersehnt hatte?

Wieder fiel mein Blick auf meinen Mann, und ich fragte mich erneut, ob und wie er mit all dem fertigwerden würde.

Und inwieweit für uns nun erst mal viele Wochen voller Dunkelheit, Verzweiflung und neuer Sinnsuche anstehen würden.

7. Manuels Traum

Domenico verzog sich sofort, nachdem wir zu Hause angekommen waren. Ich kannte meinen Mann gut genug, um zu wissen, dass ich in solchen Situationen nicht zu ihm durchdringen konnte und ihn daher in Ruhe lassen musste, bis er von selber auf mich zukam.

Ich verbrachte den Abend mit Delia und den Kindern im Garten und klärte Deli in wenigen Worten über die Situation auf, die sie sich ja selber schon zusammengereimt hatte. Ich schilderte ihr kurz, wie gemein Bianca zu Nicki gewesen war und dass sie ihn damit sehr verletzt hatte. Ich wollte nicht mehr Worte als nötig verlieren, da es im Grunde eine private Familiensache war. Und Delia, obwohl sie natürlich neugierig war, respektierte das.

Domenico blieb den ganzen Abend draußen und werkelte irgendwas hinter dem Haus. Ich hörte, wie Manuel heimkam und wie die beiden miteinander diskutierten, und danach, wie Manuel ins Haus hineinging. Später legten auch Delia und Larissa sich schlafen.

Nachdem auch ich die Kinder ins Bett gebracht hatte, setzte ich mich nochmals in den Garten, um über die Ereignisse des Tages nachzusinnen. Warum hatte ich in letzter Zeit regelmäßig das Gefühl, gegen eine dunkle Wand zu starren, wenn ich an die Zukunft dachte? Ich hatte mir immer eine Zukunft voller Träume und Möglichkeiten ausgemalt. Ich hatte Pläne geschmiedet, Ziele gesetzt und mich von der Vorfreude auf das, was kommen würde, angetrieben gefühlt. Auch in den manchmal schweren Zeiten hatten überall Oasen der Hoffnung auf mich gewartet. Es hatte sogar eine Zeit gegeben, da hatte ich es kaum erwarten können, aus Deutschland wegzukommen. Doch nun hatte all das auf eine mysteriöse Art und Weise seine Bedeutung verloren.

Meine Wünsche waren verblasst, verschluckt vom Leben selbst, und ich verstand selber nicht, was in mir vorging. Ich hatte doch alles erreicht, was ich mir wünschen konnte, war mit dem Mann meiner Träume verheiratet und hatte zwei wunderschöne Kinder.

Lag es daran, dass ich nun erwachsen war? Eine junge Frau, eine junge Mutter? Konnte man als erwachsene Frau und mit der Verantwortung für eine Familie schlicht und einfach nicht mehr so träumen, wie man als Jugendliche und auch als Zwanzigjährige noch geträumt hatte?

«Jesus», betete ich. «Ich verstehe es nicht. Du hast mir alles gegeben, was ich mir je erträumt hatte. Du warst mir gegenüber immer so treu. Und trotzdem … trotzdem bin ich irgendwie nicht zufrieden. Da ist immer noch etwas, das in mir nagt und bohrt. Es fühlt sich an wie ein Loch in meiner Seele. Was ist nur los? Was mach ich falsch? Was stimmt nicht mit mir?»

Ich fand die Antwort momentan nicht.

Nach einer Weile gab ich auf. Es hatte keinen Zweck, hier rumzusitzen und in den schwarzen Himmel zu starren, obwohl da oben sogar die Sterne leuchteten. Ich nahm mein Smartphone und scrollte ein wenig durch die Facebook-Beiträge, um zu schauen, ob es bei meinen Freunden etwas Neues gab. Manuela hatte unzählige Bilder mit ihrem neuen Freund Marc gepostet. Sie war frisch verliebt und lebte im Land der Schmetterlinge. Patrik postete immer wieder Bilder von Flughäfen aus aller Welt. Er schien mit seinem Beruf als Pilot absolut glücklich zu sein. Hendrik und seine Band hatten gerade einen weiteren Song aus ihrem Erfolgsalbum ausgekoppelt und planten bald eine Tournee. Sie alle träumten und hofften und strebten nach etwas.

Warum fühlte *ich* mich dann so leer?

Ich ging hinters Haus, um Domenico zu suchen, und fand ihn dort, wo ich ihn vermutet hatte, nämlich beim Schuppen. Er kauerte am Boden und leuchtete mit der Taschenlampe auf das, was vor ihm lag. So konnte ich erkennen, dass er die Netze vor sich ausgebreitet hatte.

Ich trat vorsichtig auf ihn zu.

Er hörte mich und schaute kurz zu mir hoch. «Ich fahre raus aufs Meer», sagte er knapp.

«Heute Nacht?»

Er nickte. Kommunikativ geht anders.

«Aber ich dachte, das Fischen sei erst Ende Oktober wieder erlaubt? Also erst übermorgen?»

«Wer hält sich da schon dran?», antwortete er nur. «Einige der anderen Berufsfischer fahren andauernd raus, und niemand unternimmt was dagegen!»

«Aber das heißt nicht, dass du das auch tun musst», sagte ich.

«Ich muss mich abreagieren», sagte er nur.

«Nicki …» Ich trat noch näher und setzte mich zu ihm auf den Boden. «Ich habe fast alles mitgehört … Was Bianca gesagt hat, war bodenlos gemein. Es ist nicht wahr. Du warst nicht schuld an Mingos Tod. Das weißt du. Du darfst nicht zulassen, dass dich so was nach all den Jahren wieder runterzieht, ja?»

Er schwieg und zog die Seile fest an. Ich ging zu ihm hin und berührte seinen Rücken.

«Wirklich, ich meine es ernst. Hör nicht auf Bianca. Sie … sie ist nicht mehr sich selbst.»

«Sie war noch nie sich selbst», knurrte er. Er stand mit einem

Ruck auf und nahm das Netz hoch. «Aber ich war ihr ja auch kein Vorbild, das ist mir schon klar.»

«Kann es sein, dass sie schwanger ist?»

«Ich hoffe nicht», brummte er.

«Bist du wirklich entschlossen, jetzt fischen zu gehen?»

Er schulterte das Netz und schlug damit den Weg in Richtung Auto ein.

«Ja.»

«Aber …»

«Hör zu, Maya.» Er drehte sich zu mir. Sein Gesicht war nur recht spärlich von der Außenlaterne beleuchtet, deren Licht seine Gesichtszüge aber wunderschön modellierte und mir zeigte, wie viel Traurigkeit in seinen Augen lag. «Ich brauch das jetzt einfach. In mir drin ist gerade ziemlich viel Chaos. Ich muss wieder runterkommen, und das Meer ist das Einzige, was mir jetzt hilft.»

«Ach ja?» *Und ich? Die Kids?,* dachte ich traurig. *Helfen wir ihm nicht?*

«Aber du gehst nicht allein?»

«Ich fahr nicht so weit hinaus», antwortete er ausweichend. «Ich mach nur einen kleinen Fang.» Sein Gesicht zuckte vor Anspannung. Ein paar abgehackte Hustenstöße machten ihm ein paar Sekunden zu schaffen. «Schau, Maya, ich kann jetzt eh nicht schlafen. Ich würde doch nur die halbe Nacht hier draußen herumtigern. Dann mach ich wenigstens was Nützliches und bring ein wenig Geld heim. Wir können es ja weiß Gott gebrauchen.»

Ich spürte, wie sehr er wegen Biancas Worten litt. Mir war klar, dass ich ihn so oder so nicht von seinen Plänen abhalten konnte, also hatte es keinen Zweck, ihn mit sinnlosen Ermahnungen und eigenen Wünschen zu bedrängen.

Wortlos sah ich ihm zu, wie er das Netz auf den Anhänger von Zio Giacomos Auto lud. Ich wusste, der Zio würde diese ganze Nachtaktion nicht gutheißen, aber der war nicht zu Hause.

Ich fühlte mich ziemlich nutzlos, als ich so dastand und den Rücklichtern nachschaute, die sich langsam von mir entfernten. Ich schaffte es nicht mal, meinem Mann genug Trost zu spenden.

Meine Anwesenheit hatte überhaupt keine Wirkung auf ihn. Was für eine miserable Ehefrau war ich denn?

Ich wäre wohl noch ewig so dagestanden und hätte mir von der Brise das Haar verwehen lassen, wenn ich nicht auf einmal Schritte hinter mir gehört hätte. Ich rechnete mit Delia, doch als ich mich umwandte, erkannte ich in der Dunkelheit eine jugendliche Gestalt auf mich zukommen.

«Manuel?», fragte ich leise.

«Non ho sonno. Kann nicht schlafen», sagte der Junge rau und rieb sich die Augen. «Ich hab gehört, dass Nic weggefahren ist.» Er sprach oft ein wenig Deutsch mit mir, obwohl er die Sprache sonst nicht besonders mochte.

«Ja.»

«Ich dachte, man darf momentan nicht fischen, weil doch *fermo* ist?»

«Tja ...» Was sollte ich darauf erwidern? Nicki nahm es ja generell nicht immer so genau mit den Gesetzen. «Die Schonzeit, der riposo biologico, betrifft nur die Makrelen», murmelte ich verlegen, «nicht die Garnelen ...» Trotzdem war es natürlich nicht in Ordnung, und Beifang war unvermeidlich.

Manuel blickte zu Boden und drehte sein Smartphone in den Händen. Sein Haar fiel ihm über die Stirn. Er sah Domenico so ähnlich ... es war einfach unglaublich ...

«Unn c`è mai ...», bemerkte er und schaute wieder zu mir hoch. «Unn'avi mai tempu ... er ist immer weg.»

«Ja, ich weiß. Er hat sehr viel zu tun. Er muss momentan das Geld verdienen, um uns über die Runden zu bringen.»

«Certo.»

«Dasselbe sagt er übrigens von dir», bemerkte ich. «Du bist in letzter Zeit auch viel weg ...»

Ich sah den Jungen von der Seite an. Auch sein Gesicht wurde im Licht der Außenlaterne schön modelliert und konturiert, und wenn ich es nicht besser gewusst hätte, hätte ich gedacht, dass hier wieder der junge Domenico saß, vierzehn, fünfzehn, sechzehn Jahre alt. Einzig Manuels Kinn war nicht ganz so ausgeprägt wie das seines Onkels.

«Hm. Ja. Ma io devo studiare. Viel Hausaufgaben.»

«Du lernst aber wirklich viel», stellte ich fest. «Alle Achtung. Ich frage mich nur manchmal, wo du das tust.»

«Hm.» Er zuckte mit den Schultern. Ich ahnte, dass es da noch mehr gab, viel mehr, aber es war nicht üblich, dass Manuel mir seine Sorgen anvertraute. Langsam wandte er sich wieder zum Gehen.

«Gute Nacht», rief ich ihm zu, doch er antwortete nicht und ging zurück ins Haus, ohne sich noch einmal nach mir umzudrehen.

Alles war still und wirkte wie ausgestorben.

Da auch ich mir ziemlich sicher war, nicht schlafen zu können, verzog ich mich noch für eine Weile in den Garten hinter dem Haus. Die vielen Laternen und die nächtliche Schönheit unseres kleinen Paradieses spendeten mir zumindest ein wenig Trost und erinnerten mich daran, dass es noch viel zu hoffen und zu träumen gab im Leben.

Ich setzte mich auf die Schaukel und schaute rüber zum Meer, das natürlich weitgehend unsichtbar war in der Finsternis, doch sein Rauschen drang zu mir herüber und erfüllte die Stille der Nacht mit regelmäßigen Grüßen aus einer anderen Dimension, anschwellend, abschwellend, anschwellend, abschwellend …

In der Ferne funkelten die Lichter der Küste, deren Spiegelbilder in den Wellen tanzten. Die Sterne glitzerten, als wollten sie mich anfeuern, dem Himmel meine Träume anzuvertrauen.

Ich musste sie bloß erst wieder finden …

Ich verbrachte eine weitere Scroll-Runde auf Facebook, als ich auf einmal erneut Schritte hinter mir hörte – dieselben wie vorhin.

«Manuel?» Erstaunt wandte ich mich um.

«Ti posso chiedere una cosa? Kann ich was fragen?», vernahm ich seine schüchterne Stimme.

«Natürlich. Du darfst mich alles fragen. Immer.»

«Come l'hai trovata la zia Bianca, com'è stato da lei? Bianca, was hat sie zu Nic gesagt?»

Na klar, Manuel hatte schon gespürt, dass etwas nicht stimmte. Er war genauso hochsensibel wie Nicki.

Und wie sein Vater …

Ich suchte seufzend nach einer passenden Antwort. «Ach, weißt du, Manù … deine Tante Bianca will einen Mann heiraten, der wahrscheinlich nicht gut ist für sie. Das denkt jedenfalls Nicki. Das darfst du aber niemandem sagen. Nicki hat versucht, sie zu warnen, doch sie will davon nichts hören, und es gab ein wenig Streit gestern.»

«Ein wenig» war stark untertrieben, aber ich fand es besser, wenn Manuel nicht allzu viele Details kannte. Wenn, dann sollte Domenico es ihm selbst erzählen.

Manuel stand da und überlegte eine Weile. «Aber ich dachte, das sei ein guter Mann für Tante Bianca? Ha soldi e le può offrire una buona vita. Er hat viel Geld und kann ihr ein gutes Leben ermöglichen. Das hat Nic jedenfalls mal gesagt.»

«Ach, hat er das? Interessant … Aber du, mittlerweile weiß er angeblich mehr über diesen Mann und sieht ihn jetzt sehr kritisch. Aber das musst du ihn selber fragen. Ich will da nichts Falsches erzählen.»

Wieder Stille, doch ich spürte, wie sehr die Gedanken in Manuels Kopf rotierten und heiß liefen.

«Es ist eigentlich fast so wie früher», schlussfolgerte er nach einer Runde Nachdenken. «È come prima.»

«Wie meinst du das?»

«So, wie ich mich an früher erinnere. Chaos und so. Und Herumschreien.»

«Herumschreien?»

«Ja, früher … Nic hat manchmal andere angebrüllt, weil sie mir irgendwie weh getan haben …»

«Ach, Manuel», sagte ich leise. «Das hast du mir noch nie erzählt. Daran erinnerst du dich?»

«Poco. Eru picciriddu, nicu. Ich war ganz klein. Aber es war immer irgendwas, das nicht in Ordnung war, und alle waren böse aufeinander. Sempre storie.»

Nicki hätte jetzt genau gewusst, dass sein Neffe versuchte, mir etwas mitzuteilen – und vor allem: was. Aber ich hatte eindeutig eine lange Leitung.

«Wieso? Hat Nicki dich irgendwie angebrüllt?» Hatte ich irgendetwas verpasst? Wenn das so wäre, dann wäre wirklich Alarmstufe

Dunkelrot. Domenico hatte Manuel meines Wissens noch nie angebrüllt.

«Nein. Aber es ist Chaos. Storie, so wie früher, als meine Mutter noch da war.»

Manuel hatte wirklich eine intensive Gefühlswelt, wie mir erneut bewusst wurde. Was man *mir* immer nachgesagt hatte, traf für ihn gleich in doppelter Weise zu.

«Vermisst du deine Mutter?», wagte ich einen vorsichtigen Versuch, etwas mehr aus ihm herauszubekommen. Es war noch nicht lange her, dass sie gestorben war.

«Mah … non credo. Weiß nicht so richtig.» Er hob für zwei, drei Sekunden die Schultern, senkte sie wieder und klammerte sich fest an sein Smartphone. «Era strana. Sie war komisch. Sie war ja ziemlich krank, nicht wahr?»

«Ja», sagte ich. «Ja, am Ende schon. Die ganzen Drogen … das HI-Virus … Nicki hat dir das ja alles erklärt, oder?»

«Eh, sì.» Manuel schob die Unterlippe vor, bis sie ganz über die Oberlippe glitt und dort wie angeklebt eine Weile haften blieb. Ausdruck einer gewissen Verunsicherung und des Sinnierens.

«Ich weiß, dass es nicht einfach ist», sagte ich und ärgerte mich, dass mir nichts Besseres einfiel als diese oberflächliche Floskel. Dabei kannte ich das Leben doch selbst in all seiner Härte!

«Es wäre viel einfacher, wenn ich einen Bruder hätte. Oder 'ne Schwester. Una sorellina.» Seine Stimme klang so leise, dass ich ihn beinahe gebeten hätte, den Satz zu wiederholen. So überrascht war ich von dem, was er mir nun anvertraute.

«Oh ja, ich weiß.» Ach, wie gut ich ihn verstehen konnte! «Ich weiß absolut, wie das ist.»

Manuel antwortete nichts mehr darauf. Er stand da und drehte sein Smartphone in seinen Händen. Ich dachte daran, dass ich eigentlich nach meinen Kindern sehen sollte und dass Manuel auch längst ins Bett gehörte, weil er am nächsten Tag Schule hatte. Doch keiner von uns rührte sich vom Fleck. Die Zeit schien stillzustehen. Nur das leise Rauschen des Meeres und das Zirpen der Grillen erfüllten nach wie vor die Luft mit einer beruhigenden, immer gleichbleibenden Melodie.

«Die Laterne hier ist kaputt, è rotta», durchbrach Manuels Stimme unvermittelt die Idylle und die Poesie des Momentums.

«Oh. Ja, ich weiß. Schon seit einiger Zeit.» Ich betrachtete die erloschene Laterne, die so einsam und verloren wirkte zwischen den anderen Lichtkörpern, die noch bestens funktionierten. Aber diese hier war dunkel und allein. Nicht mehr dazugehörend, zu nichts anderem mehr gut als dazu, entsorgt oder ersetzt zu werden.

Dieser Gedanke bedrückte mich irgendwie.

«An der Batterie liegt es nicht», sagte ich. «Die hab ich schon mehrmals gewechselt.»

«La riparo io», sagte Manuel.

«Du?» Ich sah ihn an. «Du willst sie reparieren?»

«E certo. Ich kann das gut. Ich repariere immer alles für Nic. Aspetta ccà.» Und schon hatte er sich umgedreht und verschwand ins Haus.

Ich schüttelte den Kopf. Natürlich! Warum hatte ich nie daran gedacht, Manuel zu fragen?

Zurück kam er mit einer Taschenlampe und einem Werkzeugkasten und stellte alles auf den kleinen Gartentisch neben der Schaukel. Ich stand auf und ging zu ihm hinüber, während er den Laternenkopf vorsichtig abschraubte. Ich nahm die Taschenlampe und leuchtete ihm, während er im Werkzeugkasten nach einem Schraubenzieher suchte und dann den unteren Teil der Laterne vorsichtig entfernte, so dass Batterie und Drähte zum Vorschein kamen. Staunend schaute ich seinen flinken Händen zu, die ruhig und geschickt mit einer Pinzette hantierten, haarfeine Drähte neu verkabelten und eine winzige Metallklappe runterdrückten.

«Talé», sagte er und schob den kleinen Schalter zur Seite. Wie durch Wunderhand fing die Mini-Glühbirne an zu leuchten.

«Wow», staunte ich. «Wie hast du das gemacht?»

«Easy. War nur ein Kontakt … allentato.» Er setzte den unteren Teil des Laternenkopfs wieder auf und schraubte dann das Ganze wieder auf die Stange.

«Ein Wackelkontakt? Danke, Manù, gut gemacht! Du bist echt ein Genie.»

Er lächelte, so dass seine Wangengrübchen im Lichtkegel der Taschenlampe, die ich immer noch auf ihn gerichtet hatte, noch mehr Konturen bekamen und gut sichtbar wurden. «War nicht so schwer.»

«Du kannst das unglaublich gut», sagte ich. «Das hast du von deinem Vater, weißt du das?»

«Mhm.» Er klappte den Werkzeugkasten wieder zusammen. Ich wusste nicht, ob meine Worte ihn glücklich machten oder erneut etwas in ihm aufwühlten, und bereute sie für einen Moment.

«Vielleicht gehst du nun besser ins Bett», sagte ich vorsichtig. «Du musst morgen ja zur Schule. Und auch ich sollte langsam rein zu meinen Kindern.»

Doch meine Worte schienen an ihm abzuprallen.

«Wie fandest du ihn eigentlich? Meinen Vater?», fragte Manuel wie aus heiterem Himmel, als er den Werkzeugkoffer schon in der Hand hatte.

«Wieso möchtest du das jetzt wissen?»

«Accussì …» Er schaute hinüber zum Rosmarinstrauch, hinter dem sich in der Nische das Holzkreuz von dem Grab seines Vaters befand. Er stellte den Koffer wieder auf den Boden und setzte sich darauf. Und ich nahm wieder auf der Schaukel Platz.

Ich dachte nach. Wie konnte ich Mingo beschreiben? Es war schon ewig her … damals, als er noch gelebt hatte, war ich ja selber erst fünfzehn oder sechzehn gewesen, und die Erinnerungen an ihn waren schon etwas verblasst. Und trotzdem wollte ich Manuel eine ordentliche, wahrheitsgetreue Erklärung liefern.

«Er war sehr schüchtern … und sehr lieb – auf seine Art», versuchte ich Mingo zu beschreiben. «Also so wie du. Er war dir ziemlich ähnlich. Aber er war auch sehr chaotisch und unberechenbar. Dass er stark heroinabhängig war, weißt du ja. Ich glaube, dass er all diese Probleme hatte, weil er so sensibel war und niemanden hatte, der ihm half, damit umzugehen.»

«Er hatte immer ein Messer bei sich, vero?»

«Ja. Er wollte damit Nicki und Bianca beschützen. Und mich auch. Natürlich war das nicht gut. Aber er wusste es nicht besser.»

«Und er trug ständig tote Köpfe und so Sachen.»

«Das auch.» Ich konnte mich noch lebhaft an Mingos Aufmachung erinnern. Er hatte wirklich überall Totenköpfe gehabt, auf seinen T-Shirts, an der Halskette, sogar an einem seiner Ohrringe. «Deswegen hatten ja so viele Angst vor ihm.»

«Anche tu? Hattest du auch Angst vor ihm?» Manuel sah mich von der Seite her an.

Ich überlegte kurz. «Nein», sagte ich. «Okay, ja, am Anfang vielleicht schon, aber dann wurden wir Freunde, und ich hatte definitiv keine Angst mehr vor ihm.»

Manuel nickte, offenbar zufrieden mit meiner ehrlichen Antwort.

«Und du findest, dass ich ihm ähnlich bin?»

«Ja. Das würde ich schon sagen. Nicht nur äußerlich, sondern auch in deiner ganzen Art.»

«Ich will aber den Leuten nicht Angst machen», sagte er mit einer Spur Entsetzen in seiner Stimme. «Ich würde nie mit einem Messer und toten Köpfen rumlaufen.»

«Natürlich nicht. Aber das hätte Mingo bestimmt auch nicht getan, wenn er jemanden gehabt hätte, der für ihn gesorgt hätte.»

«Nic hat doch für ihn gesorgt?»

«Ja, schon. Aber das ist nicht das Gleiche. Nicki war sein Bruder, sein Zwillingsbruder. Er hatte selber viele Probleme, bevor er erwachsen wurde. Darüber hast du ja schon einiges gehört. Für dich hingegen ist Nic wie ein Vater. Und Mingo hatte in dem Sinne nie einen Vater … oder besser: er hat seinen Vater gar nie kennengelernt …»

«Morten è so pà», sagte Manuel.

«Natürlich. Du kennst ja die ganze Geschichte. Aber du weißt doch, Nicki hat sich erst lange nach Mingos Tod auf die Suche nach ihrem gemeinsamen Vater Morten gemacht.»

«Lo so.» Manuel stützte den Kopf auf seinen Knien auf. Das Haar fiel ihm ins Gesicht, bedeckte die Stirn, die Augen und die Nase, und ich dachte daran, dass er auch hierin Nicki und Mingo nachschlug, die oft vergessen hatten, ihre Haare zu schneiden.

«Ist es schlimm, dass ich meinem Vater ähnlich bin?», grübelte er weiter.

«Nein, im Gegenteil», sagte ich sofort. «Wie ich vorhin sagte, hatte er viele gute Eigenschaften. Deine Sensibilität, dein Talent, deine Behutsamkeit – das hast du alles von ihm. Und das sind schöne Eigenschaften.»

«Okay», sagte er, nachdem er das kurz verarbeitet hatte. «Und was hab ich von meiner Mutter?»

Ich dachte nach. Das war etwas schwieriger.

«Fürsorglichkeit», sagte ich, einer plötzlichen Eingebung folgend. «Sie hat sich um alle Lebewesen gekümmert, die sie gefunden hat. Sie hat sogar geweint, wenn eine Fliege gestorben ist. Oder ein Spatz.»

«Ich muss deswegen auch weinen», sagte Manuel.

«Siehst du. Deine Eltern waren prima Menschen, Manuel. Sie haben einfach zu wenig Liebe abbekommen im Leben.»

Insgeheim fragte ich mich oft, ob Manuel nicht ein bisschen sauer war auf seine Mutter, weil er wegen ihres Drogenkonsums mit einem Lungenschaden auf die Welt gekommen war und statt zweien nur *einen* funktionierenden Lungenflügel hatte. Dieses Schicksal teilte er mit meinem Mann, der unter demselben Problem litt – allerdings selbstverschuldet wegen der vielen Raucherei in der Vergangenheit. Doch über dieses Thema hatten Nicki und Manuel unzählige Stunden diskutiert, und es sah aus, als wäre Manuel im Reinen damit. Zumindest hoffte ich es.

«Schade, dass es nur so wenige Fotos von meinem Vater gibt», sagte Manuel. «Ich hätte gern gewusst, wie er heute aussehen würde.»

«Nun, du brauchst ja nur Nicki anzuschauen, dann weißt du, wie dein Vater ausgesehen hätte.»

«Erano identici, vero?»

«Nun, wenn sie die gleichen Klamotten getragen hätten, hätte man sie vermutlich schwer auseinanderhalten können», antwortete ich. «Sie waren so identisch, wie eineiige Zwillinge sein können – sogar bis zu der Zahnlücke vorne.»

Und dann wollte ich noch etwas richtigstellen:

«Manù, eines noch: Dein Vater wollte mit den ‹toten Köpfen›, wie du sie nennst, also mit diesen sogenannten Totenköpfen, niemandem Angst machen und niemandem signalisieren, dass er für diese Welt und all seine Gegenüber eine riesige Gefahr darstellte. Davon war er weit entfernt, das hätte nicht zu ihm gepasst. Es war mehr so eine sensible Wahrnehmung von ihm: dass das Leben und unsere Erdenzeit vergänglich sind. Und dass unsere physische Existenz … wie soll ich sagen … eigentlich immer bedroht ist, immer fragil bleibt. Und ich möchte sogar noch weitergehen: Er hat vermutlich einfach auch an jedem neuen Tag ganz intuitiv gespürt, dass er selber kein allzu langes Leben vor sich haben würde …»

Manuel starrte nachdenklich zu den Sternen hoch, als könnte er dort all die Antworten, die er so dringend benötigte, ziemlich exakt ablesen.

Ich beschloss, ihn einfach direkt zu fragen. «Manuel, was beschäftigt dich?»

Er schüttelte nur den Kopf.

«Doch, irgendwas ist im Gange. Wir spüren es beide, Nicki und ich. Du bist so selten zu Hause, redest wenig mit uns, ziehst dich zurück …»

«Wie ist das, wann … quando mi adottate finalmente? Ich meine, richtig, per legge», platzte er mit der zentralen Frage heraus, auf die das ganze Gespräch wahrscheinlich längst hinauslaufen wollte.

Ich zog die Luft ein. Von allen Fragen, die er mir bis jetzt gestellt hatte, war das die schwierigste. Das mit Manuels Adoption hing ja schon so lange in der Luft und ging einfach nicht voran, weil die Umstände es kaum erlaubten.

«Sobald wir genug verdienen, Nicki und ich. Sobald wir ein stabiles Einkommen haben. Vorher wird man uns keine Adoption zugestehen.» Ich unterdrückte ein Seufzen. Dieses Ziel lag in weiterer Ferne denn je.

«Nic sagte mir, dieses oder nächstes Jahr», meinte Manuel. «Ma se guadagna poco… er sagt immer, er arbeitet so viel, aber er hat doch nie Geld … also kann es auch gar nicht sein.»

«Ich weiß …» *Ach, Manuel,* dachte ich. Er sehnte sich so sehr nach einer Familie, danach, irgendwo daheim zu sein, aufgefangen zu werden und zum ganzen Gebilde «all inclusive» dazuzugehören. Ich wusste ja, dass Nicki sich ebenfalls innig wünschte, Manuel eine Familie zu bieten.

«Es ist im Moment extrem schwierig mit den Kindern», sagte ich. «Ich kann den Job im Krankenhaus so nicht mehr leisten. Aber wir … sind daran, uns Lösungen zu überlegen.» Das stimmte zwar nicht ganz, da es auf die Schnelle einfach keine solchen gab.

Manuel scharrte mit dem Fuß im Gras herum. Ich nahm mir vor, mit Nicki bald nochmals darüber zu reden.

«Ich hab mir überlegt, ob ich vielleicht weggehen soll», sagte er auf einmal.

«Weggehen? Du willst weggehen? Wohin denn? Warum?»

«A Catania. Da zia Bianca. Vielleicht kann sie mich adoptieren, wenn sie verheiratet ist. Ich mein, ich bin ja bald fertig mit der Schule hier. Potrei studiare a Catania, che ne so.»

Ich hielt die Luft an, weil mich diese Idee im ersten Moment ziemlich aus der Fassung brachte. Manuel zu Bianca? Nie im Leben! Das würde Domenico nicht zulassen. Nicht in der jetzigen Situation, in der er sich mit seiner Schwester befand. Und Bianca … nein, ich hatte keine Lust, überhaupt nur an sie zu denken. Sie würde Manuel gewiss nicht guttun, auch wenn sie ihn liebte, davon war ich überzeugt. Wenn sie denn zu wahrer Liebe überhaupt in der Lage war …

Andererseits: Manuel wurde nächsten Sommer fünfzehn, und mehr als die Scuola Media hatte die Schule in Licata tatsächlich nicht zu bieten. Er würde keine andere Wahl haben, als von hier wegzugehen, wenn er es, wie er sagte, zu einer höheren Schulbildung oder Ausbildung schaffen wollte.

Zum ersten Mal wurde mir bewusst, dass eine Entscheidung dieser Art unausweichlich vor der Tür stand.

«Möchtest du denn gern studieren?» Bis jetzt hatten wir nie wirklich über Manuels Träume und Pläne für die Zukunft gesprochen. Irgendwie waren wir davon ausgegangen, dass er bei uns bleiben und Nicki bei seinen Fischereigeschäften helfen und später vielleicht sogar mit uns nach Deutschland zurückkehren würde. All das war immer in weiter Ferne gewesen, und jetzt erst wurde mir klar, wie schnell die Zeit vergangen war und all diese Fragen offen auf dem Tisch lagen.

«Ja, schon. Ich mein, sonst hab ich ja nie die Chance, in questa vita … di farcela, di diventare qualcosa, qualcuno, ein Mädchen zu finden und eines Tages zu heiraten und eine eigene Familie zu haben.» Er zuckte wie beiläufig mit den Schultern, als wolle er das als Belanglosigkeit abtun, doch erneut konnte ich seine geradezu verzweifelte Sehnsucht nach einer Familie spüren.

«Die Mädchen hier wollen alle einen Mann, der Kohle hat», meinte er verlegen, und ich ahnte seinen heimlichen Liebeskummer, der vermutlich für die schlaflosen Nächte verantwortlich war. Hatte Marietta ihm eine Abfuhr erteilt? Gut möglich. Doch das konnte ich ihn natürlich nicht fragen.

«Ach, Manù», seufzte ich. Ich konnte ihn ja so gut verstehen. Die Behauptung, dass Geld überhaupt nicht wichtig war im Leben, kam mir mittlerweile auch sehr überholt vor. Eine Phrase ohne wirklichen Wahrheitsgehalt. Ich erlebte ja am eigenen Leib, wie es war, wenn man sich ständig durchkämpfen musste.

«Natürlich sollst du studieren oder eine Ausbildung machen. Unbedingt. Es ist völlig richtig und wichtig, dass du einen guten Beruf erlernen kannst. Aber Nicki und ich möchten nicht, dass du weggehst, nur weil du womöglich glaubst, uns im Weg zu stehen. Das stimmt nämlich überhaupt nicht.»

Ich wusste nicht, warum ich das so sagte, doch mir war sofort klar, dass ich den Nagel auf den Kopf getroffen hatte. Manuel antwortete wieder mit seinem typischen Schulterzucken, das meistens ein verlässliches Anzeichen dafür war, dass bei ihm etwas in den tieferen Schichten der Seele angekommen war. Er war verletzt, weil es mit der Adoption nicht voranging, das war mir klar, und er fühlte sich nicht mehr wirklich willkommen. Das war nachvollziehbar, ja …

… aber es war weit von der Wahrheit entfernt.

«Was möchtest du denn einmal werden?», fragte ich, um dem Gespräch wieder eine positivere Note zu geben.

«Ich dachte, ich könnte zum Beispiel Ingenieur werden. Oder Mechaniker. Was in der Richtung, andare al Liceo Tecnico», kam es ohne langes Fackeln sogleich aus seinem Mund.

Ich war überrascht. An so was hatte ich noch gar nicht gedacht. Ingenieur. Mechaniker. Hm. Jetzt, wo er das aussprach, war mir klar, dass dies definitiv der richtige Beruf für ihn sein könnte. Mein Blick wanderte zu der reparierten Laterne, und ich dachte daran, dass vielleicht auch sein Vater Mingo einen ganz ähnlichen Beruf erlernt hätte, wenn sein Leben anders verlaufen wäre.

«Aber ich weiß natürlich nicht, ob Nic das gut findet», fuhr er fort.

«Warum soll er es nicht gut finden?», fragte ich, obwohl ich ahnte, dass Manuel vermutlich recht hatte.

«Na ja, er sagt immer, er braucht mich hier. Ich helfe ihm ja in den Ferien beim Fischen und den Netzen und dem Boot ...»

«Das könntest du vielleicht in Zukunft weiterhin tun», sagte ich. «Du könntest in den Sommermonaten während der Ferien jeweils herkommen.»

«Nicht, wenn ich später mal arbeite. Dann habe ich nicht mehr so viele Ferien.»

«Weißt du was, rede doch mit Nicki darüber. Wenn du wirklich studieren oder einen Beruf erlernen möchtest, bin ich sicher, dass er dir nicht im Weg stehen wird. Er will das Beste für dich, das ist gar keine Frage!»

«Mal sehen», sagte er zögernd und erhob sich. «Ok, io vado a letto. Buona notte. Si è fatto tardi.»

«Uh ja», sagte ich nach einem Blick auf mein Smartphone. «Ich sollte auch dringend ins Bett. Es ist bald zwei Uhr.» Ich hoffte, dass meine Kinder selig schliefen und ihre Eltern nicht vermissten, die beide gerade mit ganz anderem als ihnen beschäftigt waren.

Und noch mehr hoffte ich, dass Nicki draußen auf dem Meer wieder zur Ruhe finden würde und uns nicht eine monatelange Krise bevorstehen möge.

Ich wusste nicht, wie es geschah, aber nachdem Manuel gegangen war, setzte ich mich im Garten nochmals auf die Schaukel – und blieb da sitzen, bis die Sonne sich in der Ferne majestätisch aus dem Meer herausschälte und sich über den Wassermassen festsetzte. Ich hatte nicht mal mitbekommen, wie die Zeit vergangen war.

So viele Gedanken und Erinnerungen an früher kamen auf einmal in mir hoch. Die aufregende Zeit, als ich Domenico kennengelernt hatte – dieser ausgeflippte Neue, der in unsere Klasse gekommen war. Die Villa mit der alten Laterne, die ich immer von meinem Fenster aus beobachtet hatte und die für mich der Ort gewesen war, an dem alle meine Wünsche, Träume und Sehnsüchte sich an einem einzigen Punkt auf diesem Planeten treffen konnten. Wie klein meine Welt damals gewesen war! Und nun, so viele Jahre später, fragte ich mich, ob es diesen Ort im Leben wirklich gab, an dem alle Träume, Wünsche und Sehnsüchte wahr wurden – oder ob wir unser Leben lang auf der Suche danach sein würden. Ich dachte an die Träume, die Domenico und ich einst gemeinsam entwickelt hatten, die Welt, die wir uns ausgemalt hatten.

Ich scrollte durch meine Fotos auf dem Smartphone und schaute mir all die alten Fotos von früher an, die ich irgendwann digitalisiert hatte, so dass ich sie immer bei mir haben konnte. Ich betrachtete die Bilder meiner ersten Besuche auf Sizilien, die heimlichen Fotos, die ich von Domenico geschossen hatte, als er seine waghalsigen Sprünge vom Felsen ins Meer machte, und das Foto von Mingo, das ich damals von ihm aufgenommen hatte, nachdem wir Freunde geworden waren. Auch die alten Kinderbilder von Nicki und Mingo hatte ich auf dem Smartphone sowie Bilder von Norwegen, Berlin, unserer Hochzeit und meinen späteren Ferien auf Sizilien.

Und als ich mit dem Durchscrollen fertig war, merkte ich, dass der Tag sich bereits angemeldet hatte, und in dem Moment, als ich mein Smartphone in die Tasche stecken wollte, sah ich, dass weder in unserem Garten noch in ganz Licata noch irgendwelche Lichter brannten – der Tag hatte das Dunkel der Nacht definitiv verdrängt, es wurde hell. Nur in mir selbst noch nicht so recht.

Ich erhob mich und wankte ins Haus. Mein Hintern tat mir weh von der Schaukel. Mit einem schlechten Gewissen verzog ich mich ins Schlafzimmer und war geradezu erleichtert, als ich feststellte, dass David und Ariana noch immer selig schliefen.

Gott sei Dank, dachte ich.

Doch eine subtile Vorahnung sagte mir, dass ich mich auf gewaltige Veränderungen gefasst machen müsste. Und ich fragte mich, ob dieser leise Eindruck mir gefiel. Nein, das tat er nicht.

8. Mütterlicher Skype-Rat

Ich versank in einen leichten Schlummer und wurde schon bald wieder wach, als ich meine Kinder hörte. Ariana saß bereits aufrecht im Bett und schaute mich mit neugierigen Augen an. David räkelte und streckte sich und wirkte auf mich so, als würde er schon in der nächsten Minute anfangen, nach seiner Milch zu verlangen.

Ich hörte auch, wie Delia aufstand und in die Küche ging. Manuel hatte das Haus wohl längst verlassen. Und ob der Zio nach Hause gekommen oder bei einem seiner Söhne übernachtet hatte, wusste ich nicht mal.

Fakt war jedenfalls, dass Domenico noch nicht zurückgekehrt war. Ich versuchte, ihn anzurufen, geriet aber nur an seine Combox. Falls er immer noch auf dem Meer war, hatte er mit seinem alten Handy natürlich so gut wie keinen Empfang. Die Technologie in seiner Hosentasche war von vorgestern, und der Anbieter seiner Netzverbindung war eine Firma, die früher mal auf Dinosaurier-Nahrung in Dosen und Faxgeräte spezialisiert war. Es fehlte nur noch, dass Nicki jedes Mal die Antenne auf eine Länge von siebzig, achtzig Zentimeter rausziehen musste, um mich überhaupt empfangen zu können. Ach, in dem Punkt war er unverbesserlich.

Trotz meines riesigen Schlafmangels stand ich auf, versorgte meine Kinder und gesellte mich dann zu Delia in die Küche.

«Ich dachte, ich mach schon mal Frühstück», begrüßte sie mich. «Ich hoffe, das ist dir recht?»

«Natürlich. Das ist nett von dir, Deli.» Ich ging ihr zur Hand und deckte den Tisch, obwohl ich vor Müdigkeit fast im Stehen umfiel.

Ariana kam mit einem riesigen Tintenfisch unter dem Arm in die Küche gestürmt. Sie nahm Larissa sofort in Beschlag und zog sie mit sich zurück ins Schlafzimmer, damit sie dort zusammen mit ihren Meerestieren spielen konnten.

Bald hörten wir Larissa weinen.

«Och, Ari», stöhnte ich, als wir ins Schlafzimmer stürmten. Ariana thronte auf dem Bett, doch die zierliche Larissa schaffte es noch nicht, aufs Bett zu klettern. Oder vielmehr: sie traute sich noch nicht. «Du musst etwas Geduld haben mit Larissa.»

Wir dislozierten die Mädchen, Fische, Krabben und Seepferdchen kurzerhand in die Küche und platzierten sie alle auf dem Fußboden. David lag im Kinderwagen, der in der Mitte der Küche stand.

«Ich hab gehört, dass Domenico gestern Nacht noch weggefahren ist», sagte Delia, während sie das Brot in Scheiben schnitt. «Ist alles okay mit euch?»

«Ja, zwischen uns schon ... er war etwas aufgebracht wegen seiner Schwester gestern und musste sich unbedingt abreagieren. Er wird sicher bald zurück sein ...»

Zumindest hoffte ich das.

«Nanu, wo ist er denn hin?»

«Er ist zum Fischen gefahren. Das dauert die ganze Nacht. Er wird irgendwann zurückkommen.»

«Wann ist *irgendwann?*» Ich hörte den lauernden Unterton in Delias Stimme. «Neun Uhr? Zwölf Uhr? Fünfzehn Uhr?»

«Keine Ahnung, Deli, ich nehme an, zwischen zehn und elf Uhr, falls er nicht direkt zum nächsten Job fährt.»

«Ja sag mal, hat er dich denn nicht über seine Agenda informiert?», wunderte sie sich. «Also, ich will von Ronny immer alles ganz genau wissen.»

«Ach, Nicki hat immer so viel am Laufen, dass ich es aufgegeben habe, ihn nach seiner Agenda zu fragen. Ich hab da längst keine Übersicht mehr.»

Dass *er selbst* noch die Übersicht über seine Agenda hatte, wunderte mich übrigens sehr, da er sich ja nie etwas aufschrieb.

«Und das funktioniert für dich?»

«Mittlerweile schon. Ich habe gelernt, dass er viel offener zu mir ist, wenn ich ihn nicht dauernd ausfrage und ihm einfach vertraue. Er wird schon kommen.» Ganz überzeugend klang meine Stimme nicht, das spürte ich selbst.

«Trotzdem. Ich finde, du lässt dir immer noch viel zu viel gefallen.»

Aaargh. Ich konnte diese Debatte darüber, was man sich als

junge Ehefrau gefallen lassen sollte und was nicht, langsam nicht mehr hören.

«Mag ja sein», sagte ich. «Aber so funktioniert es zwischen uns am besten.» Ich hoffte, damit einer vertiefenden Diskussion möglichst aus dem Weg gehen zu können.

Delia machte weiter mit Brotschneiden. Ich stellte Milch, Käse, Salami und Früchte auf den Tisch. Auch die Marmelade durfte nicht fehlen. Ha, diesmal hatten wir uns für ein *deutsches* Frühstück entschieden.

«Maya, jetzt sag mir bitte mal ehrlich: Seid ihr wirklich glücklich? Du und Domenico?»

Delia schaute mich wieder an.

Ihre blauen Augen spießten mich auf.

Sie wirkten auf mich wie Laserstrahlen.

Ich blickte sie verdonnert an. «Warum? Sehen wir aus, als wären wir es nicht?»

«Ich meine nur. Domenico ist kaum zu Hause. Hast du dir mal überlegt, ob sein Wegbleiben nicht eine Art von Fluchttendenz sein könnte?»

«Fluchttendenz?» Wie kam sie auf so was?

«Ich denke eben an diese Borderline-Störungen, die einst bei ihm diagnostiziert wurden. Oder war es eine bipolare Störung? Egal, ich meine, er hatte ja damals schon einen … na, einen ziemlich intensiven psychischen Knacks, wenn ich hier mal so ehrlich sein darf. Hat er das wirklich alles überwunden? Kann man so was überhaupt jemals ganz überwinden? Das sind so die Fragen, die ich mir stelle.»

Sie hielt inne, während ihre Worte in mir ihre Wirkung entfalteten und etwas in mir anstellten, das ich gar nicht wollte.

Da Delia auf eine Antwort wartete, strengte ich meine grauen Hirnzellen an, um passende Worte zu finden, die ihre Attacke abwenden konnten.

Fakt war, Nicki und ich hatten bereits vor der Hochzeit unzählige Stunden damit zugebracht, all das gemeinsam zu besprechen und zu verarbeiten. Er hatte mehrere Therapien hinter sich und dadurch gelernt, viele seiner Handicaps in den Griff zu bekommen.

«Also, es ist schon nicht so, dass das einfach alles verschwunden ist», gab ich zu. «Er weiß um seine seelischen Defizite, und wir haben wirklich sehr viel daran gearbeitet. Er musste lernen, wie er sich mir in seinen schwachen Momenten mitteilt, und ich musste lernen, ihn in diesen Momenten einfach loszulassen. Es erforderte enorm viel Aufwand, aber ich kann sagen, dass wir heute ziemlich stabil damit umgehen können.» Das war, fand ich, die reine Wahrheit. «Wir sind einfach im Moment in einer … sagen wir mal … Umbruchsituation.» Das war für mein Empfinden ein hübsches modernes Wort, das mich treffend dünkte.

«Weißt du, ich hab mich nur gefragt, ob sein oftmaliges Wegbleiben und seine vielen Jobs vielleicht damit zu tun haben, dass er daheim immer noch keine Nähe zulassen kann», sagte sie. «Nur so eine Mutmaßung.»

«Hm.» Darauf wusste ich jetzt kein stichfestes Gegenargument. Die Psyche meines Mannes war in der Tat extrem vielschichtig. Andererseits: Domenico kämpfte schlicht und einfach darum, uns, seine Familie, zu ernähren.

«Was immer es ist: Es ist eine Sache, die Domenico und ich austragen müssen, Deli», sagte ich daher höflich, aber bestimmt. «Du hast doch mit deiner eigenen Situation schon genug zu kämpfen. Deswegen zerbrich dir nicht den Kopf über die meinige. Es wird sich schon regeln.»

«Na schön. Tut mir leid», sagte Delia. «Du hast recht: Es geht mich nichts an. Aber ich erkenne halt einiges in eurer Ehe, das sich auch bei mir abgespielt hat. Und ich möchte nicht, dass ihr im selben Desaster landet wie Ronny und ich.»

Während des Frühstücks sprachen wir nun tatsächlich über harmlosere Themen, widmeten uns den Kindern und beschlossen, am Nachmittag ans Meer hinunter zu fahren, obwohl das Wasser zum Baden nicht mehr so warm war. Da ich nicht wusste, wann Domenico nach Hause zurückkehren würde, beschloss ich, den Tag eben ohne ihn zu planen.

Nach unserem ausgedehnten Frühstück – es war schon fast Mittag – versuchte ich zwei weitere Male, ihn anzurufen, aber auch dieses Mal meldete sich nur die Combox. Einmal mehr ärgerte ich mich, dass er sich nicht endlich ein modernes Smartphone anschaffte, damit wir – wie alle anderen! – bequem hätten kommunizieren können.

Delia zog sich mit Larissa zu einem Mittagsschlaf zurück. Auch ich verfrachtete die Kinder zurück ins Bett und ging an den Computer, um Skype zu starten.

Ich hatte Glück, Mama war da und meldete sich auch gleich. Fast so, als hätte sie auf meinen Anruf gewartet. Ihr Gesicht erschien auf dem Bildschirm. Im Hintergrund sah ich das Fenster des Wohnzimmers, dahinter den Ausblick auf die Häuser von Basel. Meine Eltern waren vor einigen Jahren in die Rheinstadt an der Schweizer Grenze gezogen und dort hängengeblieben, weil Paps eine gute Stelle in der Klinik gefunden hatte.

Mama strahlte mich an. Sie hatte irgendwann aufgehört, ihr Haar zu färben, und trug es nun grau und schulterlang. Es stand ihr gut.

«Maya, mein Kind. Wie schön, dass du anrufst.»

Ich mochte es nicht, wenn sie mich «Kind» nannte. Schließlich war ich doch erwachsen. Aber vielleicht würde ich bei meinen eigenen Kindern dereinst dasselbe machen.

«Ja, ich hatte gerade ein wenig Sehnsucht nach dir.»

«Das habe ich allerdings auch. Wir haben spät gefrühstückt, dein Vater und ich. Ich habe gerade vorhin zu ihm gesagt, dass ihr unbedingt bald mit den Kindern herkommen und uns besuchen müsst. Wir wollen doch unseren Enkel auch endlich einmal live sehen!»

Wir waren nun über ein Jahr lang nicht mehr bei meinen Eltern gewesen, Domenico und ich. Mit Domenicos vielen Aufträgen und Aktivitäten wurde es immer schwieriger, gemeinsame Zeit zu finden und vor allen Dingen genügend Geld für die Reise aufzutreiben. Jedes Mal meine Eltern anzupumpen, wäre gewiss eine Option gewesen – aber das wollte ich nicht. Auch wenn Mama mir immer wieder anbot, uns die Reise zu finanzieren.

«Ja, das würden wir so gern tun», seufzte ich. «Aber du weißt ja, dass es momentan schwierig ist.»

«Ich bin mir dessen bewusst, ja, und deswegen haben Martin und ich auch gedacht, dass wir euch die Reise finanzieren.»

«Aber …»

«Keine Widerrede! Wir wissen doch, wie knapp ihr momentan bei Kasse seid, solange Nicki der Alleinverdiener ist.»

«Aber Nicki wird kaum von seiner Arbeit wegkönnen», gab ich zu bedenken. «Er hat dauernd was los. Und ich kann derzeit nicht allein mit zwei kleinen Kindern reisen, das schaffe ich nicht»

Es war jedes Mal ein Kampf. Ich wusste doch, dass Mama insgeheim litt, weil ich, die einzige Tochter, so weit weg war. Natürlich hatte sie meine Entscheidung, mit Domenico auf Sizilien zu leben, respektiert und auch mitgetragen, aber sie konnte nicht verhehlen, dass ich ihr ziemlich fehlte.

«Kann er sich denn nicht wenigstens mal ein paar Tage von der Arbeit loseisen?», wunderte sie sich. «Ich meine, er braucht doch auch mal Ferien, nicht?»

«Wenn er Ferien nimmt, haben wir kein Einkommen», sagte ich. «Er arbeitet ja überall im Stundenlohn.»

«Das kann man doch bestimmt irgendwie regeln. Ist er vielleicht gerade hier?»

«Nein, er ist am Fischen. Draußen auf dem Meer.» Eigentlich hätte er ja längst zu Hause sein sollen, aber so, wie ich ihn kannte, war er gleich zu seinem nächsten Job gerannt. Allerdings hätte er mich zwischendurch mal anrufen können. Normalerweise hätte er das auch getan …

«Ach so. Ich hoffe wirklich, er übernimmt sich nicht irgendwann mit dieser Form von Arbeit. Es klingt irgendwie nicht gesund, weißt du.»

«Er übernimmt sich schon längst, Mama. Er hat des Öfteren Schmerzen in der Lunge, gibt es aber nicht zu. Männer gestehen solche Dinge ja sowieso nur selten ein, aber sizilianische Männer … niemals! Aber ich sehe es ihm doch an. Die alte Geschichte halt. Du kennst ihn ja. Ich mache mir furchtbare Sorgen, aber was will ich machen? Er hört einfach nicht auf mich. Ich muss damit leben.»

«Wollte er nicht die Fischerei längst an den Nagel hängen? Es ist doch schon öfter zur Diskussion gestanden, dass es sich fast nicht mehr lohnt.»

«Schon, aber anscheinend hängt der Zio immer noch sehr an seinem Geschäft, obwohl er ja längst pensioniert ist und nur noch sporadisch mit rausfährt. Wenn er Nicki nicht mehr hat als Hilfe, dann muss er das Geschäft schließen. Und das wollen sie wohl beide nicht.»

«Männer sind manchmal schon Sturköpfe, was?», schmunzelte Mama.

«Das kannst du laut sagen.»

«Ganz ehrlich, Maya, ich hab mir ja schon oft gedacht, ob das Fischen nicht eine Art Ventil für ihn ist», meinte Mama mit ernster Stimme. «So wie früher die Zigaretten und all das andere Zeug.»

«Das ist wahrscheinlich schon der Fall. Trotzdem – ewig kann das ja nicht so weitergehen. Spätestens wenn die Kinder zur Schule kommen, muss es eine Veränderung geben. Aber, na ja, vorerst spielt das alles noch keine Rolle ... Wie geht es dir denn so, Mama?»

«Danke, ich kann wirklich nicht klagen. Mir geht es gut, ich bin verhältnismäßig gesund. Martin ist bei mir – das Wetter ist zwar momentan grau hier in Basel, aber wir werden heute Nachmittag wahrscheinlich eins der unzähligen Museen hier besuchen. Langweilig wird es uns ja nicht.»

«Das hört sich gut an. Bei uns scheint wie so oft die Sonne. Ist Paps auch da?»

«Er macht gerade ein paar Besorgungen. Wahrscheinlich ist er bald zurück. Ist Delia immer noch bei dir?»

«Ja – sie hält ihren Mittagsschlaf. Ich weiß noch nicht, was wir heute Nachmittag machen werden. Wahrscheinlich gehen wir ans Meer.»

«Und Nicki – wann ist er denn zurück?»

«Wenn ich das wüsste», entfuhr es mir.

Eine Spur zu genervt.

«Hat er dir das nicht gesagt?»

«Nein ... er ...»

Ach, Mist, ich konnte einfach nicht gut schauspielern. Schon gar nicht vor meiner Mutter. Sie durchschaute mich normalerweise recht schnell, ob ich das wollte oder nicht.

«Hm. Das hört sich irgendwie ... na, wie soll ich sagen ... suboptimal an. Ausbaufähig, nicht?»

Dachte ich's mir doch – ich hörte ihrer Stimme bereits an, dass sie einen Verdacht hegte. Berechtigt ...

«Yo, Mum, aber du kennst ihn ja», wiegelte ich schnell ab. «Chaotisch, wie er manchmal ist. Er hat es einfach vergessen ...»

«Warum rufst *du* ihn denn nicht an?»

«Das tu ich doch, aber er hat mal wieder keinen Empfang. Sein altmodisches Handy eben ...»

Obwohl Mamas Gesicht wegen des hellen Fensters im Hintergrund etwas abgedunkelt war, konnte ich dennoch sehen, wie sie mich prüfend musterte. Sie hatte die Eigenschaft, auf den Grund meines Herzens zu sehen.

«Mal ehrlich, Kind: Ist alles in Ordnung mit euch?»

«Ja, klar, Mama. Außer, dass momentan alles ein bisschen hektisch ist.» Meine Stimme klang bestimmt schrill und hektisch, und das war der zweiten und dritten Ebene unserer Situation geschuldet. Doch ich hatte jetzt nicht den Nerv, Mama von der Begebenheit mit Bianca und den Konflikten in Nickis Familie zu erzählen. Das war ein Thema für ein anderes Mal.

«Hmm. Weißt du, irgendwie erinnert mich das Ganze ein bisschen an Martin und mich früher», räumte sie ein. «Martin war auch immer am Arbeiten, so wie Nicki. Er hatte es gut gemeint, wollte mir eine gesicherte Existenz bieten, ein bisschen Wohlstand und ein sorgenfreies Leben – aber er hatte kaum Zeit für mich. Wie du dich sicher erinnerst, hab ich sehr darunter gelitten.»

Oh ja, ich konnte mich nur allzu gut noch an die Ehekrise meiner Eltern erinnern, die auf einmal ausbrach, als ich ungefähr sechzehn gewesen war. Daraufhin war Mama krank geworden ... ach, ich dachte nicht gern an diese dunklen Jahre zurück.

Konnte es tatsächlich sein, dass Nicki und ich in unserer Ehe nun das Gleiche widerspiegelten?

«Ich würde ja gern wieder ein wenig arbeiten und mithelfen, Geld zu verdienen», sagte ich leise. «Aber mit den Kindern ist das jetzt einfach der falsche Zeitpunkt. Ich möchte sie ja auch nicht ständig zu Luisa und Giovanna und der Nonna geben müssen. Sie geben zwar viel rein von sich, aber sie verwöhnen die Kinder nach Strich und Faden, erfüllen ihnen jeden noch so blöden Wunsch, lassen sie an der ganz langem Leine und stopfen sie ständig mit Süßem voll. Das möchte ich einfach nicht. Ich bin ja immer noch dabei, Ari ihr dauerndes Gequengel abzugewöhnen, wenn etwas nicht nach ihrem Kopf läuft, aber da beißt man sich die Zähne aus bei ihr..»

«Kannst du nicht trotzdem mit ihnen darüber reden? Ganz ehrlich, Kind, ich hab einfach das Gefühl, dass du etwas mehr Abwechslung bräuchtest. Dauernd mit den Kindern zu Hause rumzusitzen, ist auf die Länge auch nicht die Lösung. Wenn du als Mutter dann frustriert und traurig bist, vielleicht auch noch gestresst und genervt, schaffst du damit ja auch nicht die Atmosphäre, die du deinen Kids eigentlich bieten willst. Ich kenne zwar Frauen, die sind mit den Kindern und dem Haushalt, mit gutem Kochen und Social Media und einigen Partys mit Freundinnen total happy und ausgefüllt, und die haben dann auch ganz viel Energie in sich, um die Kinder mit Liebe zuzudecken. Aber ich weiß nicht, ob du zu dieser Sorte von Frauen gehörst.»

Ich dachte daran, dass Delia mir schon etwas Ähnliches gesagt hatte. Auch daran, dass es in Deutschland mehr Kindertagesstätten gab und dies uns das Leben erleichtern würde.

«Ach, Mama, mit Luisa und Giovanna reden … nein, das geht nicht. Die nehmen das persönlich und sind beleidigt. Sie meinen es ja so gut, aber sie begreifen einfach nicht, wie ungesund das alles ist. Abgesehen davon, dass es auch pädagogisch einfach falsch ist. Ich hab schon so oft versucht, es ihnen klarzumachen, aber das geht zum einen Ohr rein und zum anderen raus. Aus ihrer Sicht sagt man einem Kind wohl bis zum achtzehnten Lebensjahr niemals ‹Nein!›, wenn es etwas will.»

«Schon klar. Und als Ärztin kann ich dir bei dem Punkt mit den Süßigkeiten nur beipflichten. Trotzdem: Es muss doch eine Lösung geben. Gibt es keine Freundinnen, die ab und zu mal auf die Kinder schauen könnten?»

«Mama, die paar Freundinnen, die ich hier hab, die arbeiten alle selber auch. Deren Kinder sind aber auch schon älter. Außerdem ticken sie irgendwie ganz anders als ich. Ich bin hier einfach ein Alien. So ist das halt.»

«Ja, aber das kann doch auf Dauer nicht so bleiben?» Mamas klarer Blick las wieder mal in den verborgensten Winkeln meiner Seele, von denen ich nicht mal gewusst hatte, dass sie existierten.

«Natürlich nicht. Sobald die Kinder älter sind, wird sich auf alle Fälle was ändern. Das haben wir ja immer so besprochen, Nicki und ich.»

«Aber du kannst ja nicht jahrelang so ausharren und nur zu Hause rumsitzen», insistierte Mama. «Weißt du was, ich würde es wirklich sehr begrüßen, wenn zumindest *du* uns besuchen kommst, falls Nicki wirklich nicht wegkann von seiner Arbeit. Es muss doch einen Ausweg geben, eine Entspannung für dich, für euch beide. Wie sieht es in Nickis Bekanntenkreis aus? Gibt es dort keine guten Leute, die für eine Weile die Kinder zu sich nehmen könnten?»

«Ach, Nicki und sein Bekanntenkreis! Er kennt zwar irgendwie jeden hier, aber so richtig enge Freunde hat er auch nicht. Dafür hat er ja gar keine Zeit. Deswegen haben wir auch kaum gemeinsame Freunde. Es ist einfach alles ein bisschen Patchwork bei uns ...»

«Ja, das sehe ich. Und trotzdem bleibt's dabei: Ihr könnt und müsst versuchen, Wege zu finden. Mach nicht denselben Fehler wie ich und friss das alles jahrelang in dich rein. Wenn du nicht glücklich bist, sag es Nicki. Rede mit ihm. Er ist immerhin dein Mann.»

«Na ja, ich bin ja nicht unglücklich, Mama ...»

«Das mag ja sein. Aber du bist auch nicht wirklich glücklich, Maya, oder?.»

Oh Mann! Warum durchleuchteten mich denn auf einmal alle? Erst Delia, jetzt meine Mutter ...

Das Schlimmste daran war:

Ich spürte, dass sie beide recht hatten.

«Sag mir, Kind: Wenn du frei wählen könntest, ohne Einschränkungen, weder was Finanzen betrifft noch Nicki noch Kinder noch Sonstiges – was würdest du am allerliebsten tun?»

Mamas Stimme klang sehr leise, aber die Frage war scharf wie eine Messerspitze. Sie traf mich mitten ins Herz.

«Uff.» Ich lehnte mich zurück. Mein Blick wanderte zu Ariana und David, die beide selig in ihren Bettchen schliefen.

Konnte ich es wagen, die Antwort auszusprechen, die sich in mir unweigerlich den Weg an die Oberfläche bahnen wollte?

Ich richtete meinen Blick wieder auf meine Mutter.

«Ganz ehrlich? Wenn ich frei wählen könnte, würde ich am liebsten wieder nach Deutschland in unsere gute alte Heimat zurückkehren. Oder zu euch nach Basel. Ich würde bestimmt sowohl in Deutschland als auch in der Schweiz eine gute Stelle als Ärztin finden – mit einem anständigen Einkommen. Nicki würde auch irgendeinen Job mit regelmäßigen Arbeitszeiten finden, wir könnten die Kinder ab und zu in die Kindertagesstätte geben, und wir hätten eine größere Wohnung, mehr Zeit füreinander und für die Kinder. Und wir könnten vielleicht dann gemeinsam auch mal etwas für Jugendliche aufbauen, mit Betreuung und Beratung, mit Spielen und Freiräumen, mit Prävention und viel Zeit für Gespräche und so. Das war ja immer unser Traum, dass wir Jugendlichen dabei helfen könnten, das Beste in sich herauszufinden und dann auch bewusst zu fördern ...»

«Und warum macht ihr das nicht einfach?»

«Weil Nicki einfach zu sehr an Sizilien hängt, fürchte ich. Und weil sein Onkel uns braucht ...»

«Das heißt, es geht hier alles nach seinem Kopf», stellte Mama nüchtern fest.

Ich fand kein Argument, mit dem ich ihr widersprechen konnte. Auf meinen schwachen und bereits zigmal vorgebrachten Einwand hin, dass es eben momentan nicht anders ging, sagte sie nur: «Es geht alles, wenn man will, Maya. Glaub mir. Wo ein Wille ist, da ist ein Weg. Das ist nicht einfach nur ein altbackener Spruch, sondern eine tiefe Wahrheit.»

Damit war auch der letzte Einwand widerlegt.

«Sag, wann habt ihr denn das letzte Mal darüber gesprochen?», tastete Mama sich vorsichtig weiter.

«Ach, das ist schon eine Weile her ...» Genau genommen hatten wir seit Wochen nicht mehr über solche Themen diskutiert.

«Ich hab da offen gesagt einen Verdacht», meinte Mama, nachdem sie verstanden hatte, dass von mir keine handfesten Argumente mehr kommen würden.

«Ja?» Ich machte mich auf alles gefasst.

«Dass Nickis regelmäßiges Wegbleiben mit seinem Nähe-Distanz-Konflikt zu tun hat. Ganz wegtherapieren kann man das wohl sowieso nie, angesichts von all dem, was er als Jugendlicher durchgemacht hat.»

Bingo, dachte ich. Mama sagte damit genau das Gleiche wie Delia vorhin. War das Zufall? Oder ein Wink von oben?

«Delia hat etwas Ähnliches gesagt», gestand ich.

«Siehst du. Hast du darüber schon mal nachgedacht? Ich finde das eine treffende Erklärung. Warum sonst sollte er ständig wegbleiben und sich um so viele Jobs kümmern, wo er es doch sicher auch auf Sizilien schaffen würde, irgendwo eine feste Anstellung zu bekommen, so dass er mehr für die Familie da sein könnte? Aber wahrscheinlich ist ihm das nicht einmal bewusst. Unser kleiner Tiger streunt eben immer noch herum, nur auf eine andere Art und Weise.»

«Du meine Güte, Mama ... es kann wirklich sein, dass du recht hast», seufzte ich, obwohl mir diese Wahrheit alles andere als gefiel. Ich kam nicht umhin, an das zu denken, was Bianca über ihn gesagt hatte.

Ich zögerte zuerst, sprach es dann aber doch aus:

«Seine Schwester hat ihn sogar einen Narzissten genannt. Ich weiß nicht, ob ...»

«Ein hübsches Modewort», lächelte Mama etwas spöttisch. «Seit einigen Jahren hört man es überall. Gefühlt jeder dritte scheint ein Narzisst zu sein. Als ob im letzten Jahrzehnt eine neue Rasse von Menschen entstanden wäre. Nein, lassen wir das mal schön weg. Ich mag Menschen nicht in eine Schublade stecken. Wenn man das so wollte, könnte man Nicki durchaus auch in die ADHS-Schublade stecken.»

«Das hat was ...», fügte ich bei.

«Außerdem ... seien wir doch ehrlich: Wer von uns hat nicht hin und wieder narzisstische Züge? Wir sind alles kleine Egoisten, die einen mehr, die anderen weniger. Wir kennen Nicki, wir wissen, dass er ein guter Mensch ist, dass er dich und die Kinder liebt. Wir wissen aber auch, dass er, wie wir alle, mit einigen Schwächen kämpft. Vielleicht ein bisschen mehr als andere. Auf der anderen Seite hat er enorme Stärken, von denen wir anderen uns ein Stück abschneiden dürften. Aber sei's drum, Maya, ob er jetzt ein Narzisst, ein ADHS-Geplagter oder – ein anderes Modewort! – einfach nur ein ‹Opfer› ist: Steh für dich ein, Maya! Steh für dich ein! Ich musste es auch tun, was Martin betrifft. Nur so kann sich die Situation je bessern. Nicki hat ja selber immer wieder betont, wie sehr er es braucht, dass man ihm manchmal die Meinung geigt.»

Das stimmte. Ich meinerseits war aber meistens schlecht darin, jemandem die Meinung zu geigen. Hin und wieder kam einfach noch das kleine schüchterne Mädchen in mir zum Vorschein, das ich früher gewesen war. Aber Mama traf sehr wohl ins Schwarze …

«Du hast dich nun mal für Domenico entschieden, und damit hast du dir keine besonders leichte Bürde auferlegt. Das hast du immer gewusst. Jetzt musst du diese Konsequenzen tragen und für das, was du möchtest, eben kämpfen. Das gehört zum Leben dazu, und manchmal auch zur Ehe.»

Ich schloss die Augen. Wie hatte ich das nur vergessen können. Wir hatten die vergangenen vier Jahre unserer Ehe so gut gemeistert, Nicki und ich. Wir hatten den Widerständen gemeinsam getrotzt und hatten uns unsere ganz eigene kleine Welt gebaut.

Und ich hatte wirklich bis vor Kurzem noch gedacht, rundum glücklich zu sein …

Die Augen meiner Mutter ruhten immer noch intensiv auf mir – Cyberspace machte es möglich. Unsere Begegnung war zwar eine virtuelle, aber sie fühlte sich so konkret an, als stünden wir beide uns im selben Raum persönlich gegenüber.

«Weißt du was, mein Kind, wenn ich dir einen guten Rat geben darf: Such dir doch wieder eine Teilzeitarbeit. Irgendwas, in einem Büro oder eben meinetwegen auch in einem Warengeschäft. Wenigstens zwei, drei Vormittage oder Nachmittage die Woche. Das bringt dir etwas Abwechslung. Und dann gib die Kinder trotz deiner inneren Widerstände doch wieder zu Luisa. Das ist immer noch besser, als wenn du in deiner Einsamkeit versauerst und unglücklich bist. So schlecht sind ja Domenicos Tanten auch wieder nicht. Immerhin lieben sie die Kinder. Das ist ja das Schöne bei euch auf Sizilien: Die Familien halten zusammen. Sieh es einfach mal positiv. Und das würde euch gewiss finanziell sehr entlasten.»

Ich seufzte und nickte. Natürlich, Mama sah die Dinge völlig korrekt. Sie irrte sich nicht.

«Ich fürchte, Nicki wird es nicht gefallen, aber gut … da muss ich mich jetzt einfach durchsetzen …»

Ich wollte gerade noch einem weiteren Satz nachlegen, als ich hörte, wie Delia und Larissa aus dem Wohnzimmer traten und im Bad verschwanden. Zur selben Zeit gab auch David ein paar glucksende Geräusche von sich.

«Delia ist gerade aufgestanden. Die Kinder sind auch langsam am Erwachen. Ich muss nun wieder los, Mama.»

«Natürlich. Grüß Delia von mir, und natürlich Nicki. Und gib den Kids einen Kuss von der Oma. Und oh, übrigens – ich hätte es fast vergessen: Morten lässt euch auch grüßen. Er findet es schade, dass Nicki sich zurzeit so wenig bei ihm meldet.»

«Ja, es ist echt lange her, seit wir mit Norwegen telefoniert haben. Irgendwie war wirklich viel los. Ich werde es ihm auf jeden Fall ausrichten. Und du grüß bitte Paps von mir.»

Nachdem wir uns voneinander verabschiedet hatten, saß ich noch eine Weile da und starrte an die Wand.

Ja, ich hatte mich für Domenico entschieden.

Von ganzem Herzen.

Ich hatte mich für ihn entschieden vor langer, langer Zeit, als ich zum ersten Mal aus dem Tor zur anderen Seite des Parks getreten war, obwohl ich gewusst hatte, dass es Konsequenzen haben würde.

Und ich bereute die Entscheidung bis heute nicht.

9. Verhängnisvolle Entdeckung

Domenico kam erst am Abend nach Hause, als die Sonne schon längst untergegangen war.

Delia und ich hatten den Tag mit den Kindern am Meer verbracht, doch so richtig genossen hatte ich es nicht. Ich hatte immer wieder aufs Smartphone gestarrt, hatte auf einen Anruf von Domenico gehofft, aber da war kein Lebenszeichen. In meine Besorgnis hinein mischte sich auch Wut; Wut darüber, dass er mich, seine Ehefrau, einfach so stehenließ. Und die Kinder dazu!

Erst gegen neun Uhr abends hörte ich den alten Alfa Romeo die Steinstraße hochrumpeln. Ich stürmte auf ihn zu, und Nicki bremste direkt vor mir ab.

Mein Mann stieg aus, sein Gesicht vor Anspannung und Stress regelrecht versteinert.

«Nicki?» Ich wollte auf ihn zugehen, wollte ihn umarmen, doch er stieß mich sanft, aber bestimmt weg.

«Ist der Zio da?», fragte er atemlos.

«Der ist nicht da», sagte ich mit kalter Stimme. «Du, was ist los?»

Er drehte sich zu mir um. Sein Haar hing ihm in die Stirn und war ganz feucht und zerzaust.

«Ich fürchte, wir haben ein Problem», erwiderte er. «Ich muss gleich wieder weg.»

«Warte doch!» Ich packte ihn an der Schulter. «Nicki … ich muss wissen, was passiert ist, sonst werde ich verrückt vor Sorge! Ich hab die ganze Nacht und nun auch den ganzen Tag auf ein Lebenszeichen von dir gewartet – und die Kinder übrigens auch!»

Er holte tief Luft und sah mich an, zwang sich offenbar, von seinem Adrenalin ein wenig runterzukommen.

Vorsichtig legte er die Hände um meine Hüften.

«Hör zu, Maya, das ist im Moment keine einfache Situation. Ich tue gerade, was ich kann, um das Schlimmste von uns abzuwenden.»

«Aber was ist denn passiert?», drängte ich. «Ich hab so dermaßen keine Ahnung, wovon du sprichst.»

«Ich hab einen Drogenschmuggel aufgedeckt gestern Nacht. Ich war ja mit dem Boot draußen, als ich von weitem kleine Lichter im Wasser umhertreiben sah. Da bin ich hingefahren und habe lauter weiße Päckchen im Wasser gesehen. Mir war sofort klar, was das war. Ich hab dann die Küstenwache alarmiert, die sind gekommen und haben das Ganze geborgen. Das hat die halbe Nacht gedauert. Eine Riesenaufregung war das, sogar die Presse war da. Das Schlimmste ist, dass ich weiß, wer daran beteiligt ist, und dass ich jetzt ein fettes Problem am Hals hab.»

«Wieso, wer ist denn daran beteiligt? Jemand, den du kennst?»

Er seufzte. «Ja, leider. Gianluca und ein paar andere. Die wollten sich vermutlich ein Zubrot verdienen, indem sie sich am Schmuggel beteiligt haben. Sie hätten wahrscheinlich die Pakete aufgreifen und an Land bringen sollen. Deswegen waren sie wohl beleuchtet, damit sie sie in der Dunkelheit finden würden. Ich hab ihre Boote gesehen, und mir war sofort klar, dass die nur aus diesem Grund auf dem Wasser waren. Die haben natürlich nicht mit mir gerechnet. Sie dachten, sie seien die Einzigen auf dem Meer. *Fermo* ist ja erst heute Abend aufgehoben. Die Küstenwache hat ihre Boote sofort beschlagnahmt. Gianluca und seine Mannschaft sitzen in Untersuchungshaft. Die haben logischerweise mitgekriegt, dass ich derjenige war, der die Pakete gefunden und die Küstenwache alarmiert hat. Deswegen muss ich dringend mit dem Zio sprechen. Ich brauch seinen Rat!»

«Kannst du ihn nicht anrufen?» Ich sah in die Augen meines Mannes. Nur wenig Licht fiel auf sein Gesicht, doch ich konnte sehen, dass seine Pupillen auf Sturmwarnung standen. Ich strich ihm vorsichtig über die raue Wange.

«Wenn er bei einem seiner Söhne ist, braucht er viel zu lange, bis er wieder hier ist. Ich brauch ihn *jetzt.*»

«Wofür brauchst du denn seinen Rat? Warum genau haben wir ein Problem?» Ganz hundertprozentig konnte ich das alles noch nicht einordnen, obwohl ich ahnte, in welche Richtung es ging …

«Maya, das waren an die zwei Tonnen Koks, die da im Wasser rumgetrieben sind. Kannst du dir das vorstellen? Mehrere Hundert Millionen Euro, die denen nun durch die Lappen gegangen sind. Wenn die Auftraggeber von Gianluca und seiner Mannschaft meinen Namen herausfinden und wissen, wer ich bin, dann sind wir dran. Ich, du, die Kinder. Verstehst du das?»

Domenico packte mich noch fester, als habe er auf einmal Angst, dass ich im nächsten Moment entführt werden könnte.

«Du meinst …?» Ich hatte richtig geahnt.

«Wenn die erfahren, dass *ich* derjenige war, der ihnen das Riesengeschäft vermasselt hat, dann werden sie nicht eher ruhen, bis sie sich an mir gerächt haben. Und dann hängt ihr, du und die Kids, mit drin. Die wollen ihr Geld, verstehst du? Es geht nicht um lausige hundert Euro. Auch nicht um tausend. Es geht um mehrere Hundert Millionen. Dazu wird ihnen jedes Mittel recht sein. Deswegen brauch ich Zio Giacomos Hilfe. Die anderen Fischer sind gerade völlig außer sich und wollen mich zur Rede stellen.»

«Warum? Die haben doch gar nichts damit zu tun.»

«Indirekt schon. Spätestens wenn Gianluca und seine Männer freikommen, wird durchsickern, dass ein Fischer aus Licata den Drogenfund gemacht hat. Wenn nicht die Medien das schon heute Abend an die große Glocke gehängt haben. Dann stecken die Kollegen auch mit drin. Und um sich zu schützen, werden sie mich garantiert verpfeifen. Dann sind sie fein raus.»

«Das ist ja nicht sehr kameradschaftlich …»

Er lachte bitter auf. «Maya, du lebst echt immer noch in einer heilen Welt. Hier geht es nicht mehr um Kameradschaft. Hier geht es darum, seinen eigenen Hintern zu retten.»

«Also, so lange Gianluca und seine Männer noch in Haft sitzen, sind wir noch einigermaßen sicher? Verstehe ich das richtig?»

Ich fühlte die Kälte der bevorstehenden Gefahr in mir hochsteigen. Die Dunkelheit um uns herum wirkte auf einmal viel unheimlicher. Die kleine Laterne an der Haustür, die im Wind hin- und herschaukelte, gab ein gruseliges Quietschen von sich.

«Ich hoffe es.» Er ließ mich wieder los und wandte sich zu seinem Motorrad.

«Willst du schon wieder weg?»

«Ich muss. Die wollen mich noch heute Abend zur Rede stellen.»

«Aber jetzt noch?» Ich blickte auf meine Uhr. «Es ist bald halb zehn.»

«Die Ersten werden bald an der Anlegestelle sein. Ab heute Nacht darf man wieder fischen. Die sind alle dort. Wenn ich Glück hab, erreich ich den Zio irgendwie noch. Maya …» Er drehte sich wieder zu mir um und sah mich ernst an. «Bleibt zur Sicherheit im Haus, du, die Kids und Delia. Und Manuel auch, wenn er heimkommt.»

«Warte …» Ein letztes Mal hielt ich ihn am Arm fest. «Wann darf ich denn mit deiner Rückkehr rechnen?» Ich hatte keine Lust, mich vor lauter Sorgen wieder schlaflos rumzuwälzen.

Er seufzte. «Ich weiß es nicht. Kommt drauf an, wie viele ich heute Abend noch erreiche. Ti chiamo più tardi, vabbene?»

«Falls du mit deinem alten Handy überhaupt Empfang hast und dein Akku nicht zufällig leer ist», gab ich zu bedenken. Er verzog sein Gesicht und fischte es aus der Hosentasche.

«Halb voll», sagte er. «Zur Not hab ich das andere auch noch dabei. Devo andare!»

Schweren Herzens gab ich seinen Arm frei und ließ ihn ziehen. Das altbekannte Knattern seines Motorrads, wenn es sich entfernte, dröhnte schmerzhaft in meinen Ohren. Nur allzu oft musste ich mir dieses Geräusch anhören.

Ich drehte mich um und ging zum Haus. Delia war mit den Kindern drinnen und hatte Larissa wahrscheinlich bereits zu Bett gebracht. Gerade als ich die Tür öffnen wollte, hörte ich Schritte hinter mir. Ich zuckte zusammen.

Noch bevor ich mich umdrehte, sagte in meinem Rücken eine jugendliche Stimme: «Hi!»

«Oh, Manuel, du bist's», stieß ich erleichtert hervor. «Ich dachte schon …»

«Ist was passiert? Ich hab Nic schon wieder wegfahren sehen. Er schien es ziemlich eilig zu haben.»

«Ja, es ist anscheinend etwas passiert. Los, wir sollen ins Haus, hat er gemeint.»

«Warum?» Manuel sah mich mit seinen mandelförmigen Augen skeptisch an. Seine Stimme war in den letzten Wochen richtig tief und männlich geworden.

«Ich erklär dir das besser drinnen.» Ich schob ihn schnell ins Haus und machte die Tür zu. Ich wusste selbst nicht, warum ich auf einmal so ängstlich war. Mein Mann witterte ständig irgendwo Gefahr, und oft hatte er darin einen guten Riecher. Ein Teil davon ging allerdings aufs Konto seiner Jugenderlebnisse.

Delia saß in der Küche.

Sie erwartete uns schon dringlichst.

«Da bist du ja. Was habt ihr draußen so lange besprochen? Und warum ist Domenico schon wieder weg? Deine Tochter ist ziemlich quengelig. Ich hab Lari ins Bett gebracht, das hat ihr aber gar nicht gepasst.»

Ariana saß am Boden und schmiss gelangweilt ihre Fische in eine Ecke.

«Die gehört jetzt aber auch in die Federn», sagte ich. «Danach erkläre ich euch alles.»

Ich brachte Ariana ins Bett, was zu einem kleinen Kampf ausartete, vor allen Dingen, weil ich ihr schon wieder erklären musste, warum ihr Vater nicht da war. Langsam gingen mir die Erklärungen aus. Schließlich ließ sie sich zum Schlafen überreden, aber erst, als ich ihr versprach, am nächsten Tag mit all ihren Fischen zum Meer zu gehen, damit sie sie baden konnte. Ich gab mich geschlagen, obwohl ich nicht wusste, ob ich für so was dann überhaupt Zeit haben würde. Eine tüchtige Geschäftsfrau war sie, mein Fräulein Tochter! Wer dann hinterher die ganzen Plüschfische wieder vom Salzwasser, den Algen und dem Sand reinigen würde, war natürlich bereits entschieden: Es würde meine Wenigkeit sein.

Doch ich war froh, dass sie nun endlich schlief, weil mich diese neue Situation arg beschäftigte.

Manuel und Delia warteten in der Küche schon ganz unruhig auf mich. Manù trug wie Nicki ein ärmelloses Hemd, und ich bemerkte zum ersten Mal, wie sich an seinen Oberarmen langsam Muskeln bildeten. In wenigen Jahren würde er ein top aussehender Mann sein!

Ich setzte mich zu ihnen und teilte ihnen mit, was Domenico mir vorhin erzählt hatte. Beide, sowohl Delia wie auch Manuel, schienen zu spüren, dass das hier in eine ernste Sache münden könnte.

«Oh je», bemerkte Delia. «Nicki kriegt aber auch immer irgendwie Ärger.»

«Ja, darin ist er leider Weltklasse.»

«Wobei er sich ja eigentlich für eine gute Sache eingesetzt hat», sagte Delia. «Nur hat er irgendwie immer Pech, dass seine guten Taten nicht allen gefallen.»

«So ist es, wenn man überall zwischen den Fronten steht. Extrem unangenehm.» Ich hatte nun mal einen ehemaligen Tiger geheiratet, der vielen nicht ganz geheuer war. Da war noch so manche

Rechnung offen, und es war völlig klar, dass es noch Leute gab, die ihm gegenüber Böses im Schilde führten. Ich lebte deshalb von Tag zu Tag mit dem Bewusstsein von Bedrohungen. Die meisten davon konkretisierten sich am Ende nicht, aber tief drinnen wusste ich, dass es diesmal wirklich kritisch sein könnte.

«Können wir zum Hafen fahren und sehen, was los ist?», platzte Manuel dazwischen.

«Natürlich nicht», sagte ich sofort. «Wie kommst du auf so eine absurde Idee, Manù?»

«Ich dachte, wenn Nic nun mit ihnen diskutiert, erfahren wir vielleicht irgendwas ...» Er zuckte so halbwegs gelassen mit den Schultern. «Weil, vielleicht tun sie ihm ja irgendwas, und er braucht unsere Hilfe?»

«Meinst du?» Doch je mehr ich darüber nachdachte, desto klarer wurde mir, dass Manuel recht haben könnte. Ich war ja längst nicht mit allen Fischerkollegen von Domenico bekannt. Einige kannte ich sogar nur vom Sehen her, aber so, wie er manches Mal hatte durchblicken lassen, gab es ja des Öfteren Unstimmigkeiten zwischen den verschiedenen Gruppen. Wer wusste also, wie sie auf diese neuen Begebenheiten reagiert würden! Mein Mann war zwar exzellent darin, sich Respekt zu verschaffen, hatte aber die Tendenz, seinen Einfluss manchmal zu überschätzen.

Ich sah bereits eine weitere schlaflose Nacht auf mich zukommen ...

«Unser Fiat ist ja da», sagte Manuel. «Wir könnten *zusammen* hinfahren.»

«Es darf uns aber niemand sehen», warnte ich. Insgeheim hatte ich bei Manuels Plan aber schon angebissen.

«Ich weiß schon, wo man sich bei der Mole gut verstecken kann», meinte er.

«Was? Wollt ihr im Ernst rausfahren?» Delia sah uns entsetzt an.

«Ich muss, Deli. Ich hab letzte Nacht schon nicht geschlafen, und so, wie ich meinen Mann kenne, kommt der auch dieses Mal wieder die ganze Nacht nicht heim. Dann mache ich ja doch nichts anderes, als wach zu liegen und mich zu sorgen.»

«E amunì!» Manuel war schon bei der Tür.

«Soll ich denn allein hierbleiben?», fragte Delia nicht gerade erbaut.

Ich seufzte. «Ich wäre dir dankbar, Deli. Ich kann die Kinder nicht einfach allein lassen.»

«Na schön», willigte sie ein. «Mal sehen, ob ich dann unter solchen Umständen überhaupt schlafen kann.»

«Wir kommen bestimmt nicht allzu spät zurück», versicherte ich.

«Sagst du. Ich weiß doch mittlerweile, wie lange solche Dinge im Hause di Loreno normalerweise dauern – nämlich meistens viel länger als geplant.»

Ich schüttelte den Kopf und flüsterte meiner Freundin ein beschämtes «Danke» zu. Dann folgte ich Manuel nach draußen, der sich nicht mal die Mühe gemacht hatte, eine Jacke anzuziehen. Ich fand es allerdings etwas frisch und nahm im Vorbeigehen meine dünne Wolljacke mit, die vor dem Haus auf der kleinen Holzbank lag.

Wir stiegen ins Auto, Manuel setzte sich neben mich auf den Beifahrersitz, ich startete den Motor. Als wir die kleine Straße hinunterfuhren, wurde mir bewusst, dass wir uns mal wieder auf einer ziemlich abenteuerlich-waghalsigen «Mission» befanden. Nicht zum ersten Mal in meinem Leben.

Manuel schlug vor, das Auto hinter einer der Caffeterrias in der Nähe der Mole zu parken, dort, wo die meisten Fischer tagsüber jeweils ihre Stände aufgebaut hatten. Von dort wären wir schnell auf der Straße, falls es brenzlig werden sollte.

Die Caffeterrias waren immer noch belebt, Gelächter von entspannten Gästen und das Klirren von Besteck drangen zu uns herüber. Wenigstens waren wir von Menschen umgeben, was der ganzen Aktion etwas von dem Nervenkitzel nahm.

Manuel und ich wussten, wo sich die Fischer meistens versammelten, wenn sie miteinander über ihre Fänge, die Arbeit, das Wetter, den Wellengang und die immer härteren Umweltauflagen diskutierten. Ganz hinten, dort, wo zwei Anlegestellen sich beinahe kreuzten, hatte sich ihr Stammplatz gebildet.

Schweigend huschten wir in der Dunkelheit dem Damm entlang. Die meisten der Boote schaukelten verlassen im Wasser. Sie wirkten wie schlafende Riesen, die nur darauf warteten, wieder aufs Meer hinausgeführt zu werden.

Der fast volle Mond warf einen langen silbernen Lichtstreifen auf das Wasser, der sich wie ein funkelnder Pfad bis zum Horizont erstreckte.

Der zauberhaft wolkenlose Abend hatte natürlich auch ein paar Liebespaare angezogen, die hier entlangschlenderten oder turtelnd auf den Mauern saßen. Ich dachte an die Zeit vor unserer Hochzeit zurück, als auch ich hier oft mit Nicki auf diesen Wellenbrechern saß und er mir tausend Dinge über seine Arbeit als Fischer erzählte. Damals hatte ich das alles so romantisch gefunden. Heute wusste ich besser, was für eine beinharte Arbeit das Fischereigeschäft war.

Tatsächlich hörten wir die Männerstimmen aus der Ferne bis zu uns dringen. Es klang, als wäre eine hitzige Diskussion im Gang. Nun gut, die meisten Sizilianer haben so oder so ein heißblütiges Temperament, und flüstern, nein, das tat hier im Alltag eigentlich nie jemand. Aber ich wusste sogleich: Wir waren hier goldrichtig.

Manuel tauschte einen Blick mit mir, und wir gingen noch ein paar Schritte weiter vor, bis wir auch die einzelnen Worte einigermaßen verstehen konnten. Dann verbargen wir uns hinter einem der Boote und lauschten.

Schnell wurde klar, dass Domenico mittendrin war im Pulk. Wir konnten die Umrisse seiner Kollegen sehen, und Nicki war ein bisschen größer als die meisten Männer hier im Süden. Er war es auch, der gerade das Wort führte:

«Ich sag's euch nochmals: Wenn wir jetzt nicht zusammenhalten, kriegen wir alle Ärger! *Alle!* Das muss jetzt einfach in euer Hirn rein, capito? Jetzt kann hier keiner mehr einen Alleingang machen!»

«Wer redet denn von Alleingang?», antwortete einer der Männer. «Du bist es doch, der hier immer eine Extrawurst brät. Du hältst dich ja nie an die Auflagen, nur damit du einen Vorteil hast. Was sollen wir anderen denn sagen? Wir sind immer im Nachteil wegen dir!»

Ich war erstaunt, wie klar die Stimmen jetzt bis zu uns drangen.

Das hatten wir wohl dem Wind zu verdanken, der in die richtige Richtung wehte.

«Was redest du da für einen Blödsinn, Marco? Klar halte ich mich an die Auflagen. Meistens jedenfalls. Aber ich muss auch schauen, dass ich meine Familie ernähren kann!» Das war wieder Nicki.

«Ich bin ganz Marcos Meinung», kam eine andere Stimme. «Du krallst dir jeden Vorteil, den du kriegen kannst, Mimmo. Immerhin sind wir anderen schon länger hier als du. Du kommst aus Deutschland hierher zu uns und meinst, du könnest hier den Boss spielen.»

«Genau, Luca. Du sagst es! Dabei ist er nicht mal ein ganzer Sizilianer!»

«Was soll das denn? Ich bin sehr wohl Sizilianer», gab Domenico zurück. «Bin in Sizilien geboren und aufgewachsen. Dass ich in Deutschland gelebt hab, hat nichts mit meiner Herkunft zu tun!»

Manuel und ich blickten einander kurz an. Ich hätte gern gewusst, ob er das Gleiche dachte wie ich. Mir kam der alte Tiger-X in den Sinn. Gewisse Muster im Leben änderten sich einfach nicht.

«Und jetzt verlangst du von uns, dass wir dichthalten?», meldete sich ein Mann mit einer schrillen Stimme zu Wort. «Die werden uns alle zu Kleinholz machen. Ein paar Hundert Millionen Dollar sind keine kleine Sache! Ich mein, wir haben nichts damit zu tun, Mimmo, rein gar nichts! Und trotzdem werden wir wegen dir Probleme kriegen!»

«Deswegen sage ich ja, wir müssen zusammenhalten, Antonio!», gab Domenico zurück. «Es ist unsere einzige Chance!»

Das ist wahrscheinlich eine Illusion, mein lieber Nicki, dachte ich bei mir. Ach ja, mein Mann konnte wirklich kämpfen und sich verteidigen wie ein Löwe, selbst wenn er genau wusste, dass er unterm Strich keine Chance hatte.

«Was heißt denn da überhaupt *wir?*», meldete sich die Stimme von Luca wieder. «*Du* hast dich da reingehängt! Wieso hast du dich überhaupt in die Sache eingemischt, hä? Hättest doch das Zeug einfach im Wasser lassen können. Dann hätte jetzt keiner von uns ein Problem, und auch Gianluca und seine Mannschaft würden nicht in Untersuchungshaft sitzen.»

«Sag mal, kapiert ihr das denn nicht?», konterte Domenico

scharf. «Die ganze Sache habt ihr ja letztendlich Gianluca und seinen Männern zu verdanken! Die wollten sich an diesem Schmuggel beteiligen, um sich zu bereichern! An einem richtig dicken Verbrechen! Und die nehmt ihr nun in Schutz? Und wenn ich ein paar wenige Male während der *fermo* rausfahre, weil ich dringend ein bisschen Geld für meine Familie brauche, bin ich in euren Augen gleich der Kriminelle, ja?! Euch geht es doch nur darum, euren eigenen Hintern ins Trockene zu bringen. An die anderen denkt ihr gar nicht!»

«Du denkst ja auch nur an deinen eigenen Hintern, Mimmo!» Das war wieder Antonio. «Verlangst von uns, dass wir uns einfach so ausliefern und dir den Rücken stärken! Na toll! Aber was ist mit *uns* und unseren Familien? Man wird uns bedrohen, unsere Kinder entführen, unsere Häuser anzünden, was weiß ich alles!»

«Luca hat recht: Warum hast du diesen Mist nicht einfach im Meer schwimmen lassen?», ergriff Marco wieder das Wort. «Weshalb musst du dich überall einmischen? Und warum hast du überhaupt Gianluca verpfiffen? Hättest du ja alles nicht tun müssen!»

Ich konnte bis hier zur Mole spüren, wie der Zorn in meinem Mann zu kochen begann. Ich sah im Licht der Scheinwerfer, dass inzwischen viel mehr Männer anwesend waren, aber dass es immer die gleichen waren, die sprachen. Ich konnte die Umrisse eines alten Mannes mit weißem Haar sehen, der fast regungslos auf einer der Mauern saß. War das der Zio? Hatte Domenico ihn noch irgendwie erreicht? Ich war mir nicht ganz sicher, doch die Gestalt des Mannes sah ganz danach aus.

Was dachte Zio Giacomo über die Sache?

Schwieg er einfach dazu?

«Wer redet hier von *Gianluca verpfeifen?»* Die Stimme des Löwen klang nun, als wäre er kurz davor, hier und jetzt loszubrüllen. «Es geht uns alle was an! Und richtig, es geht um unsere Familien, um unsere Kinder! Ist euch nicht klar, was mit diesem Koks alles passiert wäre? Wo das alles verkauft worden wäre? Wie viele Kinder, Jugendliche und … ja, klar, auch Leute in unserem Alter, Sozialbezüger, Arbeitslose und so … dadurch in die Drogenfalle gerutscht wären? Glaubt mir, ich weiß, wovon ich rede! Ich kann einfach nicht tatenlos zusehen, wie man mit illegalen Substanzen junge Menschen regelrecht kaputtmacht! Davon hab ich genug gesehen! Und wer garantiert euch, dass das eure Kinder nicht auch betroffen hätte? Wir jammern darüber, dass die Welt immer schlechter wird, aber was tun wir dagegen? Nichts! Die meisten von uns bleiben in ihren Stuben hocken und scheren sich nicht darum! Sollen das doch die anderen machen. Hauptsache, uns geht es gut! Aber so funktioniert das nicht. Wenn wir unseren Kindern eine bessere Welt hinterlassen wollen, dann müssen wir jetzt damit anfangen! Jeder Einzelne von uns! Und manchmal bedeutet es eben, auch mal Opfer zu bringen!»

Domenico hatte sich richtig in Rage geredet. Seine Stimme glühte vor Eifer. Und ich muss zugeben, dass ich insgeheim echt stolz war auf ihn, auch wenn wir inzwischen vermutlich enorm tief mit in der Suppe saßen.

«Hört ihn an!» Das war Marco. «Jetzt will er sich wieder zum Helden machen!»

Ein anderer Mann, der bis jetzt noch nichts gesagt hatte, ließ nun seine Stimme hören: «Du bist hier nicht aufgewachsen, Mimmo! Du kommst aus deinem heilen Deutschland und hast gar keine Ahnung, was hier alles abläuft! Und du willst *uns* was sagen? Wir hingegen wissen genau, wie die Dinge hier funktionieren. Wir machen da nicht mit! Du hast dir die Sache eingebrockt, jetzt musst du sie auch ausbaden!»

«Na schön», knurrte Domenico. «Hab ich mich also in euch getäuscht. Ja, ich werde die Sache ausbaden, das garantiere ich euch. Ich hatte auf Kameradschaft und Sinn für Gerechtigkeit gehofft, aber anscheinend gibt es das nicht mal mehr unter uns Fischern. Okay, dann ist es eben so!»

«Was sagen denn die andern dazu?», hörten wir Marcos Stimme. «Matteo, Lorenzo, was sagt ihr? Immerhin seid ihr es ja, die meistens mit Mimmo zusammenarbeiten!»

Was die Zwillinge dazu zu sagen hatten, verstanden wir nicht, aber ihre Stimmen hörten sich ziemlich kleinlaut an. Wahrscheinlich wollten sie sich auf Nickis Seite schlagen, trauten sich aber nicht, den anderen zu widersprechen.

Ich knöpfte meine Jacke etwas enger zu. Es wurde langsam aber sicher kühl. Ich überlegte mir, ob wir nicht genug gehört hatten und lieber wieder nach Hause fahren sollten. Dann würde mein Mann auch nichts davon erfahren, dass wir hier gewesen und mitgehört hatten. Denn dass er darüber nicht erfreut sein würde, lag auf der Hand.

Ich schaute hinüber zu Manuel. Er lauschte gebannt und wirkte sehr nachdenklich. Ich wollte mich eben anschicken, ihm mitzuteilen, dass wir umkehren würden, als eine dunkle, sonore Stimme die erhitzten Männer zur Ruhe bat.

Der Mann mit dem weißen Haar hatte sich erhoben, und nun erkannte ich deutlich, dass es tatsächlich der Zio war.

«Meine Freunde, wir haben jetzt genug diskutiert», sprach er. «Ich schlage vor, wir kommen hier zu einem Schluss. Mein Neffe Mimmo hat euch darum gebeten, zusammenzuhalten. Er bittet euch um Brüderlichkeit und Freundschaft. Nichts mehr als das. Sollte dies nicht das erste Gebot unter uns Fischern sein? Wir alle wollen eine bessere Welt, aber wie mein Neffe sagte, tun wir nichts gegen den Niedergang. Ich hänge hier mit drin wie ihr anderen auch. Sie werden vielleicht auch mich bedrohen oder erpressen. Oder sogar meine Söhne. Und doch bin ich der Meinung, dass mein Neffe genau das Richtige getan hat! Wir können nur gegen die Bösen und Starken gewinnen, wenn wir zusammenhalten!»

«Blödsinn!», rief Antonio dazwischen. «Gegen die Bösen werden wir nie gewinnen! Was soll dieses größenwahnsinnige Getue? Was erzählst du da für Märchen, alter Mann? Du hast doch keine Ahnung mehr von dem, was uns Jüngere beschäftigt. Die Welt ist nicht mehr so wie vor fünfzig Jahren! Nein, hier hält man am besten den Mund und macht sein eigenes Ding.»

«Wie redest du mit meinem Onkel?» Wir sahen, wie Domenico seine Hand nach Antonio ausstreckte und ihn grob am Kragen packte.

«Mimmo, lass es!», warnte der Zio sofort. «Zettle du nicht noch mehr Streit an. Es ist genug für heute. Wir wollen den Tag nicht mit einer Schlägerei beenden. Geht nach Hause zu euren Familien! Denkt darüber nach, was Mimmo gesagt hat: Was wäre, wenn eure Kinder eines Tages in den Fängen dieses Rauschgifts gelandet wären?»

Ein paar Stimmen erhoben sich noch, diskutierten immer noch hin und her, doch nach und nach entfernte sich einer nach dem anderen. Mir war klar, dass Nicki und der Zio den Kampf nicht gewonnen hatten. Und ich war mir nicht mal sicher, wie ich selber dazu stand.

Einerseits fand ich es wirklich heldenhaft von meinem Mann, dass er den Mut gehabt hatte, ein Verbrechen dieses Kalibers aufzudecken. Und er hatte ja recht: Wir konnten nicht jammern und gleichzeitig tatenlos dabei zusehen, wie die Welt immer weiter ins Dunkel stürzte.

Andererseits war ich auch wütend über diese Situation. Was bedeutete das für uns als Familie, für mich als seine Frau, für die Kinder? Wir waren auch nicht gefragt worden, ob wir bei dieser Geschichte mit drinhängen wollten. Wir wurden mit reingezogen, ob wir das wollten oder nicht. So gesehen konnte ich die anderen Fischer sogar verstehen. Domenico verlangte viel von ihnen. Und er verlangte viel von mir.

«Boah», sagte Manuel. «Ich wette, das gibt Ärger!»

«Du sagst es», flüsterte ich.

Nun waren nur noch der Zio, Domenico und die beiden Zwillingsbrüder Matteo und Lorenzo da.

«Ich hab's dir gesagt, Mimmo», hörten wir den Zio. «Du wirst nichts erreichen. Du hast ziemlich viel Zerwürfnis und Entrüstung provoziert, man spürt den Groll und den Hader. Kaum einer wird sein Leben für dich aufs Spiel setzen.»

«Schon klar, Zio», sagte Domenico erschöpft.

Was sie weiter diskutierten, hörten wir nicht mehr, da ihre Stimmen leiser wurden. Erst als ein neuer Windstoß erfolgte und den Schall wieder zu uns hinübertrug, konnten wir die Worte von Zio Giacomo vernehmen:

«Auf alle Fälle würde ich an deiner Stelle dafür schauen, dass du mit deiner Frau und deinen Kindern so schnell wie möglich verschwindest. Ich glaube, hier wird es ziemlich bald brenzlig werden für dich. Spätestens wenn Gianluca aus dem Gefängnis kommt, seid ihr hier nicht mehr sicher.»

Das war das Zeichen für Manuel und mich, aus dem Schatten

unseres Verstecks zu treten. Wir hatten beide gleichzeitig denselben Gedanken: Nach dieser Aussage von Zio Giacomo konnte keiner von uns noch ruhig dastehen.

Wir traten hinter dem Boot hervor und gingen langsam auf den Lichtkegel des Scheinwerfers zu, der von hoch oben diesen Teil der Mole beleuchtete. Manuel ging voraus, und ich folgte ihm.

Es dauerte nicht lange, bis Domenico uns entdeckte. Sofort hielt er in seinen Bewegungen inne. Auch der Zio und die beiden Brüder richteten ihre Blicke auf uns.

«Manù, Maya?» Seine Stimme klang mindestens so entsetzt, wie wenn ihm jemand gesagt hätte, dass die Insel gleich untergehen würde. «Ma chi fate ccà?»

«Es tut mir leid, Nicki. Wir mussten herkommen.»

«Ó zi', das war meine Idee», sagte Manuel.

«Seid ihr denn ganz und gar verrückt geworden?», schimpfte Nicki und packte mich an der Schulter. «È troppo pericoloso! Wo habt ihr überhaupt die Kinder gelassen? Ist euch klar, in welcher Gefahr wir schweben?»

«Die Kinder sind bei Delia», sagte ich. «Nicki, ich *musste* herkommen!» Meine Stimme schwankte, und mein Hals schnürte sich zu. «Ich kann so nicht mehr weitermachen! Ich leide, weil du nie zu Hause bist. Die Kinder leiden! Soll das ewig so weitergehen?»

«Certo che no», zischte er. «Was redest du da? Ich versuche ja mit allem, was ich habe, Mittel und Wege zu finden, um –»

«Deine Frau hat recht, Mimmo!», schaltete sich der Zio ein. «Du bist so gut wie nie zu Hause!»

«Aber ...» Domenico sah den Zio mit gerunzelter Stirn an. «Ich muss doch arbeiten!»

«Arbeiten, arbeiten. Natürlich sollen wir arbeiten. Aber wir können die Arbeit auch zu unserem Gott machen. Hat nicht Jesus Christus einmal gesagt: Das Leben ist mehr als die Speise? Glaub mir, ich hab genug vom Leben gelernt. Deine Familie hat mehr davon, wenn du bei ihnen bist, als wenn du immer dem Geld nachrennst. Geld kommt und geht, das regelt sich immer irgendwie. Hier ist noch keiner verhungert. Doch eine Familie, die kann man nicht ersetzen.»

Domenico holte tief Luft. «Aber gerade eben noch hast du mir zugestimmt, dass wir handeln müssen, wenn wir für eine bessere Welt kämpfen wollen.» Seine sonst so energiegeladene Stimme klang auf einmal matt. Vor dem, was der Zio sagte, hatte er großen Respekt.

«Das eine schließt das andere nicht aus, Mimmo. Für eine bessere Welt zu kämpfen, bedeutet auch, für seine Liebsten da zu sein.»

«Aber das tu ich doch!» Domenico sah uns verzweifelt an und hob seine Hände. «Ich tu wirklich alles, was ich kann!»

Matteo und Lorenzo murmelten etwas und wandten sich stillschweigend zum Gehen. Offenbar wollten sie hier nicht länger stören.

«Dann geh jetzt heim mit deiner Frau und deinem Neffen, Mimmo», riet Zio Giacomo, nachdem die beiden Brüder sich von dannen gemacht hatten.

«Aber ich muss am Boot noch was reparieren … ich dachte, ich erledige das gleich noch, wenn ich schon hier bin. Du willst ja morgen wieder rausfahren, Zio, oder? …»

«Das kann warten», beruhigte ihn der alte Mann. «Jetzt erst recht. Geh heim mit deiner Frau und nimm dir Zeit für sie. Weiß Gott, was nun alles auf uns zukommt. Vielleicht könnt ihr bald für längere Zeit keinen Abend mehr genießen. Und dass du mir ja nie mehr mit dem Boot rausfährst, wenn *fermo* ist!» Zio Giacomos Stimme klang nun wirklich streng.

Domenico sah mich mit schuldbewusstem Blick an. Sein Gesicht zuckte etwas.

«Na gut», sagte er. «Lasst uns nach Hause gehen. Seid ihr mit dem Auto gekommen?»

Manuel und ich nickten.

Wir trabten zu viert durch die Dunkelheit zum Auto. Ich fragte mich, in welcher Gefahr wir nun wirklich schwebten. Hier war alles so still und ruhig. Doch vielleicht kam die Sache mit dem Drogenfund nun gerade in den Nachrichten, und ganz Italien und vielleicht sogar ganz Europa hörten davon. Und irgendwann würde durchsickern, dass ein Fischer aus Licata diese Pakete gefunden hatte.

Doch wie lange würde das dauern? Ein paar Tage, Wochen, Monate?

Eins war gewiss: Es würde geschehen. Wenn diese Drogenbarone – oder wer auch immer diesen Auftrag gegeben hatte – es nicht durch die Medien oder sonst jemanden erfahren hatten, dann würden sie es spätestens von Gianluca und seiner Mannschaft hören, wenn diese für den Verlust würden geradestehen müssen.

Wir stiegen ins Auto, und Domenico, der sich wie selbstverständlich ans Steuer gesetzt hatte, fuhr los.

Wir sprachen auf der Rückfahrt kein Wort mehr. Ich spürte, dass auch Manuel und der Zio extrem angespannt waren.

Und dass der Zio sich nur zu Domenico gestellt hatte, weil er sein Neffe war. Und dass er in Tat und Wahrheit nicht ganz einverstanden war damit, dass Nicki sich in so eine Riesensache eingemischt hatte.

Zu Hause ließ Domenico uns alle aussteigen. In den Fenstern brannte noch Licht. Ich wusste, dass Delia in der Küche saß und auf uns wartete. Sie würde ausnahmsweise trotz später Stunde nicht schlafen können.

«Geht schon mal rein», wandte sich Domenico an Zio Giacomo und Manuel. Auch wenn der Zio es nicht nötig hatte, auf Nickis Befehlston zu reagieren, fügte er sich brav dem Wort seines Neffen. Manuel gähnte müde und schlüpfte schnell durch die Tür ins Haus.

Domenico wandte sich zu mir. Seine Augen zerschnitten mich fast. Ich erwartete, dass er mich jetzt zurechtweisen würde, und wappnete mich schon, um ihm dann im passenden Moment die entsprechende Antwort geben zu können.

Stattdessen fragte er: «Was wünschst du dir? Möchtest du hinunter ans Meer? Nackt baden?»

«Jetzt?»

«Wann sonst?»

«Ist es nicht etwas kühl?», fragte ich überrascht.

Er zuckte mit den Schultern. «War nur ein Vorschlag. Die Kinder sind ja versorgt, oder?» Seine Stimme klang auf einmal sehr sanft, fast so wie in den Zeiten, in denen kein Härchen unsere Liebe trüben konnte.

Ich erkannte meine Chance: Er wollte Zeit mit mir verbringen. Es war eine einmalige Gelegenheit.

Ich konnte nicht auf wärmere Temperaturen warten.

«Okay», sagte ich. «Ja, sehr gern.»

10. Das Meer hat seine eigenen Träume

Domenico nahm mich behutsam an der Hand und führte mich durch den Garten zu dem Steg, von wo aus man zum Meer hinuntergehen konnte. Unsere Schritte knirschten leise auf dem weichen Boden und den Kieselsteinchen. Der herbstliche Nachtwind trug bereits die Vorboten der kühleren Jahreszeit heran. Die Grillen sangen ihre letzten Abendlieder des Jahres. Die Luft explodierte beinahe vor lauter Düften nach reifen Orangen, Jasminblüten und Rosmarin. Das sanfte, warme Licht der Solarlaternen umhüllte Pflanzen und Sträucher mit einem feinen weichen Schleier und leuchtete uns den Weg.

Die uralte Sehnsucht stieg in mir hoch, diese Sehnsucht nach tiefster Verbundenheit und Zweisamkeit. Ich fühlte die warme Hand meines Mannes in der meinen. Ach, wenn wir doch all den Stress nicht hätten und diese wunderschöne Atmosphäre öfters genießen könnten …

Auf einmal hob Domenico mich hoch und nahm mich auf die Arme, genauso, wie er es früher oft getan hatte, wenn ich ihn auf Sizilien besucht hatte.

«Komm, bedda mia», sagte er. «Ich trag dich runter.»

«Warte! Spinnst du? Das geht doch nicht!»

«Ich hab dich doch früher immer getragen.»

«Ja, aber damals war ich einiges leichter.»

«Ach was, übertreib nicht. Lausige fünf Kilo vielleicht, was ist das schon?»

«Genug. Außerdem wirst du auch nicht jünger. Romantik in Ehren, aber ich will nicht, dass du dir irgendwann wieder einen Lungenriss holst.»

«Mach dir doch nicht immer so viele Sorgen, duci mia. Meiner Lunge geht's bestens», versicherte er.

«Nein, tut es nicht», widersprach ich leise. «Kann es auch gar nicht. Mit dieser Realität musst du einfach leben.»

«Lass es uns doch jetzt einfach genießen», flüsterte er. «Wir haben eh genug andere Probleme. Ich dachte, ich will dir mal wieder einen schönen Abend bereiten. Das hab ich ja sehr vernachlässigt in letzter Zeit ... Der Zio hat auch schon mit mir geschimpft deswegen.» Ich hörte die Bedrückung und die Schuldgefühle in seiner Stimme.

Oh, wie sehr ich die alten Zeiten vermisste! Als ich ihn noch regelmäßig in den Ferien besucht hatte, bevor wir geheiratet hatten. Als es nur uns beide gegeben hatte und all die Pflichten noch weit, weit im Hintergrund gewesen waren und uns kaum je gestört hatten. Als er mich auf Händen getragen und wie eine Principessa behandelt hatte.

Aber was konnte ich daran ändern? Das Leben war eben, wie es war, und je älter man wurde, umso mehr Pflichten schien es einem aufzubürden.

Das Wasser plätscherte leise an den Strand, als Domenico mich zu unserem Lieblingsplatz trug, den wir uns in dieser kleinen Bucht eingerichtet hatten. Ich fröstelte trotz der Jacke, die ich mir übergestreift hatte. Nicki hatte gar keine Jacke an, seine Oberarme waren nackt wie meistens.

Man hätte sich wahrhaftig keine romantischere Atmosphäre wünschen können als das, was wir hier erlebten: Der Mond goss seine Pracht über dem ganzen Himmel aus und ließ sogar die Sterne erblassen. Die Wellen ließen sein Licht auf ihrer Oberfläche tanzen, ließen es springen, hüpfen, dann wieder fallen und brechen, kurz darauf wieder tanzen, glitzern und jubilieren, oh, es war ein einziges großes Fest für die Augen und die Sinne. Das Meer wie ein Feuerwerk, wie ein Vulkan ...

Nicki ließ mich langsam wieder auf die Füße gleiten. Ich nahm sein Keuchen wahr, doch er unterdrückte es. Leise setzten wir uns auf die kleine Steinbank und starrten eine Weile lang einfach nur auf das funkelnde Wasser vor uns.

Auch hier hatten wir ein paar Solarlaternen aufgestellt, die uns in ihren warmen Schein hüllten. Ich schielte zu meinem Mann hinüber und konnte sein schönes Profil im sanften Lichtschimmer bewundern, der ihm eine noch geheimnisvollere Aura verlieh.

Wie oft hatten wir am Anfang hier gesessen und von unserer gemeinsamen Zukunft geträumt, noch bevor wir verheiratet gewesen waren! Was hatten wir uns alles ausgemalt! Ich als die Realistischere von uns beiden war in Bezug aufs Träumen ein bisschen vorsichtiger gewesen, aber wir hatten Stunden damit zugebracht, uns die Zukunft in allen Facetten auszumalen.

Doch nun fühlte sich beinahe nichts mehr so an wie in all jenen Träumen. Wo waren sie nur geblieben? Würden sie je wieder zurückkommen, oder hatte das Leben sie ein für alle Mal niedergerungen?

Wieder sah ich meinen Mann von der Seite an, studierte sein Profil und versuchte, seine Gedanken zu ergründen. Er starrte in die Ferne, wo Meer und Himmel zu einem nächtlichen Schwarz verschmolzen und nur der Silberstreifen des Mondes und die beleuchtete Küste in weiter Distanz die Umrisse des Wassers noch andeuteten.

Etwas zaghaft nahm ich seine Hand in die meine und fühlte die Schwielen und Schürfwunden an seinen Fingern, die von seiner harten Arbeit zeugten – Spuren der Seile und Netze, der Holzplanken und Ruder, der Maschinen und Werkzeuge. Ich spürte, wie er tief in seine Gedanken versunken war.

«Nicki …», begann ich.

Er wandte mir sein Gesicht zu und sah mich an. Seine Augen, die oft eine riesige Bandbreite an Emotionen und Energie versprühten, aber auch so unergründlich wie die Tiefen des Meeres sein konnten, wirkten im Schein der Laternen jetzt fast wie funkelnde Diamanten, die von dem vielen Druck und der Härte zeugten, die zu seinem Leben gehört hatten – und jetzt auch wieder von ihm Besitz nehmen wollten.

«Wie groß ist unser Problem nun wirklich?», fragte ich. «Glaubst du, wir werden tatsächlich bald verfolgt?»

Er ließ meine Hand vorsichtig wieder los, um sich das Haar aus dem Gesicht zu streichen.

«Wahrscheinlich», sagte er rau.

«Müssen wir nun definitiv weg von hier?» Ich hatte ja die Worte von Zio Giacomo gehört, der Nicki geraten hatte, diesen Ort schleunigst zu verlassen.

«Ich kann nicht so einfach weg», antwortete er mit unterdrückter Stimme. «Ich mein, wo sollen wir hingehen? Wir als ganze Familie?»

«Ich weiß nicht … wir haben immer davon gesprochen, dass wir eines Tages wieder nach Deutschland ziehen», sprach ich zaghaft aus, was sich durch Delia und meine Mum wieder zurückgemeldet hatte in meiner Seele.

«Das ist nicht so einfach», sagte er.

«Warum nicht?»

Ich kannte die Spielregeln: Ich musste mich *langsam* herantasten. Das war immer so gewesen und hatte sich in all den Jahren nicht verändert, obwohl mein Mann im Laufe des Erwachsenwerdens natürlich viel offener geworden war.

«Ich meine, früher oder später müssen wir uns ja mit dem Gedanken auseinandersetzen.»

«Natürlich, das haben wir ja alles so ausgemacht. Aber momentan sind noch zu viele Dinge hier am Laufen. Ich kann hier nicht einfach mir nichts, dir nichts die Zelte abbrechen. Der Zio braucht mich immer noch. Er hat ja kaum was. Von seiner mickerigen Rente kann er ja fast nicht leben, wenn er das Fischereigeschäft ganz aufgibt. Und ohne meine Hilfe schafft er diese Arbeit nicht mehr …» Er hob seine Schultern. «Und solange die Kinder noch so klein sind, muss ich ja schauen, dass genug Geld reinkommt. Hier hab ich mir was aufgebaut, kenne Leute, habe Aufträge … woanders müsste ich wieder von vorne anfangen.»

«Ich kann ja auch wieder arbeiten», sagte ich schlicht.

Er sah mich an und runzelte die Stirn. «Als was denn? Als Ärztin findest du hier doch keine Teilzeitstelle.»

«Nun, es kann ja was anderes sein.» Ich dachte an die Ideen von Mama. «Zum Beispiel in einem Laden, oder ein einfacher Bürojob, was in der Art.»

«Mit deiner Ausbildung als Ärztin?» Er zog ungläubig die Augenbrauen hoch. «Willst du dir das wirklich antun?»

«Im Moment sitze ich zu Hause rum und hab gar nichts von meiner Ausbildung.»

«Ich dachte, du wolltest das so? Du willst ja die Kinder nicht mehr zu Luisa geben.»

«Ach, ich hab einfach gemerkt, dass das Zuhause-Rumsitzen doch nichts für mich ist. Vor allen Dingen, weil du ja so gut wie nie da bist …» Ich hatte eigentlich nicht im Sinn gehabt, ihn mit Vorwürfen zu traktieren, doch nun rutschte es mir einfach unkontrolliert heraus.

Sein Seufzer, der tief aus seiner malträtierten Brust kam, ließ mich meine Worte sofort wieder bereuen. Die Balance zu halten zwischen «für seine Bedürfnisse einstehen» und «die Bedürfnisse des Partners nicht außer Acht lassen», das war zuweilen eine echte Gratwanderung. Wo gab es einen Gradmesser dafür, dass man mit seinen Vorwürfen im Recht war?

«Hör zu, Maya, ich weiß, dass das momentan ein Problem ist. Schau, ich versuche ja, Wege zu finden, wie ich das in Zukunft besser lösen kann. Oder denkst du, ich möchte nicht auch mehr Zeit mit euch verbringen, mit dir und den Kids und mit Manuel?»

Sofort kamen in mir wieder Zweifel hoch angesichts der Dinge, die Mama und Delia über sein dauerndes Fernbleiben gesagt hatten. War es wirklich sein Nähe-Distanz-Konflikt, der daran schuld war? Oder gab es dafür womöglich nur ganz praktische Gründe, derer ich mir vielleicht im Detail gar nicht immer bewusst war? War ich es, die hier unreif reagierte? Musste ich mich am Ende nicht einfach doch mehr gedulden und erst mal «da durch»? Oder lag es wirklich an Domenico, konkret etwas zu ändern?

Wer konnte zwischen all diesen Gedanken und verschiedenen Bedürfnissen gerecht urteilen?

«Wie willst du das denn in Zukunft lösen?», wollte ich erst mal wissen. Wenn er dafür handfeste Pläne hatte, musste vielleicht *ich* mich in meinem Urteilen wieder etwas zurücknehmen.

«Mal sehen. Vielleicht kann Manuel ganz mit ins Fischereigeschäft einsteigen, wenn er nächsten Sommer mit der Schule fertig ist. Dann hätten wir eine Hilfe mehr, und ich müsste weniger oft rausfahren.»

Sofort musste ich an das Gespräch denken, das ich mit Manuel letzte Nacht geführt hatte. Nicki wusste anscheinend wirklich noch nichts von den heimlichen Träumen seines Neffen.

«Und wenn er das nicht will?», wandte ich vorsichtig ein. «Vielleicht hat Manuel ja ganz andere Pläne?» Ja, man musste tatsächlich ein wenig auf der Hut sein, dass nicht alles immer nach den Intentionen meines Mannes ging.

«Dann muss ich mir was anderes einfallen lassen», sagte er nur.

«Aber wenn wir nun fliehen müssen? Dann sind all diese Überlegungen ja eh für die Katz.» Ging ihm das denn nicht in den Kopf?

«Momentan denk ich noch nicht ans Fliehen», sagte er. «Jedenfalls nicht, solange Gianluca und die anderen noch in Haft sitzen.»

Ich unterdrückte einen Seufzer. Es war und blieb nun mal eine Schwäche meines Mannes, strukturierte Pläne zu entwickeln. Alles blieb bei ihm immer offen, optional und ständig im Fluss. Kommt Zeit, kommt Rat. Oder meistens eben auch nicht.

«Also, dann gehen wir davon aus, dass wir noch eine Weile da sind. Wie wäre es dann zum Beispiel, wenn du die Flüchtlingsarbeit etwas reduzieren würdest?», tastete ich mich sachte weiter voran. «Du verdienst dabei ja nichts und machst dich im Gegenteil eigentlich sogar strafbar, weil du bei der illegalen Einwanderung mithilfst, auch wenn deine Absichten ja edel sind. Aber uns als Familie bringt es mehr Schaden, weil wir dadurch noch weniger von dir haben.»

Er blieb eine Weile ruhig. Ich spürte, dass meine Worte in ihm durchaus etwas aufwühlten. Ich wartete, streckte meine Füße und lauschte dem leisen Plätschern der Wellen, die an den Strand schlugen. Ich wollte ihm die Zeit geben, die er brauchte, um zu antworten.

«Was soll ich denn machen, wenn ich sehe, dass einige der Jungs hier fast vor die Hunde gehen?», fragte er leise und mit gequälter Stimme. «Soll ich sie einfach im Stich lassen? Was meinst du, wie oft Mingo und ich damals froh gewesen wären, wenn sich einer um uns gekümmert hätte. Ob sie illegal einwandern oder nicht, interessiert mich nicht. Mich interessiert es, dass sie in Not sind und sich ein Zuhause wünschen.»

Ich schloss die Augen. Mein Mann hatte einfach ein großes Herz, so viel stand fest. Ich konnte und wollte es ihm ja nicht verübeln. Es war diese wunderschöne Gabe, die er in sein Leben mitbekommen hatte, und an der wollte ich niemals rütteln. Trotzdem. Er konnte sich ja auch nicht derart viele Dinge auferlegen und uns, seine Familie, vor lauter Außeneinsätzen dann vernachlässigen.

«Schon klar», sagte ich. «Das finde ich ja auch so schön an dir. Nur – du kannst nicht die ganze Welt retten. Deine Familie braucht dich ja auch. Außerdem … weißt du, ich mach mir einfach Sorgen um dich. Um deine Gesundheit. Du schläfst kaum, gönnst dir nie Erholung. Ich hab Angst, dass du irgendwann ein Burnout kriegst.»

«Ich krieg doch kein Burnout vom Arbeiten», warf er mit leicht belustigter Stimme ein.

«Das seh ich anders. Ich bin schließlich die Ärztin in unserer Familie. Dazu isst du unregelmäßig und leistest die ganze Zeit schwere körperliche Arbeit. Du bist oft nachts bei Wind und Wetter draußen. Das kann doch auf Dauer kein Mensch aushalten.»

Er lachte. «Mir geht's gut, Süße. Ich bin seit meiner Jugend extreme Verhältnisse gewohnt, mich haut so schnell nichts um. Ich krieg eher ein Burnout, wenn ich nichts mache.»

«Nun ja, ich kann mich schon an ein paar Szenen erinnern, wo es dich umgehauen hat. Außerdem, ich seh dir doch an, dass du oft Schmerzen hast in der Lunge.»

«Ja, du wiederholst das ja auch andauernd. Aber damals hab ich doch extrem ungesund gelebt, mit all dem Nikotin und den Pillen … das ist doch alles längst kein Thema mehr. Frische Meeresluft macht sicher nicht krank.»

«Mag sein, aber du wirst auch nicht jünger, weißt du. Du arbeitest als Fischer, Hilfskellner, Hilfsarbeiter, manchmal als Tätowierer und auch noch als Sozialarbeiter. Ist das nicht ein bisschen viel? Wann hast du zum Beispiel zum letzten Mal etwas gezeichnet? Du hast ja nicht mal dafür noch Zeit.»

«Ja, das ist im Moment aber auch nicht so wichtig …»

«Aber schade für dein Talent. Ich sag ja nur. Ari würde sich über Bilder von dir bestimmt riesig freuen.»

«Ich weiß. Maya, wie gesagt … lass mir etwas Zeit. Ich versuche, alles irgendwie auf die Reihe zu kriegen, so dass ich bald mehr für euch da sein kann.»

Wo ein Wille ist, ist auch ein Weg. Dieser altbekannte Spruch ging mir durch den Sinn. Wenn er wirklich wollte, dann würde er alle Hebel in Bewegung setzen, um einen Weg zu finden.

Es sei denn …

Wo bist du, Nicki? Wo ist dein Herz? Ist es immer noch bei mir, so wie einst? Kannst du mich immer noch erfassen, erfühlen, verstehen, so wie nur du es konntest?

Bin ich noch deine Principessa?

Einst hatten wir unsere Gedanken und Gefühle miteinander teilen können, ohne auch nur ein einziges Wort zu sprechen. Ich schloss die Augen und konzentrierte mich fest darauf, meinen Mann neben mir zu spüren. Er saß zwar da neben mir, doch seine Gedanken schienen in einer ganz anderen Sphäre herumzuschweben, weit weg von mir.

Nicki? Hörst du meine Gedanken?, rief ich in meinem Inneren verzweifelt.

Vergeblich versuchte ich, die tiefe Einigkeit und Verbundenheit herzustellen, die wir früher so innig miteinander geteilt hatten. Aber irgendwie war diese Verbindung gestört. Es war, als stünde eine unsichtbare Mauer zwischen uns, die uns voneinander trennte.

Nicki? Nicki, bitte antworte mir. Was denkst du gerade? Bist du noch bei mir?

Ich strengte mich an, auch nur die winzigste Gefühlsregung von ihm zu erfassen, doch es kam nur Totenstille zurück. Es war, als würde ich in einem dunklen Raum stehen und nach einem Licht suchen, das nicht mehr existierte.

Verzweifelt gab ich auf.

«Nicki?»

«Hm?» Er wandte sich mir zu und sah mich an, als hätte ich ihn eben aus seinen Gedanken aufgeschreckt. Seine Gedanken, die irgendwo anders, aber nicht bei mir gewesen waren.

«Ganz ehrlich: Liebst du mich eigentlich noch? Ich meine, so wie früher?», fragte ich sehr leise.

«Natürlich.» Seine Stimme klang ehrlich erstaunt. «Wieso stellst du mir so eine Frage?»

«Na, eben, weil du halt nie da bist. Vielleicht hast du ja gar keine Lust mehr, Zeit mit mir zu verbringen. Wir hatten zum Beispiel schon seit Wochen keinen Geschlechtsverkehr mehr. Ich kann die Nächte, in denen du bei mir bist, fast an einer Hand abzählen. Ich dachte, vielleicht bin ich dir zu dick und zu unattraktiv geworden oder so was in der Art ...» Es fiel mir nicht leicht, all diese Ängste auszusprechen.

Er wirkte ehrlich überrascht.

«Wie kommst du auf so absurde Gedanken? Natürlich liebe ich dich immer noch, und was deine Figur betrifft, brauchst du dir wegen mir keine Sorgen zu machen. Ich hab doch keine Probleme damit. Du hast zwei Kinder geboren. So ist das eben. Im Gegenteil, ich hatte eher das Gefühl, dass du momentan gar keinen Geschlechtsverkehr möchtest, wegen der Dammverletzung und dem Schnitt. Und wegen den damit verbundenen Schmerzen und all dem ...»

«Das schließt ja Zärtlichkeit nicht aus. Ja, es hat sich seit der Geburt einiges in mir verändert, aber trotzdem ... ich möchte dich gern mal wieder in mir drin spüren, Nicki.»

«Hm. Klar. Können wir gern machen.»

War das alles, was von ihm kam?

Ich schüttelte den Kopf. Was war denn mit meinem Mann los? Ganz früher war er in etwa so drauf gewesen, wenn er wegen seiner Depressionen Medikamente genommen hatte. Die hatten alle seine Gefühle eingedämmt, hatten ihn eingelullt, ruhiggestellt, apathisch und langsam gemacht. Aber das war ewig her, nun nahm er längst keine Pillen mehr. Er hatte andere Wege gefunden, mit seinen manchmal überbordenden Emotionen umzugehen.

«Nicki, sag mal: Was beschäftigt dich? Was beschäftigt dich *wirklich?* Du bist so anders. Seit ... seit Davids Geburt bist du nicht mehr derselbe. Liegt das irgendwie an mir, an uns? Ich kann dich nicht mehr richtig fühlen, dich nicht mehr erfassen. Du bist zwar da, aber in Gedanken und mit deinem Herzen bist du woanders. Ich komme damit nicht klar, ganz ehrlich. Wo ist der Mann, den ich liebe und der mich liebt? Hab ich etwas falsch gemacht? Wenn ja, dann bitte, sag es mir ehrlich!»

So, jetzt war das endlich draußen.

Er schien verdutzt, rieb sich an der Nase, schaute mich mit großen Augen an.

«Du hast nichts falsch gemacht, Maya. Es liegt auch nicht an dir oder an euch.»

«Woran denn? Manchmal kommt es mir vor, als freust du dich nicht mal wirklich über deinen neugeborenen Sohn. Bei Ariana warst du ganz anders …»

«Wie kommst du darauf, dass ich mich nicht über David freue? Natürlich freue ich mich. Sehr sogar.»

Da war noch mehr, ich spürte es, aber es fiel ihm offensichtlich nicht leicht, es auszusprechen. Bei solchen Dingen hatte ich schon oft in der Vergangenheit Geduld aufbringen müssen.

Es entging mir nicht, wie er innerlich kämpfte, und ich fühlte, wie er dabei war, ein Geständnis über seine Lippen zu bringen; etwas, das ihn die letzten Wochen extrem beschäftigt hatte, mir aber zu wenig bewusst gewesen war.

«Seit diesem Unglück mit dem Flüchtlingsboot hab ich ständig diese Bilder im Kopf», brachte er hervor. «Ich sehe sie immer noch vor mir. Die Frauen, die Kinder, die Jugendlichen … im Wasser … am Ertrinken … um Hilfe schreiend … und ich, ich kann sie nicht alle retten. Ich muss mich entscheiden, wen ich rette und wen ich untergehen lasse … es macht mich manchmal fast verrückt. Ich schau unsere Kinder an, sehe David, Ari … und dann sehe ich diese anderen Kinder, die im Meer ertrunken sind … die keine Chance hatten, zu leben … Familien, die auseinandergerissen sind … Moses, der seinen Bruder im Meer verloren hat, weil ich ihn nicht retten konnte … diese Bilder kommen immer wieder, und ich, ich muss mich ablenken … ich hatte schon regelrecht Panik, dass die Alpträume von früher wieder zurückkommen. Dann geh ich lieber aufs Meer, als dass ich das zulasse …! Schau, ich hab dich ins Krankenhaus gefahren, als mein Sohn zur Welt kam, und musste mich gleichzeitig dafür entscheiden, andere Kinder ertrinken zu lassen …»

Domenicos Stimme war fast so leise wie das Rauschen des Meeres. Sie hörte sich an wie fast vom Ende der gerade noch sichtbaren Welt. Ich saß da wie vom Donner gerührt – und sah meinen Mann an. Er hielt seinen Blick wieder auf die weitestmöglichen Distanzen gerichtet, in Gedanken bestimmt sogar weit, weit hinter die allerletzten Vorhänge, die der Horizont zu bieten hatte, hatte dabei aber doch auch das dunkle schwarze Meer noch ganz vage und undifferenziert mit in seinem Blickfeld – dieses Meer, das er einerseits so sehr liebte, das aber gleichzeitig all diese Menschen mir nichts, dir nichts verschluckt hatte …

«Wieso hast du mir das denn nicht gesagt?», fragte ich ebenso leise. «Wir hätten das doch gemeinsam tragen können. Du hättest mit mir darüber reden können.»

«Ich konnte nicht.» Ich hörte, wie er Tränen hinunterschluckte. «Ich konnte diese Bilder nicht in Worte fassen. Ich konnte es einfach nicht aussprechen. Es ging nicht.»

Ich atmete tief ein, um das eben Gehörte zu verarbeiten. Behutsam legte ich den Arm auf seine Schultern und streichelte seinen Rücken. Ich wusste nicht, was ich sagen sollte, aber Worte waren jetzt auch nicht das, was er brauchte, so wie ich ihn kannte.

Er wischte sich mit einer raschen Bewegung über die Augen. Ich tastete nach der Seitentasche meiner Wolljacke und fühlte, dass ein Stofftaschentuch darin war. Ich zog es hervor und reichte es ihm, damit er sich die Tränen abwischen konnte.

Und das war ja längst nicht alles. Hinzu kamen jetzt auch noch die Worte, die Bianca ihm an den Kopf geworfen hatte. Diese brutalen Worte, dass er schuld gewesen sei an Mingos Tod. All das war ja fast zu viel für einen einzelnen Menschen, um es noch ertragen zu können.

«Verstehst du, deswegen kann ich auch nicht wegschauen, wenn ich so was sehe wie das von letzter Nacht. Zwei Tonnen Koks. Ich stelle mir vor, wie viele Menschen wegen so einer Sache in den Abgrund des Lebens stürzen könnten. Wenn jemand erzählen kann, was Drogen anrichten können, dann bin *ich* es. Das weißt du ja.

Ich kann da nicht einfach zuschauen. Aber ich kann auch nicht zwei Tonnen Koks alleine bergen. Mir blieb nichts anderes übrig, als die Küstenwache zu rufen. Jetzt sitzen eben Gianluca und seine Männer im Knast. Aber …»

Er hob ratlos seine Hände, nur um sie gleich wieder auf seinen Schoß sinken zu lassen. Ich streichelte ihn einfach weiter, seinen Rücken, seine starken Oberarme, und endlich lehnte er sich mit seinem Kopf an mich.

Wir ließen uns ganz von dem Dunkel der Nacht einhüllen. Doch der Silberstreifen, den der Mond über das Meer zog, erinnerte uns daran, dass man die Hoffnung nie aufgeben durfte.

«Maya …», kam Domenicos Stimme leise. «Ich möchte nicht, dass du hier mit mir unglücklich bist …»

«Bin ich ja nicht», lenkte ich sofort ein.

«Glücklich bist du aber auch nicht.»

«Weißt du, ich möchte einfach gern über ein paar Dinge mit dir reden, Nicki», sagte ich. «Für gewisse Situationen muss es einfach eine praktische Lösung geben.»

«Schon klar.» Er legte nun seinerseits den Arm um mich. «Wir werden das gemeinsam anschauen. Lass mir einfach ein bisschen Zeit, ja? Im Moment kommt wahrscheinlich eh eine Menge auf mich zu. Nicht nur auf mich – auf uns.»

Das war die brennende Frage, die immer noch nicht hundertprozentig beantwortet war.

«Noch einmal, Nicki: Wie geht es mit uns weiter? Wenn es wirklich so gefährlich ist und sie uns bald verfolgen werden, müssen wir uns dann nicht wenigstens schon mal Gedanken über eine Notunterkunft machen? Vielleicht muss ja dann auf einmal alles sehr schnell gehen.»

«Das siehst du schon richtig. Ich denk ja darüber nach. Ich hab mir auch schon den Kopf zerbrochen, wo wir auf die Schnelle hingehen könnten. Aber egal, wohin wir ziehen würden, es käme doch immer auf das Gleiche heraus. Die können uns überall finden. Ich hab sogar schon überlegt, nach Monreale zu gehen, dorthin, wo ich geboren wurde, aber das ist viel zu nahe bei Palermo.»

«Du meinst, wegen der Mafia?»

«Wer immer hinter dieser Schmuggelaktion steckt: Palermo ist auf jeden Fall eines der heißesten Pflaster Siziliens.»

«Was ist mit Catania oder Taormina?»

«Mal sehen. Da kennen mich eben auch viele Leute. Und wir müssten ja nicht nur ein paar Tage, sondern einige Wochen irgendwo unterkommen. Nein, wir bleiben vorläufig hier. Ich behalte die Lage im Auge. Solange Gianluca und die anderen noch im Knast sitzen, haben wir noch etwas Zeit.»

«Aber die anderen könnten uns verraten? Die wissen ja jetzt, dass du derjenige warst, der das Verbrechen aufgedeckt hat.»

«Solange sie nicht direkt bedroht werden, werden sie vermutlich auch nichts sagen. Für sie gilt das Motto: Sich wenn immer möglich aus allem raushalten. Für dich und die Kids wäre es allerdings am besten, ihr würdet tagsüber woanders hingehen, zu Luisa oder zu Giovanna zum Beispiel. Wenn ich merke, dass die Lage brenzlig wird, haben wir so ein wenig mehr Zeit, um zu reagieren, weil sie euch vermutlich zuerst in unserem Haus suchen werden. Und ich würde an deiner Stelle Delia nach Hause schicken. Das ist sicherer. Und ich werde dafür sorgen, dass ich in den kommenden Nächten zu Hause bin. Das versprech ich dir. Wir müssen im Moment einfach Tag für Tag nehmen; jeden Tag so, wie er kommt.»

«Na schön», sagte ich, obwohl ich das alles im Kopf erst mal durchspielen musste. Tag für Tag nehmen, so wie er kam? Hm. Das war für jemanden wie mich, die ich gerne alles im Voraus plane, eine der größten Herausforderungen

Zumal ich spürte, dass mein Mann mit einer klar strukturierten Planung momentan komplett überfordert war. Und wie war das? Ich sollte die nächsten Tage bei Luisa und Giovanna verbringen, mit der Nonna dazu, und mir dort rund um die Uhr ihre wohlgemeinten Ermahnungen anhören müssen? Huh, das konnte ja heiter werden.

Natürlich wusste ich, dass ich dort immer willkommen war mit meinen Kindern, und ich schätzte das auch sehr. Aber ihre Ansichten divergierten mit den meinen doch oft sehr stark, und ich musste regelmäßig viel Energie aufwenden, um mich damit zurechtzufinden und meine angestauten Emotionen nachher wieder runterzufahren. Da prallten im wahrsten Sinne des Wortes zwei Kulturen aufeinander.

Nein, da musste eine bessere Lösung her!

Und ich hatte sogar schon eine Idee, doch ich musste zuerst ausgiebig darüber brüten.

«Versprich mir einfach eines, Nicki», bat ich. «Versprich mir, dass du mich wieder mehr in deine Sachen mit einbeziehst und nicht alles im Alleingang regelst. Wir sind doch Eheleute, Partner, Gefährten. Wir haben bis jetzt alles gemeinsam gemacht, seit wir verheiratet sind. Bitte fall jetzt nicht wieder in dein altes Muster zurück, indem du mich ausschließt. Ich bin doch auch für *dich* da.»

«Du hast ja recht», seufzte er. «Ich werd's versuchen. Ich will dich einfach nicht noch mehr belasten.»

«Es belastet mich mehr, wenn du mir nichts von deinen Sorgen erzählst», sagte ich schlicht. Und es war die Wahrheit.

Darauf erwiderte er wieder einmal nichts, und ich fragte mich, ob ich diesen Kampf nun gewonnen hatte oder nicht.

«Möchtest du ins Wasser?», fragte er unvermittelt

«Jetzt noch?» Damit hatte ich nicht mehr gerechnet.

«Warum nicht? Wer weiß, ob wir in den nächsten Tagen wieder Gelegenheit haben werden.»

«Das stimmt.» Ich musste zwar die Zähne zusammenbeißen angesichts der kühlen Nacht, aber ich spürte, dass ich diese Gelegenheit unbedingt nutzen musste. Vielleicht würde es tatsächlich für lange Zeit das letzte Mal sein.

Wir begannen, uns langsam zu entkleiden. Ich schaute meinen Mann an, seinen perfekten Oberkörper, die sehnigen Muskeln, die von harter Arbeit und viel Bewegung zeugten, und seine Hände, die kräftig zupacken konnten. Und obwohl ich erwachsen war und damit längst über meinen einstigen Teenager-Komplexen hätte stehen sollen, kam ich nicht umhin, mich neben ihm plump und träge zu fühlen …

Die dunklen Muster der Tätowierungen, die seinen Bauch, den Oberkörper und die Oberarme bedeckten, waren in dem schwachen Licht der Solarlaternen und des Mondes nur als verschwommene Figuren erkennbar, aber ich kannte jede einzelne Linie und

Form in- und auswendig. Und ich kannte die Geschichten, die sich dahinter verbargen.

Und ich wusste auch: Eines Tages würden unsere Kinder ihre Fragen stellen. Was all diese Muster bedeuteten, und warum ihr Vater so viele Zeichnungen auf seinem Körper hatte … Und wir würden ihnen erklären müssen, was ihr Vater in seiner Vergangenheit gemacht hatte.

Splitternackt standen wir nun nebeneinander, und er nahm meine Hand und führte mich ins Wasser. Ich hielt die Luft an, als das kühle Wasser meine Zehen umspülte.

Nicki hingegen machten weder Kälte noch Hitze was aus. Sein Körper schien in all den Jahren unempfindlich geworden zu sein gegenüber jeglichen Strapazen.

Ich versuchte, mich an die Kälte zu gewöhnen, und balancierte vorsichtig über die spitzen Steine, die sich in meine Fußsohlen bohrten. Auch das meisterte Domenico mit Leichtigkeit. Erst als wir etwas weiter drin waren, wurde der Boden seicht und weich, und der Sand begrub die Steine unter sich.

Tatsächlich gewöhnte ich mich langsam an die Kälte. Domenico hielt mich behutsam fest, so dass ich nicht ausrutschen konnte. Langsam und vorsichtig tauchten wir mit unseren Oberkörpern ins kalte Wasser ein.

Das sonst so hektische Sizilien war jetzt wundersam still um uns herum. Alle Sterne und auch der Mond schienen nur noch uns zuzuschauen. Und ich fühlte auf einmal wieder ein bisschen von der Romantik, die wir früher so stark empfunden hatten.

Vorsichtig umschlangen wir einander und ließen uns von den Wellen schaukeln, Bauch an Bauch. Ich schloss meine Augen. Ich hatte wirklich beinahe vergessen, wie schön es war, mit Domenico und mit dem Meer ganz allein zu sein.

«Hörst du das Meer?», hauchte er in mein Ohr.

«Natürlich höre ich das Meer, Nicki», sagte ich. «Wir sind doch mittendrin. Es rauscht.»

«Nein, es rauscht nicht. Es erzählt Geschichten. Hörst du sie?»

«Darin bin ich nicht so gut», gab ich zu. «Ich bin ja nicht wie du stundenlang auf dem Boot.»

«Das stimmt. Um ehrlich zu sein, Zio Giacomo hat mir beigebracht, wie man dem Meer zuhört.»

«Und was erzählt es dir?»

«Es hat seine eigenen Träume», sagte er.

Ich legte meinen Kopf auf seine Schulter und schlang meine Arme fester um seinen Oberkörper, um so seine starke Brust besser spüren zu können, die mich immer noch beschützte. Dann meine Beine, so dass ich ihm noch näher war. Er hielt mich fest, und das Wasser trug uns, und ich fühlte mich auf einmal nicht mehr schwer.

Und dann, ganz langsam und sehr, sehr vorsichtig, drang er in mich ein. Ich nahm ihn in mir auf und entspannte mich in dieser tiefen Verbundenheit, die unsere Körper und Seelen in diesem Augenblick miteinander herstellten. Es tat überhaupt nicht mehr weh. Und mir war auch nicht mehr kalt.

Obwohl ich die Augen immer noch geschlossen hatte, wusste ich, dass die seinen es ebenfalls waren. Das Meer trug uns, und es flüsterte uns eine neue Geschichte zu: Es ermahnte uns, mit Leib, Seele und Geist eng beisammen zu bleiben und Sorge zueinander zu tragen.

Es flüsterte uns eine Geschichte zu, deren Ausgang ich noch nicht kannte …

Doch irgendwann ergriff die Kälte unweigerlich wieder Besitz von mir und errichtete Tausende von kleinen «Bergen» auf der Oberfläche meines Körpers. Domenico spürte es sofort.

«Oh, Gänsehaut! Ich liebe das an dir! Aber wir gehen dann wohl besser raus, oder?», meinte er. «Dir ist kalt.»

Ich nickte mit bebenden Lippen. Er hob mich sanft wieder auf seine Arme und trug mich durch das immer seichter werdende Wasser zum Strand. Natürlich hatten wir kein Tuch zum Abtrocknen mitgenommen.

Nackt, wie wir waren, schnappten wir unsere Kleider und huschten den Steg zum Garten hoch. Im Haus war es dunkel, alle hatten sich schlafen gelegt. Wir trockneten uns im Bad notdürftig ab und ließen uns dann so, wie wir waren, ins Bett fallen.

Es war eine der Nächte, in denen ich mal wieder an Domenicos

Brust einschlafen durfte. Und ich versuchte, mir um die kommenden Tage keine Sorgen zu machen.

Es war alles andere als leicht.

11. Ein neuer Anfang

Noch während derselben Nacht arbeitete ich im Traum an einem Plan. Nicki musste schon wieder früh los, und bevor er aufstand, ermahnte er mich, möglichst nicht allein mit den Kindern zuhause zu bleiben.

«Geh zu Luisa oder Giovanna», sagte er. «Bleib dort, bis ich dich wieder abhole. Ich werde mit ihnen dann noch über die Situation reden.»

Als ob er mich so einfach rumkommandieren konnte! Er meinte es gut, aber ich hatte eine bessere Idee.

Zuerst einmal informierte ich Delia ausführlicher über die Sachlage und riet ihr, noch in dieser Woche wieder heimzukehren.

Es traf sich sogar gut, denn auch sie hatte Neuigkeiten für mich: «Ronny hat mich gestern Nacht angerufen, während du mit Manuel am Hafen warst. Wir haben über zwei Stunden miteinander telefoniert. Er vermisst mich wahnsinnig und möchte, dass ich wieder nach Hause komme. Deswegen habe ich beschlossen, für morgen einen Flug nach Hause zu buchen, falls ich noch einen freien Platz kriege.»

«Echt? Oh, das ist ja wunderbar, Deli», sagte ich. Natürlich nicht der Umstand, dass sie nach Hause musste, sondern dass Ronny sie wieder zurückhaben wollte!

«Ja, ich bin auch froh», gestand sie mit einem verstohlenen Lächeln.

Immerhin eine Geschichte, die hoffentlich einen guten Ausgang finden würde.

Während Delia zuhause blieb und ihre Sachen packte, machte ich mich mit den Kindern auf den Weg in die Stadt, um meinen

Plan in die Tat umzusetzen. Zio Giacomo war an diesem Vormittag im Haus, so dass ich kein schlechtes Gewissen haben musste, Deli allein zu lassen.

Ich hatte weder ihr noch dem Zio von meinem Vorhaben erzählt, da ich wusste, dass Zio Giacomo es nicht gutheißen würde. Mir war auch völlig klar, dass der Plan riskant war und vermutlich auf die Dauer nicht funktionieren würde, aber ich konnte nicht einfach tatenlos herumsitzen und zusehen, wie in meinem Leben nichts voranging. Ich musste handeln, selbst wenn ich dabei einen Fehler machen würde. Alles war besser, als die nächsten Tage und Wochen bei Domenicos Tanten verbringen und darauf harren zu müssen, dass mein Mann irgendwann eine Entscheidung treffen würde.

Wie gefährlich die Situation nun wirklich war, konnte ich nur schwerlich einschätzen. Solange ich nicht allein zuhause würde herumsitzen müssen, hatte ich seltsamerweise keine Angst. Außerdem: Wie sollten wir ohne Geld auf der hohen Kante irgendwo anders neu beginnen? Ich wollte mit meinen Kindern nicht irgendwo auf der Straße schlafen! Also würde mein Plan noch ein weiteres Bedürfnis abdecken.

Irgendwann am frühen Morgen hatte es angefangen zu regnen. Auch hier hielt der Herbst langsam Einzug. Der Boden war immer noch nass, als ich mit den Kindern aus dem Auto ausstieg. Ich war bis in die Nähe des Zentrums gefahren und hatte das Auto in einer der Seitengassen im Parkverbot abgestellt. Domenico hatte mir im Laufe der Jahre beigebracht, dass da kaum jemand wirklich kontrollierte.

Ich schob den Wagen mit den Kindern über die Piazza. Die nassen Pflastersteine sahen aus, als wären sie frisch poliert worden. Hier unter den Leuten fühlte ich mich auch ziemlich sicher.

Mein Ziel war die Apotheke, auf die ich nun geradewegs zusteuerte. Ariana war ziemlich mies gelaunt, weil Nicki und ich erst so spät zu Bett gekommen waren. Sie hatte wohl wahrgenommen, dass da etwas im Busch war. David lag da mit offenen Augen und starrte staunend in den wolkenverhangenen Himmel. Wie sehr wünschte ich mir, meinen Kindern ein stabiles Leben zu bieten und nicht eines, bei dem wir auf der Flucht sein würden.

«Oh, Signora Maya», sagte Alessandro hocherfreut, als ich eintrat. Zum Glück war gerade keine Kundschaft bei ihm im Laden. «Und der kleine Davide und Ariana. Was kann ich für euch tun?»

«Hallo, Alessandro», grüßte ich. Ich hatte eh keine Ahnung, wie er auf meine Bitte reagieren würde, deswegen kam ich ohne Umschweife zur Sache.

«Viel», meinte ich. «Wenn du eine Ärztin als Apothekerin einstellen könntest, würdest du es tun?»

Alessandro schaute mich ungläubig an. Er schien nicht auf Anhieb zu begreifen, worauf ich hinauswollte.

«Anders gefragt: Hast du nicht mal gesagt, du würdest dir gern eine Apothekerin leisten können, die ab und zu den Laden für dich übernehmen könnte?»

«Oh, sì, natürlich. Aber das ist viel zu teuer. Jetzt sowieso, da die Preise ständig steigen.»

«Was müsste sie denn kosten, damit du es dir leisten kannst?», fragte ich weiter.

Alessandro schaute mich mit hochgezogenen Augenbrauen an. «Also, so auf Anhieb kann ich das nicht gleich sagen.»

«Ungefähr?», bohrte ich weiter. Ich würde nicht eher aus diesem Laden rausgehen, bis ich eine Antwort hatte.

Alessandro dachte nach und nannte mir dann einen Preis. Ich nickte. So ungefähr hatte ich mir das gedacht.

«Aber das ist natürlich unrealistisch», sagte er. «Eine Ärztin kostet viel mehr.»

«Wenn ich dir ein Angebot machen würde, würdest du es annehmen?»

«Im Ernst? Wieso willst du mir ein Angebot machen?»

Ich schaute hinter mich, um sicherzugehen, dass momentan keine Kunden den Laden betraten, und sagte dann: «Hör zu, Alessandro, wir sind momentan in einer schwierigen Situation. Mein Mann kann zurzeit nicht als Fischer arbeiten und ist deswegen tagsüber meistens nicht daheim. Ich bin daher auf der Suche nach einem Job, um zusätzlich etwas Geld zu verdienen. Du brauchst mir nicht viel zu bezahlen. Ich wäre nur schon froh, nicht so oft untätig zuhause herumsitzen zu müssen. Ich hab nur eine Bedingung: Ich möchte meine Kinder mitbringen. Wenn ich also irgendwo im Hinterraum eine Spielecke für sie einrichten dürfte, wäre mir schon gedient.»

Natürlich erntete ich von Alessandro einen ziemlich ungläubigen Blick. Nur verständlich, denn er musste ja denken, ich hätte komplett den Verstand verloren.

«Ich meine es wirklich ernst, Alessandro», sagte ich mit der dominantesten und überzeugendsten Stimme, die mir zur Verfügung stand und die nichts war im Gegensatz zu Domenicos Stimme, wenn er anderen sagte, wo es langging.

«Aber ich kann dir kaum einen angemessenen Lohn zahlen», sagte Alessandro kopfschüttelnd. «Wieso willst du ausgerechnet bei mir arbeiten? Du könntest doch eine Menge anderer Sachen machen und mehr verdienen dabei.»

«Ich weiß, aber als Ärztin finde ich auf die Schnelle keinen Job. Und das hier würde mir wirklich gefallen, denn hier kann ich mein Wissen besonders gut anwenden. Außerdem ist diese Apotheke ideal gelegen für mich.»

Sie war sogar in doppelter Hinsicht gut gelegen: Erstens war der Polizeiposten nicht allzu weit entfernt. Wenn ich mich in irgendeiner Weise bedroht fühlen sollte, konnte ich mich zur Not erst mal dorthin wenden. Außerdem war die Trattoria, in der Domenico arbeitete, auch nicht weit von hier.

Schließlich kam ich mit ihm überein, dass ich drei Tage pro Woche für hundertzwanzig Euro pro Tag bei ihm arbeiten würde. Die restlichen Tage würde ich somit entweder bei Luisa und Giovanna verbringen oder mich sonst irgendwie durchschlagen. Das war zumindest ein Anfang, und das Geld konnten wir sparen, um eine Rückendeckung zu haben, falls die Situation wirklich bedrohlich werden würde und wir weggehen müssten.

Beschwingt über meinen Erfolg, verließ ich die Apotheke und karrte den Wagen durch den mittlerweile strömenden Regen über die Piazza. Ariana starrte mich mit ihren großen braunen Augen fragend an.

«Mami hat einen Job, Ari», erklärte ich ihr. «Wir werden nun immer am Dienstag, Mittwoch und Freitag in der Apotheke sein. Du und David, ihr könnt dann schön in einer Ecke spielen und Mami ab und zu helfen.»

Und Ariana schien genau zu verstehen, was ich meinte. *Was für eine kluge Tochter ich habe,* dachte ich stolz. *Und die Apotheke wird mein ganz persönlicher Neuanfang sein.*

Als ich später zuhause ankam, war zu meiner Überraschung Domenico da. Er hatte ein paar Sachen vom Boot geholt und war dabei, sie im Schuppen zu verstauen.

Er war natürlich überrascht, mich zu sehen.

«Was machst du denn hier?», fragte er. «Hab ich dir nicht gesagt, du sollst zu Luisa und Giovanna gehen und dort bleiben, bis ich dich hole?»

«Ich hatte einen besseren Plan», entgegnete ich.

Und war dabei seelenruhig.

«Ach ja?»

«Ich hab mir einen Job besorgt.»

«Du hast was?»

Sein Tonfall klang eher verblüfft als verärgert.

«Und zwar in der Apotheke. Drei Tage die Woche. Ganz in der Nähe des Polizeipostens und der Trattoria.»

Er runzelte die Stirn, als versuche er zu verstehen, wovon ich genau sprach. «Ach, *die* Apotheke meinst du. Ich kenn den Inhaber. Und der hat dir einen Job gegeben?»

«Ja. Hundertzwanzig Euro am Tag. Ist natürlich nicht viel, aber besser als nichts. Vor allen Dingen bin ich dort fürs Erste gut aufgehoben. Die restlichen Tage kann ich immer noch zu Luisa und Giovanna gehen.»

«Und was ist mit den Kindern?»

«Ich kann sie mitnehmen und ihnen eine Spielecke einrichten.»

«Okay ...» Er wandte sich um und warf eine Kiste mit alten Netzteilen in den Schuppen.»

«Findest du es eine schlechte Idee?» Ich trat hinter ihn und berührte ihn am Rücken.

Er zuckte mit den Schultern. «Musst *du* wissen. Solange ihr euch nicht in Gefahr begebt, red ich dir da nicht rein. Schau einfach, dass wir jederzeit abhauen können, sobald die Lage kritisch werden sollte.»

Ich konnte sehr wohl fühlen, dass er innerlich mit sich rang, doch er wollte mir offenbar entgegenkommen. Insgeheim ahnte ich, wie sehr es ihn verletzte, dass ich die bessere Idee gehabt hatte als er.

Ariana ließ andeuten, dass sie zu ihrem Vater auf den Arm wollte. Nicki holte sie aus dem Wagen und drückte sie an sich, flüsterte ihr ein paar zärtliche italienische Worte ins Ohr. Danach kam David an die Reihe. Ich spürte deutlich, wie sehr mein Mann seelisch mit sich kämpfte, ja, dass ihm beinahe die Tränen kamen, als er seinen Sohn behutsam wieder zurück in den Wagen legte.

«Nicki?» Ich berührte seine Oberarme, weil ich wusste, dass ihn das oft beruhigte. «Geht es dir einigermaßen gut?»

«Mhmm», machte er. «Ich hab einfach eine Menge zu tun.» Er schloss den Schuppen wieder ab und wandte sich zu seinem Motorrad.

«Wo gehst du jetzt schon wieder hin?»

«Ich muss nochmals zum Hafen», sagte er. «Ein paar Bootsteile ausbessern.»

«Wozu? Ich dachte, du fährst die nächsten Tage nicht aufs Meer?»

«Ich muss etwas nachsehen.» Sein Blick wanderte an mir vorbei in die Ferne, als er den Motor startete.

«Was denn?»

Er schüttelte nur den Kopf und fuhr langsam an, beschleunigte dann sein Tempo, ohne sich nochmals nach mir umzudrehen. Und schon sah ich ihn wieder nur von hinten.

Ich drehte mich um und ging mit den Kindern ins Haus, nachdem das Motorrad um die Ecke gebogen und meinem Blick entschwunden war. Ich fragte mich, ob wir gerade dabei waren, auf unsere erste fette Ehekrise zuzusteuern. Wie sehr hatte ich gehofft, dass die Nacht unten an der Bucht uns wieder neu verbinden würde, doch anscheinend drifteten wir noch weiter auseinander.

Und dass ich nun Arbeit in der Apotheke gefunden hatte, schien mehr an seinem männlichen Ego zu kratzen, als er zugeben wollte.

12. Verheerende Nachricht

Delia reiste noch an diesem Nachmittag ab. Sie hatte ganz überraschend einen freien Platz im Flug nach Milano am späten Abend ergattern können und würde dann dort noch die Nacht verbringen.

«Dann sind Larissa und ich wenigstens aus der Schusslinie», sagte sie. Ich war froh um diese Lösung. Eine Sorge weniger …

Ich konnte Delia gerade noch über meine neueste Errungenschaft informieren, nämlich die Arbeitsstelle, als auch schon das Taxi vor der Tür wartete, das sie zum Bus bringen sollte. Ich wünschte meiner Freundin viel Glück in ihrer Ehe. Sie wünschte mir dasselbe, und ich war mir nun nicht mehr sicher, wer von uns beiden es mehr brauchte.

Dann war es wieder ruhig im Haus. Mir fiel ein, dass heute ja Freitag war und Domenico den ganzen Abend in der Trattoria verbringen würde. Ich hoffte, dass wenigstens Manuel früher nach Hause kommen würde, so dass ich nicht ganz allein mit den Kindern war.

Ich hatte Glück, und Manuel kam gleich nach der Schule heim. Er nahm gleich wieder seine Schlafecke in Besitz, die Delia geräumt hatte. Offenbar happy, wieder seine eigenen vier Wände zu haben, verzog er sich den ganzen Abend über und lernte entweder für die Schule oder chattete mit seinen Freunden. Auch wenn er nicht mit mir redete, war ich froh, dass er da war.

Ich blieb mit den Kindern im Zimmer und spielte mit ihnen, bis es Zeit war fürs Bett. Ich musste Ariana trösten, die über den Weggang ihrer neuen Freundin Larissa betrübt war. Ich sagte ihr, dass sie Lari gewiss bald wiedersehen würde, auch wenn ich noch keine Ahnung hatte, wann das sein könnte.

Später setzte ich mich an meinen kleinen Schreibtisch, den wir im Schlafzimmer in die Ecke zwischen Schrank und Tür gequetscht hatten und auf dem mein Laptop stand. Ich spielte schon mit dem Gedanken, meine Eltern anzurufen, als jemand hart und eindringlich an die Haustür klopfte.

Das Geräusch fuhr mir durch Mark und Bein.

Ich blickte auf meine Uhr.

Es war kurz nach zehn.

Domenico würde nicht vor Mitternacht zurückkommen. Ich wusste deshalb nicht, ob ich die Tür öffnen oder mich verkriechen sollte.

Zum Glück nahm Manuel mir die Entscheidung ab. Mit lässigem Gang schlenderte er zur Tür, als könne nichts und niemand ihm etwas anhaben. Er wusste doch, dass wir in einer gewissen Gefahr schwebten?

Doch dann war ich überrascht, als ich jugendliche Stimmen hörte. Neugierig trat ich ins Wohnzimmer und lugte von dort durch den offenen Türspalt in die Küche zum Eingang.

Als ich drei junge Afrikaner erblickte, die mit Manuel sprachen, zog ich meinen Kopf sofort wieder zurück. Wer waren sie? Was taten sie hier? Kamen sie, um mich und die Kinder zu kidnappen? Ging das so schnell? Nicki hatte mir doch versprochen, die Situation im Auge zu behalten.

Ich lauschte angestrengt, doch sie sprachen nur gebrochen Italienisch, vermischt mit arabischen Worten, so dass ich nicht viel verstand. Manuel antwortete ihnen etwas. Er kannte den Slang der Jugendlichen deutlich besser als ich, und es beruhigte mich, dass er offensichtlich nicht in Panik geriet. Ich stieß die Tür wieder ein bisschen weiter auf. Manuel hörte mich und drehte sich zu mir um.

«Du, Maya, wann kommt Zi' nach Hause? Ich glaub, mit seinem Boot ist etwas passiert.»

«Das wird bestimmt nicht vor Mitternacht sein», seufzte ich. Ich wusste natürlich, dass Manuel mit Zi' Nicki meinte. Erleichtert trat ich zu den Jungs in die Küche. Jetzt konnte ich sehen, dass es sich um Jamil und zwei andere handelte. Ich kannte nicht alle Jungs, oder zumindest konnte ich mir ihre Namen und ihr Aussehen oft gar nicht merken. Jamil war einer der wenigen, die ich immer gleich erkannte.

«Ich ruf ihn an», sagte Manuel und zückte sein Smartphone. Ein paar Minuten später hatte er mit Nicki telefoniert, und etwa fünfzehn Minuten später hörten wir auch schon dessen Motorrad. Ich staunte, wie schnell mein Mann zuhause sein konnte, wenn etwas

Dringendes passiert war. Wenn er es doch für die Kinder und mich nur auch immer so machen würde …

Die Jungs und ich warteten draußen auf ihn. Kaum war er vom Motorrad gesprungen und atemlos bei uns angelangt, erklärten die Jungs ihm in ihrem abgehackten Italienisch, was genau passiert war.

«Ma che dici? Das darf nicht wahr sein!»

Ich verstand nicht viel.

Nur was von einem zerbrochenen Boot.

Domenico knallte seinen Helm in eine Ecke und rannte ins Haus rein.

«Was ist geschehen?», wollte ich wissen, als er atemlos wieder herausstürmte.

«Ich muss sofort zum Hafen.»

«Jetzt?»

«Irgendjemand hat mein Boot zerstört und versenkt. Ich muss da sofort nachsehen.»

«Ich komme mit», entschied ich.

«Sicher nicht. Du kannst die Kids nicht allein lassen.»

Ich wandte mich hilfesuchend an Manuel.

Vielleicht konnte ja er …?

«Nein, Maya. Kommt nicht in Frage.»

Domenico hatte meine Absichten gleich erkannt.

«Nicki, wir haben doch darüber gesprochen, dass du mich mehr mit einbeziehst in deine Sachen. Manuel kann durchaus ein paar Minuten auf die Kleinen aufpassen. Ich möchte gern mitkommen und dir helfen.»

Manuel zuckte kurz mit den Schultern und nickte. Ich fühlte, dass es etwas ungerecht war von mir, ihn einfach so einzuspannen. Ich nahm mir jedenfalls vor, ihn später ausgiebig dafür zu belohnen.

«Nein», entschied Domenico. «Ich brauche Manuels Hilfe. Es tut mir leid, Maya, aber das geht leider nicht.»

Und so sah ich wieder einmal mehr zu, wie sie ins Auto stiegen, Domenico und Manuel vorne, die drei anderen Jungs hinten. Ich blickte dem Auto hinterher, wie es durch die Dunkelheit davonfuhr. In meinen Augen standen Tränen. Es kam mir fast vor, als würde ich hier ausgeschlossen, weil ich eine Frau war.

Ich blieb stehen. Der Wind wehte um mein Haar und meine Kleider, während mir die Tränen runterrollten. Als mir kühl wurde, setzte ich mich auf die Bank neben dem Haus, die etwas windgeschützt war.

Jetzt war's wirklich genug!

Zum ersten Mal, seit ich hier auf Sizilien lebte, dachte ich daran, einfach meine Koffer zu packen und zu gehen. Dem Rat meiner Mutter zu folgen und zu ihr und Paps nach Basel zu reisen.

Und warum eigentlich nicht? Wenn mein Mann sich so benahm und mich aus seinem Leben ausschloss – hatte er es dann überhaupt verdient, dass ich an seiner Seite blieb? Sollte er doch seine Probleme und die der anderen ohne mich lösen! Das tat er ja sowieso.

Nicht einmal die Freude über den neugewonnenen Job konnte mich in dem Moment trösten. Das Einzige, das mir half, war jetzt, zu beten und vor Gott mein Herz auszuschütten. Als ich anfing, mit Jesus zu sprechen, ergoss sich der ganze Kummer wie ein reißender Fluss aus meiner Seele, meinen Augen und meinem Mund.

Als wäre die göttliche Antwort bereits unterwegs, kam in dem Augenblick der wackelige Alfa Romeo vom Zio den Hang heruntergerattert. Der Zio war wie so oft noch bei einem seiner Freunde eingekehrt, was meistens bis nach Mitternacht ausuferte. Dass er heute mal früher nach Hause kam, erschien mir wie das Wunder, das ich gerade jetzt so sehr brauchte. Der Zio war ein weiser Mann; zwar anders als Pfarrer Siebold, doch er durchschaute das Leben auf seine ganz eigene Art. Und er konnte auch Nicki hin und wieder in die Schranken weisen, wenn er es mal wieder brauchte.

Zio Giacomo stieg aus dem Auto und kam geradewegs auf mich zu. Sein weißes Haar erstrahlte im sanften Schein der Hauslaterne wie ein Schneegestöber, und in dem Moment wurde mir klar, wie sehr ich den kühlen Norden, Deutschland, manchmal vermisste.

«Wo ist Mimmo? Ist er nicht zuhause?» Es schien mir, als würde der Zio spüren, dass irgendwas nicht stimmte.

«Nein. Am Hafen scheint was passiert zu sein. Das Boot wurde anscheinend zerstört», antwortete ich mit matter Stimme. «Domenico und Manuel sind hingefahren, um nach dem Rechten zu sehen.»

Der Zio setzte sich neben mich auf die Bank. Er schüttelte leise den Kopf. Ich sah, dass er wirklich bekümmert war. Es war ja nicht wirklich Nickis Boot, es war im Grunde genommen *sein* Boot.

«Ich hab es ihm gesagt. Immer wieder. Er soll sich nicht überall einmischen. Aber er hört ja nicht auf mich.» Obwohl ich unterdessen schon gut Dialekt verstand, gab er sich doch Mühe, mit mir Italienisch zu sprechen. Sein Mund versank regelrecht unter dem dichten weißen Schnurrbart, als er sprach.

«Wie meinst du das, Zio?», fragte ich vorsichtig. Dachte Zio Giacomo etwa das Gleiche wie ich?

«Ich hab ihm gesagt, er schafft sich so nur Feinde. Eines Tages, Mimmo, hab ich immer gesagt, werden sie sich an dir rächen.»

«Die Mafia?»

«Nicht die Mafia ... die anderen Fischer. Stu picciotteddu, was denkt er sich denn? Er kann nicht einfach herkommen und meinen, alle hören jetzt auf ihn. Ich sage ihm immer, lass deine Hände davon, du kannst nicht allen helfen, kümmere dich lieber um die Familie. Aber nein, Mimmo ist stur. Das hat er von meinem Bruder, seinem Großvater. Er ist stark, das ist er. Aber er ist nicht hier aufgewachsen. Er kann nicht einfach kommen und hier das Zepter übernehmen. Die anderen, sie sind hier aufgewachsen, sie kennen Licata und das Meer seit ihren Jugendtagen. Er nicht. Er ist gut, das ist er. Aber er hat nicht dieselbe Erfahrung wie die anderen Männer. Sie heißen das, was er tut, nicht gut. Ich höre immer wieder, was sie über ihn sagen. Sie sind wütend auf ihn. Sie wollen ihn nicht in ihrer Mitte haben. Und ich sage ihm das immer wieder. Ich sage: Mimmo, sei vorsichtig, sei zurückhaltend. Mach deine Arbeit, misch dich nicht in die Angelegenheiten der anderen ein. Die Welt ist ungerecht, du kannst das nicht ändern. Aber er hört nicht auf mich. Und jetzt? Jetzt hat er riesengroße Probleme.»

«Hm.» Ich zog die Augenbrauen hoch. Tja, das war genau Nickis Stärke und Schwäche zugleich. Sein altbekanntes Dilemma eben.

«Ja, ja, ich weiß, er hatte keine einfache Kindheit. Keine einfache Mutter. Mein Bruder hat es Maria nicht leicht gemacht. Sie ist früh von zuhause weg. Michele ist an Rauschgift gestorben. Das war alles nicht leicht. Mimmo war immer am Kämpfen, immer getrieben von Wut und Verzweiflung. Er will eine bessere Welt erschaffen, aber Madonna santa, die Welt wird nicht besser. Sie wird schlimmer. Das kann er nicht aufhalten.»

«Nein, das kann er nicht», sagte ich leise.

«Und seine Familie muss mitleiden», fuhr der Zio fort. «Das ist nicht gut. Sein ungestümes Verhalten bringt Schwierigkeiten für alle. Das Rauschgift, das er gefunden hat ... er hätte die Finger davon lassen sollen. Am besten ist es hier, wenn man schweigt. Er kann nichts machen. Die Polizei, die Behörden, sie können auch nichts machen. Madonna santa, wer weiß, was da noch auf euch zukommen wird. Darum habe ich gesagt, Mimmo, geh weg von hier, nimm deine Frau und deine Kinder und geh weg.»

«Du meinst, wir sollen wirklich weggehen?»

Ich sah den Zio an. Sein Blick war auf die Hügel in der Ferne gerichtet, die hier und dort durch kleine Lichtflecken beleuchtet waren.

Es dauerte eine Weile, bis der alte Mann weitersprach.

«Ich sage es schon lange. Ich sage immer, verkauf das Boot, mein Junge, und such dir eine vernünftige Arbeit.»

Der Zio setzte sich etwas aufrechter hin. Er war kaum größer als ich.

«Fischen ist ein harter Job», fuhr er fort. «Zu hart für euch jungen Leute. Die Zeiten haben sich geändert. Ihr habt andere Berufe. Das ist nichts mehr für euch. Ihr arbeitet im Büro, in der Informatik, bei der Verwaltung, auf der Bank. Ich habe ihm immer gesagt, Mimmo, geh weg, geh in eine Stadt, geh nach Germania zurück, arbeite etwas anderes, nimm dir Zeit für deine Familie. Noch ein paar Jahre, und dir tun der Rücken und die Knie weh von der harten Arbeit.»

«Das hast du ihm gesagt?» Erstaunt schaute ich den Zio an. Das war eine andere Version als die, die ich ständig von Domenico hörte.

«Natürlich. Ich bin ein alter Mann, aber ich verstehe schon, wie die Welt funktioniert. Alles hat sich verändert, einfach alles. Die neuen Auflagen. Der Umweltschutz. Die Überfischung. Die Preise sind auch viel teurer – für alles. Das ist keine Zukunft für euch.»

«Aber ich dachte, du brauchst Domenico hier, damit er dir hilft? Das ist jedenfalls das, was mein Mann mir immer sagt.»

«Ach was!»

Der Zio winkte ab.

«Er meint es gut, ja, das tut er. Aber er muss nicht an mich denken. Ich bin ein alter Mann. Ich habe meine Pension, kann gut davon leben, ich brauche nicht viel. Er ist jung, hat Familie. Er muss an seine Zukunft denken, an die Zukunft von euch allen. Selbständig Fischen, das ist nichts mehr. Das Mittelmeer gehört schon lange nicht mehr uns einfachen Fischern. Nur die Industriefischerei hat Zukunft, also jedenfalls … solange es noch Fische gibt. Denn die hat ja erst alles kaputt gemacht, die Industriefischerei. Aber auch die Fische sind weg, die Schwämme, die Muscheln, die Schildkröten, da ist nur noch Müll und Gift im Meer. Containerschiffe und Öltanker, Kreuzfahrtschiffe und die Küstenwache, Frontex, die Guardia di Finanza, das Militär, die Schiffe der NGOs und die Menschenschmuggler, das Rote Kreuz, Greenpeace. Aber Fischen, nein, das bringt's nicht mehr. Ich weiß schon, wie das ist. – Ihr müsst Sorge tragen zu der Umwelt. Sie ist eure Zukunft. Nein, Mimmo soll das Boot verkaufen und mit euch zurück nach Germania gehen. Oder nach Svizzera, wo deine Eltern leben. Das wäre das Beste für euch.»

Ich wusste nicht, ob ich die Last, die auf mir lag, damit schon von der Schulter werfen konnte oder nicht.

«Aber was würde dann aus dir werden, Zio, wenn wir zurück nach Deutschland gehen würden?» Ganz unrecht hatte Nicki ja nicht: Zio Giacomo wäre dann ziemlich auf sich allein gestellt.

«Was ich tun würde? Nun, was ich immer gemacht habe. Ich kam allein zurecht, bevor Mimmo kam, und ich komme allein zurecht, wenn ihr geht. Ich habe viel Familie, ich habe Söhne, ich habe Rente. Ich kann das Haus verkaufen, wenn es nicht mehr geht, kann zu meiner Familie ziehen – da ist immer eine Lösung. Ich bin langsam zu alt zum Fischen; meine Knochen, meine Muskeln, meine Gelenke, das ist alles nicht mehr geschmeidig. Ich werde steif. Irgendwann muss auch ich aufhören. Aber ihr seid jung. Du bist eine ausgebildete Frau, du bist Dottoressa, du solltest in deinem Beruf arbeiten – als Ärztin. Frauen sind heute anders als früher. Viel anders. Sind selbständig, haben gute Berufe. Ihr müsst euer Leben aufbauen, ich muss abbauen. Ich kann schließlich nichts mit ins Grab nehmen.»

Ich fragte mich, ob der Zio das meinem Nicki auch schon in genau diesen Worten mitgeteilt hatte und wer hier wen falsch verstanden hatte. Aber Nicki konnte definitiv nicht loslassen, das war mir schon lange klar.

Der Zio entschuldigte sich.

Er sei müde und wolle ins Bett, meinte er.

Und auch für mich war es längst Zeit.

Ich folgte ihm ins Haus und war erleichtert, zu sehen, dass die Kinder tief und fest schlummerten, als ich unser Schlafzimmer betrat. Leise kleidete ich mich aus und legte mich ins Bett – einmal mehr allein.

Der ehemalige Tiger streift immer noch am liebsten in der Nacht herum, schoss es mir durch den Kopf. Gewisse Verhaltensweisen konnte man wohl einfach nicht ganz ablegen.

Ich döste und wusste nicht, wie viel Zeit vergangen war, als ich das Auto hörte.

Mit einem Ruck war ich wach. Ein Blick auf die Uhr, und ich sah, dass es fast vier Uhr morgens war!

Schon wieder war die halbe Nacht durch.

Ich überlegte, ob ich aufstehen oder mich einfach schlafend stellen wollte. Ich lauschte den Stimmen draußen. Ich erkannte die Stimme von Zio Giacomo, dann von Domenico, der Manuel ein paar Anweisungen gab.

Ich konnte nicht anders, als aufzustehen. Ich zog mir etwas über und trat vor die Tür. Die Scheinwerfer des Autos beleuchteten den Platz vor dem Haus.

Domenico, Manuel und der Zio waren dabei, diverse Sachen aus dem Anhänger auszuladen. Er war voll mit Netzen und anderen Gerätschaften, die in ziemlich wirrem Durcheinander dalagen, durchsetzt mit Algen, Plastikflaschen, Muscheln und Blättern, als wären sie soeben aus dem Wasser gezogen worden.

Ich blieb im Schatten der Tür stehen und sah ihnen zu, während ich die Jacke enger um mich zog.

«Es hilft nichts, Mimmo. Es ist, wie es ist. Vielleicht ein Zeichen von oben, dass es vorbei ist», hörte ich den Zio sagen.

Die Männer liefen hin und her, und keiner beachtete mich. Im

Licht der Scheinwerfer sah ich, wie angespannt Domenicos Gesichtszüge waren. Ich seufzte. So, wie es aussah, war das Boot wirklich hinüber.

Als alles ausgeladen war, kam Domenico endlich auf mich zu. Er stutzte, als er mich sah. Anscheinend hatte er mich in der Haustür noch gar nicht bemerkt.

«Maya?»

Ich legte ihm vorsichtig die Hand auf die Schulter. «Ist das Boot hinüber?», fragte ich leise.

Er sah mich mit dunklen Augen an.

«Komplett zerstört und versenkt.»

«Tatsächlich?»

Er zuckte mit den Achseln. «Anders kann man es nicht nennen. Aus. Vorbei. Finito. – Komm, Manù, va' cùrchiti, ich mach den Rest.» Er wandte sich wieder nach seinem Neffen um.

Manuel nickte und schlüpfte an mir vorbei ins Haus.

«Weißt du, wer es getan hat?»

Ich folgte Domenico zum Auto.

«Jemand, der mich zum Schweigen bringen will.» Er nahm die paar Werkzeuge, die noch rumlagen, aus dem Anhänger und verstaute sie im Schuppen. Dann verriegelte er die Tür und ging zu seinem Motorrad.

«Die Mafia? Oder einer der anderen Fischer?» Ich kam mir etwas dumm vor, dass ich ihm wie ein Hündchen hinterherlief, aber ich hatte ein riesiges Verlangen und wohl auch das Recht dazu, endlich darüber in Kenntnis gesetzt zu werden, was hier wirklich abging.

Doch damit hatte ich zum ersten Mal seit langer Zeit eine Grenze überschritten. Mein Mann drehte sich zu mir um und funkelte mich so zornig an, wie er mich schon lange nicht mehr angefunkelt hatte. Ich fühlte mich regelrecht um Jahre zurückversetzt.

«Mensch, Maya, jetzt geh schon rein zu den Kindern!», blaffte er mich an. «Was denkst du dir denn, sie so lange allein zu lassen?»

Ich wich geschockt zurück, als hätte er mir einen Dolch durchs Herz gebohrt. Der spitze Tonfall seiner Worte schmerzte mich geradezu physisch, so dass ich einen Schritt rückwärts stolperte. Er stand da und hantierte an seinem Motorrad herum, wahrscheinlich ohne zu wissen, was er gerade tat.

Ich schaute auf seine Hände, sah, dass sie zitterten.

Er ist unruhig, dachte ich. Als wäre er auf Entzug. Früher waren es das Nikotin und die Pillen gewesen, der Stress, die Nerven, der Blutdruck, was weiß ich, doch jetzt spürte ich, dass ihn die Rastlosigkeit umtrieb, weil er wusste, dass er nicht mehr aufs Wasser konnte. Weil die Arbeit auf dem Meer sein Ventil gewesen war, mit dem er sich hatte abreagieren können. Und wo er zwischendurch auch mit sich allein sein konnte.

Zum ersten Mal begann ich mir Sorgen zu machen, was mit ihm passieren würde, wenn er nun tatsächlich nicht mehr rausfahren und fischen konnte. Würde er am Ende wieder rückfällig werden, ja, gar wieder mit Rauchen und den sonstigen Dingen anfangen, die nun jahrelang kein Thema mehr gewesen waren?

Ich biss mir auf die Lippen. Das Ganze sah gar nicht gut aus. Nicki war quasi süchtig nach dem Meer. Seit er hier auf Sizilien lebte, hatte er nun mal einen großen Teil seiner Zeit mit Fischen verbracht – eine Arbeit, die ihm letztendlich aus seinen Depressionen herausgeholfen hatte.

Wenn das wegfiel – wie würde er darauf reagieren?

War seine heftige Reaktion mir gegenüber ein erstes Anzeichen dafür, dass er dabei war, wieder in seine alten Verhaltensmuster abzudriften; Muster, von denen wir beide gehofft hatten, dass er sie ein für alle Mal bezwungen hatte?

Ich wandte mich um und lief ins Haus zurück.

Drinnen legte ich mich aufs Bett und zitterte vor mich hin, während ich gegen die Tränen keine Macht mehr hatte. Die Wände meines inneren Gefühls-Staudamms zerbarsten, und es quoll nur so aus meinen Augen heraus.

Ariana und David schliefen tief und fest, und deshalb versuchte ich, laute Schluchzer zu vermeiden. Ich wollte nicht, dass meine Kinder ihre Mutter wie ein kleines Schulmädchen weinen sahen.

Aber ich fühlte mich tatsächlich wie ein Schulmädchen.

Fühlte mich überflüssig, ungeliebt, verstoßen.

Wir waren vier Jahre verheiratet, und wir waren bislang glücklich gewesen. Natürlich hatten wir uns hin und wieder gestritten. Und natürlich hatte mein Mann immer mal wieder seine Launen gehabt, die ich ja von früher her auch schon kannte und mit denen ich umzugehen gelernt hatte. Aber nie mehr hatte er mich derart angeschnauzt wie vorhin. Das war früher vorgekommen, in seinen Jugendzeiten, als seine Seele noch so durcheinander gewesen war aufgrund seiner traumatischen Vergangenheit.

Aber jetzt, als Erwachsener, hatte er gelernt, sich zu beherrschen. Er hatte gelernt, seine Stärken einzusetzen und ein verantwortungsvoller Ehemann und Familienvater zu sein. Ich hätte mir keinen besseren Mann wünschen können.

Mit tränenfeuchtem Gesicht schlief ich schließlich ein, und im Halbschlummer träumte ich, wir wären zu fünft auf einem Fischerboot – Domenico, Manuel, Ariana, David und ich. Und das Boot trieb wie eine Nussschale durch einen tosenden Sturm. Domenico war dabei, uns alle zu retten, indem er irgendwelche Seile auswarf und gleichzeitig versuchte, das Boot zu steuern, bis er schließlich von einem seiner Seile, das sich irgendwo an einer Boje verhakte, über Bord gezogen wurde.

Schweißgebadet wachte ich schließlich auf.

Nicki lag immer noch nicht neben mir.

13. Im Zwiespalt der Gefühle

Trotz der wieder einmal viel zu kurzen Nacht konnte ich es kaum erwarten, in der Apotheke zu beginnen. So wie es aussah, würde sie fortan mein Zufluchtsort sein – jedenfalls solange wir noch hierbleiben würden. Das wusste man natürlich nie, da mich ja keiner richtig darüber aufklärte, wie prekär die Situation nun wirklich war. Ich hatte mir tatsächlich schon überlegt, insgeheim ein paar Sachen zu packen, um im Notfall bereit zu sein.

Ich begann den neuen Job also mit Eifer und der Erwartung, dass er mich ein wenig aus der Langeweile und einer gewissen Lethargie und Tatenlosigkeit befreien würde. Obwohl ich das Gefühl hatte, mich mit den ganzen Arzneimitteln bestens auszukennen, war ich zuerst auch ganz schön überrascht, wie viel ich immer noch dazulernen musste.

Alessandro hatte auch kaum Zeit, mich einzuarbeiten, da er selbst fast dauernd mit den Kundinnen und Kunden beschäftigt war. Er führte oft sehr lange Beratungsgespräche. Da die Apotheke ziemlich zentral an einer belebten Straße lag, hatten wir auch fast rund um die Uhr Kundschaft im Laden. So begann ich, mir selbst ein System zurechtzulegen, wie ich mit all dem Neuen zurechtkommen wollte. Ich hatte für den Anfang die Hintergrundtätigkeiten übernommen, etwa Ware auffüllen, Bestellungen vornehmen und Preiskleber beschriften, doch schon in der darauffolgenden Woche, meinte Alessandro, würde er die Apotheke hin und wieder für ein paar Stunden mir überlassen. Das war ja auch der Sinn und Zweck meiner Anstellung, dass er sich zuweilen ein paar Stunden freinehmen konnte.

Ich hatte für Ariana und David hinten im Nebenraum eine Spielecke einrichten dürfen. Alessandro war tatsächlich auf alle meine Forderungen eingegangen. Und Ari benahm sich tadellos. Sie hatte natürlich ihren ganzen Zoo aus Meerestieren mitgenommen, und wir hatten für sie eine kleine Unterwasserwelt gebaut. Auch darin war uns Alessandro sehr entgegengekommen. Er hatte auch nichts dagegen, dass ich mir ab und zu ein paar freie Minuten für die Kinder nahm. Im Gegenteil, er schien froh zu sein, eine solche Hilfe wie mich gefunden zu haben, und er entschuldigte sich immer wieder dafür, dass er mir nicht mehr Lohn bezahlen konnte.

Domenico stellte mir nicht viele Fragen zu meinem Job. Er hatte offensichtlich beschlossen, mich einfach machen zu lassen. Oder aber er war zu sehr mit seinen eigenen Sorgen und seiner Trauer um das zerstörte Boot beschäftigt. Und damit, herauszufinden, wer das alles getan haben mochte.

Ich fragte ihn danach, doch seine Antworten waren vage.

«Der Zio vermutet, dass es ein paar der anderen Fischer gewesen sind», meinte er nur.

«Und du? Was denkst du?», wollte ich wissen.

«Gut möglich», war alles, was von ihm kam.

«Sitzen Gianluca und die anderen immer noch in Untersuchungshaft?» Darüber erkundigte ich mich regelmäßig. Solange die Antwort «Ja» lautete, waren wir vermutlich einigermaßen sicher. Und so blieb ich auch an den Tagen, an denen ich nicht arbeitete, am liebsten zuhause, um meine Sachen zu erledigen, anstatt bei Luisa und Giovanna rumzuhängen.

Gleichzeitig hatte ich keine Lust, ständig den Befehlen meines Mannes nachkommen zu müssen. Ich war eine selbständige Frau und konnte die Dinge durchaus selbst in die Hand nehmen.

Ich verfolgte die Berichte in den Medien natürlich mit großem Eifer, obwohl sie mir nicht viel Auskunft über die aktuelle Sachlage geben konnten. Am Laptop scrollte ich allerdings nochmals zurück zu dem Folgetag von Nickis Drogenfund und schaute mir in der Mediathek die abendliche «Tagesschau» des Deutschen Fernsehens gleich zweimal hintereinander an. Der Sprecher sagte, während hinter ihm ein Bild der Deutschen Presse-Agentur dpa mit den vielen auf dem Wasser schwimmenden Paketen zu sehen war:

«Die italienische Finanzpolizei hat Pakete mit etwa zwei Tonnen Kokain vor der Küste Siziliens gefunden. Bei einer Kontrollfahrt durch die Küstengewässer Siziliens seien den Einsatzkräften etwa 63 im Meer treibende und durch Netze zusammengehaltene Pakete aufgefallen, teilte die italienische Finanzpolizei mit. Der Marktwert der Drogen beträgt geschätzt mehr als 350 Millionen Euro.

Das Rauschgift war den Angaben zufolge wasserdicht verpackt, damit kein Meerwasser eindringen kann und die Pakete nicht sinken konnten; sie hingen in Fischernetzen zusammen und waren mit mindestens je einem Leuchtsignal ausgestattet. Die Behörde sprach von einem der größten Drogenfunde, der jemals in Italien gemacht wurde.

In den etwa 63 Paketen befanden sich den Angaben zufolge insgesamt rund 1500 weitere kleinere Päckchen, in denen die rund zwei Tonnen Kokain verpackt waren. Durch die Beschlagnahmung dieser großen Menge an Rauschgift konnte der Finanzpolizei zufolge der illegale Vertrieb im Land verhindert werden, der sehr hohe Gewinne eingebracht hätte.

Die eigentümliche Verpackung und die Leuchtsignale, die ein Auffinden möglich machten, lassen die Behörden vermuten, dass die Drogen von einem Frachtschiff ins Meer geworfen wurden, um später von Schmugglern geborgen zu werden.

Im Februar 2021 hatten Zollfahnder in Hamburg eine noch deutlich größere Menge entdeckt: 16 Tonnen Kokain in Containern aus Paraguay. Es habe sich um die größte je in Europa sichergestellte Kokainmenge gehandelt, hieß es damals.»

Von dem Drogenfund war in den Medien seither nicht mehr viel berichtet worden. Die Welt hatte andere Probleme. So beschloss ich, mir möglichst wenig Sorgen zu machen und, wichtiger noch, Gott um seinen Schutz zu bitten.

Domenico war nun zwar wie versprochen öfters zuhause, doch er war sehr mit dem Zio beschäftigt, all die Dinge zu regeln, die das Fischereigeschäft betrafen. Da weder der Zio noch Domenico je daran gedacht hatten, eine Versicherung für das Boot abzuschließen, gab es natürlich auch keinen Schadenersatz. Und ein neues Boot konnten sie sich schlicht und einfach nicht leisten.

Ich beschloss, die Männer einfach machen zu lassen und mich möglichst wenig einzumischen. Ich stellte auch wenig Fragen. Ich hatte still für mich entschieden, Nicki die Zeit zu geben, um erst mal alles zu verdauen und sich mit der neuen Situation abzufinden. Das war stets die beste Methode gewesen, mit den Launen meines Mannes umzugehen. So ließ ich ihm seine Freiheit, kümmerte mich um die Kinder und um meine Arbeit in der Apotheke.

Je besser ich dort die Abläufe kannte, umso mehr Spaß machte es. Es gab Zeiten, in denen wir von der Kundschaft schier überrannt wurden, und andere Zeiten, in denen es eher ruhig war. Hin und wieder hatte ich den Laden ganz für mich allein, wenn Alessandro sich ein paar Stunden frei nahm, um ein paar Besorgungen zu erledigen. Die Kunden kamen mit allen möglichen Fragen zu mir, und ich wunderte mich, wie wenig manche hier über gesundheitliche Themen Bescheid wussten.

Es stellte sich heraus, dass Alessandro mit meiner Arbeit sehr zufrieden war. Und dass er, obwohl er mir anfangs eher zurückhaltend vorgekommen war, sehr viel Sinn für Humor hatte. Hin und wieder, wenn wir mühsame Kundschaft hatten, lachten wir hinterher gemeinsam darüber.

Er hatte auch die Kinder sehr gern, besonders Ariana.

Und auch Ari war gern hier, besonders weil sie hier im hinteren Raum ihr eigenes kleines Reich hatte. Zugegeben, ich hätte es gern gesehen, wenn sie eine Spielgefährtin gehabt hätte, doch momentan musste es auch so gehen. Immerhin, Nicki nahm sich trotz seines nagenden Kummers Zeit für sie und ging mit ihr fast jeden Abend zum Strand runter. Das rechnete ich meinem Mann hoch an, da ich wusste, dass andere Männer zu so was in ähnlichen Situationen nicht in der Lage waren.

Eines Vormittags, als ich gerade dabei war, eine ziemlich komplizierte Kundin zu beraten, stand Maria im Laden.

Natürlich. Wie konnte es auch anders sein. Weder ich noch Nicki hatten sie in letzter Zeit gesehen. Wir waren auch aus Sicherheitsgründen nicht mehr in der Kirche gewesen, weil dort auch ein Teil der anderen Fischer zum Gottesdienst ging. Auch die Familienessen am Sonntag hatten wir vorerst abgesagt, weil Domenico keine Lust hatte, sich dort von allen über den Verlust seines Bootes bemitleiden zu lassen.

Und so hatten wir auch Maria so gut wie nie zu Gesicht bekommen, aber natürlich hatte sie irgendwo Wind bekommen, wo ich arbeitete. Vermutlich von ihrer Familie, die ich mittlerweile darüber informiert hatte, wo und bei wem ich diesen Job gefunden hatte.

Um ganz ehrlich zu sein: Sie hatte mir gerade noch gefehlt! Und man konnte wirklich kaum irgendwo hingehen, ohne dass sie nicht auf der Bildfläche erschien.

«Ah, was für eine coincidenza, du hier», strahlte sie, obwohl sie ja längst im Bilde war über alles. Sie schüttelte ihre pechschwarzen Locken, die sie wieder mal frisch gefärbt hatte. Sie wirkte dadurch gleich um ein paar Jahre jünger.

Allerdings war auch ihre Kleidung wieder mal ein bisschen arg «jugendlich» für eine fast Fünfzigjährige – sie trug nämlich ein bauchfreies Top und ihre geliebten Hotpants, und das trotz der mittlerweile nicht mehr ganz so warmen Temperaturen. Dazu schwarze Springerstiefel, als wäre sie gerade in einem Kampfeinsatz.

«Hallo, Maria», sagte ich in gemäßigtem Tonfall.

«Du arbeite hier, ja?», fragte sie und klimperte mit ihren langen Wimpern.

«Ich arbeite hier», bestätigte ich.

«Ah. Schöne Farmacia. Ich immer komme hier.» Sie deutete mit einer ausholenden Geste auf Alessandro, der sie mit einem kurzen Nicken begrüßt hatte. Maria war *überall* Stammkundin, schien mir.

«Ich muss spreche mit Domenico, è importante. Aber er … non prende mail il telefono, er nicht antworte de Telefon», fing sie an zu jammern.

«Er ist beschäftigt», sagte ich.

«Sì … ecché. Er immer beschäftigt. Immer occupato, wie seine telefono. Ich muss frage una cosa, sehr wichtig.»

«Worum geht es denn?»

«Bianca frage wegen ihre Hochzeit. Sie frage, se Manuel la può accompagnare all'altare … eh, ich meine … du weißt schon … in Kirche, de Altare …»

«Brautführer?», schlug ich vor.

«Sì!» Maria strahlte.

«Manuel soll Biancas Brautführer sein?» An die Hochzeit hatte ich nicht mal mehr gedacht. Ich war im Moment so sehr mit anderen Dingen beschäftigt gewesen. Aber natürlich, sie war ja schon sehr bald, wir hatten ja November. Irgendwann war eine Einladung ins Haus geflattert, aber Nicki hatte sie nur achtlos beiseitegelegt. Ich hatte nicht angenommen, dass er vorhatte, da hinzugehen nach all dem, was seine Schwester ihm an den Kopf geschmissen hatte. Sie hatten seither auch keinen Kontakt mehr gehabt zueinander. Ich hingegen hatte mir die Einladungskarte wenigstens mal kurz angeschaut. Die Hochzeit sollte sage und schreibe in Taormina stattfinden.

«Warum ausgerechnet Manuel?»

«Sie hat keine Vater, du weißt. Manuel ist Sohn von Michele. Sie Michele gern, sehr gern. Mehr als Domenico, eh. So, ist schön, wenn Manuel sie bringe zum Altare.»

«Hm, ich weiß nicht, ob Domenico das unbedingt so gut findet.»

«Ah, e perché no? Sie Streit, die beide? Nicht gut. Meine einzige Kinder, nicht gut, wenn Streit. Bianca will matrimonio in Taormina, unbedingt. Taormina schön fur heirate. So viele ricordi, erinnere viel. Erinnere auch Michele. Und gut fur Manuel, er mache de Brautfur … la accompagna all'altare al posto di suo padre. Weil Michele kann nicht mehr, mischinu u figghiu mia. Domenico muss verstehe.»

Ich wusste nicht, wie viele Details Maria über den Streit zwischen Domenico und Bianca kannte, aber es war wahrscheinlich nicht ganz angebracht, von Domenico jetzt zu verlangen, Manuel die Erlaubnis für so was zu geben.

«Comunque, ich muss spreche mit Domenico, dringend. Tu diglielo, ja? Du sage. Bitte.»

«Ich versuch's», sagte ich. «Aber ich kann nichts versprechen. Er ist wirklich sehr, sehr beschäftigt.»

«Ma che fa ganze Tag, eh? Was mache, de barca kaputt, wie fische? Er andere Schiff?»

«Ach, er hat so viel anderes zu tun, Maria.»

«Und du arbeite qui in farmacia, ja?», fragte sie abermals und streckte neugierig ihre Nase zu mir empor. Maria war so klein, dass sie mir kaum weiter als bis zur Schulter reichte.

Ich nickte und wandte mich wieder meiner Arbeit zu, um zu signalisieren, dass ich nun keine Zeit mehr hatte.

«Gute Mann, Alessandro», sagte sie mit einem Blick auf den Apotheker, der konzentriert an der Theke stand und sich gerade etwas notierte. Er hatte vor kurzem sein Haar geschnitten und sah nun ziemlich fesch aus mit seinem Dreitage-Bart und dem eleganten Polohemd. Ich fand ihn fast so hübsch wie meinen Mann.

«Er mir immer helfe mit Rezepte, gibt medicine gratis, gute Mann, er mir immer helfe bei Krampfader», sagte sie mit lauernder Stimme, als warte sie noch auf etwas Besonderes. «Veramente, sehr intelligente Mann.»

In dem Moment sah Alessandro von seinen Notizen auf und blickte nun erstmals etwas konzentrierter zu Maria herüber.

«Ja, Maria, danke auch», sagte er nüchtern. «Schon lange nicht mehr gesehen, dich und die Krampfadern.»

Maria stellte sich extra so hin, dass ihr tiefes Dekolleté ihm zugewandt war. Diese feinen Gesten waren bei ihr natürlich wohldurchdacht.

«Aaaah, Alessandro, aiutami tu.» Maria hatte nun wieder auf Italienisch umgestellt. «Mi fanno male le gambe. Qui, vedi?» Sie bückte sich und zeigte auf ihre Unterschenkel, aus denen ein paar bläuliche Adern hervorstanden. Ihre wilde Mähne fiel ihr dabei ins Gesicht. «Tut ziemlich weh. Hast du mir eine Creme?»

«Ich habe dir schon drei Cremes gegeben, Maria», sagte Alessandro. «Die sind rezeptpflichtig, das weißt du, und ich kann das nicht immer machen. Wer bezahlt mir das? Oder hast du dieses Mal Geld dabei?»

«Aaaah, ich weiß, ich weiß. Das nächste Mal bezahl ich auch wieder, aber gerade habe ich nichts dabei. Kannst du mir die Creme nicht trotzdem geben? Komm schon. Gegen die Schmerzen in der Nacht. Du willst doch nicht, dass ich leide?»

Alessandro seufzte und ging zu einer Schublade. Offenbar hatte Marias herzerweichendes Gejammer ihn einmal mehr rumgekriegt. Er holte eine Tube heraus und reichte sie Maria. «Das wäre die vierte Tube, aber das ist jetzt die letzte. Nächstes Mal musst du sie aber wirklich kaufen.»

«Danke. Vielen, vielen Dank, Alessandro», flötete Maria überschwänglich. «Möge die Heilige Mutter Gottes dich segnen.»

«Wer auch immer», brummte Alessandro.

«Und du sage Domenico, er telefoniere mit seine mamma, ja?», wandte sich Maria nochmals in ihrem Spezial-Deutsch an mich, ehe sie den Laden verließ.

«Anstrengende Frau», bemerkte Alessandro, nachdem wir wieder unter uns waren.

«Das kann man wohl sagen», seufzte ich.

«Und das ist wirklich deine Schwiegermutter?»

«Ja.» Insgeheim fragte ich mich natürlich schon, warum Alessandro ihr so viele Cremes schenken, mir aber keinen vernünftigen Lohn zahlen konnte. Diese Rechnung ging für mich nicht ganz auf.

«Nun ja, viel weiß ich nicht über Maria. Aber man erzählt sich hier im Städtchen natürlich schon Geschichten über sie. Das wird dich nicht überraschen, Maya, oder?»

«Nein-nein, ich weiß das. Und ehrlich, Alessandro: Ich hab sie mir nicht ausgesucht …»

«Man sagt, dass sie als junges Mädchen abgehauen ist und ihre zwei Kinder umgebracht hat.» Alessandro sah mich nun direkt an. «Ich habe viel über diese Geschichte nachgedacht. Ist das wirklich wahr?»

«Ganz so war es nicht», gab ich diskret zur Antwort, doch die wahre Variante wollte ich ihm nicht auftischen. Domenico hatte schon genug zu kämpfen mit der Tatsache, dass Maria, eine Frau mit so schlechtem Ruf, seine Mutter war.

«Sag, warum hast du eigentlich nie einen Arzt geheiratet?», kam Alessandros Frage aus heiterem Himmel. Wieder musterte er mich. Seine schönen dunklen Augenbrauen zogen sich zu einer feinen Linie nach oben. Das Braun seiner Augen strömte etwas Beruhigendes aus. «Oder anders gefragt: Wie bist du auf einen armen Fischer gekommen? Du hättest doch sicher viel bessere Chancen gehabt? Du bist so eine attraktive Frau.»

Ich war etwas pikiert über diese Aussage. So was fragte man doch nicht! Immerhin hatte ich Domenico aus Liebe geheiratet.

Andererseits musste ich zugeben, dass ich mir in meiner aktuellen Situation wirklich einen gutverdienenden Arzt als Ehepartner gewünscht hätte. Es würde mir so viel Kampf und Krampf und Mühe ersparen …

Ich dachte an längst vergangene Jugendtage zurück, als ich tatsächlich mal für eine Weile mit einem Arztsohn zusammen gewesen war. Leon hatte mich wirklich geliebt, und ich hätte mit ihm gewiss eine respektable Zukunft aufbauen können. Doch ich hatte mich damals für Domenico entschieden, weil mein Herz sich einfach diesen Weg gebahnt hatte – oder so geführt wurde, wenn man so will. Ich hatte gewusst, dass ich mir damit Herausforderungen erschaffen würde, doch ich hatte es nicht anders gewollt.

Aus der aktuellen Sicht stellte ich das allerdings doch ein bisschen in Frage. Der ewige Kampf ums Überleben, die Unsicherheit und diese ewige Finanzknappheit hatten angefangen, mein Herz und meine Gedankenwelt langsam aber sicher zu zermürben.

«Das ist eine sehr lange Geschichte», sagte ich und bemühte mich, meiner Stimme einen gefassten Tonfall zu verleihen. «Ich habe meinen Mann geheiratet, weil ich ihn liebe. Und weil uns viel miteinander verbindet, trotz unterschiedlichem Bildungsstand.»

«Aber das ist ja bestimmt nicht einfach für dich hier auf Sizilien?», meinte Alessandro. «Du bist aus Deutschland. Die Kultur und die Menschen dort sind ja ganz anders.»

Er hatte eine ziemlich feine Antenne, wenn es darum ging, die Nöte seiner Kundinnen und Kunden zu erfassen. Deswegen ließen sich die Leute auch so gern von ihm beraten. Es wunderte mich daher nicht, dass er auch mich schon recht gut durchleuchtet hatte.

«Da hast du recht», musste ich zugeben. «Die Menschen sind sehr anders. Es ist nicht immer leicht für mich hier, nein.»

«Und jetzt musst du hier bei mir krampfen und verdienst trotzdem kaum etwas», stellte Alessandro fest. «Hättest du einen Arzt als Mann, könntest du ein schönes Leben führen.»

«Das Arbeiten macht mir nichts aus», versicherte ich. «Im Gegenteil. Ich gehöre nicht zu den Frauen, die zuhause rumsitzen wollen.» Und nach einigem Zögern fügte ich hinzu: «Was mich viel mehr umtreibt, ist, dass mein Mann mit seinen vielen Jobs kaum noch Zeit hat für mich.»

Nun, da es raus war, hätte ich mir am liebsten auf den Mund geschlagen. Wie kam ich dazu, Alessandro so was zu erzählen?

Er sah mich an, und aus seinen braunen Augen leuchtete tiefes Mitleid. Ich habe selten so einen Blick voller Verständnis gesehen. Es fühlte sich an, als ob sich warmer Honig um mein Herz legen würde, und es fing an, in dieser Wärme zu schmelzen.

Hilfe, dachte ich.

Da will ich doch eigentlich gar nicht hin!

Ich konnte mir nicht helfen: In diesem kurzen Augenblick, als Alessandro mich aus seinen tiefen braunen Augen ansah, fühlte ich mich so geborgen und getragen wie schon lange nicht mehr. Und hätte nicht in dem Moment eine Kundin den Laden betreten, hätte ich meine ganze Not vor ihm ausgebreitet.

Ich atmete tief ein, blies die Luft aus und wandte mich dann wieder meiner Arbeit zu.

Reiß dich zusammen, schalt ich mich. Ich würde mich nicht dazu hinreißen lassen, so wie Delia meine ganzen Eheprobleme vor jemand anderem offenzulegen, ganz sicher nicht! «Eine Ehe ist etwas, das man sorgfältig bewahren und behüten muss», pflegte Mama immer zu sagen. «Etwas Heiliges, Kostbares, ein Bund zwischen zwei Menschen, die sich ewige Liebe und Treue versprochen haben. Ein Geheimnis.»

Ich biss mir auf die Lippen, weil meine Augen sich schon wieder mit Wasser füllen wollten. Es passte mir gar nicht, dass ein weiterer Kunde den Laden betrat und ich mich dem Bedienen und Beraten zuwenden musste. Zu gern hätte ich mich für ein paar Minuten zurückgezogen und diese Sache in meinem Herzen bereinigt.

Den Rest des Vormittags hatten wir ununterbrochen Kundschaft, und mir blieb nichts anderes übrig, als meine Gefühle erst mal runterzuschlucken und ein einigermaßen freundliches Lächeln aufzusetzen.

Ich richtete Domenico am Abend aus, dass Maria ihn sprechen wolle, doch er ignorierte es. Er stellte mir auch nicht viele Fragen zu meinem Job und meinem Alltag in der Apotheke. Fast so, als hätte er Angst davor, etwas zu erfahren, das er gar nicht hören wollte.

Er ging mit Ariana hinunter an die Bucht, damit sie ein wenig paddeln konnte. Ich blieb mit David im Garten und genoss die paar Minuten, die ich mal wieder mit meinem Sohn allein hatte. Es hätte alles so schön sein können, wenn wir in unserem Leben einfach ein bisschen mehr Ruhe gehabt hätten.

Umso überraschter war ich, als ich auf einmal eine WhatsApp-Nachricht von Alessandro erhielt:

«Ciao, alles gut bei dir? Du hast heute Morgen traurig ausgesehen. Leider hatte ich wegen der Kundschaft kaum mehr Zeit, mit dir zu sprechen, aber wenn du ein offenes Ohr für deine Nöte brauchst, bin ich gern für dich da. Alles liebe, Aless.»

Uff. Damit sorgte er schon wieder für eine emotionale Sturmflut. Ich hatte schon lange nicht mehr so oft das Wasser in den Augen gehabt wie in diesen Tagen. Eigentlich hatte ich mit meinem Mann jeweils über alles reden können. Er war derjenige gewesen, der mich verstanden und getröstet hatte. Und umgekehrt. Doch in dieser Lebensphase schien plötzlich jeder von uns ganz mit sich selbst beschäftigt zu sein. Und damit, nicht in der Flut der Herausforderungen zu ertrinken.

Seit Maria wusste, dass ich bei Alessandro arbeitete, kam sie fast jeden Tag. Wen wundert's! Und das auch noch meist in den Momenten, wo ich allein im Laden war. Sie hatte präzis herausgefunden, zu welchen Zeiten das war. Manchmal staunte ich schon, was für eine Beobachtungsgabe sie hatte. Das hatte Nicki eindeutig auch von ihr geerbt. Nur war er zurzeit ziemlich abwesend und in seine komplett eigenen Innenwelten versunken, während Maria ganz genau wusste, was lief. Und sie versorgte mich mit Infos, von denen ich nie sicher war, ob Domenico sie kannte oder nicht.

Zum Beispiel wollte sie herausgefunden haben, dass die Zwillinge Matteo und Lorenzo mitbeteiligt gewesen waren, als man Domenicos Boot versenkte.

«Bist du da ganz sicher?», fragte ich argwöhnisch. Soweit ich informiert war, hatten Matteo und Lorenzo nämlich oft mit Nicki zusammengearbeitet. Manchmal wusste ich wirklich nicht, was ich Maria noch glauben sollte und was nicht, doch sehr oft hatten sich ihre Prognosen und Vermutungen durchaus als wahr erwiesen.

«Ich ganz sicher weiß», flüsterte sie in verschwörerischem Tonfall. «Sie sind eifersuchtig. Angst, dass sie wegen Domenico problemi kriege. Aber ihr, ihr weggehe presto. Gianluca und die andere aus Gefängnis komme, ihr weggehe. Capito? Ich hore, was sage die andere Fischer, eh. Vi verranno a cercare, sie suche bis sie finde. Bald. Scopriranno tutto. Nicht mehr lange hierbleiben.»

Ich seufzte. Mir war klar, dass wir nicht darum herumkommen würden, unser Zuhause bald zu verlassen. Da Domenico nicht mit mir darüber sprach, war ich tatsächlich froh, dass wenigstens Maria mich mit Informationen versorgte. So konnte ich mich innerlich darauf vorbereiten und heimlich schon mal ein paar wichtige Sachen packen. Wer wusste, wie plötzlich unsere Flucht dann ablaufen würde. Mein Ziel war es aber, so lange wie nur möglich in der Apotheke zu bleiben, damit ich noch ein wenig Geld verdienen und es auf die Seite legen konnte, auch wenn es nicht viel war.

Natürlich erhoffte Maria sich jedes Mal eine Gelegenheit, irgendwas zu schnorren. Vor allen Dingen kleine Gratismuster von Parfums, Cremes, Lotionen, Shampoos und Sprays – von denen wollte sie immer jede Menge haben.

Ich gab ihr meistens etwas, damit sie dann auch irgendwann wieder ging. Doch sie wartete meistens so lange, bis Alessandro wiederkam, um ihn mit Fragen zu bombardieren. Fast jeden Tag hatte sie eine neue Krankheit, zu der sie von ihm professionellen Rat kriegen wollte. Wenn es nicht die Krampfadern waren, war sie erkältet, oder es juckte sie irgendwo. Oder sie hatte Bauchschmerzen. Oder dann taten ihr wieder die Füße weh, der Ellbogen, die Kniescheiben, die Halsmuskulatur.

Ich fürchtete, dass sie sich schlicht und einfach langweilte, weil sie nicht wirklich was zu tun hatte. Dennoch, ich war froh um die Informationen, mit denen sie mich eindeckte.

Alessandro erkundigte sich regelmäßig, wie es mir ging. Zum Glück war Maria schlau genug, ihn nicht darüber zu informieren, dass Nicki und ich in einer gewissen Gefahr schwebten. Sonst hätte er mich vermutlich aus Sicherheitsgründen wieder vor die Tür gestellt. Aber so hatte er keine Ahnung, was mich außer meinen Eheproblemen sonst noch beschäftigte, und er war wirklich Meister darin, Frauenherzen zu verstehen.

Ich wusste nicht viel über sein Privatleben, außer dass er verheiratet war. Über seine Frau hörte ich nicht viel, und ich hegte den Verdacht, dass die Beziehung nicht sehr eng war. Im Gegensatz zu Nicki und mir, die im Grunde genommen fest zusammengeschweißt waren.

Nur jetzt gerade eben nicht.

An einem Vormittag, als wir wenig Kunden hatten, weil es draußen regnete, machten wir uns daran, die Schubladen und das Lager mal wieder aufzuräumen und zu entstauben. Ich hatte Ariana und David ausnahmsweise an diesem Tag zu Luisa gebracht, damit wir uns ungestört dieser Arbeit widmen konnten. Alessandro machte sogar den Laden für zwei Stunden ganz dicht.

«Dein Mann hat dich noch nie an deinem neuen Arbeitsort besucht», stellte Alessandro sachlich fest, als wir dabei waren, die Produkte aus dem Lager in einer Kiste zu parken, damit wir die Regale säubern konnten.

Das hatte Nicki tatsächlich nicht getan.

«Er hat eben zu tun», meinte ich.

«Finde ich eigentlich schade», sagte Alessandro. «Interessiert er sich denn nicht dafür, was du machst?»

Diese Frage war schwierig zu beantworten. Ich erinnerte mich an die Zeiten, als er unendlich stolz auf mich gewesen war, weil ich den Doktortitel geschafft hatte. Später hatte er angefangen, sich etwas mehr zu distanzieren, nachdem er gespürt hatte, dass ich so viel mehr wusste als er und er mir in dieser Hinsicht das Wasser nicht reichen konnte.

Ich hatte es ihm nicht übelgenommen. Mir war klar, dass unser unterschiedlicher Bildungsstand etwas war, das nicht jedes Paar meistern konnte. Dennoch, wir hatten einander stets unterstützt, und er hatte versucht, alles beizutragen, was er nur konnte. Einmal hatte er mich sogar zu jenem Ärztekongress nach Deutschland begleitet. Und das sogar ziemlich souverän.

Ich spürte allerdings, dass er sich tatsächlich bewusst oder unbewusst vor der Apotheke zurückzog.

«Er interessiert sich schon dafür», sagte ich vorsichtig. «Nur, eben, momentan ist seine To-do-Liste ellenlang. Sein Boot ist kaputt, und er muss einiges reparieren …»

Ich hatte es bis jetzt geschafft, Alessandro zu verheimlichen, was wirklich passiert war, doch ich hatte Angst, dass die Gerüchte eines Tages doch bis zu ihm durchdringen würden. Domenico war ja nicht gerade unbekannt in Licata …

Alessandro hielt inne und sah mich an. Seine braunen Augen schienen fast zu schmelzen. Ich wusste nicht so richtig, was ich mit seinem Blick anfangen sollte, und schlug die Augen nieder.

«Weißt du, was ich schade finde?», meinte er leise.

«Nein.»

Hilfe, was kam jetzt?!

«Dass wir beide, du und ich, uns nicht früher kennengelernt haben.»

«Wie meinst du das?», fragte ich zaghaft.

«Nun, du bist mit jemandem verheiratet, der nicht wirklich versteht, was du machst, und der deine Welt nicht teilen kann. Mir geht es ähnlich. Meine Frau interessiert sich nicht für das, was ich mache. Sie wirft mir vor, mit der Apotheke verheiratet zu sein. Dabei hätten wir so viel zusammen aufbauen können. Doch das will sie nicht. Jetzt mach ich halt alles allein, während sie ihre eigene Karriere verfolgt.»

«Hm.»

Ich hielt inne, weil ich schon wieder von einem Flashback heimgesucht wurde. Wie viele gemeinsame Träume hatten Domenico und ich gehabt! Auch wir hatten einst zusammen etwas aufbauen wollen. Ich hatte Medizin studiert, weil ich mich zusammen mit Nicki um verwahrloste Jugendliche hatte kümmern wollen. Uh, was hatten wir damals zusammen phantasiert! Ein Heim hatten wir sogar gründen wollen. Ich hätte die jungen Menschen medizinisch betreut, und Nicki hätte sich um ihre seelischen Belange gekümmert.

Doch irgendwie war das alles nicht so richtig zustande gekommen. Mein Mann betätigte sich hier zwar als eine Art Sozialarbeiter für die jugendlichen Flüchtlinge, aber das tat er ganz ohne mich. Und irgendwie waren wir beide verzweifelt darum bemüht, unsere Familie über Wasser zu halten. Im Grunde drehte sich also inzwischen alles immer viel mehr um uns selbst als um andere.

Und das war nicht der Plan gewesen.

Wieder fiel mir mein Freund Leon ein, mit dem ich als Fünfzehnjährige einige Zeit zusammen gewesen war, und erneut fragte ich mich, ob er am Ende nicht doch die bessere Wahl für mich gewesen wäre. Meine Hirnrädchen drehten sich jetzt alle in diese Richtung, ob ich es wollte oder nicht.

«Ganz ehrlich, Maya: Hätte ich dich vor einigen Jahren gekannt, ich hätte dich auf der Stelle geheiratet. So eine wunderschöne, intelligente, kluge Frau – wer hätte so was verdient? Weiß dein Mann überhaupt, was er an dir hat?»

Das Braun in Alessandros Augen hüllte mich in eine Wärme, der ich eigentlich widerstehen wollte. Solch warme Blicke konnte mein Mann mir mit seinen blaugrauen Augen nicht zuwerfen …

Was passiert da gerade mit mir?, dachte ich verzweifelt. *Bin ich tatsächlich bereits nach vier Jahren Ehe in einem Ehe-Burnout gelandet?*

«Du hast so wunderschöne Augen», fügte Alessandro noch hinzu, und mir wurde klar, dass ja auch ich ihn mit braunen Augen anschaute. Braun zu Braun – irgendwie löste das eine mysteriöse Verbundenheit aus …

«Ich … ich … muss schnell meine Schwiegertante anrufen und fragen, ob mit den Kindern alles in Ordnung ist», stotterte ich, um meinen Blick abwenden zu können. Das konnte, das durfte jetzt einfach nicht sein! Schnell flüchtete ich in den anderen Raum und zückte mein Smartphone.

Eines war klar: Lange konnte das nicht so weitergehen. Irgendwann würde auch diese Situation eskalieren. Zum Glück würden wir zumindest an normalen Tagen wieder Kunden im Laden haben. Dann konnte ich das Ganze zumindest ein bisschen eindämmen …

Nicki war an diesem Abend wieder zuhause. Er schaffte es tatsächlich, sich in letzter Zeit öfters in den eigenen vier Wänden aufzuhalten. Ich staunte, was alles ging, wenn er nur wollte.

Wir saßen mit den Kindern im Garten. Nicki spielte mit ihnen, während ich auf meinem Smartphone ein paar Nachrichten beantwortete. Das Meer rauschte im Hintergrund, als ob es versuchte, uns seine Geschichten zu erzählen.

Doch es kannte die unsere nicht.

Hendrik, mein Schwager aus dem hohen Norden, hatte mir geschrieben und wollte mal wieder ein Lebenszeichen von uns hören. Da Nicki mit seinem altmodischen Gerät meist nur schwer zugänglich war, war es an mir, all die Kontakte aufrechtzuerhalten. Auch Delia wollte wissen, wie es uns ging und ob wir immer noch in Gefahr schwebten. Sie hatte mir mit einer Sprachnachricht berichtet, dass sie und Ronny einen neuen Versuch gestartet hatten. Patrik hatte mir ein paar Fotos von Südafrika geschickt, wo er sich gerade aufhielt.

Auf einmal meldete sich ein weiteres «Pling» auf meinem Smartphone. Eine neue WhatsApp-Nachricht tauchte auf:

«Falls du heute Abend schon wieder allein zuhause rumsitzt: Meine Frau ist auch nicht zuhause. Wenn du magst, können wir zusammen ausgehen und ein wenig plaudern? Aless.»

Meine Augen wurden kugelrund. Obwohl es auf meinem Smartphone ständig «Pling» machte, schaute Domenico dieses Mal auf.

«Wer schreibt dir da eigentlich alles?», fragte er.

«Och … nichts. Nur ein paar Freunde …» Ich starrte die Nachricht an, als würde sie sich gleich vor meinen Augen in nichts auflösen – oder in einen Zauberberg verwandeln. Zum Glück war es schon ziemlich dunkel, so dass Nicki nicht sehen konnte, wie ich errötete.

Oder sah er es doch?

Eines musste ich nämlich immer berücksichtigen: Mein Mann hatte eine scharfe Beobachtungsgabe.

«Dir gefällt es ziemlich gut in der Apotheke, was?», fragte er unvermittelt.

«Ja, schon!», sagte ich wahrheitsgetreu und versuchte, den Tonfall meiner Stimme in der Balance zu halten. «Es bringt mir wirklich viel Abwechslung.»

«Das kann ich mir denken», meinte er.

Ich wusste nicht, was ich darauf antworten sollte. Schnell schloss ich Alessandros Nachricht wieder. Ich würde sie definitiv nicht beantworten.

«Du hast ein ziemlich gutes Verhältnis mit dem Apotheker, nicht wahr?», durchbrach seine Stimme erneut die Stille. Ariana krabbelte auf seinen Schoß und rollte sich zusammen. Er streichelte ihr lockiges Haar und sah mich wieder an.

«Wir verstehen uns gut, ja», sagte ich. «Wir haben dieselben Interessen und …»

«Meine Mutter sagte, dass er ziemlich mit dir flirtet.»

«Oh.» Natürlich. Das war ja klar gewesen. Wie hätte ich Maria auch trauen können. Sie hatte ihre Augen und Ohren einfach überall.

«Na ja», sagte ich. «Er mag mich.»

Was sonst sollte ich darauf auch erwidern?

Ich mochte Domenico nicht anlügen.

«Es ist aber nichts passiert zwischen uns», fügte ich hinzu, weil das ja wirklich stimmte.

«Schon klar», meinte er und versank in Schweigen. Ich wusste nicht, ob er von mir noch mehr über dieses Thema erwartete, und beschloss schließlich, nicht weiter darauf einzugehen. Es war ja wirklich bis jetzt nichts passiert, außer dass meine Gefühle ein, zwei Mal richtiggehend aufgewühlt worden waren. Dennoch, mir war klar, dass nur schon ein emotionaler, gedanklich-träumerischer Ausflug zu einem anderen Mann einen Riss verursachen konnte.

«Ich hab übrigens beschlossen, dass wir zu Biancas Hochzeit hinfahren», sagte Domenico unvermittelt.

«Im Ernst?» Ich war ziemlich erstaunt. «Aber sie hat dich doch massiv beleidigt?»

Er zuckte mit den Schultern.

«Sie ist meine einzige Schwester.»

«Na, nicht ganz, Nicki. Du hast noch deine Halbgeschwister in Norwegen.»

«Ja, aber mit Bianca verbindet mich mehr als mit ihnen. Wir sind gemeinsam durch so vieles gegangen. Es wäre falsch, sie zu hassen für das, was sie mir an den Kopf geworfen hat. Sie ist ja in ihrem Leben selber auch zutiefst verletzt worden. Das ist mir bewusst geworden, weil … weil ich zur Beichte gegangen bin und hinterher mit Pater Cristoforo gesprochen hab.»

«*Du* bist zur Beichte gegangen?»

Ich sah ihn verwundert an.

Das hatte er bis jetzt noch nie getan.

Bisher hatte er seine persönlichen Zwiegespräche mit Gott geführt, hatte im stillen Kämmerlein gebetet, so wie ich auch. Vermutlich zuweilen auch weit draußen auf dem Meer … Mein Mann gehörte jedenfalls nicht zu den Menschen, die ihr Innerstes vorbehaltlos preisgaben.

«Ich musste dringend ein paar Gedanken loswerden», erklärte er. «Ich wollte ja eigentlich nie mehr ein Wort mit ihr sprechen, wollte auch nicht zu ihrer Hochzeit gehen. Aber Pater Cristoforo hat mir geraten, es eben doch zu tun. Und ihr zu verzeihen. Ich bin ja immerhin ihr einziger Bruder. Außer mir hat sie keine anderen Geschwister mehr. Einen Vater hat sie ja nicht wirklich. Pater Cristoforo meint, die Tatsache, dass Bianca uns zu ihrer Hochzeit eingeladen hat, bedeutet, dass sie sich mit mir versöhnen möchte.»

«Hm, okay», sagte ich vorsichtig. Ich war positiv überrascht über diesen nie erwarteten Schritt, den mein Mann da gemacht hatte. Immerhin hatte Bianca wirklich den wundesten Punkt in Domenicos Seele angerührt. Früher hätte er definitiv viel länger gebraucht, um darüber hinwegzukommen.

«Dann gehen wir also zur Hochzeit», stellte ich fest. «Und – Manuel wird tatsächlich Biancas Brautführer sein?»

«Nur wenn er das möchte», meinte er schlicht. «Ich zwinge ihn ganz gewiss nicht.»

«Okay», meinte ich. «Aber ist das alles nicht viel zu gefährlich in der jetzigen Situation?»

Er schwieg eine Weile und schien sich was zu überlegen. «Nicht gefährlicher, als hier zu bleiben», meinte er. «Ich hab mir schon ein paar Gedanken dazu gemacht.»

«Na, dann von mir aus.»

Ich hatte nichts dagegen. Im Gegenteil. Vielleicht würde so ein Ausflug uns allen wieder etwas Neues zeigen, neue Landschaften, neue Perspektiven, und unser Hirn durchpusten, unser Herz, unsere festgefahrenen Gedanken und Gefühle.

Oder sogar eine Wende in unsere Situation bringen.

Womöglich war es doch genau das, was wir brauchten.

14. Eine Hochzeit mit Folgen

Ich drehte mich vor dem Spiegel um die eigene Achse und zupfte an meinem Kleid herum. Es war das Einzige, das weit genug war, um die meiner Meinung nach überflüssigen Pfunde zu verbergen. Dazu trug ich große klimpernde Ohrringe, die zum Kleid passten.

Ich begutachtete meine Sommersprossen. Am liebsten hätte ich sie mir aus dem Gesicht ausradiert. Ich fühlte mich wieder einmal total neben den Schuhen. Vielleicht, weil ich bald meine Tage bekommen würde.

Domenico ging an mir vorbei, schaute mich kurz und ein wenig skeptisch an.

«Findest du es nicht gut?», fragte ich, während meine Laune weiter in den Keller rasselte.

«Etwas bunt vielleicht», murmelte er nur.

Und ging dann weiter.

Ui, gar nicht gut. Nicht das, was ich brauchte! …

Ich schluckte einen Kloß im Hals runter. Früher hätte er mich mit Komplimenten überhäuft, hätte mir gesagt, wie schön ich sei. Nun kam rein gar nichts, null Komma nix.

Was musste ich daraus schließen? Dass er mich in Tat und Wahrheit nicht mehr schön fand, es mir aber nicht sagen wollte? Oder dass er so sehr mit seinen eigenen Sorgen beschäftigt war, dass er mich gar nicht mehr richtig wahrnehmen konnte? Oder dass er tatsächlich verletzt war, weil Alessandro in mir gewisse Gefühle ausgelöst hatte?

Er selbst hatte seine besten Klamotten angezogen. Seine Auswahl an Kleidern war allerdings nicht riesig: Für solche Anlässe trug er stets dieselbe Hose, die er bei seiner eigenen Hochzeit getragen hatte, dazu ein hellbraunes Hemd, das Mama ihm vor langer Zeit geschenkt hatte. Viel mehr hatte er nicht im Schrank. Doch es genügte, um ihn einmal mehr umwerfend aussehen zu lassen.

Ach, es war so ungerecht! Männer mussten keine Kinder gebären und konnten ihre Figur behalten, während Frauen sich viel mehr anstrengen mussten, um gut auszusehen. So war es schon immer, und so würde es vermutlich immer bleiben.

Ich versuchte, mir nicht allzu viel aus seinem Kommentar zu machen, aber es tat dennoch weh.

Die Kinder sahen süß aus: Für einmal hatte ich Ariana in ein lilafarbenes Rüschenkleid gesteckt, das Domenicos Tanten ihr geschenkt hatten. Sie hatte ausnahmsweise akzeptiert, nicht in ihrem geliebten Streifenshirt unterwegs sein zu dürfen. Zumal Domenico so hin und weg war wegen seiner schönen Tochter, dass er sie stolz auf seine Schultern hob.

Wenn er doch auch so stolz auf mich wäre …

David hatte ein weißes Hemd mit einer kleinen schwarzen Fliege an – auch ein Geschenk von Domenicos Tanten, die sichergehen wollten, dass alle Kinder adrett gekleidet waren.

Den Vogel schoss allerdings Manuel ab. Luisa, Giovanna und die Nonna hatten ihn mit dem besten Anzug eingedeckt, den sie in ganz Licata hatten auftreiben können. Als Brautführer musste er natürlich perfekt aussehen. Und das tat er wirklich: Sie hatten ihn, um all das noch zu toppen, auch gleich noch zum Friseur geschickt. Jetzt wirkte er wie ein kleiner Star und sah noch besser aus, als Nicki und Mingo in ihren Jugendjahren ausgesehen hatten.

Wir quetschten uns alle ins Auto, Manuel vorne auf den Beifahrersitz, ich mit den Kindern auf den Rücksitz. Ich war froh, dass Zio Giacomo mit seinem Bruder Giuseppe und Nonna Graziella fuhr und wir ihn nicht auch noch im Auto unterbringen mussten.

Taormina – wir waren lange nicht mehr dort gewesen. Domenico kostete es jedes Mal eine gewisse Überwindung, diesen Ort zu besuchen, der ihn so an seinen verstorbenen Zwillingsbruder erinnerte. Doch wahrscheinlich war genau das der Grund gewesen, warum Bianca diesen Ort für ihre Hochzeit ausgesucht hatte: Sie verband damit sehr viele positive Erinnerungen, vor allen Dingen in Bezug auf Mingo.

Ich hätte gern gewusst, was Domenico in diesem Moment fühlte, doch er ließ sich nichts anmerken. Er unterhielt sich fast die ganze Fahrt nur mit Manuel. Ich spürte deutlich, wie glücklich Manuel war, seinen Onkel mal wieder ein wenig für sich zu haben, und so ließ ich ihnen den Raum und die Freiheit.

Stattdessen starrte ich aus dem Fenster und sah die herbstliche Landschaft Siziliens an mir vorüberziehen. Die Bäume entlang der Straßen trugen ein prächtiges Kleid aus leuchtendem Orange, tiefem Rot und goldenem Gelb, während die Palmen im Wind leicht hin und her wippten. Zwischen den Bäumen an den Hängen reckten sich Olivenhaine in die Höhe, ihre silbernen Blätter glitzerten im flirrenden Sonnenlicht. Die Oliven waren reif und hingen in dichten Trauben an den Zweigen, bereit, geerntet zu werden. Und neben der Straße blühten noch vereinzelt Blumen, die noch mehr Farbe ins Spiel brachten.

Und dazwischen immer wieder das weite saphirblaue Meer, dessen Anblick einen nie langweilte.

Wir hatten etwa drei Stunden zu fahren und kamen für einmal ziemlich pünktlich in Taormina Mazzarò an. Manuel wäre gern mit der Seilbahn hinauf nach Taormina gefahren, doch selbst dafür waren unsere Finanzen zu knapp. Also schlängelten wir uns die Straße hinauf, vorbei an blühenden Gärten und Villen und pastellfarbenen Häusern, an denen Bougainvillia, Drillingsblumen, den Fassaden entlang nach oben kletterten – und diese ganze Szenerie immer mit dem Ätna im Hintergrund.

Wir stellten das Auto auf einen Parkplatz vor der Porta Messina, dem Eingangstor in die Altstadt von Taormina. Nicki kümmerte sich wie meistens nicht darum, ob man für den Parkplatz bezahlen musste oder nicht, und ich hoffte, dass uns am Ende nicht eine saftige Busse erwarten würde.

Die Trauung sollte in der Chiesa di Giuseppe auf der Piazza IX Aprile stattfinden. Es war ja klar, dass Bianca ausgerechnet diese Kirche gewählt hatte. Mit dieser Piazza verbanden sich weitere Erinnerungen, auch bei mir. Jedes Mal, wenn ich auf der Piazza ankam, machte mich das atemberaubende Panorama, das sich vor uns ausbreitete, regelrecht sprachlos. Das mir so wohlbekannte Schachbrettmuster des Bodens gab mir fast ein wenig das Gefühl, zuhause anzukommen.

Wir gingen an den Straßenmalern vorbei, die unter den Bäumen ihre Staffeleien aufgestellt hatten. Domenico schaute sie kurz an, sagte aber nichts. Er war einst einer von ihnen gewesen – sogar der Beste von ihnen! Schade, hatte er kaum noch Zeit zum Zeichnen und Malen …

Vor der Kirche warteten bereits unglaublich viele Menschen. Bianca und ihr Mann schienen halb Sizilien eingeladen zu haben. Sie konnten es sich ja leisten! Laut Giovanna und Luisa hatte man sogar in den Medien lesen können, dass Orlando Lombardi, der bekannte Hotelbesitzer, endlich heiraten werde.

Ein flüchtiger Gedanke streifte meinen Verstand, nämlich die Frage, ob etwaige Verfolger, die sich wegen des aufgedeckten Drogenschmuggels an Domenico rächen wollten, auf diese Weise nicht irgendwie Wind von dieser Hochzeit bekommen hatten. Und damit auch herausgefunden hatten, dass Domenico der Bruder der Braut war und an diesem Tag gewiss anwesend sein würde.

Ich wusste nicht, warum ich so was dachte. Bis jetzt hatte es keinerlei Anzeichen dafür gegeben, dass wir verfolgt wurden.

Ich schüttelte den Gedanken schnell wieder ab und folgte meinem Mann und Manuel. Nicki trug Ariana auf seinem Arm, während ich David fest an meine Brust gebunden hatte. Unter all den teilweise sehr vornehmen Gästen suchten wir nach bekannten Gesichtern und fanden endlich Domenicos Familie.

Die Frauen waren alle schon total aufgekratzt. Die wohlbeleibte Giovanna zupfte sich in hektischer Nervosität das Kleid zurecht. Luisa, wie immer etwas ruhiger als ihre Schwester, begnügte sich damit, sich mit geschmeidigen Bewegungen das Haar glattzustreichen. Die Nonna trampelte aufgeregt von seinem Bein auf das andere und klagte über schmerzende Füße.

Die Männer standen etwas daneben und rauchten genüsslich ihre Zigaretten. Giuseppe und Enrico nahmen Manuel in ihre Mitte, der schon ziemlich nervös war, weil er derjenige war, der seine Tante Bianca zum Altar führen sollte. Sie klopften ihm beruhigend auf die Schultern und versicherten ihm, dass er das schon packen werde.

Ich sah mich nach Domenico um, der seinen Blick konzentriert über die Piazza schweifen ließ, so als würde er nach etwas suchen. Er presste Ariana fest an sich.

«Nicki, denkst du, wir sind hier irgendwie in Gefahr?», fragte ich ihn.

«Man weiß nie», sagte er. «Falls wir aus irgendeinem Grund getrennt werden: Bleib in der Nähe von Luisa und Giovanna, okay?»

Das würde ich so oder so tun, nahm ich mir vor. Ich kannte ja den größten Teil dieser Gäste hier gar nicht. Orlando schien die viel größere Famiglia zu haben als Bianca. Wer wusste schon, wer sich da alles darunter befand.

Jemand tippte mir von hinten auf die Schulter. Ich erschrak heftig und stieß erst dann erleichtert die Luft aus, als ich sah, dass es Maria war. Natürlich, wer sonst trug denn so ein penetrantes Parfum?!

«Psst», flüsterte sie mir zu. Sie steckte in einem Spitzenkleid, das ihr eigentlich viel zu eng war und ihre Kurven etwas arg offensiv betonte. Aber wahrscheinlich war das wie meistens Absicht. Ihr frisch gefärbtes Haar glänzte in der Novembersonne. Sie war kunstvoll geschminkt, und ich staunte immer wieder aufs Neue, wie gut sie das beherrschte, wenn sie sich Mühe gab.

«Was ist denn, Maria?», fragte ich.

Sie deutete mit einem Kopfnicken in eine undefinierbare Ferne. «Du und Domenico, aufpasse. Leute sind da, forestieri, von da. Ich glaube, sie suche du und Domenico.»

«Meinst du?» Ich verrenkte mir fast den Hals, doch Maria wies mich sofort zurecht. «Psst. Statti tranquillu. Du bleibe still. Sonst sie merke.»

Sie strich mir das Kleid glatt und tat so, als würde sie mich von allen Seiten bewundern. «Quantu si bedda», rief sie erfreut. Auch wenn sie damit nur ablenken wollte, tat mir das Kompliment gut. Maria hatte, wenn sie wollte, durchaus Geschmack, weswegen man ihre Komplimente ohne Weiteres ernst nehmen durfte.

«Nicht wahr, Domé?», wandte sie sich an ihren Sohn, der gerade wieder zu uns trat. «Sehr schone Frau, deine Maya, eh?»

Domenicos Blick wanderte flüchtig zu mir, und für einen Moment sah es aus, als würde er aus einer gewissen Trance aufwachen. Er nickte, und es lag sogar ein bisschen Anerkennung in seinem Blick.

Doch dann zogen sich seine Augenbrauen wieder wie Gewitterwolken zusammen, und er ließ seinen Blick weiter durch die Menge streifen. Wieder drückte er Ariana fest an sich, die an seiner Schulter döste. Manuel plauderte immer noch mit Enrico und Giuseppe und wurde schließlich in die Sakristei gerufen, wo er sich bereithalten sollte, um Bianca nachher zum Altar zu bringen.

Domenico sah den elegant gekleideten Männern hinterher, die Manuel von uns wegholten. Offenbar waren das die Organisatoren der Feier. Er winkte Enrico und Giuseppe heran und deutete ihnen mit einem Kopfnicken an, der Gruppe zu folgen und Manuel im Auge zu behalten.

«Sicher ist sicher», murmelte er. Und zu mir gewandt: «Geh, bleib bei Luisa und Giovanna. Ich muss was nachsehen. Und nimm Ari mit. Wir treffen uns in der Kirche.» Er stellte Ariana vorsichtig auf die Füße. Ich nahm meine Tochter an der Hand und gesellte mich zu den anderen Frauen. Luisa nahm mich in Empfang, als hätte sie schon etwas geahnt.

Ich schaukelte David ein bisschen in meinem Arm; für einen kurzen Moment hatte er angesichts der vielen Leute müde zu wimmern begonnen. Der ganze Lärm, die Stimmen, das Gelächter, das Vibrieren in der Luft – das hier war eigentlich nichts für so ein kleines Kind. Doch gleichzeitig …

… läuteten in mir immer mehr Alarmglocken. Instinktiv drückte ich David noch fester an mich und hatte das Bedürfnis, ihm Schutz zu geben. Mein kleiner Junge schlief jetzt zwar wieder – mit offenem Mund. So weit, so gut. Aber ich nahm mir vor, nah an der Seite von Luisa und ihrem Mann zu bleiben. So würden auch die anderen Männer der Familie nicht weit entfernt von uns sein. Das gab mir etwas Sicherheit.

Intuitiv begann ich damit, in meinem Hirn den ganzen Platz vor der Kirche schon mal nach Fluchtwegen zu scannen. Wo würde ich auf die Schnelle hinfliehen können, falls die Sache wirklich ungemütlich werden würde? Zurück zum Auto? Das würden sie vermutlich gleich als Erstes anzünden oder etwas in der Art, um uns an der Flucht zu hindern. Und auf der offenen Piazza würde man mich in meinem bunten Kleid schnell ausfindig machen und mir vielleicht sogar gnadenlos an die Gurgel gehen. Und David mit dazu. Vielleicht auch mit Waffen.

Bei dem Gedanken wurde mir beinahe übel vor Aufregung. Ich hatte auf YouTube genug Filme über die Mafia gesehen.

«So, Maya, jetzt mach mal halblang!», befahl ich mir selbst. «Komm – einatmen, ausatmen, einatmen, ausatmen, so wie bei der Geburt! Jetzt sei doch ein einziges Mal im Leben ganz ruhig und rational! Keine Hysterie, kein Nervenflattern, kein gar nichts. Einfach mal scharf analysieren: Du bist kein Opfer, du bist nicht verloren. Aber du müsstest im Falle des Falles irgendwie unbemerkt durch die engen Gassen schlüpfen und dich an einem verborgenen Platz verstecken können. Alles andere bringt die Kids und dich in allergrößte Gefahr. Also reiß dich jetzt zusammen und überleg dir was! Es muss doch eine Lösung geben, für dich, für die Kinder, für die Familie! …»

In seltenen Momenten sprach ich zu mir in der dritten Person. So wie jetzt. Und das war zuweilen ganz hilfreich, weil es mich ein wenig wegzog von mir selbst und ich sogar eine etwas objektivere Position einnehmen konnte.

Auf einmal hatte ich eine Idee. Sie leuchtete glasklar vor meinen inneren Augen auf, fast wie eine Eingebung.

Die Orgel begann zu spielen, und die Gäste wandten sich alle dem Eingang zu. Ich sah mich nach Domenico um, doch ich konnte ihn nirgends erblicken. Luisa nahm Ariana an der Hand, und ich schlang beide Arme um David, der noch immer fest an meiner Brust schlief.

Drinnen nahmen wir unsere Plätze ein. Ich setzte mich neben Luisa in eine der hinteren Reihen. Sie nahm Ariana auf ihren Schoß, damit ich für David die Hände frei hatte.

Ängstlich ließ ich meinen Blick durch die Reihen streifen. Wo war denn mein Mann? War er vielleicht mit Manuel zusammen in der Sakristei, um ihn nicht allein zu lassen? Ich holte tief Luft und beschloss, erst mal nichts zu unternehmen und abzuwarten, bis die Zeremonie begann. Die Plätze waren jetzt fast vollständig besetzt. Ich staunte, wie viele Gäste anwesend waren. Ein paar Fotografen waren auch da. Vermutlich waren das tatsächlich Leute von der Presse.

Vor lauter Nervosität nahm ich die Schönheit der Kirche kaum wahr. Die Atmosphäre der Stille und Erhabenheit, die sie an gewöhnlichen Tagen vermutlich kennzeichnete, war für mich überhaupt nicht mehr spürbar – meine Seele und mein Geist waren stattdessen erfüllt von Anspannung und Angst. Dabei wurden die kunstvollen Schnitzwerke und Fresken an den weißen Seitenwänden von Kerzenlicht erhellt, während der reich dekorierte Altar in goldenes Licht getaucht war. Ein wunderschönes Lichtspiel, das ich an friedlichen Tagen ganz gewiss sehr genossen hätte.

Die Orgel spielte ein altes sizilianisches Lied, das der Zio an Familienfeiern oft auf seiner Mundharmonika gespielt hatte. Der Bräutigam, Orlando, stand bereits vorne am Altar, zusammen mit den Trauzeugen. Ich betrachtete den Mann. Er war durchaus attraktiv, aber sein breiter Kiefer deutete an, dass er wahrscheinlich ein ziemlich dominanter Mensch war, der sein Business beherrschte. Von hier aus gesehen wirkte er bezüglich Körpergröße kleiner als ich, aber das störte bei diesem Paar kein bisschen, da ja auch Bianca ziemlich klein war.

Ein paar Sekunden beschäftigte ich mich mit dem Gedanken, ob er Bianca wirklich liebte oder ob es andere Gründe hatte, dass er sie heiraten wollte. Ob er lediglich ein hübsches Vorzeigemodell als Frau an seiner Seite wollte, das er zu Anlässen mitnehmen konnte. Schön war Bianca allemal, daran gab es nichts zu rütteln.

Fast wie auf Kommando drehten alle ihren Kopf nach hinten. Auch ich wandte mich um. Die Pforte war aufgegangen, und da kamen sie, Bianca und neben ihr Manuel, der sie am Arm führte. Bianca steckte in einem üppigen eierschalenweißen Kleid, das mit einem goldenen Saum verziert war und bestimmt ein Vermögen gekostet hatte. Ihr Gesicht war hinter einem Schleier verborgen.

Etwas verkrampft hielt Bianca sich an ihrem goldorangen Blumenstrauß fest, dessen herbstliche Farben perfekt mit ihrem Kleid harmonierten. Manuel wirkte ziemlich schüchtern neben ihr und unter all den Blicken, die ihm zugeworfen wurden, und gleichzeitig dermaßen attraktiv, dass ich mich glatt in ihn hätte verlieben können, wäre ich noch ein Teenager gewesen.

Verstohlen starrte ich auf Biancas Bauch. Täuschte ich mich, oder war er tatsächlich gewachsen? Obwohl das Kleid es zu verbergen versuchte, stand er doch ziemlich deutlich hervor.

«Sie ist tatsächlich schwanger», wisperte Luisa mir in dem Moment ins Ohr. Andere schienen das auch bemerkt zu haben, denn ein Raunen ging durch die Reihen, besonders unter den Frauen.

Wieder hielt ich nach meinem Mann Ausschau. Wenn, dann musste er spätestens jetzt so langsam wieder auftauchen. Doch ich sah kein Lebenszeichen von ihm, und langsam aber sicher begann ich mir ernsthafte Sorgen zu machen.

Ich wandte mich langsam wieder um und richtete den Blick nach vorne. Bianca und Manuel waren inzwischen beim Altar angelangt, wo Orlando seine Braut in Empfang nahm. Manuel schlüpfte schnell – und sichtlich erleichtert darüber, dass er es hinter sich hatte – neben Giuseppe und Enrico auf die Bank.

Ich verfolgte die Zeremonie nur mit halbem Ohr. Meine ganze Aufmerksamkeit kreiste um die Frage, wo Domenico steckte. Hielt er sich absichtlich verborgen? Warum hatte er mir dann aber nichts davon gesagt? Er müsste doch wissen, dass ich mich sorgte. Und er seinerseits sorgte sich doch bestimmt auch um die Kinder.

Vorne am Altar standen Bianca und Orlando und gaben sich das Versprechen ewiger Liebe und Treue. Maria, die ganz in meiner Nähe saß, schluchzte und stieß vor lauter Freude die merkwürdigsten Laute aus, bis sie schließlich von ein paar anderen Gästen in der Nähe harsch zur Ruhe ermahnt wurde.

Ich fragte mich, wie viele von den Worten, die Bianca und Orlando einander zusprachen, wirklich von wahrer Liebe zeugten. Und schon waren meine Gedanken wieder bei Domenico, und ich erinnerte mich zurück an unser eigenes Eheversprechen, das von tiefster Zuneigung und Respekt füreinander geprägt gewesen war.

In dem Moment wurde mir bewusst, wie fahrlässig wir in den letzten Wochen und Monaten mit diesem kostbaren Geschenk umgegangen waren. Wie unachtsam wir Hektik, Stress, Misstrauen und anderen Dingen erlaubt hatten, an unserem starken Bund zu nagen, den wir einst am Altar geschlossen hatten.

Es war wie ein Erwachen aus einem monatelangen Dämmerzustand. Als ob ein plötzlicher Lichtstrahl durch meinen Verstand flutete. Auf einmal waren alle meine Sinne hellwach, wacher als je zuvor. Ich streichelte Davids rötlichen Schopf und küsste ihn auf die Stirn, während sich die Puzzleteile in Eilgeschwindigkeit in meinem Kopf zusammenfügten.

Zuerst einmal war da die Tatsache, dass Domenico nach wie vor wie vom Erdboden verschluckt war. Ich wusste: Wenn jemand meinen Mann tatsächlich angreifen würde, musste es sehr subtil geschehen, damit all die Menschen hier und die Presse nichts bemerken würden davon. Weiter wusste ich, dass Nicki viel zu schlau war, um sich einfach naiv überrumpeln zu lassen. Mein Mann hatte Augen und Ohren wie ein Luchs. Er hatte schon gewusst, worauf wir uns einlassen würden, wenn wir zu der Hochzeit gehen würden. Ihm war klar gewesen, dass das hier die Wende sein würde …

Es gab nur *eine* Erklärung für sein Verschwinden: Er hatte sich selbst von der Bildfläche genommen. Mich und die Kinder hatte er in die Obhut von Luisa gegeben, und Manuel war bei Enrico und Giuseppe sicher. Und er selbst? …

Er konnte nur an einem Ort sein!

Ich hatte keine Ahnung, woher ich das wusste. Es war wahrscheinlich die fantastische innere Verbindung zwischen uns, die also doch noch funktionierte. Es war derselbe Ort, dessen Verbindungswege und Erreichbarkeits-Optionen ich bereits vorhin in Gedanken von A bis Z durchgespielt hatte; der Ort, den ich notfalls bereits als Fluchtversteck für mich auserkoren hatte.

Ich stieß Luisa sachte in die Seite. «Luì», raunte ich. «Kannst du Ari bei dir behalten und auf sie aufpassen? Ich glaube, ich weiß, wo mein Mann ist.»

Luisa nickte. «Natürlich. Geh nur.»

«Und … falls wir nicht zurückkommen ans Fest: Könnt ihr sie auch mit euch nach Hause nehmen?»

Luisa hob den Daumen, drückte dann meine Hand. «Mach dir keine Sorgen. Wir passen gut auf Ari auf. Geh, such deinen Mann. Warte …» Sie wühlte in ihrer Handtasche und zog einen Schlüsselbund heraus. «Nimm den.»

Ich nahm ihn an mich und drehte ihn kurz in der Hand. Keine Frage, an dem Bund hing ihr Hausschlüssel. Ein zweiter Autoschlüssel hing auch noch dran. Ich war etwas verblüfft, nahm es aber dankend an.

Wie gut, dass sie einfach verstand, ohne jetzt viele Fragen zu stellen.

Ich beugte mich rasch zu Ariana runter. «Ari, du musst jetzt tapfer sein, ja? Deine Mami geht deinen Papa suchen. Er ist hier irgendwo. Bleib bei Tante Luisa, okay? Lauf nicht weg. Sie nimmt dich mit nach Hause, und wir holen dich dann später.»

Ariana schaute mich aus ihren wunderschönen braunen Augen an, als ob sie jedes Wort verstünde. Es tat mir in der Seele weh, als ich über ihre dunklen Seidenlocken strich.

Nun musste ich nur noch den richtigen Moment abpassen, um verschwinden zu können. Ich hatte ja keine Ahnung, ob nicht irgendwelche Personen, die gar nicht zur Zeremonie gehörten, draußen vor der Kirche lauern würden, um mich da in Empfang zu nehmen. Also wartete ich, bis das letzte Lied verklungen war, und mischte mich unter die ersten Gäste, die zum Ausgang strömten.

Ich suchte eine Gruppe von Frauen, die ebenso bunte Kleider trugen wie ich, und hielt mich dicht hinter und neben ihnen, um nicht aufzufallen. Auf einmal wurde mir klar, weswegen Domenico sich vor der Abreise negativ über mein buntes Kleid geäußert hatte: Damit stach ich natürlich aus der Masse heraus. Aber die Einzige war ich jetzt zum Glück auch wieder nicht.

Ich schlüpfte rasch zwischen all diesen fröhlichen Frauen in Richtung Ausgang und dort dann blitzschnell ins Freie hinaus, danach der Kirchenmauer entlang auf die hintere Seite, wo sich verwinkelte Seitengassen den Weg zum Hang hinauf bahnten.

Erleichtert stellte ich fest, dass außer ein paar harmlosen Passanten keine weiteren Personen zu sehen waren. Alle Gäste blieben auf der vorderen Seite bei der Piazza, wo von Orlandos Hotelangestellten das Büffet für den «Apéro Riche» aufgebaut worden war.

Allerdings konnten unsere Verfolger ebenso gut als harmlose Passanten getarnt sein. Oder als Dienstpersonal …

Doch ich hatte Glück, als ich mit David an der Brust in die erstbeste Gasse huschte, die – so die Hoffnung – womöglich zu meinem Weg in die gedanklich längst angepeilte Richtung und das schon vor dem Gottesdienst anvisierte Ziel passen konnte: Niemand schien mir zu folgen.

Ich lief einfach drauflos, um erst mal außer Reichweite zu kommen. Erst dann begann ich, mich neu zu orientieren. Ich konnte mich nur noch schwach an den Weg und dessen Streckenführung erinnern, weil ich erst ein einziges Mal in meinem Leben an jenem Ort gewesen war, zu dem ich jetzt hinwollte. Ich hielt inne und zückte mein Smartphone, um bei Google Maps meinen Standort ausfindig zu machen. Dabei stellte ich auch fest, dass von meinem Mann keine Nachricht gekommen war, obwohl ich im Tiefsten natürlich darauf gehofft hatte. Ob das ein Grund zur Sorge war, konnte ich allerdings nicht evaluieren. Domenico hatte die Sache mit seinen Handys ja sowieso meistens nicht so recht im Griff.

Ich erinnerte mich nur daran, dass der Weg nicht durch offenes Gebiet, sondern durch zig verwinkelte Gassen geführt hatte. Es war mir seinerzeit wie ein Labyrinth vorgekommen. Umso erstaunter war ich, als ich anhand von Google Maps feststellte, dass ich gar nicht so weit von meinem Zielort entfernt war – solange dies auch wirklich der richtige Zielort war. Dessen war ich mir nicht hundertprozentig sicher.

Es war nichts eingezeichnet, nur dass die Hügel und ein paar Gebäude sich hier in der Nähe befanden. Trotzdem lief ich weiter. Mir war klar, dass man diesen Ort nicht finden konnte, wenn man keine Ahnung hatte, dass er überhaupt existierte. Nicht mal Google Maps schaffte es, den Weg bis dorthin ganz eindeutig anzuzeigen. Doch ich wusste um seine Existenz, und alles, was ich jetzt tun konnte, war, mich ganz von meinem Instinkt leiten zu lassen.

Ich spürte, dass David Hunger hatte und dabei war, zu erwachen. Auch fiel mir ein, dass ich überhaupt nichts zu trinken bei mir hatte. Ich musste diese Sorgen auf später verschieben, immer hoffend, dass David nicht laut zu weinen beginnen und unerwünschte Ohren auf uns aufmerksam machen würde.

Ich bog durch gewundene enge Gassen, lief etliche Treppen hoch und fand mich bald auf einer kleinen Hochebene mit einer verfallenen Häuserruine wieder. Zuerst war ich unsicher, ob ich hier richtig war, doch dann fand ich hinter einem wuchernden Ginsterstrauch und ein paar Palmen das alte Tor mit der beinahe unleserlichen Aufschrift *Villa.*

David wimmerte leise. «Schscht», machte ich und beruhigte ihn mit ein paar Streicheleinheiten. Das trockene Gras knirschte unter meinen Schuhen. Ich hoffte inständig, dass meine Vermutung sich als wahr herausstellte und ich hier nicht geradewegs in eine Falle lief.

Vorsichtig trat ich durch das verrostete Tor, das halb aus den Angeln fiel und daher nur angelehnt war. Durch den verwilderten Vorgarten schlich ich auf die Haustür zu, die sich nur mit einem lauten Ächzen aufstoßen ließ. Anschleichen war hier nicht möglich.

Ich gelangte in ein zerfallenes Treppenhaus, dessen Wände wüst mit Graffiti besprayt waren: keine Kunstwerke, nichts Schönes oder gar die Seele Erhellendes, sondern offensive Zeugen von bitterbösen, traurigen, aggressiven, destruktiven, ja gewaltdurchtränkten Gedankenwelten. Vielleicht aber auch einfach nur Hilfeschreie, Ausbruchversuche von gequälten Seelen …

Die knarrenden Holzlatten unter meinen Füßen gaben beinahe nach, und einen Moment lang hatte ich Angst, irgendwo runterzufallen. Und die gewundene Marmortreppe mit dem rostigen Geländer, die mich alsbald erwartete, sah auch nicht viel einladender aus. Aber ich wusste: Ich musste da rauf.

«Gleich, David», flüsterte ich meinem jammernden Sohn zu. «Wir gehen jetzt gleich zu Papa.»

Ich holte tief Luft und erklomm die Stufen. Es war Jahre her, seit Domenico mich an diesen Ort geführt hatte. Schon damals hatte ich es hier gruselig gefunden, unheimlich, unwirtlich. Nicht meine Welt, kein bisschen. Diese Villa schien damals bereits seit Jahrzehnten verlassen gewesen zu sein. Nun waren weitere Jahre verstrichen, und es sah nicht so aus, als hätte hier je einer aufgeräumt. Und ich war ängstlich gespannt, was ich im oberen Stock noch alles vorfinden würde …

Die Treppenstufen lagen unter einer dicken Schicht von Staub, Verputzresten und weiteren undefinierbaren Abfällen. Der Geruch deutete an, dass hier so einiges am Verwesen war. Ich versuchte, bewusst *nicht* zu identifizieren, worauf ich trat. Bei einer Ansammlung alter rostbrauner Flecken auf dem Marmor hielt ich kurz inne: Domenico war hier, ich spürte es genau.

Ich hielt David fest und nahm die nächsten Stufen.

Nicki, du bist hier, ich weiß es, stieg es aus meinen Gedanken hoch. *Du hast dich nicht nur hier verborgen, sondern du hast auch den Ort vieler Erinnerungen aufgesucht.*

Es war, als ob meine Gedanken von den Wänden widerhallten und in der ganzen Villa zu hören waren.

Ich wusste, du würdest mich finden, Maya. Genau deswegen habe ich mich hier versteckt. Du weißt, dass dies der Ort ist, mit dem mich so vieles verbindet. Und du weißt auch, dass dies der Ort ist, an dem ich ein für alle Mal Abschied nehmen muss.

Ich war verblüfft, wie deutlich ich seine Gedanken vernahm. Die Verbindung zwischen uns, sie funktionierte wieder! Ich konnte Nicki zwar weder sehen noch hören, doch es gab nicht den geringsten Zweifel, dass er hier war.

Das heißt also, dass nun die Zeit gekommen ist, Abschied zu nehmen von Sizilien, sandte ich meine Gedanken zurück, während ich die letzten Stufen hochstieg. *Abschied für eine lange Zeit.*

Noch zwei Stufen, und ich stand oben. Davids Wimmern wurde lauter. Spätestens jetzt musste Domenico uns hören.

Auch im oberen Stock war es düster. Nur ein einziges Zimmer wurde von Tageslicht erhellt.

Abschied von Sizilien, kamen Nickis Gedanken zurück. *Ich werde dir nie mit Worten beschreiben können, was das für mich bedeutet.*

Ich betrat das lichtdurchflutete Zimmer, trat fest auf den Schutt und die Glasscherben, die sich in meine Schuhsohlen bohrten. Vor mir erstreckten sich eine weite Terrasse und ein bombastisches Panorama über die ganze Umgegend Taorminas.

Ich kickte ein paar Glasscherben zur Seite, um mich bemerkbar zu machen. Aus dem Schatten einer Pinie trat eine Gestalt. Ich blieb stehen. Auf mich zu kam niemand anders als mein Mann.

«Da bist du ja», sagte er.

«Ich wusste, dass du hier bist.»

Er nickte. «Deswegen bin ich hierhergekommen. Ich hab gehofft, du würdest mich finden.»

«Ich hab Ari bei Luisa gelassen», sagte ich.

«Va bene.» Er streckte seine Arme aus und nahm mir David ab. Der Kleine hatte angefangen zu krähen.

«Ich kann nicht lange bleiben», seufzte ich.

«Komm, ich hab hier einen Platz gefunden, wo du ihn stillen kannst. Wasser hab ich auch.»

Er hielt seinen Sohn fest und führte mich zu einer kleinen Mauer hinter einem Gebüsch, wo es schattig und sauber war.

«Hier», sagte er und langte mit einer Hand hinter einen Stein, um eine Flasche mit Wasser hervorzuziehen. Er war stark genug, um David mit einem Arm sicher zu halten.

Er wusste, was ich brauchte. Auch wenn es oft nur eine Kleinigkeit war, war es doch das gewesen, was uns immer verbunden hatte: Wir hatten jeweils die Nöte des anderen gespürt.

«Danke», sagte ich und öffnete die Flasche, um einen großen Schluck zu trinken.

Er setzte sich vorsichtig neben mich und gab mir David auf die Arme. Ich packte meine Brust aus und setzte David an. Nicki sah mir zu und half mir ein wenig, indem er Davids Kopf stützte.

«Mir war von Anfang an klar, dass es riskant ist, zu Biancas Hochzeit zu gehen», gestand er ein, was ich schon lange gewusst hatte. «Ich ging auch davon aus, dass es nur noch eine Frage der Zeit ist, bis sie mich aufspüren.»

«Ja, das habe ich auch so gesehen», sagte ich.

«Dreihundertfünfzig Millionen Euro sind schließlich keine kleine Sache», murmelte er.

«Obwohl Gianluca und die anderen immer noch in Haft sitzen, haben sie dich gefunden», stellte ich fest.

«Du weißt ja, wie langsam die Bürokratie hier ist», meinte er. «So lange warten die Fadenzieher aber nicht, bis die Richter Gianluca irgendwann den Prozess gemacht haben. Die finden schnell raus, was sie rausfinden wollen.»

«Immerhin hat es gut drei Wochen gedauert», meinte ich. Ich schaute in Davids blaugraue Augen, die ganz auf das Saugen an der Mutterbrust konzentriert waren.

«Egal, wo wir hingegangen wären: Sie hätten uns gefunden», doppelte Nicki nach, als müsse er sich nochmals für die ganzen Umstände entschuldigen. «Die Villa war der einzige Ort, wo ich mich hinflüchten konnte, um erst mal aus der Schusslinie zu gelangen. Ich hoffte, du würdest dich noch an den Weg erinnern. Mein Akku ist leer, sonst hätte ich dir eine Nachricht geschickt.»

Ich hatte es vermutet!

«Wir haben ja wochenlang hier gelebt, Mingo, Bianca und ich», sagte er. «Es war das perfekte Versteck. Kaum einer hat es je gefunden.»

«Nicht mal Google Maps hat es eingezeichnet», teilte ich seine Mutmaßung.

«Die Villa existiert in Wirklichkeit gar nicht, jedenfalls nicht offiziell», meinte er. «Die wurde wahrscheinlich einst ohne irgendwelche Bewilligungen gebaut und dann einfach stehen gelassen. Auch in der Nähe von Palermo befinden sich solche verlassenen Villen. Keiner weiß, wem sie gehören.»

«Schade, dass man so schöne Häuser einfach verfallen lässt», meinte ich.

«Schade, ja, aber auch unser Glück», sagte er. «Als ich erfuhr, dass Bianca ihre Hochzeit in Taormina abhalten will, hatte ich sofort die Idee mit der Villa. Sie kommt uns mehr als gelegen. Du wirst gleich sehen, warum.»

«Was machen wir jetzt? Können wir überhaupt noch zurück ans Fest?», wollte ich wissen.

«Auf keinen Fall. Aber das macht nichts. Die wichtigste Mission ist erfüllt: Manuel hat Bianca zum Altar gebracht. Ich wollte ihm das nicht nehmen. Und ihr auch nicht. Ich kann und darf mich da nicht länger einmischen, das ist mir schon klar. Sie muss selbst entscheiden, was sie tut.»

«Sie ist schwanger, nicht wahr?», stellte ich fest.

«Mhm», nickte er. «Sieht so aus.»

«Das heißt also, dass das hier der Abschied ist», griff ich den Gedanken auf, der mir vorher im Kopf herumgeschwirrt war. «Der Abschied von Sizilien.»

Er starrte hinaus auf die Weite, die sich vor uns erstreckte: hier die sandgelben Häuser Taorminas, eingebettet in dunkelgrüne Pinienwäldchen sowie Formationen von Laubbäumen und Palmen, dort der Ätna, der sich in der Ferne erhob und dessen Spitze uns weiß grüßte, dazu das ewig blaue Meer, dem es niemals in den Sinn kommen würde, einen Ortswechsel vorzunehmen oder sich gar aus diesem grandiosen Panorama zu verabschieden. Ganz im Gegensatz zu uns …

«Das hier ist der Abschied, ja», bestätigte Nicki.

Ich wusste, dass ihn momentan zu viele Dinge beschäftigten, um jetzt all meine Fragen beantworten zu können, also ließ ich ihn damit vorerst in Ruhe. Er zupfte ein paar Blätter von den Sträuchern hinter uns und ließ sie zu Boden gleiten. Wir schwiegen so lange, bis Davids Hunger im wahrsten Sinne des Wortes *gestillt* war und er die Äuglein wieder zu einem seligen Schlummer schloss.

Domenico stand auf. «Ich werde dich zum Auto hinunterbringen. Es gibt einen geheimen Weg aus der Stadt hinaus zu den Parkplätzen. Von dort aus kannst du mit David nach Licata zurückfahren. Luisa hat dir hoffentlich den Hausschlüssel gegeben?»

«Hat sie», sagte ich, während ich mich immer noch wunderte, wie und wann er das Ganze eingefädelt hatte.

«Gut. Da ist auch ihr zweiter Autoschlüssel dran. Du fährst nämlich mit ihrem Auto. So wird dich niemand erkennen. Unser Auto lassen wir erst mal stehen. Falls es überhaupt noch da ist. Kann sein, dass sie es längst angezündet oder geknackt haben, damit wir nicht fliehen können. In Licata gehst du dann sofort in Luisas Wohnung und bleibst da. Sie wird so bald wie möglich auch zurückkehren und dich dann weiter instruieren.»

«Okay», sagte ich verwundert. «Aber wie kommt sie denn zurück – ohne Auto?»

«Sie wird mit Giovannas Auto fahren, und Giovanna wird mit ihrer Tochter mitfahren. Keine Angst, ich hab das alles schon geregelt. Jeder weiß, was er zu tun hat. Ich hab Luisa ein paar Tage zuvor die Situation und meinen Plan erklärt», gab er mir die Antwort. «Sie weiß Bescheid. Ich kann ihr vertrauen. Ich habe dir nichts davon gesagt, weil ich dich nicht in Unruhe versetzen wollte. Falls das Ganze falscher Alarm gewesen wäre, hätten wir zumindest ungestört die Feier genießen können.»

«Na, du hast aber Glück gehabt, dass ich eine so gute Intuition hab», sagte ich trocken. «Ich hatte keine Ahnung von allem und hab dich trotzdem gefunden.»

«Ich wusste, dass du eine gute Intuition hast, bedda mi'», sagte er zärtlich und streckte seine Hand aus, um mir über die Wange zu streichen. «Allerdings war der ursprüngliche Plan, dir eine SMS zu senden. Das hab ich vermasselt», gab er etwas zerknirscht zu.

«Und wie kommst *du* zurück?» Ich sah meinen Mann an. Sein kupferbraunes Haar flatterte ein wenig im Wind, als wäre es elektrisch geladen – Nicki wirkte in diesem Moment unglaublich dynamisch und kräftig auf mich, irgendwie auch souverän und männlich. Und da begann sich in mir wieder eine schöne Portion Stolz aufzubauen – Stolz über diesen grandiosen Typen an meiner Seite! Er war offensichtlich einmal mehr einen Tick schlauer als seine Verfolger.

«Ich bleibe wohl ein paar Tage hier», sagte er. «Bis sich das Ganze etwas gelegt hat. Dann komme ich zu dir.»

«*Hier* willst du bleiben?» Ich schaute mich auf der Terrasse um, blickte dann auch ins Innere der Villa. «Hier, ganz allein?»

«Maya, Süße, ich kenn diese Villa wie meine Westentasche. Hab hier doch wochenlang gelebt. Sie ist ja fast eine Art von Zuhause für mich.» Er deutete mit einer Kopfbewegung zu einer Außenwand hinüber. «Mingo hat sich hier verewigt. Du weißt es ja.»

Ich folgte seinem Blick. Ich erinnerte mich daran, dass Mingo einst den Namen seiner Geliebten in die Wand geritzt hatte. Eines der wenigen Worte, die er hatte schreiben können: *Manuela.* Von dem Namen hatte er dann auch den Namen für seinen Sohn abgeleitet.

Ich berührte die Schulter meines Mannes. «Aber – wo wirst du schlafen und essen?»

Ein leichtes Grinsen zog über seine Lippen. «Principessa – du weißt doch, dass ich überall überleben kann. Schlafen kann ich überall. Und Nahrung und Wasser kann ich auch auftreiben.»

Natürlich. Ein ehemaliger Straßentiger wusste, wie man im Freien überlebte.

«Aber ich werde mir trotzdem Sorgen machen», versicherte ich.

«Das weiß ich.» Er lächelte leicht. «Ich kenn dich doch. Aber das brauchst du nicht. Außer einer schönen Dusche und Strom fehlt mir hier nichts.» Er zog mich sachte an sich heran und gab mir einen zarten Kuss auf die Lippen. David, der in meinen Armen lag, gluckste ein wenig.

«Komm, ich bring dich hin», sagte er. «Damit du so schnell wie möglich nach Hause fahren kannst.»

«Und – Ari ist sicher bei Luisa, ja?»

«Ich garantiere es dir.» Er streckte wieder seine Arme aus, um mir David abzunehmen. «Ich möchte ihn auch noch eine Weile halten.»

«Gern», sagte ich und legte das Baby auf seinen Arm.

Wie gern möchte ich wieder mehr Zeit mit dir verbringen, Nicki, möchte die traute Zweisamkeit erleben, so wie jetzt. Die alte Verbundenheit spüren, die wir immer hatten. Ich wünsche mir so sehr, dass wir wieder Schritte aufeinander zugehen können.

Er liebkoste David und küsste ihn sanft auf die Stirn. Seine Miene verriet mir, dass er innerlich sehr aufgewühlt war, es gegen außen hin aber nicht zeigen wollte.

Ich kehre bald zu dir zurück, Maya. Ich hab meinen Kampf bald zu Ende geführt. Ich bin an dem Punkt angekommen, wo mir klar geworden ist, dass es eine Wende geben muss. Dass in unserem Buch ein neues Kapitel aufgeschlagen werden muss. Nur noch eine kleine Weile, und ich bin wieder bei dir.

Ich schloss die Augen und fühlte eine Welle des Glücks durch mich fließen. Es funktionierte wieder. Wir konnten einander wieder spüren. Das allein war mehr wert als alles andere. Auch wenn wir derzeit mitten im Auge des Sturms und auf der Flucht waren, so hatten wir doch einander wieder.

«Komm, Principessa.» Er nickte mir nochmals zu. So lange hatte er mich nicht mehr Principessa genannt. Den Namen hatte ich an Ariana abtreten müssen. Erst jetzt nahm ich wahr, wie sehr mir dieser Kosename gefehlt hatte.

Ich folgte ihm zurück ins Innere der Villa. Er trug immer noch David auf seinen Armen. Vorsichtig und leise gingen wir die Marmortreppe hinunter in das Erdgeschoss, von dort aus wieder ins Freie. Domenico führte mich an der Hausmauer entlang zu einem anderen Eingang, der aussah, als wäre er nie fertiggestellt worden. Eine unförmige Öffnung, die nur teilweise mit Verputz bedeckt war, wurde für mich nun erstmals erkennbar – direkt unterhalb der Treppe. Alte Baumaterialien, die herumlagen, deuteten an, dass hier einst mitten in der Bautätigkeit die Arbeit eingestellt worden war.

«Vieni con me!» Domenico wandte sich zu mir und ging voraus – hinein in die Öffnung, die sich als eine Art Höhle entpuppte.

«Da rein?»

Mich schauderte es allein schon nur beim Gedanken, in diese Dunkelheit steigen zu müssen.

«Das ist ein Geheimweg aus dem Städtchen hinaus», sagte Domenico. «Vertrau mir. Kannst du die Taschenlampe an deinem Smartphone anmachen?»

«Du meinst, das ist eine Art Tunnel?», fragte ich, während ich mein Smartphone zückte. Zum Glück hatte ich immer genügend Akku-Ladung drauf. Im Gegensatz zu meinem Mann sorgte ich da stets vor.

«Exakt. Vermutlich war das in der Vergangenheit mal eine Schmugglervilla. Die haben den Tunnel wohl erstellt, um unbemerkt in die Stadt und wieder hinaus zu gelangen.»

«Wahnsinn ...», flüsterte ich. Allerdings graute es mir, jetzt ausgerechnet da durchzugehen.

«Ich bin doch bei dir», sagte Domenico, als könne er meine Gedanken erfassen. «Du musst keine Angst haben. Mingo, Bianca und ich sind oft da durchgegangen. Damals hatten wir sogar nur ein Feuerzeug als Leuchte. Geh du voraus, ich bleibe mit David dicht hinter dir.»

Ich schluckte, doch ich vertraute meinem Mann. Ich wusste: Wenn er bei mir war, konnte mir tatsächlich nichts passieren. Und er würde auch unseren kleinen Sohn gut festhalten.

Ich war erstaunt, wie eben der Weg war. Man konnte aufrechten Ganges durchmarschieren, ohne seinen Kopf irgendwo anzustoßen. Es ging zwar dauernd etwas bergab, doch es lagen nur wenig Steine in der Quere. Und der Tunnel war auch weniger lang, als ich befürchtet hatte.

Wir waren schneller wieder draußen, als ich vermutet hatte. Diejenigen, die den Tunnel gebaut hatten, hatten wirklich ganze Arbeit geleistet – und sie auch nicht mittendrin abgebrochen. Als das Tageslicht wieder erste Strahlen an die Wände warf, schaltete ich die Taschenlampe meines Smartphones wieder aus.

«Na, was hab ich gesagt?», fragte mein Mann lächelnd, als wir die Öffnung vor uns sahen. Der Ausgang war allerdings ziemlich eng, so dass wir uns hindurchquetschen mussten. Domenico passte gut auf, dass Davids Kopf und Hände nicht versehentlich die Wand streiften, und legte mir den kleinen Jungen liebevoll auf die Arme, sobald wir beide im Freien standen.

Ich war wirklich überrascht, als ich die Gegend wiedererkannte. Wir waren nicht weit von den Parkplätzen entfernt und dennoch gut verborgen vor der Öffentlichkeit. Der Ausgang war gut versteckt hinter einer verlassenen Mauerruine und sah derart unscheinbar aus, dass man von außen denken konnte, es sei lediglich ein Spalt im Gemäuer. Kaum jemand würde auf die Idee kommen, einen längeren oder gar tieferen Blick auf diese Ruine zu werfen. Wieso auch? Die ganze Insel war ja voller Ruinen.

«Da kommt wirklich nie jemand durch?», fragte ich.

«Kaum. Wer traut sich das schon? Vielleicht ein paar waghalsige Jugendliche, so wie wir einst. Es war damals Mingo, der diesen Tunnel entdeckt hatte. Er schreckte vor nichts zurück. Du kanntest ihn ja. Er war in solchen Sachen noch viel draufgängerischer als ich.»

Ich schüttelte den Kopf. Immer wenn ich glaubte, jedes Detail aus der Geschichte meines Mannes zu kennen, überraschte er mich wieder mit etwas Neuem, das er mir nie zuvor erzählt hatte.

«Ich denke, die Luft ist rein. Siehst du Luisas Auto? Sie hat genau gegenüber von uns geparkt.» Er deutete auf einen dunkelgrauen Wagen. Ich war schlecht darin, Autos voneinander unterscheiden zu können, wenn sie nicht gerade eine auffällige Farbe hatten, doch immerhin hatte ich Luisas Auto schon mehrmals gesehen, so dass ich Nickis Blick sogleich folgen und das Gefährt erkennen konnte. Ich war in dem Moment mehr als dankbar, dass es mit seiner dezenten Farbe nicht aus dem gesamten Pulk hervorstach.

«Du fährst jetzt mit David zu ihr. Sie hat den Kindersitz extra drin gelassen, sollte also kein Problem sein. Warte auf sie. Sie wird dir sagen, was du als Nächstes zu tun hast. Ich komme in ein paar Tagen zu dir, sobald die Luft rein ist.»

Ich wusste, dass es hier nicht angebracht war, sich über seinen gebieterischen Ton aufzuregen. Er war nun mal so, und alles, was er wollte, war, mich in Sicherheit zu bringen.

«Du hast wirklich an alles gedacht», lobte ich ihn.

Er lächelte etwas verlegen. «Ich war jetzt lange genug ein schwieriger Ehemann. Ich muss jetzt auch mal wieder etwas richtig machen.»

«Wie kann ich dich während dieser Tage erreichen?», wollte ich wissen. «Kannst du deinen Akku irgendwo aufladen?»

«Ich weiß nicht, ob ich irgendeinen Idioten finde, der noch so ein altes Ladekabel rumliegen hat», sagte er mit einem leichten Schmunzeln. «Im Moment bin ich leider völlig von der Umwelt abgeschnitten. Aber mach dir keine Sorgen. Früher ging das ja auch, und ich … ich weiß, wie ich mich durchschlagen muss.»

«Trotzdem. Ich fühle mich nicht wohl dabei.» Einer spontanen Eingebung folgend, legte ich ihm mein Smartphone in die Hände.

«Ich wäre froh, wenn du ein Telefon bei dir hättest», sagte ich. «Ich hab noch fast achtzig Prozent Akku drauf. Schau zu, dass das für die nächsten Tage reicht, und ruf mich einmal pro Tag an, ja? Gib mir dafür deins; ich finde sicher ein Kabel zum Aufladen.»

«Na schön», willigte er in den Tausch ein.

Wir umarmten und küssten uns zum Abschied, so gut dies mit David auf den Armen möglich war. Dann wandte ich mich um und lief zu Luisas Auto, während Nicki sich wieder der Höhle zuwandte. Ich hoffte, dass er mit der Funktion der Taschenlampe nicht gleich den ganzen Akku verbraten würde, aber ich hatte zumindest getan, was ich konnte.

Ich wünschte mir inständig, die nächsten Tage nicht wieder mit einer quälenden Ungewissheit leben zu müssen.

15. Flucht nach Catania

Luisas Wohnung war ungewohnt leer, als ich sie Stunden später mit David betrat. Es war früher Abend. Ich hoffte, dass Luisa bald nach Hause zurückkehren würde.

Als Erstes ging ich ins Bad, um David zu wickeln, der sich auf der Heimfahrt in die Hose gemacht hatte. Ich hatte es nicht gewagt, irgendwo anzuhalten, und war mit meinem weinenden Baby in einem Stück die drei Stunden nach Licata gefahren. Immerhin hatte es keine weiteren Zwischenfälle gegeben, außer dass ich nun furchtbar hungrig und durstig war. Ich hatte seit dem Frühstück nichts mehr gegessen, und mein Körper verlangte seinen Tribut.

Nachdem David versorgt war, ging ich in die Küche, um mir etwas zu essen zu machen. Davon war ja zum Glück genügend vorhanden. Wirklichen Appetit hatte ich allerdings keinen. Ich sorgte mich zu sehr um meine Tochter und meinen Mann. Hoffentlich würde ich beide wohlauf zurückbekommen …

Da ich ja nun mein Smartphone nicht dabeihatte und so von der Umwelt und sämtlichen Social Media abgeschnitten war, machte ich mich daran, nach einem alten Ladekabel zu suchen, um Domenicos Handy wieder aufzuladen.

Plötzlich hielt ich inne. Das war vielleicht gar keine gute Idee. Wer wusste schon, ob die Verfolger – wer immer sie auch waren – nicht irgendwie Domenicos Handy tracken konnten, um ihn aufzuspüren! Es war bestimmt kein Problem für sie, seine Telefonnummern rauszufinden. Die konnten alles, wenn sie nur wollten. Von daher kam es mir nicht einmal ungelegen, dass der Akku leer und das Telefon somit ausgeschaltet war.

Der spontane Einfall mit dem Handytausch war unter diesem Aspekt gar nicht so verkehrt gewesen, auch wenn mir diese Idee aus einem ganz anderen Grund gekommen war. Nun lag eines seiner Handys zuhause und war bestimmt mittlerweile ebenfalls leer, das andere hatte ich bei mir, und mein Smartphone war bei ihm. Das würde unsere Verfolger im besten Fall etwas verwirren. Nun gut, sie konnten genauso gut auch *meine* Nummer tracken, doch ich war wahrscheinlich nicht ihr erstes Ziel. Außer, sie würden mich bedrohen wollen, um ihn zu erpressen … aber dann würden sie direkt bei ihm und nicht bei mir landen. Wie auch immer, vielleicht würden wir durch dieses Verwirrspiel zumindest etwas Zeit gewinnen …

Dumm war nur, dass ich nun absolut niemanden anrufen konnte und somit warten musste, bis Luisa zuhause war.

Ich setzte mich mit David vor den Fernseher und zog mir eine italienische Schnulze rein, um mich etwas von meinen Sorgen abzulenken. Als der Film fast zu Ende war, hörte ich die Haustür.

Ich fühlte eine wohlige Erleichterung, als ich Luisas Stimme und die ihrer Tochter Loredana im Flur hörte. Dann vernahm ich die tapsigen Schritte meiner Tochter, die sofort zu mir ins Wohnzimmer stürmte. Ich schloss sie überglücklich in meine Arme. Wenigstens *sie* war wohlbehütet zurück!

Luisa und Loredana traten zu mir ins Wohnzimmer und schienen ebenfalls erleichtert zu sein, mich heil hier vorzufinden.

«Ah, du bist da, Maya. Hat also alles geklappt», stellte Luisa dankbar fest.

Eine Weile später machten die beiden Frauen es sich bei mir im Wohnzimmer bequem. Luisa hatte noch mehr Antipasti aus dem Kühlschrank geholt. Immerhin hatten auch sie und Loredana das Hochzeitsmahl ausfallen lassen.

«Ich habe einfach gesagt, dass mir übel sei», erzählte Luisa. «Lora hat mich begleitet, weil es aufgefallen wäre, wenn ich so allein zurückgekehrt wäre. Mein Mann ist dortgeblieben, um die Stellung zu halten. Wie ist es dir ergangen? Hast du Domenico gefunden?»

Ich erzählte, was vorgefallen war und was Domenico mir alles erzählt hatte.

«Er hat mich einen Tag vor der Hochzeit angerufen und mir seinen Plan erklärt», sagte Luisa. «Ich hab ihm zwar gesagt, er sei ein Dummkopf, aber er wollte nicht hören. Ihr hättet schon längst weggehen sollen. Was denkt er sich eigentlich? Die zögern da nicht lange. Ihr könnt wirklich von Glück reden, dass sie euch nicht früher das Fell über die Ohren gezogen haben. Madonna santa, ich riskiere hier ja auch meinen Hintern für euch. Sie könnten genauso gut auch mir nachstellen, um euch zu finden.»

«Wir wussten nicht, wo wir auf die Schnelle hätten hingehen können», nahm ich Domenico in Schutz.

«Na, am besten zurück nach Deutschland», sprach Luisa aus, was ich selber ja auch schon längst gedacht hatte. «Zu deinen Eltern oder zu deinen Freunden. Möglichst weit weg von hier. Diese Möglichkeit habt ihr ja.»

Ich seufzte innerlich. Zu gern hätte ich Luisa gesagt, dass Domenico nun mal zu sehr an Sizilien hing, aber das zu erwähnen war wohl überflüssig. Das wusste sie bestimmt selbst.

«Allora, hör zu. Hier ist der Plan», sagte Luisa. «Dein Mann hat mich genau instruiert. Du fährst jetzt nach Hause und packst deine Sachen. Dafür sollte Zeit vorhanden sein. Danach fährst du zurück nach Catania zu Bekannten von ihm. Er hat mir die Adresse gegeben. Dort kannst du die nächsten Tage bleiben, bis dein Mann kommt.»

«Ach ja?» Ich brauchte eine Weile, bis ich diese Information verinnerlicht hatte. Ich sollte einfach mir nichts, dir nichts aufbrechen?

«Wer sind diese Bekannten?», fragte ich.

«Das weiß ich nicht», meinte Luisa schulterzuckend. «Das musst du deinen Mann fragen. Er kennt ja so viele Leute in Catania. Für ein paar Tage kannst du mit deinen Kindern dort bleiben. Hoffen wir, dass dein Mann dann bald wieder auftauchen wird.»

Das gefiel mir nun ganz und gar nicht. Zu einer fremden Person gehen und dort einfach auf mein Schicksal warten? Nicht zu wissen, wann Domenico auftauchen würde und keine Möglichkeit zu haben, ihn irgendwie zu erreichen? Was, wenn es Wochen dauern würde? Er hatte mir ja überhaupt keine Zeitangabe gemacht.

«Tut mir leid», meinte Luisa, die mir meinen Unmut ansah. «Es war nicht meine Idee. Wenn dein Mann sich nicht überall einmischen würde, hättet ihr all diese Probleme nicht. Aber er ist ja der gleiche Sturkopf wie meine Schwester und mein Vater. Muss überall seine Finger drin haben. Das hat er jetzt davon.»

Mir blieb nichts anderes übrig, als die Sache so schnell wie möglich hinter mich zu bringen. Luisa fand es sinnvoll, wenn ich noch an diesem Abend aufbrechen würde. Ich wollte zumindest die wichtigsten Sachen mitnehmen.

Während Loredana auf die Kinder aufpasste, fuhr Luisa mich zu unserem Häuschen und half mir beim Einpacken. Das war wahnsinnig nett von ihr, fand ich. Sie hätte das ja nicht tun müssen. Genau wie sie sagte, riskierte sie für mich ja ihren eigenen Hintern. Wer wusste, ob nicht in der nächsten Minute irgendwelche Typen vor unserem Haus stehen und mich mitnehmen würden, um Domenico zu erpressen.

Ich holte die zwei großen Koffer vom Dachboden und begann, ein paar meiner Lieblingskleider und vor allen Dingen Kleider für die Kinder einzupacken, dazu ein paar von Arianas Stofftieren.

Mitten im Packen hielt ich inne.

Was, wenn das hier nun bereits der Abschied war von meinem Zuhause hier auf Sizilien? Wenn ich gar nicht mehr hierher zurückkommen würde?

Schnell öffnete ich die Schubladen des Schreibtisches und nahm ein paar Sachen heraus, die mir wichtig waren: meine Bibel, mein Tagebuch und ein paar sonstige Andenken, die mir etwas bedeuteten. Die meisten wichtigen Fotos waren ja auf meinem Smartphone, oder besser gesagt, in einer Cloud irgendwo im Äther.

Ich stopfte alles in meine Koffer, und nach einer weiteren Denkminute stieg ich nochmals auf den Dachboden und holte ein paar Winterkleider herunter. Wer wusste schon, wo wir den Winter verbringen würden? … Ich packte warme Jacken für die Kinder, Nicki und mich ein, dazu Wollpullover und Strümpfe. Zum Schluss waren meine beiden Koffer so prall gefüllt, dass Luisa sich daraufsetzen musste, damit ich sie schließen konnte.

«Madri mia, wie du damit umherreisen willst, ist mir ein Rätsel», schüttelte sie den Kopf.

Ich wusste es auch noch nicht, aber ich wollte auf alles vorbereitet sein. Zu all dem kam ja auch noch meine Handtasche dazu. Und der gepolsterte Laptop-Rucksack. Nicht zu vergessen der Kinderwagen. Plus zwei Kinder. Ich würde wohl keine andere Wahl haben, als ein Taxi zu nehmen. Das würde horrend teuer werden …

Wieder stutzte ich, als mein Blick auf Arianas Stofftiere fiel, von denen ich einige zurücklassen musste, weil sich für sie schlicht und ergreifend im Koffer kein Platz mehr finden ließ. Ihr Lieblings-

Regenbogenfisch war in der Apotheke bei Alessandro. Aber ich hatte jetzt kaum Gelegenheit, diesen Fisch noch zu holen. Das würde ein Drama absetzen.

Überhaupt, wie sollte ich Alessandro mitteilen, dass ich nächste Woche nicht mehr zur Arbeit kommen würde? Ich hatte ja nicht mal ein Handy dabei. Ich würde ihm wohl oder übel eine E-Mail schreiben müssen oder hoffen, dass Domenicos Bekannte mir ihr Telefon leihen würden.

Ach, diese Ungewissheit machte mich ganz nervös …

Wir brachten das alles erst mal zu Luisa ins Auto. Als ich einstieg, übermannten mich beinahe die Tränen. Ich blickte zurück zu unserem Häuschen, das über vier Jahre meine Heimat und vorher ein wunderschöner Ferienort gewesen war. Wie vertraut war mir hier doch alles gewesen! Sizilien war in der Tat zu meiner zweiten Heimat geworden.

Ob ich wieder hierher zurückkehren würde? Ich hatte mich nicht einmal von unserem Garten und vom Meer verabschiedet. Doch ich wollte Luisa nicht noch länger warten lassen. Sie tat schon genug für mich.

Ich zwang mich, nach vorne zu schauen, als das Auto losfuhr.

Wir fuhren erst mal zurück zu Luisas Wohnung und ließen die Koffer im Flur stehen. Ich googelte auf meinem Laptop nach Möglichkeiten, nach Catania zu kommen. Ich konnte ja Luisa unmöglich darum bitten, mir nochmals ihr Auto zu leihen. Wer würde es ihr danach wieder zurückbringen? Nein, die einzige Möglichkeit, die ich sah, war ein Taxi. Ich würde dafür meine Ersparnisse opfern, die ich mir dank der Arbeit bei Alessandro zur Seite hatte legen können.

Es war schon nach neun Uhr, als ich mitsamt Kindern und Gepäck im Taxi losfuhr. Ich würde nicht vor Mitternacht in Catania sein. Luisa hatte mich nochmals mit reichlich Essen versorgt und auch die Kinder eingedeckt. Sie wünschte mir viel Glück und Segen, falls wir uns längere Zeit nicht sehen sollten.

Ich saß mit meinen Kindern auf dem Rücksitz und ließ die Lichter der Straße an mir vorbeiziehen. Ariana schlief auf meinem Schoß. David hatte ich mit Ach und Krach in den Kindersitz geschnallt, den mir der Fahrer unter lautem Gezeter auf den Rücksitz montiert hatte.

Meine Gedanken kreisten fast ausschließlich um Domenico. Ich fragte mich, wie es ihm ging dort draußen in der alten Villa. Und hoffte, dass er die Gefahr nicht unterschätzte und wirklich sicher war in seinem Versteck. Dass er sich durchschlagen konnte, daran hatte ich keinerlei Zweifel.

Zwischendurch versuchte ich mir vorzustellen, was das wohl für Bekannte waren, zu denen er mich schickte. Ich hatte in meiner Jugendzeit ein paar seiner damaligen Freunde kennengelernt, doch nun hatte er kaum noch Kontakt mit ihnen. Mir fielen Luigi und seine Frau ein, die einst die Besitzer der Pizzeria an der Ecke jener Straße gewesen waren, in der Nicki und Mingo mit ihrer WG gehaust hatten. Vielleicht schickte er mich zu ihnen. Ich hoffte es irgendwie sogar. Das wäre mir die sympathischste Lösung.

Die Fahrt kam mir vor wie eine Ewigkeit, und ich unterließ es, auf den Taxameter zu schauen. Ich würde meine paar Hundert Euro, die ich gespart hatte, bald schon definitiv los sein. Umso erleichterter war ich, als ich endlich die Schilder erblickte, die Catania ankündigten.

Ich hatte keine Ahnung, wo die Straße lag, die Domenico mir genannt hatte. Umso erstaunter war ich, als ich mich in der Nähe des Bellini-Parks wiederfand. Ich stand vor einem recht intakten barocken Haus, nicht ganz so luxuriös wie das, in dem Bianca lebte, aber für sizilianische Verhältnisse in einem guten Zustand. Und natürlich hoffte ich, dass meine Gastgeber noch wach waren, wer immer sie auch sein mochten. Ich hatte nicht mal eine Telefonnummer von ihnen.

Ich bezahlte den Taxifahrer und wurde tatsächlich mein ganzes Geld los. Wunderbar. Nun war ich pleite.

Hoffentlich hatte mein Mann diese ganze Aktion wirklich gut durchgeplant …

Ich stand mit den zwei schweren Koffern, dem Kinderwagen, den beiden schlafenden Kindern und all den Taschen vor dem Eingang und suchte nach dem Klingelknopf. Man hatte mir nur den

Namen Rizzo mitgegeben. Wenn nun niemand aufmachte, war ich ziemlich gelackmeiert.

Auf mein Klingeln hin knackte der Lautsprecher, und eine weibliche Stimme sagte leise: «Hallo?»

«Maya di Loreno», antwortete ich. «Mein Mann Domenico hat Ihnen Bescheid gesagt, dass ich heute noch komme.»

«Dritter Stock», antwortete die Stimme, und gleich darauf kam der erhoffte Summton. Dankbar stieß ich die Tür auf. Jetzt blieb mir nur noch zu hoffen, dass das Haus einen Fahrstuhl hatte. Ich bugsierte mein Gepäck und den Kinderwagen in das Treppenhaus, sorgsam darauf bedacht, möglichst wenig Lärm zu veranstalten, um die Kinder und die Nachbarn nicht zu wecken. Es war tatsächlich schon nach Mitternacht. Ari und David lagen beide im Wagen und schlummerten selig vor sich hin. Das war schon mal großartig.

Und Gott sei Dank, einen Fahrstuhl gab es hier auch – direkt vor mir! Allerdings war er recht klein, so dass ich mehrmals rauf und runter fahren musste. Erst als ich alles Gepäck oben hatte, wurde die Wohnungstür geöffnet.

Vor mir stand eine kleine, etwas mollige Frau, ungefähr so alt wie ich. Sie trug ihre glänzenden Haare kurz und steckte bereits in ihrem Schlafanzug. Sie kam mir auf Anhieb furchtbar bekannt vor …

«A … Angel? Angelina?», fragte ich fassungslos.

«Sì. Nico hat mir gesagt, dass ihr in Schwierigkeiten seid», antwortete sie. «Komm rein.»

«Aber …» Mir hatte es buchstäblich die Sprache verschlagen. Tatsächlich, Angel? Mit der hatte Domenico doch schon seit Jahren keinen Kontakt mehr gehabt. Wie kam er dazu, mich ausgerechnet zu ihr zu schicken?

Ich folgte Angel in die Wohnung. Ein großer Mann mit Bart trat aus dem Wohnzimmer und nickte mir zu.

«Das ist mein Mann Leonardo. Leo, das ist die Frau von Nico di Loreno. Ich habe dir von ihm erzählt.»

Der Mann begrüßte mich mit einer tiefen Stimme und verschwand im Bad. Angel steuerte auf das Ende des Flurs zu und öffnete dort eine Tür.

«Bitte sehr. Das ist das Gästezimmer. Da kannst du vorerst mit deinen Kindern bleiben, bis Nico dich holen kommt.»

Ich bedankte mich und schob als Erstes den Kinderwagen ins Zimmer. Dann nahm ich die Koffer in Angriff. Angel stand da und schaute mir mit unergründlicher Miene zu. Besonders gesprächig und zuvorkommend war sie ja nicht gerade. Aber ich wollte mich nicht beklagen. Ich hatte ein Dach über dem Kopf, das war das Wichtigste. Ob sie auch für unser leibliches Wohl sorgen würde, wusste ich noch nicht. Zum Glück hatte mir Luisa eine ganze Tüte mit Esswaren mitgegeben.

«Das Bad ist gleich gegenüber», instruierte Angel mich, nachdem ich alles im Zimmer verstaut hatte. «Handtücher findest du in den Schränken. Mein Mann und ich müssen morgen sehr früh zur Arbeit. Im Kühlschrank und auf den Küchenregalen hat es einiges an Esswaren. Nico hat gesagt, dass du wahrscheinlich kein Geld hast. Bleib am besten in der Wohnung, da bist du sicher.»

Angel hatte das alles runtergeleiert, als hätte sie einen Aufsatz auswendig gelernt. Ihre Miene zeigte keinerlei Gefühlsregung. Was sollte ich auch erwarten? Sie hatte wohl ebenso wenig gute Erinnerungen an mich wie ich an sie. Immerhin war ich ihre Erzrivalin gewesen, wenn es um Domenico gegangen war.

Ich bedankte mich und zog mich zurück, um es mir erst einmal bequem zu machen. Das Zimmer war schlicht und klein, doch es hatte ein Bett, eine Kommode und sogar einen kleinen Tisch. Ich würde Ariana zu mir ins Bett nehmen und David im Kinderwagen schlafen lassen, anders ging es nicht.

Erst als in der Wohnung alles ganz still war, wagte ich mich wieder aus dem Zimmer und ins Bad. Die Wohnung war nicht sehr groß, also schätzte ich, dass sie nur dieses eine Bad hatten und ich dieses mit Angel und ihrem Mann teilte.

Ich holte David und legte ihn notdürftig auf ein Tuch, um ihn zu wickeln. Erstaunlich, dass in dem Bad überhaupt keine Babysachen vorhanden waren. Gerade Angel hätte ich mir als Mutter von vielen Kindern sehr gut vorstellen können.

Ich war froh, als ich mich später endlich ins Bett legen konnte. Nach all der Aufregung an diesem Tag war ich sogar zu müde, um mir noch weiter Sorgen um Domenico zu machen. Ich sprach ein kleines Gebet, doch mittendrin döste ich einfach weg.

Ich schlief fast acht Stunden und war erstaunt, dass ich erst um halb neun wach wurde. Und noch überraschter war ich, dass auch meine Kinder noch schliefen. Das kam äußerst selten vor. Wir waren alle sehr erschöpft gewesen.

Als Erstes machte ich mich auf die Suche nach dem WLAN. Ich musste mich spätestens am nächsten Tag irgendwie mit Alessandro in Verbindung setzen und ihm Bescheid sagen, dass ich nicht mehr kommen würde. Nach einigem Suchen fand ich den Router – und auf ihm auch die Angaben zum Einloggen. Es funktionierte sogar. Erleichtert stellte ich meinen Laptop auf den kleinen Schreibtisch und machte mich daran, Ariana und David aus dem Bett zu holen.

Etwas später hatte ich uns ein kleines Frühstück bereitet. Während ich aß, sah ich mich im Wohnzimmer um. Es gab nichts Spektakuläres zu sehen. Alles wirkte sehr normal, fast langweilig. Ich fragte mich, was Angel und ihr Mann wohl arbeiteten. Ob sie immer noch im Ristorante ihres Vaters arbeitete, wo damals auch Domenico hin und wieder gejobbt hatte? Ariana wollte, dass ich mit ihr spielte, also räumte ich das Geschirr in die Spülmaschine und holte ein paar von Arianas Stoff-Fischen.

Mich trieben die Fragen um, wie ich die nächsten Tage in dieser Einsamkeit zubringen sollte und ob ich wirklich der Aufforderung gehorchen sollte, in der Wohnung zu bleiben. Ich würde mich ja grässlich langweilen! Ich hatte zwar die Gesellschaft meiner Kinder, aber auf Dauer würde das mein Bedürfnis nach sozialen Kontakten auch nicht stillen. Und Ari würde irgendwann ziemlich quengelig werden, wenn das hier tagelang so weitergehen und sie merken würde, dass ihr Vater nicht so bald wieder auftauchte.

Als mein Töchterchen später müde war und ich sie und David zu einem Mittagsschläfchen ins Bett legte, setzte ich mich ein wenig an den Computer. Ich überlegte, ob ich Mama anrufen und ihr sagen sollte, was bei mir gerade los war und wo ich mich befand. Doch ich entschied mich dagegen. Ich wollte sie nicht beunruhigen. Erst mal noch ein bisschen abwarten, was wirklich passieren würde.

Stattdessen surfte ich ein wenig auf Facebook rum und zog mir ein paar YouTube-Videos rein. Alles war willkommen, um der Langeweile und der Tatenlosigkeit zu entfliehen.

Angel und ihr Mann blieben den ganzen Tag außer Haus. Mir war es recht. So konnte ich mich in der Wohnung wenigstens frei bewegen. Ich fühlte mich mehr wie ein Eindringling denn als ein Gast, und ich ahnte, dass Angel das alles nur tat, um Domenico einen Gefallen zu tun. Gleichzeitig fragte ich mich natürlich, wann Angel und Nicki in jüngster Vergangenheit Kontakt gehabt hatten und was sie beide immer noch miteinander verband.

Als ich Schritte im Treppenhaus hörte, räumte ich sofort das Wohnzimmer und verzog mich in mein Zimmer. Ich wollte keinesfalls stören. Und Angel zu begegnen … tja, darauf hatte ich jetzt auch herzlich wenig Lust, zumal ich einfach nicht wusste, was und auf welcher Ebene ich mit ihr kommunizieren sollte.

Ich hörte, wie Angel den Fernseher einschaltete, etwas zu essen zubereitete und sich dann an den Tisch setzte – und wie etwas später auch ihr Mann nach Hause kam. Was kam jetzt? Ich lauschte, ob ich etwas von ihrer Unterhaltung mitkriegen würde, doch die Kommunikation zwischen ihnen lief nur spärlich. Und wenn, dann schleppend und sonor. Alles, was ich hörte, war der Fernseher, der im Hintergrund plärrte.

Ich zuckte mit den Schultern und wollte mich ein wenig aufs Bett legen, um zu lesen. Ich hatte Ari ein bisschen Papier und Buntstifte in die Hand gedrückt, und sie war eifrig dabei, kleine Kunstwerke zu gestalten, die sie alle «pesce», Fisch, nannte.

Kaum hatte ich es mir bequem gemacht, klingelte es an der Tür. Ich schoss sofort wieder hoch und schaute auf die Uhr. Wer kam um neun Uhr abends noch zu Besuch?

Ich stutzte, als ich auf einmal aufgeregte Stimmen hörte. Angel, die ich mittlerweile als wortkarg bis stumm eingestuft hatte, flötete auf einmal in den höchsten Tönen. Auch die tiefe Bassstimme ihres Mannes gab ein paar Laute von sich. Dazwischen hörte ich eine leicht heisere Männerstimme, die mir mehr als gut bekannt war.

Mein Herz machte einen Luftsprung.

War Nicki etwa schon da?

Ich wartete, und tatsächlich klopfte bald darauf jemand an meine Tür.

«Maya!»

Ich öffnete. Vor mir stand mein Mann, die Klamotten ziemlich dreckig, die Haare zerzaust. Sofort fielen wir uns in die Arme. Ein zentnerschwerer Brocken fiel mir vom Herzen. Nicki war da, ich brauchte nicht tagelang hier auszuharren und in Ungewissheit zu warten!

«Bin ich froh, dass du schon da bist!», sagte ich und legte den Kopf auf seine Schulter. «Ich dachte, ich müsse hier noch tagelang durchhalten.»

«Ich hab mich in der Nacht davongeschlichen und mich zu Fuß auf den Weg nach Catania gemacht», erzählte er. «Wollte dich ja nicht länger als nötig allein lassen. Bist du okay?» Er löste sich von mir und sah mich prüfend an.

«Mir geht es gut», sagte ich, und den Umständen entsprechend stimmte das ja auch. Ich nahm seine schmutzigen Klamotten genauer in Augenschein. «Aber du …?»

«Ach, Süße, den ganzen Tag verschwitzt und zu Fuß im Straßenstaub unterwegs zu sein, macht einen nicht gerade zum saubersten Tanzpartner in ganz Catania!», sagte er lächelnd. «Ich hab dringend eine Dusche nötig, dann stell ich wieder was dar und rieche auch besser …»

«Deine schönen Klamotten …» Ich zupfte an seinem Hemdsärmel. Er trug ja immer noch das Gleiche, das er bei der Hochzeit getragen hatte.

«Ach, das hat jetzt nicht Priorität.» Er zog sachte seinen Arm weg. Angel trat wieder zu uns und überhäufte Domenico mit einem Schwall Worte. Sie nötigte ihn regelrecht, etwas zu essen.

Nicki war tatsächlich hungrig. Er behauptete, den ganzen Tag noch nichts gegessen zu haben. Bald darauf saßen wir mit Angel und ihrem Mann Leonardo um den Esstisch, obwohl das Ehepaar ja schon gegessen hatte. Die Kinder hatte ich zu Bett gebracht. So waren wir ungestört.

Angel bombardierte Domenico regelrecht mit Fragen. Sie wollte ziemlich alles von ihm wissen: Was er die letzten Jahre gemacht hatte, wo er überall gewesen war, was er erlebt hatte, wo er arbeitete, wie viele Kinder wir hatten, wie lange wir nun schon verheiratet waren, wo wir lebten, warum Domenico auf einmal Probleme mit der Mafia hatte. Und so weiter.

Es gab wohl keine Frage, die sie ihm nicht stellte. Ihre immer noch süßen Puppenaugen hingen regelrecht an ihm. Ich fragte mich, was sich ihr Mann wohl dabei dachte. Ich kam nicht umhin zu denken, dass Angel Leonardo nicht unbedingt aus Liebe geheiratet hatte und dass Nicki immer noch ihre heimliche Liebe war. Aber meistens, so hatte mir mal jemand gesagt, heiratete man am Ende eh nicht die Person, die man am meisten liebte.

Mein Blick blieb wieder an meinem Mann hängen. Na, bei *mir* war das aber nicht der Fall gewesen! Ich hatte tatsächlich die Liebe meines Lebens geheiratet, und mir wurde in dem Moment bewusst, was für ein großes Privileg das war. Etwas, das vielleicht nur den wenigsten vorbehalten war, weil wohl auch nur wenige Menschen die Geduld hatten, darauf zu warten.

Ich hörte dem Gespräch zu. Domenico schilderte Angel und ihrem Mann, wie er diesen Drogenfund gemacht hatte, der schließlich in allen Medien zum Thema wurde, und wie die Drogenbosse – wer immer sie waren – natürlich bald herausgefunden hatten, wer ihnen das Geschäft vermasselt hatte. Offensichtlich vertraute er ihnen weit genug, um ihnen diese delikaten Informationen ungeschönt weiterzugeben. Weiter erzählte er ihnen von Biancas Hochzeit und dem Fluchtplan, den er geschmiedet hatte.

«Im Ernst? Bianca, deine kleine Schwester, hat geheiratet?» Angel war erstaunt.

«Sie lebt sogar ganz in der Nähe von dir», sagte Domenico. «Und schwanger ist sie auch.»

Ach ja, Bianca schwanger – das würde uns wohl auch noch ein neues Kapitel bescheren.

Auch Domenico wollte einiges von Angel wissen. Was sie machte und ob sie keine Familie gründen wollte. Angel schien regelrecht darauf gewartet zu haben und breitete ihr ganzes Leben vor ihm aus. Domenico und ich erfuhren in facettenreichen Details, dass sie regelrecht aus dem Regime ihres strengen Vaters geflüchtet war, dass sie sich geschworen hatte, nie eine Familie zu gründen, und dass sie schließlich eine kaufmännische Ausbildung gemacht hatte. Und dass keine zehn, auch nicht elf, zwölf oder dreizehn Pferde sie je wieder in ein Ristorante zurückbringen konnten.

Leonardo zog sich schließlich mit einem dezenten «Buona notte» zurück. Wahrscheinlich wurden ihm die Wortkaskaden seiner Frau auch langsam zu viel.

Domenico aber hörte ihr aufmerksam zu.

Ich war mir nicht sicher, ob er sich wirklich für all diese Details interessierte – oder ob er einfach nur aus Freundschaft höflich Aufmerksamkeit vortäuschte.

Ich meinerseits hatte längst den Faden verloren und begann, immer mehr mit dem Bett zu liebäugeln.

Ich gähnte mehrmals demonstrativ, so dass es mir fast den Kiefer aus den Angeln hob, doch keiner nahm Notiz von mir.

Schlussendlich beschäftigte ich mich damit, meine Serviette in ihre molekularen Bestandteile zu zerkleinern, um mich wachzuhalten. Aber ich hatte keine Lust, Angel mit meinem Mann allein zu lassen. Damit hatte ich in der Vergangenheit einfach keine guten Erfahrungen gemacht.

Ich war richtig froh, als sie uns endlich ins Bett gehen ließ.

Domenico nahm nochmals eine Dusche und quetschte sich dann neben mich in das schmale Bett. Er war mir dankbar, dass ich sogar Wechselklamotten für ihn eingepackt hatte.

«Auf meine Frau ist wirklich Verlass», murmelte er müde.

Ich hätte ihm gern noch eine Million Fragen gestellt, doch er war so erschöpft von seinem langen Marsch, dass er ziemlich bald neben mir einschlief.

Ich legte meinen Kopf an seine Brust und lauschte seinem Herzschlag. Zum ersten Mal seit langem fühlte ich wieder ein kleines bisschen Geborgenheit.

Einfach, weil er bei mir war.

16. Die Entscheidung

Angel hatte die unverfrorene Frechheit, am nächsten Morgen an unsere Zimmertür zu klopfen.

Ich knurrte und klammerte mich an Domenico. Mit mir hatte sie kaum ein Wort gesprochen, doch kaum war Nicki da, wurde sie regelrecht anhänglich. Dass ich ihr vielleicht Unrecht tat und sie sich lediglich freute, einen alten Freund wiederzusehen, davon wollte ich in dem Moment nichts wissen.

Immerhin musste sie zur Arbeit und konnte uns daher nicht länger auf die Pelle rücken. Ich war richtig glücklich, als wir die Wohnung für uns allein hatten und wir endlich mal wieder als Familie zu einem ausgiebigen Frühstück beisammen waren. Ari war happy, dass ihr Vater wieder bei ihr war. Sie turnte auf seinem Schoß herum und ließ ihm kaum Gelegenheit, einen Bissen zu sich zu nehmen.

«Ich muss dringend mit dir reden, Maya», sagte Domenico, nachdem wir das Geschirr weggeräumt hatten und auch die Kinder satt waren. Wir setzten uns aufs Sofa, und Domenico legte ganz in alter Manier seinen Arm um mich.

«Das will ich aber hoffen», sagte ich und kuschelte mich eng an ihn. «Ich will nämlich auch reden!»

«Dir ist ja hoffentlich klar, dass wir nicht hierbleiben können, nicht wahr?», sagte er. Ich nickte. Natürlich, darüber hatten wir ja schon in der Villa gesprochen.

«Was ist der Plan?», fragte ich daher.

Er streichelte mir zärtlich übers Haar und ließ ein paar Minuten zerrinnen, ehe er zu einer Antwort ansetzte.

«Ich dachte, du gehst mit David erst mal zu deinen Eltern nach Basel. Dort seid ihr in Sicherheit. Ich komm mit Ari nach, sobald ich hier das Wichtigste geregelt hab. Und dann schauen wir, wo in Deutschland wir uns niederlassen können.»

«Du meinst im Ernst, wir gehen als Familie zurück nach Deutschland?»

«Wolltest du das nicht schon lange?»

«Schon …», sagte ich. Nur der Umstand, dass dieser Vorschlag zum ersten Mal aus dem Mund meines Mannes kam, überraschte mich.

«Wir haben hier keine Zukunft mehr, Maya», sagte Nicki mit matter Stimme. «Das ist mir alles ziemlich klargeworden in den letzten Wochen.»

«Nun ja ...» Ich wollte meinen Mann nicht mit oberklugen Bemerkungen kränken. Es kostete ihn massiv Überwindung, seinen Traum von einem Leben auf Sizilien zu begraben, das war für mich mehr als einleuchtend.

«Am besten, du buchst dir noch heute einen Flug nach Basel und schaust, dass du so bald wie möglich von hier wegkommst. Nimmst David und das Gepäck mit. Hast du noch etwas Geld auf deinem Konto?»

«Fast nichts mehr», gestand ich. «Ich hab so ziemlich alles für das Taxi nach Catania gebraucht. War ja nicht gerade billig.»

«È vero, die reinste Abzocke», sagte er, die Augen zur Decke gerichtet. «Dann frag ich Bianca, ob sie dir was vorstrecken kann.»

«Ich kann auch meine Eltern fragen, Nicki», schlug ich vor. «Ich werde es ihnen dann einfach zurückzahlen.»

«Wie du willst. Ich möchte sowieso noch mit ihnen reden vorher.»

«Ich hab den Computer mitgenommen. Wir können nachher gemeinsam mit ihnen skypen», sagte ich.

«Gut.»

«Aber du – Ari hierlassen, das geht gar nicht! Ich lasse doch meine Tochter nicht einfach allein mit dir ausgerechnet hier in der Gefahrenzone zurück. Wie stellst du dir das denn vor?»

«Senti, amò, du kannst nicht allein mit all dem Gepäck und zwei Kindern reisen –»

«Dann lass ich das Gepäck eben da und reise nur mit den Kindern», widersprach ich stur. Was hatte mein Mann da eigentlich für skurrile Pläne?

«Willst du dich mit Aris Launen allein rumschlagen? Du weißt ja, wie zickig sie tun kann, wenn ich nicht da bin.» Domenico gab sich nicht so schnell geschlagen.

«In letzter Zeit war sie sehr lieb», konterte ich. «Ich bin gut mit ihr zurechtgekommen. Auf der ganzen Reise nach Catania war sie erstaunlich folgsam. Wir waren best friends!»

«Warte mal ein paar Tage ab», sagte er.

Ich seufzte, weil ich wusste, dass er recht hatte. Ariana hing zu sehr an ihrem Vater. Wenn ich sie nach Basel mitnahm und sie irgendwann merkte, dass sie erstens an einem fremden Ort und zweitens ihr Vater weit weg war, würde sie mir garantiert eine Szene machen. Täglich.

«Ascolta, ich hab mir Folgendes ausgedacht», sagte Domenico. «Ich weiß, dass es dir nicht gefallen wird, aber es ist die beste Lösung.»

«Lass hören», knurrte ich.

«Ich hab mit Bianca gesprochen. Sie verlegen ihre Flitterwochen ja auf nächstes Frühjahr. Das heißt, sie ist in nächster Zeit zuhause. Sie hat sich bereiterklärt, auf Ari aufzupassen.»

«Aber ...», wollte ich heftig protestieren. Bianca? Auf Ariana aufpassen? Das kam überhaupt nicht in die Tüte! Diese Zicke war so ziemlich die letzte Person, der ich meine Tochter anvertrauen würde!

«Hör zu, Principessa, ich weiß, dass es keine optimale Lösung ist, aber es ist die sicherste Lösung. Bei Bianca wird ihr nichts zustoßen. Ihr Mann hat ziemlich gute Beziehungen. Nicht unbedingt die saubersten, wie du ja weißt, aber das kommt uns jetzt zugute: Er kann uns schützen. Zumindest für eine Weile. Ich weiß, Bianca ist nicht die netteste Person auf diesem Planeten, aber sie liebt Kinder, und sie liebt Ari. Sie wird gut zu ihr sein. Und es ist ja nur für eine kurze Zeit. Ich komme ja mit Ari nach, sobald ich hier alles geregelt habe.»

«Was willst du denn hier noch alles regeln?», wollte ich wissen. «Bleibt dir da überhaupt Zeit, wenn sie dir so auf den Fersen sind?»

«Na, ich muss meine Jobs kündigen zum Beispiel. Ich muss mit Zio Giacomo sprechen wegen dem Haus und wegen dem zerstörten Fischerboot. Muss ein paar Sachen einpacken. Und so weiter. Ich muss mindestens für einen Tag nach Licata fahren, um all das unter Dach und Fach zu bringen. Und ich muss mit Manuel sprechen. Das liegt mir am meisten am Herzen. Ich möchte ihn so gern adoptieren, und ich weiß, wie traurig er ist, dass es bis jetzt immer noch nicht geklappt hat. Ich fühl mich schuldig, wahnsinnig schuldig. Er bedeutet mir so viel, und ich möchte, dass er das weiß. Ich hoffe immer noch, dass wir das irgendwann regeln können. Und … ja, ich möchte gern auch noch sicherstellen, dass Jamil und Ali und die anderen das Geld zusammenkriegen, um Richtung Norden zu reisen, wo sie vielleicht eine Zukunft haben. Und ich möchte auch, dass dem kleinen Moses irgendwie geholfen wird.»

Ich hob meine Schultern und ließ einen tiefen, missbilligenden Seufzer fahren. Mir lagen all diese Menschen auch am Herzen, ja – aber trotzdem gefiel es mir ganz und gar nicht, dass mein Mann nach Licata zurückwollte, wo er womöglich am meisten in Gefahr war. Und dass meine Tochter bei Bianca bleiben sollte! …

«Es wird ja nicht lange dauern», versprach Domenico. «In ein paar Tagen bin ich mit Ari bei dir in Basel. Bei deinen Eltern.»

«Ich hoffe es», brummte ich.

Domenico drehte sich zu mir, um mir tief in die Augen zu schauen.

«Hör zu, ich werde höchstens zwei, drei Tage in Licata bleiben, mehr nicht. Den Rest werde ich von Bianca aus erledigen. Vieles kann ich ja telefonisch regeln. Muss ja nur mein anderes Handy noch holen. Dann bin ich fast die ganze Zeit bei Ari. Ich pass doch auf sie auf. Ich behüte sie wie nichts anderes in meinem Leben, ich werde alles tun und geben für sie, darauf hast du mein Wort.»

Das Versprechen lag tief in seinen Augen. Ich sah ihm an, dass auch ihm diese Entscheidung nicht leichtfiel. Besonders die Tatsache, dass wir die Hilfe von Bianca und ihrem Mann annehmen mussten, wo er doch so gegen diese Hochzeit gewesen war, hatte ihn wohl enorm Überwindung gekostet. Aber Domenico war am Leben gereift; aus dem einst trotzigen Jungen war ein Mann geworden, der über seinen Schatten springen und sich zurücknehmen konnte, wenn es darum ging, für das Wohl seiner Familie zu sorgen.

«Ich gebe zu, ich war furchtbar egoistisch», gestand er, als hätte er mir meine Überlegungen angesehen. «Ich habe ziemlich verbissen an dem Traum festgehalten, uns auf Sizilien ein schönes Leben aufzubauen, habe viel zu wenig danach gefragt, was *du* eigentlich möchtest. Ich war in das Meer verliebt, es war mein Ersatz für so vieles. Dabei warst du immer so treu an meiner Seite. Du hast es besser verdient ...»

Er streichelte wieder sanft meine Wange.

«Deine Worte sind Balsam, Nicki ...», sagte ich.

«Meine Schwester hatte nicht ganz unrecht: Ich bin manchmal ein richtiger Narzisst. Ich bin mein dominantes Gehabe nie ganz losgeworden. Es kann ja nicht immer alles nur nach meinem Kopf gehen. E non posso controllare tutti e tutto ... ich kann nicht alles und jeden kontrollieren ...»

«Man ist eben, wie man ist, Nicki», sagte ich und berührte ihn ebenfalls. «Du kannst ja nicht eine komplett andere Person werden. Ich hab dich so geheiratet, wie du bist. Ich hab übrigens auch meine Fehler ...»

Das klang alles sehr klug und schön und ein wenig abgedroschen, aber mir fielen momentan keine besseren Worte ein. Immerhin waren sie ja auch stimmig. Wenigstens das.

«Die Sache mit Alessandro ...», fiel mir in diesem Zusammenhang wie aus heiterem Himmel ein.

«Mah.» Er winkte ab. «Unn' tinne fari culpa. Ich hab dir ja genug Anlass geliefert, mit einem anderen Mann zu flirten. Ich bin ja selber schuld, wenn ich nie da bin. Außerdem ...»

«Du hattest immer noch Kontakt mit Angel, nicht wahr?», fragte ich leise. Ich konnte es ihm ja nicht übelnehmen. Vielleicht war auch ich in Sachen Zärtlichkeit manchmal etwas zu verklemmt gewesen. Ziemlich sicher sogar.

«Nein», sagte er und sah mir aufrichtig in die Augen. «Das hatte ich nicht, Maya. Wirklich nicht. Mir kam die Idee, Kontakt zu ihr aufzunehmen, weil ich weiß, dass sie selbst schon einiges mitbekommen hat in Sachen Schmuggel und Geldwäscherei. Ihr Vater hatte da auch nicht immer eine saubere Weste. Sie weiß, wie man mit solchen Situationen umgeht. Ich hatte ja noch einige alte Kumpels hier in Catania, die ihre Adresse hatten. Ich hab sie vor einiger Zeit mal angerufen, um ein mögliches Versteck für uns zu suchen, falls es brenzlig werden sollte. Sie hatte Mingo und mir ja früher immer geholfen. Auf sie ist Verlass in solchen Fällen.»

«Hm.» Ich musste zugeben, dass es wirklich so war. Ich dachte zurück an all die Abenteuer, die wir damals vor vielen Jahren in Catania erlebt hatten. Angel hatte auch mir tatsächlich ein paar Mal aus der Patsche geholfen.

«Es ist ja nicht so, dass ich ganz verschont geblieben bin von Flirtereien», gab er unumwunden zu. «Was meinst du, wie oft ich irgendwelche deutsche oder englische Touristinnen am Hafen getroffen hab, die die Arbeit eines sizilianischen Fischers furchtbar romantisch fanden und alles darum gegeben hätten, wenn ich sie auf dem Boot mitgenommen hätte.»

«Und – hast du das getan?»

«Ganz ehrlich? Zwei, drei Mal. Sie haben mir dafür ein Trinkgeld gegeben. Das konnten wir ja so gut gebrauchen. Aber – es ist nichts passiert, Maya. Wirklich nicht. Ich mein, ich hab da schon einiges gelernt aus meiner wilden Vergangenheit.»

«Zwischen mir und Alessandro ist auch nichts passiert», sagte ich. «Ich hab mich einfach ein wenig eingesperrt gefühlt in meinen vier Wänden.»

Er nickte nachdenklich. Ich konnte ihm jedoch den Kummer ansehen.

«Das habe ich nie gewollt», sagte er mit leiser Stimme und drückte meinen Kopf sachte gegen den seinen. Ich hätte ihn gern noch so manches gefragt, doch ich wusste, dass ich ihm dafür Zeit lassen musste. Es gab vieles, das er verarbeiten musste.

Wie wird das für dich sein, Nicki? Sizilien zu verlassen und zu meinen Eltern in die Schweiz, später vielleicht sogar zurück nach Deutschland zu gehen? Wirst du damit zurechtkommen? Wirst du ohne das Meer leben können? Oder wird das dein Herz zerbrechen?

Ich konnte den Schmerz in seiner Seele förmlich spüren. Er würde es nicht zugeben, doch es war klar, dass eine Riesenmenge auf ihn zukommen würde. Ich war mir nicht sicher, ob er sich nach all den Jahren in Deutschland wieder zurechtfinden würde. Sein Herz hatte immer viel zu sehr für seine Heimat Sizilien geschlagen.

Ich weiß nicht, Maya, wie es mir in Deutschland ergehen wird. Ich darf momentan nicht dran denken. Alles, was ich möchte, ist, dass ihr in Sicherheit seid. Und dass du glücklich bist. Mehr zu wollen und zu planen ist mir jetzt gerade gar nicht möglich.

Ich lehnte meinen Kopf an seine Schulter und genoss für ein paar Minuten einfach nur seine Nähe. Vorsichtig ließ ich die Vorstellung zu, wie schön es sein könnte, wenn er wieder mehr Zeit für uns haben würde. Ob das nun wieder in greifbare Nähe rücken könnte?

Ich möchte aber auch, dass du glücklich bist, Nicki, schickte ich ihm ein paar Gedanken zurück. *Ich möchte auf keinen Fall, dass du vor lauter Heimweh zerbrichst. Wir werden unser Leben sehr behutsam wieder neu aufbauen müssen.*

Ein tiefer Seufzer kam aus seiner Brust. Seine Lunge schmerzte in letzter Zeit wieder öfters, ich konnte es deutlich spüren. Obwohl er erst zweiunddreißig war, zeigte sein Körper erste Verschleißerscheinungen, seiner turbulenten Vergangenheit und der harten Arbeit auf dem Wasser geschuldet. Es war wirklich allerhöchste Zeit für eine Veränderung, auch wenn er nicht zugeben wollte, dass er physisch am Anschlag war. Ich würde gut auf ihn aufpassen müssen.

Mach dir keine Sorgen um mich, Maya, kamen seine Gedanken noch einmal zurück. *Ich habe genug an mich gedacht, jetzt seid erst mal ihr dran.*

«Pater Cristoforo hat mir auch dringend ans Herz gelegt, mit euch zurück in deine Heimat zu fliegen», gestand er. «Er meinte, vielleicht sei das alles ein Wink Gottes gewesen.»

«Möglich», sagte ich. Auch wenn mein Wunsch nun tatsächlich in Erfüllung zu gehen schien, konnte ich doch nicht einfach so mir nichts, dir nichts frohgemut in die Zukunft blicken. Einer von uns würde Leid und Last auf sich nehmen müssen, würde Opfer bringen müssen. Das war nun mal das Schicksal, wenn man so wie wir aus zwei verschiedenen Kulturen stammte.

«Aber was passiert denn nun mit Manuel?», griff ich Nickis Gedanken von vorhin auf. «Du sagtest, du wollest mit ihm reden, aber wo soll er hingehen? Er kann ja nicht allein in Licata bleiben. Nimmst du ihn mit nach Deutschland? Oder erst mal in die Schweiz zu meinen Eltern?»

Wieder kam ein tiefer Seufzer aus seinem Herzen.

«Er wird erwachsen. Er hat seine eigenen Pläne.»

«Hat er dir davon erzählt?», fragte ich. «Dass er gern eine Ausbildung machen möchte?»

«Ja. Hat er. Dir auch, nicht wahr?»

«Ja, er ist in der Nacht, als du auf dem Wasser den Drogenfund gemacht hast, zu mir gekommen und hat mir zaghaft von seinen Ausbildungsplänen erzählt. Ich … hab ihn ermutigt.»

«Das ist gut so.» Er streichelte mit seinem Daumen sanft meinen Arm. «Und es trifft sich auch gut: Er kann vorerst auch bei Bianca wohnen. Ich hab zwar noch nicht mit ihm gesprochen, und das will ich ja eben nachholen, wenn ich in Licata bin. Aber ich bin fast sicher, dass er einverstanden sein wird.»

Ich erinnerte mich daran, dass Manuel schon dieselbe Idee gehabt hatte, und nickte. Ich war allerdings überrascht, dass mein Mann das nun von sich aus vorschlug. Vor einiger Zeit hätte ich darauf wetten können, dass Nicki sich gegen solche Pläne gesperrt hätte.

«Sie hat ja mehr als genug Platz in ihrer Wohnung, und ihr Mann wird nicht sehr oft zuhause sein», fuhr er fort. «Sie kann Manuel dann hier in Catania in der Schule anmelden. Er kann die Scuola Media hier beenden und anschließend im nächsten Sommer seine Ausbildung starten. Spätestens dann hätte er ja eh nach Catania oder Palermo ziehen müssen.»

«Okay.» Das klang wirklich nach einer vernünftigen Lösung. Auch wenn ich Bianca wohl nie wirklich würde leiden können, war sie uns jetzt eine große Hilfe.

«Ich mein, Bianca liebt Manuel über alles. Sie mag ja sonst zu anderen ziemlich bissig sein, aber ihn liebt sie, und er wird es gut bei ihr haben. Und sie wird dann auch nicht so einsam sein. Ihn zu deinen Eltern mitzunehmen, wäre wohl keine Option. Er kann zu wenig Deutsch, um dort einen vernünftigen Schulabschluss zu machen. Ich möchte nicht, dass er sich am Ende noch so durchs Leben schlagen muss wie ich. Er soll es wirklich besser machen.»

Auch diese Entscheidung schien meinen Mann enorm viel Überwindung gekostet zu haben. Ich ahnte, warum er all die Nächte kaum hatte schlafen können.

«Ich muss einfach noch ein bisschen Zeit mit ihm verbringen können und ihn trösten, bevor ich gehe», fügte er hinzu. «Er hat ja zu all dem – als wär's nicht schon genug – auch noch ziemlich heftigen Liebeskummer …»

«Wegen Marietta?» Ich hatte diese Geschichte ja nur vage mitbekommen.

«Ja. Aber hey, das wird schon wieder. Er ist ja erst vierzehn. Muss ja nichts überstürzen. Aber Catania tut ihm sicher gut, da kann er ganz neu anfangen und wird vielleicht auch bald ein neues Mädchen kennenlernen. Seine Freunde wird er natürlich sehr vermissen, aber was will er machen? Er wird neue finden müssen. Er hat in Licata eh keine Chancen auf eine stabile Zukunft.»

«Wohl kaum», musste ich ihm recht geben.

«Und für dich ist es sicher auch beruhigend zu wissen, dass Manuel dann auch bei Bianca sein wird und die paar Tage, die ich weg bin, auf Ari aufpassen kann, nicht wahr?», sagte er.

Ich nickte. Oh ja, das war gewiss sehr beruhigend.

«Eine letzte Frage: Was macht der Zio? Bleibt er allein im Haus zurück?», wollte ich wissen.

«Wir werden sehen. Ich hab noch nicht mit ihm gesprochen. Aber Zio Giacomo kennt ja genug Leute. Falls es auch für ihn zu gefährlich werden sollte, wird er halt zu einem seiner Söhne ziehen oder zu seinen Verwandten nach Salerno gehen. Er wird schon irgendwo unterkommen. Die Familienbande sind ja stark bei uns in Sizilien. In unserem Land sind schon viele Stricke gerissen, vor allem für die Jungen – aber dieses Band innerhalb der Familien, das immer noch alles zusammenhält, das ist immer noch stark und intakt.» Er lächelte wehmütig.

«Und werden wir in Deutschland wirklich sicher sein vor der Mafia? Oder wer immer uns verfolgt?» Auch diese Bedenken wollte ich noch aus dem Weg räumen. Obwohl ich nicht wusste, wer genau uns denn nun wirklich verfolgte – ich hatte ja keine Namen gehört, hatte keine Gesichter gesehen –, nahm ich einfach an, dass sie zur Mafia gehörten. Ich hatte auf YouTube einige Doku-Serien gesehen von Leuten, die von diversen Organisationen bis ins Ausland verfolgt worden waren.

«Wir werden sehen», sagte er, und es klang etwas ausweichend. «Bestimmt sicherer als hier.»

«Na, das will ich doch hoffen», murmelte ich. Ich hatte keine Lust auf ein Leben in Form eines dauernden Versteckspiels.

Damit war schon fast alles geregelt.

Domenico hatte mit Angel ausgemacht, dass ich bis zu meiner Abreise bei ihr blieb. Noch an diesem Abend suchten wir im Internet nach einem Flug nach Basel und riefen auch meine Eltern an. Domenico hatte mich gebeten, ihn bei dem Gespräch allein zu lassen. Er wollte unter vier Augen mit Mama und Paps reden. Er sagte, er habe ihnen einiges zu beichten.

Ich verband ihn auf meinem Laptop mit Skype, stellte die Verbindung zu meinen Eltern her und verließ dann den Raum.

Als er zwei Stunden später zu mir zurückkam, wirkte er viel gelöster. Er war bei meinen Eltern wohl so einiges losgeworden. Und so, wie ich Mama kannte, hatte sie genau die richtigen Worte gefunden, um ihn zu trösten und zu unterstützen.

Da gab es keine Bessere als sie.

17. Heimkehr

Schon zwei Tage später reiste ich ab.

Nicki war die ganze Zeit bei mir geblieben, und wir hatten uns zusammen in dem schmalen Bett in Angels Gästezimmer einquartiert. Es war schön gewesen, wieder einmal so nahe bei meinem Mann zu schlafen, und ich konnte mir kaum vorstellen, dass ich die nächsten Tage schon wieder von ihm getrennt sein würde.

Wir waren auch wieder einmal richtig intim geworden miteinander. Angel hatte unsere Privatsphäre respektiert und uns weitgehend in Ruhe gelassen. Immerhin war sie ja verheiratet, da durfte man das auch erwarten …

Domenico hatte alles organisiert. Er hatte von meinem Smartphone aus einige Telefonate mit Bianca geführt, um alles Weitere mit ihr zu regeln.

Bianca hatte versprochen, sich gut um Ariana und Manuel zu kümmern. Ich staunte, wie kooperativ sie nun auf einmal war. Vermutlich hatte es ihr viel bedeutet, dass Domenico trotz allem mit

Manuel an ihre Trauung gekommen war, obwohl er schließlich während der Zeremonie dann doch nicht anwesend gewesen war. Und ich staunte auch darüber, wie sehr mein Mann es schaffte, ihre Hilfe fast demütig in Anspruch zu nehmen und seinen stolzen Trotz für einmal zur Seite zu legen.

Er war die ganze Zeit sehr lieb und fürsorglich zu mir und den Kindern gewesen. Ganz so, wie er eigentlich sein wollte, sobald wir Sizilien hinter uns lassen würden und seine Seele dann endlich zur Ruhe kommen könnte. Es war also schon mal wie ein sehr, sehr schöner Vorgeschmack. Gefiel mir gut!

Allerdings war ich traurig, dass ich mich nicht mehr von unserem Häuschen, unserem schönen Garten und auch von Manuel und dem Zio verabschieden konnte. Und von Domenicos Familie. Immerhin war all das über vier Jahre lang mein Zuhause und mein Halt gewesen. Auch ich ließ einen Teil meines Herzens hier. Besonders der Gedanke an den Garten, der immer meine Oase gewesen war, brach mir fast das Herz.

Als wir in Biancas Auto stiegen, mit dem Domenico uns zum Flughafen fahren wollte, übermannten mich beinahe die Tränen. – Sagte ich gerade «beinahe»? Falsch, ganz falsch: Sie übermannten mich wirklich. Ich war schon immer nah am Wasser gebaut, und das wird sich wohl auch nicht mehr groß ändern.

«Wir werden wiederkommen, Maya», versprach Domenico. Er streckte seine Hand aus und trocknete meine Wangen mit seinem Daumen. «In den Ferien … irgendwann …»

Irgendwann, so-so … *Geht's auch konkreter, Nicki?*

Die Zukunft war mal wieder so ungewiss.

Und das Schlimmste, nämlich der Abschied von Domenico und meiner Tochter, stand mir noch bevor. Auch wenn es nur für eine kurze Zeit sein würde.

Bis zum Flughafen waren es nur etwa fünfundzwanzig Minuten mit dem Auto. Bianca hatte nicht nur eine Luxuswohnung, nein, ihr frischgebackener Ehemann hatte ihr offenbar auch einen nagelneuen Luxusschlitten geschenkt. Für einmal hatten wir reichlich Platz für das ganze Gepäck und den Kinderwagen. Nicki, der selbst noch nie so ein modernes Auto gefahren hatte, war von der ganzen Elektronik fast ein wenig überfordert.

Das rege Treiben am Flughafen lenkte mich für eine Weile von meiner Trauer ab. Ich musste David beruhigen, während Domenico mit meinen beiden Riesenkoffern und Ariana beschäftigt war. Ich staunte, wie er all das geschickt zur Gepäckaufgabe jonglierte, während ich schon mit dem weinenden David auf meinem Arm ziemlich an den Rand meiner Kräfte und Nerven kam.

Spätestens jetzt sah ich es ein: Domenicos Idee, dass Ariana bei ihm auf Sizilien bleiben sollte, war ziemlich vernünftig. Nicht auszudenken, wenn Ari angefangen hätte, mir eine Szene zu machen, sobald sie bemerkt hätte, dass ihr Vater sich von uns entfernen würde. Zwei weinende Kinder hätten mich doch emotional komplett überfordert.

Ich war froh um jede Minute Wartezeit, die unseren Abschied noch etwas hinauszögerte. Doch irgendwann waren wir an der Reihe, und Domenico hievte meine beiden Koffer nacheinander aufs Förderband. Ariana machte große Augen, als sie ihm zusah. Am liebsten hätte ich auch gleich losgeflennt. Aber ich musste stark sein. Ich wollte mich vor meiner Tochter jetzt nicht gehen lassen.

Domenico und ich hatten vorher ausgemacht, dass wir den Abschied nicht allzu lange ausdehnen würden, sondern es so kurz und schmerzlos zu halten wie möglich. Wir würden uns ja voraussichtlich bald wiedersehen. Hoffte ich jedenfalls.

Er hatte mir versprochen, jeden Abend mit mir zu skypen. Und hatte mir versichert, dass er sich von Bianca oder von Manuel zeigen lassen würde, wie man auf Skype ein Profil einrichtet und das Ganze bedient.

Ich holte tief Luft, als wir vor der Security-Schranke standen, die uns nun trennen würde. Ich bezwang den Kloß in meiner Kehle und umarmte meinen Mann. Er umschloss mich fest, presste seine Wange an die meine und flüsterte mir sanfte Worte ins Ohr. Es war wie ein himmelszarter Windhauch:

«Andrà tutto bene, principessa. Alles wird gut. Ich versprech es dir. Mach dir keine Sorgen. Ich komme, sobald ich kann. Vi amo più della mia vita. Ich liebe euch mehr als mein eigenes Leben.»

«Ich liebe dich auch», sagte ich mit gepresster Stimme und nahm mir vor, es ihm in Zukunft wieder öfters zu sagen.

«Pass auf dich und David auf. Und grüß deine Eltern von mir. Sie sind großartige Menschen!»

«Mach ich. Und du, sag Manuel auf Wiedersehen von mir. Sag ihm, ich bin beeindruckt von ihm. Er ist so ein tapferer Junge.»

«Ja», meinte Nicki mit hörbarem Stolz in der Stimme. «Das ist er wirklich. Ich werde es ihm ausrichten.»

«Und sag dem Zio nach tausendmal Danke von mir. Das gebührt ihm wirklich. Schließlich haben wir es ihm zu verdanken, dass wir so ein schönes Heim bekommen haben.»

Ich war fest entschlossen, all die positiven Aspekte zu erwähnen und das Negative gar nicht mehr zur Sprache zu bringen. Es war gewesen, es war Vergangenheit, und es zählte irgendwie nicht mehr.

«Und auch Luisa, Giovanna und der Nonna – sag ihnen Danke von mir. Sie haben ja immer gut für Ariana gesorgt. Besonders Luisa. Ich hätte mich längst mal erkenntlich zeigen sollen.»

«Ach, das geht schon in Ordnung», meinte Domenico. «Sie mögen dich. Sie können es nur nicht immer so gut zeigen. Aber ich werde es ihnen gern ausrichten.»

Schweren Herzens löste ich mich von meinem Mann, weil ich spürte, dass meine Tochter mit großen Augen zu mir hochblickte und immer noch nicht richtig verstand, was hier abging.

«Ari», sagte ich, als Domenico sie hochhob und mir auf den Arm gab. Jetzt kam der wohl schwierigste Moment.

«Mamma, statti ccà», brabbelte meine kleine Tochter, die wieder mal schlau genug war, sensibel zu erfassen, was hier abging.

«Deine Mami geht zu deinen Großeltern in die Ferien. Du kommst dann auch bald mit Papa nach, ja?»

Ich wollte ihr natürlich noch nicht sagen, dass das wahrscheinlich ziemlich lange Ferien werden würden. Ich war mir nicht sicher, ob sie *das* schon verstehen würde.

«Nonna Etter?», piepste Ariana.

«Genau. Zu Nonna Esther. Und zu Nonno Martin.»

«Puru iu?»

«Später. Du bleibst jetzt erst mal bei Papa, und ihr kommt dann hinterher.»

Ich küsste meine Tochter auf ihre samtige Wange. Als Gegenzug drückte sie mir ebenfalls einen nassen Kuss auf die Haut.

Ach, die Kleine war so tapfer!

«Komm, Ari.» Domenico stellte sie behutsam wieder auf den Boden. Ich gab ihm David auf den Arm.

«Mein kleiner King David», murmelte er, während er den schönen Jungen ansah, der seine Augen geschlossen hatte. «Ich weiß, dein Vater hatte bis jetzt noch zu wenig Zeit für dich. Aber es wird sich ändern. Ti amo tanto quanto amo tua mamma e tua sorella. Und ich weiß jetzt schon, dass du einmal ein ganz mutiger Junge werden wirst. Du bist jetzt hier der Mann, also halt die Stellung für mich, Piccolino! Pass auf deine Mamma auf, okay?»

Er küsste seinen Sohn nochmals sanft auf die Stirn und drückte ihn fest an sich. Ich sah, dass es in seinen Augen glitzerte. Der starke Löwe hatte tatsächlich Tränen in den Augen!

Er gab mir David wieder auf den Arm.

«Hast du deine Bordkarte und all das?», fragte er. Ich griff in meine Tasche. Bordkarte, Pass, Pampers, Feuchttüchlein, Puderdose – alles war da.

«Geh nun besser», flüsterte er mit heiserer Stimme. «Bevor ich doch noch richtig zu heulen beginne ....»

Mir ging es nicht besser. Ich schniefte, als Domenico mir half, die Trage mit David auf meinen Rücken zu schnallen. Ich hob meine Handtasche hoch und klammerte mich fest an den Griff.

«Und dreh dich am besten nicht mehr nach mir um», raunte Nicki. «Ich werd's auch nicht tun.»

Ich nickte hastig und hob meine Hand zu einem Abschiedsgruß. Dann drehte ich mich auf dem Absatz um und zwang mich, vorwärts in Richtung Sicherheitsschranke zu gehen. Es kostete mich wahnsinnig viel Überwindung, mich nicht noch ein letztes Mal nach meinen Liebsten umzudrehen.

Man soll ja bekanntlich nicht zurückschauen, dachte ich bei mir. *«Immer nur voran, voran, voran ... Aber sollte ich mich nicht vielleicht doch nochmals umdre...»*

Nein, ich ließ es bleiben!

Gegen meine Natur. Und gegen meine Gefühle.

Immerhin war es mein Trost, dass ich noch an diesem Abend meine Eltern wiedersehen und von ihnen am Flughafen abgeholt werden würde.

Ich marschierte auf die Schranke zu, legte meine Bordkarte auf den Tisch des Kontrolleurs und wurde mit einem Piepen zugelassen. Ich folgte den Anweisungen der Flughafen-Angestellten – alles sehr ernsthafte Leute, sachlich und humorlos, aber bei David huschte doch mal ein Lächeln über das Gesicht einer uniformierten Frau –, legte alles aufs Förderband, ging mit David durch den Sicherheitscheck und konnte auf der anderen Seite meine Sachen wieder in Empfang nehmen. Der Mann am Scanner verlangte allerdings, dass die Puderdose und die Wetties noch in einer Plastiktüte versiegelt wurden.

Dann suchte ich das Gate für den Flug nach Milano, wo ich für den Flieger nach Basel umsteigen musste. Ich fand einen freien Sitzplatz in der Wartezone und setzte mich mit David da hin, streichelte ihn, redete beruhigend auf ihn ein und wartete, bis die Dame vorne am Desk übers Mikrofon das Boarding als eröffnet melden würde.

Ich schaute zu der großen Fensterfront und sah draußen die Flugzeuge, die in der Nachmittagssonne glänzten. So auch unseres. In Basel würde mich graues Wetter erwarten, das hatten meine Eltern mir schon mitgeteilt.

Mit einem Baby hatte ich das Privileg, als eine der Allerersten ins Flugzeuginnere steigen zu dürfen. «Mothers and their Babys first!» Toll! Endlich fühlte ich mich echt als Principessa! Fehlte nur noch der rote Teppich!

Bald saß ich mit meinem Sohn, der soeben seine erste Flugreise angetreten hatte, im Flieger Richtung Norden. Mit der Gewissheit, dass ich so bald nicht mehr nach Sizilien zurückkehren würde.

Ich schaukelte David in meinen Armen, als ich auf die Koffer wartete. Sein warmer Körper spendete mir Trost. Allerdings war er unruhig – seine Ohren waren mit dem Druckausgleich unterwegs im Flugzeug noch völlig überfordert gewesen, es tat ihm weh, und er konnte diesen Schmerz natürlich nicht verstehen. Wie auch? Unsereiner kaute da zum Ausgleich auf einem Kaugummi rum, aber ein zahnloses Baby?

Ein freundlicher älterer Herr bot sich an, mir zu helfen, meine beiden monumentalen Gepäckmonster vom Förderband zu hieven, und er half mir auch, sie durch die Passkontrolle und den Ausgang zu befördern, wo ich von meinen Eltern schon sehnsüchtig erwartet wurde.

Hier standen sie, meine Mutter und mein Vater, beide mittlerweile komplett grauhaarig und überaus glücklich, mich zu sehen.

Erst jetzt sah ich, wie gut die neue Frisur meiner Mutter in der Realität stand. Beim Skypen war mir das nicht aufgefallen. Es war tatsächlich über zehn Monate her, seit ich meine Eltern zum letzten Mal von Angesicht zu Angesicht gesehen hatte!

Mir machte es jedes Mal von Neuem Angst, wenn mir bewusst wurde, wie schnell die Zeit verging.

Mama strahlte übers ganze Gesicht und streckte ihre Arme nach mir und David aus, den sie an diesem Tag zum ersten Mal sozusagen live sah. Bis jetzt hatte sie sich mit Bildern und den Filmchen begnügen müssen, die ich ihr zugesandt hatte. Ich umarmte sie vorsichtig, dann band ich David los und legte ihn auf ihre Arme.

Erstmals konnte sie ihren Enkel richtig herzen.

«Meine Güte, ist der schwer», sagte sie erstaunt. «Was hast du da für ein Löwenbaby geboren?»

Ich musste ein wenig lächeln.

Ihre Stimme tat mir so gut!

Während sie sich innig mit ihrem Enkel beschäftigte, umarmte ich Paps, der schon ungeduldig daneben gewartet hatte.

«Na endlich», brummte er. «Ich habe ja wirklich kaum noch geschlafen, nachdem Nicki uns das alles erzählt hat.»

«Ich weiß …», murmelte ich.

«Schau mal, Martin.» Mama reichte ihm stolz das Baby. «Sieht er unserer Tochter nicht wahnsinnig ähnlich? Ja oder Nein?»

«Hm. Schwer zu sagen.» Paps beugte sich über David und betrachtete ihn eingehend. «Ich finde, er hat was von Nicki – die zusammengekniffenen Augen zum Beispiel.»

Ach ja, auch Domenicos Verwandte hatten tausendmal darüber spekuliert, wem David nun ähnlicher sah, und jeder behauptete etwas anderes. Wahrscheinlich war er eine Mischung aus uns beiden – plus noch aus ganz vielen Anteilen seitens unserer Vorfahren. Die sizilianische Familie sah nämlich durchaus noch Elemente vom Zio in seinem Gesicht. Und von Manuel. Und sogar noch eine Spur Bianca. Und auch die Nonnas und die anderen Zios bekamen im Familienkreis ihre Erwähnung! Und ja, sagte dann jemand, hatte er denn nicht auch was von Nonna Graziella, die Falte auf der Stirn, die Haut, die Ausstrahlung, den Hunger? Herrje! …

«In dem Alter ist es immer schwierig zu sagen», meinte Mama. «Und es ändert sich noch gefühlt hundertmal. Wir waren uns bei dir auch lange nicht sicher.»

«Solange er nicht meine Nase kriegt, bin ich zufrieden», sagte ich. Auch wenn ich mich längst mit meiner Nase versöhnt hatte, war sie für meinen Geschmack immer noch ein bisschen zu groß.

«Na, na», brummte Paps.

«Wie auch immer: Hübsch wird er auf jeden Fall», sagte Mama. «Das geht ja nicht anders, bei zwei so schönen Eltern.»

Ich presste ein Lachen hervor. Mama meinte es ja so gut, aber mir war alles andere als leicht ums Herz.

«Jetzt gehen wir erst mal nach Hause, und dann erzählst du uns alles in Ruhe», schlug sie vor. «Von Nicki wissen wir ja schon einiges.»

Ja, ich war wirklich froh, hatte Domenico schon vorgesorgt und meine Eltern darüber informiert, was vorgefallen war. Das machte mir die Sache so viel einfacher. Wenigstens hatten sie so die ersten Schockwellen bereits verdaut.

Wir stopften das viele Gepäck in den Kofferraum von Paps' Auto, und ich setzte mich mit David auf den Rücksitz. Er meldete schon wieder Hunger an. Ich hatte ihn während der Zwischenlandung in Milano noch gewickelt, so war das wenigstens fürs Erste erledigt.

Es war schon dunkel draußen. Die Straßen waren nass, es hatte tatsächlich geregnet – es mutete ja fast schon wie ein Klischee an:

«Sicily Sunshine, Switzerland Rain.» Meine Eltern hatten mir allerdings gesagt, dass die Rheinstadt Basel eine verhältnismäßig angenehme Stadt mit vielen Sonnentagen war und es hier in den letzten Jahren selbst im November bis zu zwanzig Grad warm werden konnte.

Meine Eltern lebten in einer hübschen, hellen und geräumigen Vierzimmer-Wohnung in einem modernen Mehrfamilienhaus auf der Kleinbasler Seite – direkt am Rhein! Von hier aus war es nicht allzu weit bis zu der Klinik, in welcher Paps arbeitete.

Ein Lift brachte uns ins oberste Stockwerk.

Die Wohnung war ganz nach Mamas Geschmack eingerichtet: Der offene Grundriss der Wohnung schuf eine luftige Atmosphäre, in der sich die verschiedenen Bereiche nahtlos miteinander verbanden. Die Wände waren in einem sanften Creme-Ton gestrichen, der das Licht reflektierte und dem Raum eine warme Tönung verlieh. Der Wohnbereich war mit einem bequemen Sofa und Sesseln ausgestattet, die in einem hellen Beige gehalten waren, mit samtigen, pastellfarbenen Zierkissen. Und überall in der Wohnung standen frische Blumen in Vasen, die einen Hauch von Farbe in den Raum brachten. Auf den Fensterbänken standen Kräutertöpfe, die einen angenehmen Duft verbreiteten und gleichzeitig zum Kochen inspirierten. Eine Fensterfront mit Tür führte zu einem geräumigen Balkon, der sich über die ganze Breite des Wohnzimmers erstreckte und einen Blick über den Rhein und auf die Großbasler Seite bot.

Ich fühlte mich sogleich wohl und zuhause. Es war mir alles so vertraut hier! Ich war ja schließlich auch nicht das erste Mal hier.

«Wir haben extra das Büro und Gästezimmer für euch hergerichtet, damit ihr genug Platz habt», sagte Mama. «Leider können wir die beiden Betten im Gästezimmer nicht nebeneinanderstellen, weil das Zimmer nicht breit genug ist.»

«Macht doch nichts», sagte ich. Nicki und ich würden uns zur Not zusammen in ein Bett quetschen. Das hatten wir ja auch schon gemacht …

Sogar neue Kissen- und Daunendecken-Bezüge hatte Mama gekauft, plus einen Kinderwagen für David. Das alles ließ mich spüren, wie glücklich sie waren, uns wieder in der Nähe zu haben.

Ich hatte Domenico versprochen, ihm eine SMS zu senden, sobald ich angekommen war. Das tat ich nun und bekam sogar bald darauf eine Antwort von ihm:

«Bin froh. Uns get es gut. Fare morgen nach Licata und versuche alles zu erledigen. Ciao, ti amo amore mio. Pass auf dir auf.»

Ich setzte mich mit David auf das kleine Sofa im Gästezimmer und stillte ihn. Oh, ich vermisste meinen Mann und Ariana bereits schrecklich. Die kleine ungestüme Ari, die jedes Mal meine Aufmerksamkeit wollte, wenn ich mich David widmete, hatte in meinem Herzen ein richtiges Loch hinterlassen. Und Nicki ... es war so ein Unterschied, ob er einfach nicht zuhause war, weil er gerade arbeitete, oder ob er meilenweit entfernt war von mir. Mit dem Auto brauchte man von Licata nach Basel satte 1820 Kilometer ... Wie konnte ich solche Distanz aushalten?

«Tja, Davy, nun sind wir eine Weile nur zu zweit», flüsterte ich meinem Sohn zu und strich ihm über die kleine Stirn. «Aber dein Schwesterchen und dein Papa kommen bald.»

David gluckste und ballte die Fäustchen. Manchmal hätte ich schon gern gewusst, wie viel Babys von dem, was wir sagen, wirklich verstehen. Vermutlich mehr, als wir ahnen.

Mama setzte sich zu mir.

«So viele Erinnerungen kommen mir da hoch», sagte sie leise, während sie mir zuschaute, wie ich David stillte.

Ich wusste, woran sie dachte. Auch sie hatte einst einen kleinen Sohn gestillt. Domenico und ich hatten uns irgendwann das Bild vor Augen gemalt, dass Michael, mein kleiner Bruder, der nie älter als zwei Jahre alt geworden war, nun im Himmel bei Jesus war und dort vielleicht sogar Mingo, Nickis verstorbenen Zwillingsbruder, getroffen und Freundschaft mit ihm geschlossen hat. Diese Vorstellung hatte uns so tief und innig miteinander verbunden ...

«Ich hoffe, Nicki kommt bald», sagte Mama leise und strich mir über den Kopf. «Er fehlt dir ...»

Ich brauchte nicht zu antworten.

Mama konnte meine Gefühle lesen.

Weil es schon recht spät war und Paps fand, dass Mama jetzt nicht noch kochen sollte, bestellten wir kurzerhand ein Essen beim

Thailänder um die Ecke und ließen ein paar superleckere Gerichte kommen. Paps war in dieser Hinsicht in all den Jahren so viel lockerer geworden. Früher hätte er nicht im Traum daran gedacht, an so einem Essen auch nur zu riechen oder dafür Geld auszugeben. Inzwischen aber aß mein Herr Papa international! Und wenn ich sagte, die sizilianische Pizza «Sfincione» sei extrem fein, antwortete Paps wie aus der Pistole geschossen: «Ja-ha, aber die scharfe kurdische Pizza ist eben auch sensationell!» War das noch mein Papa?

Nachdem auch die Kinder längst im Bett waren, setzten wir uns zusammen, und ich erzählte meinen Eltern, wie sich alles zugetragen hatte. Einmal mehr war ich froh, dass sie die Geschichte schon von Domenico kannten und ich das Ganze nur zu wiederholen brauchte und dann mehr in die Details gehen konnte.

Auch in dieser Hinsicht war Paps viel sanfter geworden. Früher hätte er sich maßlos aufgeregt und Domenico und mir ordentlich die Leviten gelesen. Mittlerweile wusste er aber auch, wie Nicki und ich tickten – und dass wir wohl nie ein ebenmäßiges, von A bis Z durchgeplantes und vollkommen durchstrukturiertes Leben führen würden.

«Tja, da habt ihr euch echt einen dicken Fisch eingebrockt», brummte er. «Im wahrsten Sinne des Wortes. Nun gut, es ist jetzt schon vernünftig, dass ihr euch hier mal in ruhigere Gefilde begebt. Falls Nicki überhaupt je stillsitzen kann …»

«Ach ja, ein Tiger ist nun mal ein Tiger, mit und ohne X, und ein Löwe ist ein Löwe», sagte Mama. «Und er hat dir und uns nie erzählt, dass er ein Murmeltier sei und den Winterschlaf brauche! Er wird immer irgendwo kämpfen. Hoffen wir, dass nicht alles so schwerwiegende Auswirkungen haben wird. Schließlich habt ihr jetzt Kinder, und die brauchen langsam aber sicher ein stabiles Leben.»

«Aber kann man davon ausgehen, dass ihr hier wirklich sicher seid?» Paps hob skeptisch die Augenbrauen. «Wenn es sich hier wirklich um einen Deal von dreihundertfünfzig Millionen handelt, frage ich mich schon, ob sie nicht Mittel und Wege finden werden, euch bis hierhin zu verfolgen?»

«Das wissen wir eben auch nicht wirklich», sagte ich. «Wir hoffen es.»

«Nun, es lohnt sich sicher, das im Auge zu behalten», sagte Mama ernst. «Wenn sie euch wirklich suchen, haben sie heutzutage bestimmt zahlreiche Mittel und Möglichkeiten, euch aufzuspüren.»

Daran durfte ich gar nicht denken. Im Moment kostete ich einfach das Gefühl aus, hier bei meinen Eltern in Sicherheit zu sein.

«Wir haben das Ganze übrigens Morten und seiner Frau berichtet», erzählte Mama. «Der meint auch, dass man sich diesbezüglich in Zukunft vorsehen sollte. Er ist ja durch seine sportlichen Aktivitäten so viel auf der Welt herumgekommen, der hat schon einiges gesehen und erlebt. Nicki sollte unbedingt bald mit seinem Vater telefonieren, wenn er hier ist.»

Domenicos Familie väterlicherseits in Norwegen und meine Eltern standen seit einigen Jahren in regelmäßigem Kontakt zueinander. Zwischen ihnen hatte sich eine Freundschaft gebildet. Morten hatte des Öfteren Mamas Rat gesucht, als er mitten in einer Ehekrise mit seiner Frau Liv gesteckt hatte. Mama mit ihrer Lebenserfahrung hatte ihn wunderbar beraten können, und selbst Paps hatte ein paar weise Worte dazu auf Lager gehabt. Sie waren ja beide einst auch durch eine Krise gegangen, wussten also, wovon sie sprachen.

«Ja, es wäre schön, mit ihnen wieder mehr Kontakt zu haben», sagte ich. «Das ist schon ziemlich untergegangen in letzter Zeit.» Sizilien und Norwegen lagen auch so arg weit auseinander. Vielleicht würden regelmäßigere Besuche im hohen Norden möglich sein, wenn wir wieder hier in der Schweiz oder in Deutschland lebten …

«Und Bianca hat nun tatsächlich diesen reichen Hotelbesitzer geheiratet?», wechselte Mama das Thema. «Nicki steht da ja nicht allzu positiv dazu, nicht wahr? Gehört dieser Mann denn auch zur Mafia?»

«Er meint, dass Biancas Mann seine Hände bestimmt auch irgendwo mit drin hat, aber Genaues wissen wir ja auch nicht. Es ist auch nicht immer leicht zu definieren, was jetzt wirklich Mafia ist und was nicht. Man redet auch nicht darüber. Nicki hat da in der Regel schon einen guten Riecher, aber er hat diese Heirat inzwischen wohl akzeptiert. Das Ganze wurde höchstwahrscheinlich von Maria, ihrer Mutter, eingefädelt. Immerhin ist Bianca jetzt eine wohlhabende Frau, und er war letztendlich froh um ihre Hilfe.»

«Und sie ist tatsächlich schwanger?»

«Ja, Nicki wird wohl bald wieder einen Neffen oder eine Nichte kriegen.»

«Wenn ich bedenke, wie wir Bianca damals das erste Mal bei uns hatten … ein mageres krankes Kind, das kaum ein Wort gesprochen hat.» Mama schüttelte den Kopf bei dieser Erinnerung. «Immerhin hat sie jetzt ein stabiles Leben.»

«Apropos: Was macht eigentlich seine Mutter? Maria di Loreno?», wollte Paps wissen. Er hatte ziemlich turbulente Erinnerungen an sie. Sie hatte nicht nur einmal versucht, sich an ihn heranzumachen. Paps war das immer furchtbar peinlich gewesen.

«Ach, mal so, mal so. Mal ist sie besser drauf, dann eiert sie wieder in der Gegend rum und versucht, sich irgendwo ranzuschmeißen. Irgendwie kommt sie nie so richtig zur Ruhe und wohl auch nicht mehr weg vom Alkohol», seufzte ich. «Nicki hat so viel Geduld mit ihr gehabt. Das hat ihn schon auch sehr geschlaucht. Diese Frau ist einfach eine Geschichte für sich – mit einem offenen Ende. Na, immerhin kommt sie ab und zu wieder in die Kirche.»

Wann ich Maria das nächste Mal wiedersehen würde, wusste ich auch noch nicht.

Schließlich sprach Paps noch ein Thema an, das ihm als Arzt bestimmt schon länger unter den Nägeln gebrannt hatte: «Sag mir ehrlich, Maya: Ist Nicki je wieder rückfällig geworden, was Nikotin und Medikamente und all das Zeug betrifft? So wie du uns das alles geschildert hast, scheint dein Mann ja zwischendurch in ziemlich starke Depressionen verfallen zu sein. Und jetzt, wo er das Fischen aufgeben muss, sucht er sich doch bestimmt ein anderes Ventil, nicht?»

«Also, soweit ich weiß, ist er tatsächlich nie mehr rückfällig geworden», sagte ich. «Das hätte ich ja auch gerochen und gespürt. Im Gegenteil, er macht einen großen Bogen um Zigaretten und all den Stoff. Wenn die Männer in seiner Verwandtschaft rauchen, hält er sich immer abseits.»

«Aber heute gibt es ja diese E-Zigaretten …»

«Nein, ich glaube wirklich nicht, dass er da je wieder in Versuchung geraten ist. Und Medikamente – nein, ich kann mir nicht vorstellen, dass er irgendetwas genommen hat. Er hatte ja auch so viel zu tun. Und ich hab ihn nie bekifft oder benebelt erlebt, er war in meiner Gegenwart nie ‹verladen›, wie wir das nennen, er schwankte nie, sprach nie unzusammenhängend, hatte nie verengte oder geweitete Pupillen. Als Ärztin würde ich sagen: Dieser di Loreno ist clean …»

«Hoffen wir, das bleibt dann auch hier so», meinte Paps, und etwas Kritisches, Verunsichertes lag in seiner Stimme.

«Warum sollte es nicht?» Ich hatte keine Lust, mich auf negative Mutmaßungen und Zweifel einzulassen. Es gab schon genug, das wir in Zukunft zu meistern hatten, also wollte ich positiv bleiben. Und die Vergangenheit meines Mannes wollte ich ein für alle Mal hinter mir lassen, selbst in den offenen Gesprächen mit meinen Eltern.

Aber Paps hatte schon noch so einiges anzumerken: «Nun, wir wissen ja aus früheren Erfahrungen, dass er sich hierzulande nicht immer gut akklimatisieren konnte. Hier gibt es ja auch kein Meer. Ich frage mich, wie er damit zurechtkommen will. Ich hoffe einfach, er bleibt auch in Zukunft weiterhin stabil. Man kann ja nie alles aus seiner Kindheit ausradieren. Etwas bleibt immer zurück.»

Das stimmte. Meine eigenen Bedenken waren ja auch schon in diese Richtung gegangen. Das nun von Paps bestätigt zu kriegen, entlockte mir einen ungewollt tiefen Seufzer.

«Nicki braucht so bald wie möglich eine gute Beschäftigung», wandte Mama ein. «Eine gute Arbeit, die ihm Spaß macht.»

«Nur, was?», gab Paps zu bedenken. «Viel kann er ja nicht machen ohne Schulabschluss. Zudem sollte er sich körperlich keinesfalls übernehmen mit seiner kranken Lunge. Also irgendwo als Bauarbeiter zu jobben würde ich ihm auf gar keinen Fall empfehlen.»

«Vielleicht kann er ja wieder als Hilfskellner in einer Pizzeria arbeiten?», schlug Mama vor. «Das hat er doch immer gern gemacht.»

«Aber damit verdient er ja kaum was», brummte Paps.

«Ich denke, dass wohl *ich* in erster Linie die Familie wieder versorgen werde», sagte ich. «Eine andere Möglichkeit sehe ich kaum.

Dann kümmert sich Nicki eben wieder um die Kinder. Vielleicht kann er sich auch hier irgendwo ehrenamtlich als Sozialarbeiter betätigen. Es gibt hier bestimmt auch genug Jugendliche, die im Abseits gestrandet sind.»

«Wenn du schon von hier sprichst, Maya: Wo werdet ihr überhaupt hinziehen? Werdet ihr hier bei uns in der Schweiz bleiben, oder wieder nach Deutschland ziehen, zurück in die alte Heimat?»

«Ganz ehrlich: Das wissen wir selber noch nicht wirklich», musste ich zugeben. «Ich glaube, wir brauchen einfach erst mal ein paar Wochen Zeit, um in Ruhe über alles nachzudenken.»

«Ja, macht das unbedingt. Aber du, es ist schon spät. Ich glaube, wir sollten uns langsam schlafen legen, was meint ihr?» Mama sah uns an und war dabei, ein Gähnen zu unterdrücken.

Paps und ich waren durchaus einverstanden.

Die erste Nacht am neuen Ort war natürlich ungewohnt. Obwohl ich Nicki in der Vergangenheit so manche Nacht hatte entbehren müssen, vermisste ich ihn schon wieder schmerzlich. Wie gern hätte ich mich in seine starken Arme gekuschelt, die mir immer so viel Geborgenheit schenkten, hätte die Kraft in seiner Brust gespürt, die von so vielen Kämpfen in der Vergangenheit zeugte.

Und auch meine Tochter vermisste ich. Wie es ihr wohl ging? Wenigstens wusste ich, dass ihr Vater gut auf sie aufpassen würde.

Wie froh war ich, dass David bei mir war!

Die nächsten Tage verbrachte ich mit süßem Nichtstun. Mama meinte, ich solle einfach mal abschalten, und das war mir recht. Es tat mir gut, mich einmal ausgiebig meinem kleinen Sohn zu widmen, ihn an meine Brust zu legen, ihn an meinem Körper zu spüren und mich mit ihm zu unterhalten. Ich fühlte, wie zart und sensibel er war, und ich streichelte ihn liebevoll. Ich würde alles, wirklich alles tun, um diesen kleinen Jungen zu beschützen.

Ich genoss auch das Beisammensein mit meinen Eltern. Mit dem Älterwerden war auch Paps so viel ruhiger und umgänglicher geworden. Wir machten Ausflüge ins nahe Elsass, besuchten einige der zahlreichen Museen in Basel und machten auch eine Schifffahrt mit Dinner auf dem Rhein.

Wir gingen auch das Münster besuchen und die Pfalz, von wo aus man nach Deutschland und Frankreich blicken konnte, und ich erinnerte mich so lebhaft daran, wie Domenico und ich einst auf diesem Platz gestanden und er mir einen Heiratsantrag gemacht hatte, damals, als es meiner Mutter nicht gut gegangen war. Ach, wie lange war das her! Damals war ich noch ein naives, ziemlich verträumtes Teenie-Mädchen gewesen …

Und nun, wo ich erwachsen war, hatte ich gelernt, dass jeder Traum auch eine Kehrseite hatte – und dass man einfach lernen musste, mit dem Leben zurechtzukommen und Geduld zu haben.

Wir gingen auch shoppen, und meine Eltern kauften mir ein paar Klamotten sowie Kleider für die Kinder. Ich hatte ja nicht alles aus Sizilien mitnehmen können. Sie waren so großzügig! Auch für Nicki wollten sie ein paar Hosen und Hemden besorgen, sobald er hier sein würde.

Tatsächlich rief Domenico mich jeden Tag via Skype an. Ich hatte es auf meinem Smartphone eingerichtet, so dass ich jederzeit empfänglich war – denn mit ihm eine feste Zeit zu verabreden, war fast unmöglich. Manuel hatte ihm ein Profil eingerichtet und gezeigt, wie er es zu bedienen hatte. Ich war froh zu hören, dass er in Licata soweit fast alles hatte regeln können und dass es nicht mehr allzu lange dauern würde, bis er bei uns war. Er holte für mich auch Ariana vor den Bildschirm, und meine Tochter plärrte munter ein paar unverständliche Worte ins Mikrofon. Egal – ich war so glücklich, ihre Stimme zu hören und ihr leuchtendes Gesicht zu sehen, wenn auch nur via Bildschirm. Anscheinend ging es ihr gut, das war das Wichtigste.

Ich musste schmunzeln bei dem Gedanken, dass Ari vermutlich ihren Vater schon bald übertrumpfen würde in Sachen Bedienung digitaler Medien.

An einem der Tage kamen sogar Delia und Manuela mich besuchen. Sie reisten extra drei Stunden südwärts, um mich zu sehen – Delia sogar ohne ihre Tochter. Die verbrachte den Tag bei den Großeltern. Auch ich hatte David in der Obhut meiner Eltern lassen dürfen, um mit meinen Freundinnen mal wieder einen richtig freien

Tag genießen zu können. Und ich merkte erst da so richtig, wie sehr mir das auf Sizilien gefehlt hatte.

Wir machten einen Einkaufsbummel durch die Altstadt und gingen am Abend in einem der Restaurants in der Innenstadt essen. Delia sah wieder einiges glücklicher aus als in den Tagen, die sie bei uns auf Sizilien verbracht hatte. Sie erzählte mir voller Freude, dass sie und Ronny wirklich einen Neuanfang gewagt hatten.

«Ich hab tatsächlich dank dir gelernt, alles ein bisschen gelassener zu nehmen, Maya», sagte sie. «Nachdem ich gesehen habe, mit was für Sachen du dich rumschlagen musst und wie du trotzdem geduldig bleibst, dachte ich, dass ich ja eigentlich echt nicht klagen darf. Ich hab jetzt beschlossen, Ronny ganz generell einfach mal machen zu lassen, und das funktioniert gut. Er kommt nun wieder öfters nach Hause nach der Arbeit, und auch Larissa ist überglücklich. Es bringt einfach nichts, immer alles unter Kontrolle haben zu wollen.»

Ich war riesig froh für Delia, dass sie auf diese Weise in ihrem Leben einen Schritt weitergekommen war.

Manuela, die noch nicht so lange mit ihrem Freund zusammen war, lauschte gespannt den Erzählungen über unsere Eheprobleme.

«Puh, wenn ich euch so zuhöre, frage ich mich schon, ob es möglich ist, sein Leben lang glücklich zu sein», sinnierte sie.

«Ach, das Ganze mit Liebe und Romantik und so weiter ist schon sehr überbewertet», winkte Delia ab. «Ich hab immer gesagt: Man muss sich irgendwann einfach entscheiden und es dann auch durchziehen.»

Ich schwieg dazu. Delia hatte das Ganze immer viel pragmatischer gesehen als ich. Ich war immerhin der festen Überzeugung, dass man sich auch in der Ehe Liebe und Romantik bewahren kann, auch wenn es zwischendurch schwierige Zeiten gibt. Und das wollte ich so beibehalten.

«Ich weiß ehrlich gesagt noch nicht, ob das mit Marc wirklich meine große Liebe ist», gestand Manuela mit leicht klagend-unsicherer Stimme. Sie hatte ihren Freund schlussendlich via Dating-Portalen im Internet gesucht und gefunden, nachdem sie jahrelang als unglücklich hadernde Single-Lady durchs Leben geirrt war.

Tja, auf Facebook hatte das immer ganz anders ausgesehen – ich hatte aufgrund jener Posts und Statusmeldungen wirklich geglaubt, dass auch Manuela endlich angekommen war.

Delia und ich tauschten einen Blick und seufzten. Die Liebesprobleme unserer Freundin würden wohl niemals ein Ende haben. Aber das war ein Thema für ein anderes Mal. Jetzt waren erst mal unsere eigenen Entscheidungen dran.

Nach diesem Tag fühlte ich mich irgendwie sehr getröstet. Delia und Manuela, diese beiden treuen Freundinnen – auch sie beide kämpften mit Herausforderungen, und keine von uns dreien hatte die Umsetzung ihrer allergrößten Träume bis jetzt schon erreicht. Ich vielleicht noch am ehesten.

Wir alle suchten unseren Weg, kämpften, strauchelten, standen wieder auf, kämpften weiter, strauchelten erneut, standen wieder auf – und mussten einfach Geduld haben mit uns selbst, mit dem Leben und mit unseren Partnern. Und mussten auf Gott vertrauen, dass er uns gut führen würde, segnen würde, beschützen würde. In diesem Punkt war ich mir vermutlich sicherer als die anderen beiden. Ich habe mich immer als geführt erlebt, und das gab mir und meinem Glauben einen gewissen Halt, den die zwei anderen so noch nicht gefunden hatten. Aber wer sieht schon ins Tiefste der anderen Menschen hinein?

18. Ein neues Kapitel

Das nächste Ziel in meinem Leben, auf das ich nun hinfieberte, war unschwer in Worte zu fassen: Domenico und meine Tochter wieder bei mir zu haben! Wie so oft dauerte bei Nicki aber alles länger als geplant, weil einfach immer noch irgendwo irgendwas dazwischenkam. Ach, das war ich alles längst gewohnt; genauso, dass auf Sizilien selten etwas nach Plan lief. So kam Domenico erst Mitte Dezember – fast zwei Wochen später, als er eigentlich vorgehabt hatte.

Ich weinte beinahe vor Freude, als er mir endlich verkündete, dass er nun den Flug gebucht hatte und in wenigen Tagen bei uns sein würde.

Wir holten ihn und Ariana an einem Nachmittag am Flughafen ab. Er trug unsere Tochter auf den Armen und bugsierte sich mit ihr und seinem Rucksack auf der Schulter durch die Menge. Er hatte tatsächlich nur dieses eine Gepäckstück mitgenommen!

Auf dem Kopf trug er immer noch die Sonnenbrille, die er vermutlich während des Flugs vergessen hatte auszuziehen. Wahrscheinlich hatte er sie in den letzten Wochen stets als Tarnung getragen, wie er es oft zu tun pflegte, wenn er vermeiden wollte, dass ihn jemand allzu schnell erkannte.

Ariana klammerte sich an ihren Vater und hatte ihre Lippen zu einem Schmollmund verzogen. Den Kopf hatte sie auf seine Schulter gelegt.

«Die Kleine ist müde», sagte Domenico, bevor er uns überhaupt begrüßte, und gab sie mir behutsam auf die Arme, und da war meine Tochter auf einmal wieder hellwach.

«Mamma», jauchzte sie.

«Oh, Ari, endlich hab ich dich wieder», flüsterte ich und drückte mein Mädchen fest an mich. Sie schmiegte ihre Pausbacken an meine Wangen und streichelte mein Gesicht mit ihren seidigen Locken.

«Du meine Güte, ist sie schwer geworden», stellte ich fest.

«Ich hab riesig aufgepasst, dass sie bei Bianca nicht zu viel Süßes isst», meinte Domenico entschuldigend.

«Nein, das meine ich nicht.» Ich schaute meine Tochter eingehend an. Sie hatte nicht zugenommen, nein: Sie war gewachsen!

«Ich hab sie für mein Empfinden eine Ewigkeit nicht gesehen, Nicki», lächelte ich. «Sie ist etwas größer geworden. Ich spüre das. Kinder wachsen schnell in dem Alter, weißt du.»

«Stimmt», meinte er erleichtert. Ich übergab Ariana meiner Mutter, die es natürlich kaum erwarten konnte, ihre Enkelin zu begrüßen, und schloss meinen Mann in die Arme.

«Endlich», flüsterte ich. «Du hast mir so gefehlt.»

«Du mir erst! Quasi nescì pazzu.» Er drückte mich fest an sich. Seine Hitze strömte aus seinem Körper direkt in den meinen hinein.

Es war, als stünde er immer noch in der prallen Sonne Siziliens, obwohl es auch dort gewiss merklich kühler geworden war.

«Wie ist es gelaufen?», fragte ich. Er hatte mich zwar über Skype stets auf dem Laufenden gehalten, aber was ich wirklich wissen wollte, war, wie der Abschied von Sizilien für ihn über die Bühne gegangen war.

«Ich hab soweit alles regeln können», meinte er heiser. «Manuel hat alle seine Sachen geholt und ist endgültig nach Catania zu Bianca gezogen. Ich hoffe, er kommt klar. Der Zio hat das Haus verlassen und ist fürs Erste zu seinen Söhnen gefahren. Ich glaube, er hatte schon etwas Mühe mit dem leeren Haus. Unsere Sachen bleiben vorläufig dort, und ... wir schauen dann, wie wir das machen. Aber ... na ja ...»

Er zuckte mit den Schultern.

«Aber wie war der Abschied?», fragte ich ihn und strich ihm das Haar aus der Stirn. Es war schon wieder wahnsinnig nachgewachsen. Meine Eltern würden ihn wohl als Erstes zu einem Friseur schicken, das sah ich schon kommen.

«Ich mag gar nicht dran denken», sagte er rau. «Manuel hat ziemlich geheult ... und ich auch. Das war, glaub ich, das Schlimmste. Und sonst ... es ist alles so schnell gegangen. Ich wollte einfach nur endlich bei dir und David sein. Mit allem anderen muss ich später zurechtkommen.»

«Jetzt lass dich umarmen, Schwiegersohn», sagte Mama, die Ariana inzwischen an Paps weitergereicht hatte. Sie trat herzu, und Domenico drehte sich zu ihr. Ein flüchtiges Lächeln huschte über sein ansonsten sehr angespanntes Gesicht.

Er schlang seine starken Arme um meine zartgliedrige Mutter, die in den letzten Jahren noch zierlicher geworden war.

«Mein fescher Schwiegersohn. Man sieht dir wirklich an, dass du viel und hart arbeitest», stellte Mama fest. «Du hast regelrecht Schwielen an den Händen.»

Sie nahm seine Hand und untersuchte die raue Haut.

Er grinste verlegen.

«Stillsitzen ist halt nicht mein Ding.»

Mama lachte. «Das wissen wir.»

«Solange du nicht vergisst, das Leben zu genießen, ist das ja in Ordnung.» Dieser unglaubliche Satz kam aus dem Mund meines Vaters, der nun seinerseits seinem Schwiegersohn auf die Schulter klopfte. «Ein Mann sollte nie so viel arbeiten, dass er keine Zeit mehr für seine Frau und seine Familie hat.»

Mama und ich tauschten einen Blick. Wir wussten, dass Paps damit auch auf sich selbst zeigte und auf die Fehler, die er selbst in der Vergangenheit gemacht hatte.

Ariana wollte wieder zurück zu ihrem Vater, doch dieser beugte sich nun über den Kinderwagen, in dem David friedlich schlummerte.

«Hey, Davy», sagte er leise und fuhr mit seinem Finger zärtlich über die rosige Wange seines Sohnes. «Il mio piccolo. Oh Mann, wie oft hab ich an dich gedacht!»

David öffnete seine Augen und sah seinen Vater staunend an. Ich sah, wie sich sein winziges Babygesicht zu etwas verzog, das ich als Lächeln deutete. Ich hob Ariana hoch, damit auch sie ihr Brüderchen begrüßen konnte, und sie fasste ihm prompt mit ihren Patschhändchen mitten ins Gesicht.

«Ari», tadelte ich. «Nicht so grob.»

«Und damit wäre die Familie wieder vereint», meinte Mama. Ihre heitere Stimme tat uns richtig gut.

Sie musterte Domenico.

«Sag mal, ist das alles, was du dabeihast?» Sie deutete auf den Rucksack.

«Ja. Brauch ja nicht viel.»

«Du bist wirklich unverbesserlich», stöhnte ich.

«Ich hatte keine Zeit mehr zum Packen», meinte er verlegen. «Also hab ich nur das Nötigste mitgenommen. Ich geh morgen in die Brockenstube und hol mir dort ein paar Klamotten.»

«Das kommt nicht in Frage», meinte Mama. «Wir haben nämlich schon ein bisschen was für dich eingekauft, und wir gehen morgen gleich nochmals richtig shoppen. Es gibt ja auch viele preisgünstige Sachen, und so, wie ich dich kenne, hast du dir sicher schon lange nichts Neues mehr gekauft.»

Ich hatte es doch gewusst!

Genau deswegen hatte ich vorgesorgt und all die Winterklamotten mit in die Schweiz geschleppt, plus ein paar neue Sachen mit meinen Eltern gekauft, weil Ariana ja längst wieder aus ihren Klamotten von letztem Jahr rausgewachsen war.

Aus einer Tüte zog ich nun einen hübschen neuen Wintermantel für sie – und dazu noch Domenicos Daunenjacke, die ich aus Sizilien mitgebracht hatte.

«Oh, hast du das alles dabei?»

Nicki sah mich verblüfft an.

«Mir war schon klar, dass du nicht an so was denken würdest.»

«Du kennst mich zu gut ...», brummte er verlegen.

«Ja, vor allen Dingen, weil ich genau weiß, dass mein Herr Gemahl manchmal kein Gefühl für Temperaturschwankungen hat.»

«Stimmt allerdings», musste er mir recht geben.

Ich schnappte mir Ariana und zog ihr das Mäntelchen an. Sie protestierte natürlich lautstark. Es war ja auch ewig her, dass meine heißblütige italienische Tochter so warme Kleider getragen hatte.

«Was ist mit all deinen persönlichen Sachen?», wollte Mama von Nicki wissen. «Deine Fotos, die Bibel und deine Erinnerungen an deinen Bruder?» Sie wusste, wie wichtig ihm all diese Dinge waren.

«Das hab ich alles erst mal zu Luisa und Giovanna gebracht», meinte er, während er in die Daunenjacke schlüpfte, die ich ihm überreicht hatte. «Ich wollte diese Dinge nicht in dem leeren Haus lassen. Für den Fall, dass sie es uns abfackeln oder so was in der Art, was ich natürlich nicht hoffe. Bei meinen Verwandten sind sie gut aufgehoben. Ich hol sie dann das nächste Mal, wenn wir auf Sizilien sind ...»

Er brach ab, und für einen Moment verlor sich sein Blick in der Ferne.

«Was heißt das, unser Haus abfackeln? Denkst du tatsächlich, die haben vor, unser Haus niederzubrennen?», fragte ich ängstlich.

Mein erster Gedanke galt natürlich unserem wunderschönen Garten, den wir nun notgedrungen verwaist zurücklassen mussten. Ich wusste nicht, ob ich das verkraften würde. Ich dachte auch an Mingos Holzkreuz, das Nicki doch so viel bedeutete – bis jetzt hatte ich ja noch gar keine Zeit gehabt, mir über all das wirklich Gedanken zu machen. Ich ahnte, dass mir im Laufe der nächsten Wochen noch einige Dinge einfallen würden, um die ich trauerte.

«Das weiß man nie», sagte er leise. «Spätestens nächsten Sommer muss ich dort wieder nach dem Rechten sehen. Falls es wieder so heiß und trocken wird, kann es durchaus auch wieder einen Buschbrand geben. Und dann wird keiner wissen, was die Brandursache gewesen ist.»

Nächsten Sommer erst … bis dahin würde unser Garten eine verwahrloste Wildnis sein. Doch was brachte es mir, mich wegen des Gartens zu grämen? Wir hatten andere Prioritäten. Jetzt war erst mal Winter, und wir waren in Sicherheit, Nicki, ich und unsere Kinder. Hoffte ich jedenfalls.

Wir strebten zum Ausgang in Richtung der Parkplätze. Domenico schob den Kinderwagen mit David, während ich Ariana an der Hand hielt.

Etwas später brauste mein Vater mit uns schon wieder zurück nach Basel. Ich beobachtete Domenico, der immer noch die Sonnenbrille im Haar trug und gedankenverloren aus dem Fenster starrte.

Schade, dass das Wetter ausgerechnet bei seiner Ankunft so trüb war. Etwas Sonne hätte ihm bestimmt gutgetan. Basel war ja durchaus als sehr sonnige Stadt bekannt, aber ausgerechnet jetzt hing der Nebel wie ein fetter Schleier über der Stadt und hüllte sie in ein trübseliges Dämmerlicht.

Immerhin erwartete uns zuhause ein feines Essen. Mama und ich hatten gemeinsam bereits am Vormittag ein sizilianisches Gericht vorbereitet, um Nicki das Einleben wenigstens ein bisschen zu erleichtern. Ich wollte, dass mein Mann sich erst mal in Ruhe einquartieren konnte, aber er konnte es natürlich nicht unterlassen, uns bei der Anrichte zu helfen. Ich kannte ihn ja gut genug, um zu wissen, dass er damit in erster Linie Ablenkung suchte.

Ich wusste ganz genau: Der Abschied aus Sizilien hatte sein Herz durchbohrt, wenn nicht sogar zerbrochen. Und natürlich war er nicht bereit, es uns gegenüber offen einzuräumen.

Ariana, die nun hellwach war, lief aufgeregt in der Wohnung herum und erkundete in ihrer glühenden Neugierde jeden Winkel. «Lissimo», krähte sie vergnügt am Laufmeter. «Lissimo!»

Sie war einmal vor anderthalb Jahren hier gewesen und konnte sich natürlich in ihrem zarten Alter nicht mehr daran erinnern. Schließlich hängte sie sich an Paps, weil er der Einzige war, der ihr seine ungeteilte Aufmerksamkeit schenken konnte.

«Na, na», murmelte mein Vater, als Ariana ihm stolz vorführen wollte, wie sie auf den Stuhl klettern konnte. Es ging prompt schief, und Tochter und Stuhl fielen um. Das Ganze endete in einem jämmerlichen Geschrei, doch zum Glück war nichts passiert.

«Nicht so ungestüm, mein Fräulein», tadelte Paps.

«Ari, diese Stühle sind hier etwas höher als unsere», sagte Domenico, der Ariana behutsam vom Boden aufgehoben hatte. «Du wirst deinem Großvater deine Kletterkünste schon noch zeigen können.»

Ich schaute im Laufe des Abends immer wieder in Nickis Gesicht, doch er bemühte sich fleißig, seine Emotionen zu verbergen. Er konzentrierte sich darauf, das Essen auf die Teller zu verteilen und sie auf den Tisch zu bringen, obwohl Mama immer wieder protestierte und ihm einbläute, dass er sich doch endlich mal hinsetzen solle.

Es war bereits Nacht draußen, als wir am Tisch saßen und die Mahlzeit genossen. Hinter uns spiegelte sich das beleuchtete Großbasel auf der Oberfläche des Rhein-Wassers. Domenico starrte während des Essens immer wieder aus dem Fenster, als würde er dort draußen irgendetwas suchen.

Ob er bereits den Ausblick auf den Ozean vermisste?

«Immerhin haben wir hier auch ein bisschen Wasser», versuchte Mama ihn aufzumuntern. «Wenn auch nicht gerade das Meer.»

«Mare, Mare!», krähte Ari, die das Wort natürlich sofort aufgeschnappt hatte. Mein Fräulein Tochter verstand durchaus auch das deutsche Wort, und ich hoffte, dass sie nun, wo wir wieder im deutschsprachigen Europa waren, anfangen würde, auch etwas mehr in ihrer zweiten Muttersprache zu kommunizieren.

«Ich will Mare», teilte sie ihrem Vater nun auch tatsächlich auf Deutsch-Italienisch mit.

Domenico schüttelte nur den Kopf. «Qui non c'è il mare. Hier gibt es kein Meer, Ari», sagte er, doch ich war mir nicht sicher, ob sie verstand, was er damit meinte.

Nach der ausgedehnten Mahlzeit brachten wir die Kinder ins Bett. Ich genoss es unheimlich, dass wir vier zum ersten Mal seit langer Zeit wieder beisammen waren. Ariana forderte ihre Gute-nacht-Geschichte, und wir tauschten einen Blick.

Was sollte Domenico ihr jetzt von Fischern und dem Meer erzählen?

«Ari, wir erzählen dir jetzt eine neue Geschichte», sagte ich, nachdem ich mich vergewissert hatte, dass Domenico das Gleiche dachte wie ich.

«Der Fischer hat seinen Beruf nämlich aufgegeben», erklärte Domenico. Seine Stimme klang ruhig und gefasst, aber ich ahnte, was für ein Schmerz in seiner Brust tobte.

Ariana machte kugelrunde Augen.

«Er musste weggehen, nachdem seine Familie in Gefahr geraten war. Und nun muss er ein neues Leben beginnen», erklärte ich.

Ihre Augen wurden noch runder, falls das überhaupt möglich war.

«Wir werden nun für eine lange Zeit an einem neuen Ort wohnen, Ari», sagte Domenico sehr leise. «Und an diesem neuen Ort gibt es kein Meer.»

Ich ahnte, dass Ariana nun tatsächlich begriff, was wir ihr zu erklären versuchten. Ich schaute meine Tochter voller Stolz an. Wie klug und schön sie war! Mein Herz zerfloss fast vor Liebe zu ihr. In ihrem Gesicht wurden immer mehr die Züge ihres Vaters erkennbar.

«Die wird mal eine echte Kämpferin», stellte Domenico fest. «Die wird sich durchsetzen.»

«Oh ja, das glaub ich aber auch», sagte ich. «Das hat sie eindeutig von dir.»

«Mag sein. Aber das sanfte, kluge Herz hat sie von ihrer Mutter.» Er drehte sich zu mir und sah mir verliebt in die Augen.

«Maya», flüsterte er. «Ich liebe dich so sehr, weißt du das? Das wird mir wieder ganz neu bewusst. Du hast mir so gefehlt … Du glaubst nicht, wie leid mir das alles tut, was in den letzten Wochen vorgefallen ist. Ich habe mich total verausgabt, das erkenne ich inzwischen sogar selber. Ich wollte das nicht … ich wollte dir niemals weh tun. Der alte Narzisst in mir muss nun wirklich langsam sterben. Ich weiß zwar nicht, wie das konkret gehen soll … Ach was, ich muss einfach lernen, zur Ruhe zu kommen … nicht überall mitmischen zu wollen … Die Welt dreht sich auch ohne mein Zutun, das wird mir seit einiger Zeit immer mehr bewusst …»

«Es wird deinem Alter sicherlich nicht schaden, wenn dir das klar wird», sagte ich liebevoll und befreite seine Stirn von den langen Haarsträhnen. «Zwischen sechzehn und zweiunddreißig liegt eben doch ein Unterschied.»

«Mach mich jetzt nicht zu einem alten Knacker», knirschte er und zog mich neckisch am Ohrläppchen. «Mit zweiunddreißig hat man schon noch Power.»

«Ich möchte einfach, dass du gesund bleibst», sagte ich ernst. «Und für uns da bist.»

«Das werde ich. Versprochen!»

Wir verloren uns in einem tiefen innigen Kuss. Ariana schaute uns ganz selig zu, doch auf einmal legte sie sich einfach hin und schlief auf der Stelle ein.

Nicki und ich gingen nicht mehr zu meinen Eltern ins Wohnzimmer zurück. Ehe wir uns versahen, hatten wir uns gegenseitig die Kleider vom Leib gerissen und gaben uns dem Rausch der Liebe hin, während unsere Kinder friedlich schlummerten.

Und all die Entscheidungen, die wir in den nächsten Tagen würden fällen müssen, rückten erst mal in ganz weite Ferne.

Meine Eltern ließen auch Nicki alle Zeit der Welt, erst mal hier in Basel anzukommen und alles in Ruhe zu verarbeiten, bevor wir uns daran machten, unsere Zukunft zu planen. Und auch ich wollte erst mal nur das eine: meine endlich wieder komplette Family genießen.

Wir unternahmen weitere Ausflüge und besuchten den Weihnachtsmarkt, der sich in Großbasel auf einer Art Piazza mit dem lustigen Namen «Barfüsserplatz» und oben auf dem Münsterplatz ausgebreitet hatte und sich wirklich sehen lassen konnte. Man sagte uns, es sei einer der schönsten Weihnachtsmärkte in Europa.

Wir fuhren mit der Fähre mehrmals über den Rhein, um Domenico und Ariana ein bisschen das Gefühl zu vermitteln, Wasser unter sich zu spüren, zu sehen, zu hören. Ariana fand die runden grünen Brunnen mit dem Basilisken so toll, die an vielen Orten in Basel zu finden sind, und so gingen wir mit ihr regelrecht auf «Brunnenjagd» und versuchten, all diese Basilisken aufzuspüren, was uns aber nur mit Hilfe des Internets gelang.

Was mir früher schon aufgefallen war, erkannte ich erneut ganz deutlich: Sobald er nicht mehr in seiner Heimat Sizilien war, bewegte Domenico sich ganz anders. Viel vorsichtiger, weniger ungezwungen. Längst nicht so dominant und selbstsicher, wie es sonst bei ihm üblich war.

Er hatte seine beiden Handys zwar aus Sizilien mitgenommen, aber bei beiden war der Akku leer, und er machte sich nicht mal die Mühe, irgendwo ein Ladegerät aufzutreiben. Irgendwie spürte ich, dass er Abstand zu dem aufbauen wollte, was er hinter sich gelassen hatte, weil ihn sonst der Schmerz überwältigen könnte. Einzig mit Manuel skypte er fast jeden Abend von meinem Computer aus.

Und dann, die Woche darauf, begannen wir immer mehr, unsere Zukunft anzutasten. Fingen an, mögliche Pläne und Ideen zu schmieden.

Sollten wir hier in Basel bei meinen Eltern bleiben, oder sollten wir ins grenznahe Weil am Rhein ziehen, das bereits zu Deutschland gehörte? Oder sollten wir gar zurückkehren in meine alte Heimatstadt in Deutschland?

Meine Eltern meinten, in Basel gäbe es in der Tat Bedarf an Ärzten, und sie gingen davon aus, dass man dafür auch gerne Grenzgänger nahm. Immerhin war Basel das Hauptquartier von zwei weltweit führenden Pharma-Unternehmen und auch stark im Bereich Life Sciences. Es würde also genug Arbeitsmöglichkeiten für mich geben, davon war Paps überzeugt.

Oder sollten wir doch lieber in eine italienische Stadt ziehen, um Nicki ein wenig das Gefühl von Heimat zu schenken? Nach Milano zum Beispiel? Etwas, das nicht so weit weg war von der Schweiz und von Deutschland? Oder gar in die italienische Schweiz, nach Lugano, Locarno, Ascona oder Bellinzona? Das

Tessin wäre in der Tat eine Art Kompromiss gewesen zwischen unseren beiden Kulturen …

Wir hatten viele, viele Gespräche mit meinen Eltern, teilweise bis tief in die Nacht hinein.

Eins war klar: Domenico war zu allem bereit. Nur nicht, auf der faulen Haut zu liegen.

«Ich kann doch nicht einfach meine Frau arbeiten lassen und gar nichts machen», sagte er immer wieder. «Das gehört sich nicht für einen richtigen Mann!»

«Du machst ja nicht nichts», sagte Mama. «Du passt auf die Kinder auf, kochst, machst den Haushalt, gehst einkaufen. Du bist eben einfach ein *moderner* Mann. Das tut deiner Männlichkeit doch keinen Abbruch.»

«Ja, aber wie steh ich in euren Augen da? Was bin ich dann aus eurer Sicht für ein Schwiegersohn? Einer, der es nicht auf die Reihe kriegt, weil er keine Ausbildung hat? Der nicht mal seine Familie richtig ernähren kann? Es war immer mein Ziel, das eines Tages irgendwie hinzukriegen.»

Nun ja, Domenico mit seinem männlichen und zusätzlich auch noch sizilianischen Stolz war natürlich nur schwerlich mit Mamas Argumenten zu überzeugen.

«Es ist nun mal, wie es ist, Nicki», beschwichtigte ich ihn. «Ich hab dich geheiratet, ich hab Ja gesagt zu dir und zu deinem Leben. Ich habe gewusst, dass du keine Ausbildung hast und dass vermutlich *ich* mit meinem Studium die Haupternährerin der Familie sein werde. Aber es macht mir nichts aus. Im Gegenteil. Ich bin eine moderne Frau: Ich möchte arbeiten. Und du bist, wie Mama sagt, ein moderner Mann und passt eben auf die Kinder auf.»

«Modern, modern!», brummte er. «Dafür bin ich wohl schlicht zu altmodisch. Ich glaub halt irgendwie immer noch an die klassische Rollenverteilung. Der Mann beschützt und sorgt für die Familie, die Frau beschützt die Kinder. Ich weiß nicht, vielleicht kommt das daher, dass ich nie eine richtige Familie hatte und so viel Chaos erlebt hab. Ohne Vater, ohne Mutter, ohne Rollenverteilung und gar nix …»

«Nun ja, mir fällt es auch nicht immer leicht, in diesen Punkten umzudenken», pflichtete ihm Paps bei. «Mir haben die guten alten

Werte immer viel bedeutet. Aber nun, wir leben in einer modernen Zeit, alles ist im Wandel, alles wird neu diskutiert, und die Dinge haben sich geändert. Irgendwie müssen wir Männer mit der Zeit gehen, wenn wir mithalten wollen.»

«Und du kannst ja trotzdem was arbeiten», sagte ich und drückte die Hand meines Mannes. «Irgendeine Teilzeitarbeit. Da findest du bestimmt etwas. Aber glaub's mir, es entlastet dich, wenn du nicht mehr der Hauptverdiener sein musst.»

«Aber wir können doch nicht beide arbeiten», widersprach er. «Was ist mit den Kids? Wir wissen ja noch gar nicht, wo wir wohnen werden. An unserem neuen Wohnort haben wir vielleicht keine Familie mehr, die auf Ari und David aufpasst.»

«Da gibt es doch auch moderne Lösungen», sagte ich, auch wenn mein Mann das Wort «modern» vermutlich nicht mehr hören konnte. «Kitas zum Beispiel. Also Kindertagesstätten. Und irgendwann kommen Ari und David ja auch in den Kindergarten. Außerdem können wir auch beide nur Teilzeit arbeiten. Es gibt so viel mehr Möglichkeiten hier.»

«Kitas? Das kommt gar nicht in die Tüte», brauste Domenico auf. «Ich hab keine Lust, meine Kinder in die Hände von irgendwelchen ollen Erziehern zu geben, die ihnen irgendeinen Blödsinn eintrichtern. Das kenn ich zur Genüge aus meiner Vergangenheit! Nein, ich finde, Erziehung ist immer noch Sache der Eltern!»

«Da hast du sicher recht, Nicki», beschwichtigte ihn Mama. «Das wäre gewiss die schönste Lösung. Aber die Zeiten haben sich geändert. Heute, wo alles so teuer geworden ist, reicht ja meistens ein Lohn gar nicht mehr aus, um eine Familie zu ernähren. Oft müssen beide Elternteile arbeiten. Dann geht das halt nicht anders. Und eine Kita kann auch was Tolles sein: Die Kinder lernen dort, mit Gleichaltrigen zu spielen und sich zu sozialisieren. Viele schließen sogar schon die ersten Freundschaften fürs Leben.»

«Ich weiß nicht ...» Nickis Gesichtsausdruck verriet mir, dass ihn das alles nicht begeisterte. Da würde wohl noch ziemlich viel Überzeugungsarbeit auf mich zukommen.

«Es ist mir schon klar, du wünschst dir für deine Kinder nur das Beste», sagte Mama mit warmer Stimme. «Gerade weil du auf diesem Gebiet so oft im Stich gelassen worden bist. Aber die perfekte Welt gibt es nun mal nicht, Nicki. Ihr werdet immer versuchen müssen, das Beste aus allem zu machen. Und ihr werdet euch immer wünschen, dass gewisse Dinge anders laufen, als sie es tun. Es wird nie alles so sein, wie ihr es euch vorstellt. Aber wie sagt die Bibel so schön? Denen, die Gott lieben, müssen alle Dinge zum Besten dienen. Davon bin ich felsenfest überzeugt. Und genau davon können Martin und ich ja auch ein Liedchen singen, wenn nicht sogar eine ganze Oper.»

«Vielleicht darf ich dazu auch schnell was beifügen», meldete sich nun Papa zu Wort und legte auch gleich los: «Weißt du, Nicki, wenn ich in meinem bisherigen recht langen Leben etwas erkannt und gelernt habe, dann ist es dies: Unsere Träume und Hoffnungen und auch unsere moralischen Standards in allen Ehren – aber ich habe es noch nie erlebt, wirklich noch nie, dass in meinem und unserem gemeinsamen Leben alle Faktoren gleichzeitig gestimmt haben. Es war niemals alles gleichzeitig gut – irgendetwas hinkte immer hinterher und machte mir und uns Sorgen. Das Geld, die eheliche Beziehung, der Job, die Gesundheit, die Kinder, die Wohnungssituation, der Stress, die Probleme mit Freunden, Ungerechtigkeiten, was weiß ich – irgendetwas war immer nicht gut und verlangte meine doppelte und dreifache Aufmerksamkeit und Investition. Und wenn das eine geregelt war und ich dachte, jetzt sei endlich alles super und paletti, bröckelte es wieder an einem anderen Ort. Was ich damit sagen möchte: Die Welt ist nicht perfekt, Nicki, auch deine nicht, auch meine eigene nicht, und sie wird es nie sein. Und wenn du dich mit dieser Tatsache erst mal angefreundet und arrangiert hast, lebt es sich bedeutend leichter und lockerer, glaub mir das ...»

Dazu sagte Domenico vorerst nichts mehr. Doch ich sah, wie es in seiner Gedanken- und Gefühlswelt arbeitete. Auch hier musste ich Geduld haben mit ihm, aber das hatte ich mir ja in all den Jahren zur Genüge antrainiert: Geduld war quasi zu meiner «besten Freundin» geworden, zur stetigen Begleiterin meines Lebens.

Nicki und ich verbrachten viel Zeit gemeinsam vor dem Computer, um uns Stellenanzeigen anzusehen. Wir waren zwar meilenweit entfernt von einem Plan, wohin wir ziehen sollten, aber es war sicher nützlich, sich zumindest mal auf dem Arbeitsmarkt umzusehen und Inspiration und Ideen zu holen.

Domenico meinte, dass für ihn wohl am ehesten wieder irgendein Job als Hilfskellner oder Küchenhilfe in Frage käme. Allerdings würde das bedeuten, dass er oft wieder bis spät abends würde arbeiten müssen, und diese Lösung gefiel nun mir nicht so gut. Tagsüber auf dem Bau zu arbeiten, war wegen seiner Lunge auch keine gute Idee. Das sah er sogar selbst ziemlich schnell ein, obwohl ihm diese Arbeit trotz ihrer Härte nichts ausgemacht hätte.

Ich selbst überlegte mir, ob ich mich wieder als Ärztin in einem Krankenhaus bewerben sollte, doch ich dachte an die vielen Nachtschichten, die ja dann auch wieder unser Familienleben stören oder zumindest tangieren würden. Doch laut Paps gab es ja noch eine Menge anderer Möglichkeiten für mich, und ich war zuversichtlich, dass ich etwas finden würde.

Das einzig wirklich große und beinahe unüberwindliche Dilemma war, dass es uns dermaßen schwerfiel, uns zu entscheiden, wo wir unsere Zukunft verbringen sollten. Ich hatte irgendwie das Gefühl, dass Domenico nirgends außer auf Sizilien so richtig glücklich sein konnte.

An einem der Nachmittage, als wir gerade gemeinsam vor dem Computer saßen, uns durch die Landkarten Deutschlands ackerten und uns sämtliche Möglichkeiten durch den Kopf gehen ließen, klingelte mein Smartphone.

Erstaunt nahm ich es in die Hände. Es kam selten vor, dass mich jemand anrief, da ich fast alles per WhatsApp und Social Media regelte. Auf dem Display sah ich eine unterdrückte Nummer. Wahrscheinlich irgend so ein Werbeanruf. Ich hasste Telefon-Marketing, aber nun …

Komisch, dachte ich. So etwas hatte es bei mir eigentlich schon lange nicht mehr gegeben.

«Hallo?», fragte ich.

Umso erstaunter war ich, als ich am Telefon eine fremde männliche Stimme hörte, die in gebrochenem Englisch zu mir sprach.

«You Maya?», fragte der Mann. «Maya di Loreno?»

«Yes», erwiderte ich und bereute es sofort. Domenico sah mich an, und seine Augen verengten sich zu warnenden Schlitzen.

«Gib her», wisperte er und wollte mir das Telefon aus der Hand nehmen. Doch der Mann redete schon weiter in mein Ohr:

«We know who you are.»

«Wie bitte?»

Und dann nahm ich gar nichts anderes mehr wahr als die harten Satzfragmente, die mir in einer Art Kauderwelsch-Englisch mit italienischen Versatzstücken Schlag auf Schlag ins Ohr gehämmert wurden.

«Wir finden euch! Vi troveremo! Wir finden dich und deinen Mann! Von jetzt an seid ihr nicht mehr sicher. Wir haben wegen euch Idioten mehrere Hundert Millionen verloren. Dass ihr die nicht selber genommen habt, das wissen wir natürlich. Aber eines müsst ihr einfach wissen: Siete in debito con noi. Ihr seid uns was schuldig! La pagherete cara. Das kommt euch teuer zu stehen. Das ist euch schon klar, oder? Wir können nicht zulassen, dass man uns in dieser Weise reinfunkt und das ganze Geschäft ruiniert! Das hat seinen Preis! Habt ihr das verstanden?»

Ich wollte irgendwas sagen, aber mein trockener Hals brachte nur ein Röcheln hervor. Ich glaubte zu ersticken. Mein ganzer Körper schien aus kribbelnden Ameisen zu bestehen. Alles fühlte sich gleichzeitig eiskalt und siedend heiß an. Unsäglich. Schrecklich. Bedrohlich.

Domenico versuchte, mir das Smartphone aus der Hand zu reißen, doch meine Finger hatten sich derart um das Gerät verkrampft, dass es ihm nicht gelang.

«Und noch eins: Keine Polizei. Capito? Die können euch sowieso nicht helfen. Von jetzt an seid ihr nicht mehr sicher. Nirgendwo. Wir sind überall. Und wir sind bald vor eurer Haustür.»

Schließlich gelang es Nicki, das Smartphone aus meiner schweißnassen Hand zu befreien. Er hielt es ans Ohr, doch es war nur noch ein leiser Summton zu hören.

Wir starrten uns ein paar Sekunden schweigend und voller Entsetzen an. Ich brauchte Domenico nichts zu erklären. Er hatte längst verstanden.

«Sie haben deine Telefonnummer rausgefunden, cori mia», keuchte er.

Ich atmete gepresst ein und aus und wusste nicht, wie ich das Zittern in meinem Körper beruhigen konnte.

«Sie wissen, wo wir sind. Sie können unsere Adresse rausfinden.» Nicki stand auf und reichte mir die Hand. Ich verstand nicht, wie mein Mann gerade so gefasst sein konnte, während mich gerade eine der größten Panikattacken erfasste, die ich in meinem ganzen Leben je gehabt hatte.

Ich klammerte mich an seiner starken Hand fest und ließ mich auf die Beine ziehen, nicht wissend, ob sie überhaupt fähig waren, mich zu tragen.

Ich schloss die Augen, weil alles in meinem Blickfeld nur noch flimmerte und flirrte. War es also doch passiert! Jetzt hatten sie *mich* im Visier, nachdem es ihnen wohl nicht gelungen war, Domenicos Handys zu tracken, weil bei beiden der Akku leer war.

«Was machen wir jetzt?» Meine Stimme schien von den Wänden widerzuhallen und gar nicht mehr zu meinem Körper zu gehören.

«Non lo so … ich weiß es nicht …»

In dem Moment klopfte Mama an die Zimmertür. Auf mein schwaches «Herein» drückte sie die Klinke runter und streckte den Kopf hinein.

«Wolltet ihr nicht zu uns ins Wohnzimmer kommen? Kaffee und Kuchen warten!»

Kaffee? Kuchen? Jetzt?

Aber Domenico nickte und führte mich ins Wohnzimmer zu meinen Eltern. Ich ahnte, was er vorhatte, und es war unausweichlich: Wir mussten es Mama und Paps sagen!

Etwas später saßen wir alle um den Wohnzimmertisch, Paps, Mama, Domenico, ich und Ariana. David schlief im Kinderwagen neben uns. Ich wollte ihn nicht mehr aus den Augen lassen. Keine Sekunde mehr!

Domenico schaffte es, meinen Eltern in einigermaßen ruhiger Tonalität das wiederzugeben, was sich vor wenigen Minuten ereignet hatte. Er bat mich, die Worte zu wiederholen, die der Anrufer in mein Ohr gehämmert hatte. Ich stotterte irgendwas zusammen und wusste, dass diese Stimme mich wohl noch lange bis in meine Träume hinein verfolgen würde. Und, so viel kapierte ich ebenfalls: dass diese Stimme auch genau diese Absicht verfolgte – sie wollte mir und Nicki Angst machen, und zwar von jetzt an täglich und stündlich.

Als wir fertig waren mit unserem kurzen Lagebericht, blieb es eine lange Weile still zwischen uns. Nicht mal Ari traute sich zu plappern. Mama schien intensiv nachzudenken. Paps atmete hörbar ein und aus, und ich sah ihm an, wie sehr er mit sich rang, jetzt bloß die Ruhe zu bewahren.

Dann räusperte sich Paps. «Es ist erstaunlich», sagte er, «gerade in der letzten Woche las ich im Internet einen hochinteressanten Artikel. Man hatte eine Polizistin interviewt, und die kennt sich mit der Mafia sehr gut aus. Wartet, ich hol mal dieses Interview. Ich hab's mir nämlich ausgedruckt, weil ich es später nochmals in der ganz langen Version lesen wollte.»

Paps erhob sich und ging ins Büro, wo er immer einen Stapel alter Magazine, Notizen und Artikel aufbewahrte. Er faltete die vier, fünf A4-Blätter auf, dann begann er, uns daraus vorzulesen:

«Also, diese Frau sagt in etwa Folgendes, ich fasse das alles ein wenig zusammen: ‹Die italienischen Mafias sind gut integriert in der Schweiz. Wir haben die Italiener ja ab den 1960er-Jahren zum Arbeiten zu uns ins Land geholt.› (Ob wir Deutschen und die Schweizer auch immer gut waren zu ihnen und sie korrekt bezahlten, bezweifle ich übrigens sehr, meine Lieben. Da haben wir uns bestimmt auch des Öfteren Schuld aufgeladen. Aber das nur so nebenbei; lieber Nicki, wir beide besprechen das dann noch. Ist mir nämlich wichtig. Also, weiter im Text:) Diese Frau sagt des Weiteren: ‹Mit diesen Gastarbeitern kam auch die Mafia, auch wenn natürlich nur die wenigsten von ihnen selbst darin aktiv waren oder aktiv sind. Die Mafia passt sich an: Sie ist immer dort, so sich viel Geld machen lässt – also zum Beispiel bei Waffen, Drogen, Geldwäsche oder Menschenhandel. Daneben gibt es natürlich auch jede Menge von ganz legalen Aktivitäten, beispielsweise im Bauwesen oder im Gastgewerbe.›»

Papa machte eine kleine Pause, dann erzählte er weiter:

«So, das war also die Antwort auf die erste Frage der Medienleute. Und dann geht's weiter mit der zweiten. Der Journalist fragt diese Frau: ‹Ein normaler Bürger nimmt die Mafia also normalerweise gar nicht wahr?› Und die Frau antwortet (ich kürze das hier mal zusammen): ‹Ja, das ist richtig – wir spüren sie nicht. Die Mafia bricht in aller Regel nicht in Ihre Wohnung ein, und sie knackt hier in unserem Land auch nicht Ihr Auto. Deshalb fehlt der öffentliche Druck. Die Mafiosi wirken wie brave, fleißige Bürger – auch in der Schweiz. Als wir vor ein paar Jahren hier in einem größeren Kantonsgebiet eine Verhaftungsaktion durchführten, sagten die Leute: 'Oh, das überrascht mich jetzt. Bei denen haben wir doch immer so gut gegessen!'›»

Es wurde wieder ruhig im Raum.

Bis Paps nochmals anhob:

«Was ich euch damit vermitteln will, meine Lieben: Im Grunde ist das ja völlig normal. Wenn man in so ein fremdes Land kommt, ist man anfangs sehr unsicher, schaut sich mal kurz um und schließt sich als Erstes dann den Leuten aus dem eigenen Kulturkreis an – und das sind dann nicht unbedingt immer die feinsten und edelsten Leute. Als die Iren damals zum Beispiel nach Amerika auswanderten, um dort Arbeit zu finden und ein neues Leben zu beginnen, haben sie auch zuerst mal ihre Landsleute gesucht und sich zum Teil den taffen irischen Gangs angeschlossen. So läuft das eben, und zwar überall auf der Welt. Also keine voreiligen Schlussfolgerungen.»

Wieder räusperte sich Paps, dann wurde er sehr ernst:

«Aber jetzt zum ganz Wesentlichen hier: Wenn dieser Anrufer euch sagt, sie hätten ihre Leute überall – dann stimmt das eben. Hier in diesem Land auf jeden Fall. In Deutschland genauso. Wir haben sie gerufen, wir haben sie geholt, wir haben sie zum Teil auch ausgenutzt – und jetzt sind sie hier, und zwar überall. Und das mit Fug und Recht. Insofern mache ich mir schon Sorgen, ja …»

«Wartet einen Moment.» Mama stand jetzt ganz entschlossen auf und verließ das Wohnzimmer. Ich hörte, wie sie ins Büro ging und die Tür schloss. Domenico und ich tauschten wieder einen Blick. Wir hatten beide keine Ahnung, was Mama im Schilde führte.

Domenico hatte seinen Arm um mich gelegt, weil er spürte, dass ich immer noch zitterte.

Wir blieben weiterhin still und konzentrierten uns darauf, etwas zu verstehen. Mama sprach mit jemandem, so viel stand fest. Wir konnten ihre Stimme durch die geschlossene Tür hören, vom Inhalt der Konversation aber bekamen wir nichts mit.

Ariana drückte mit dem Löffel gedankenverloren auf ihrem Kuchen rum. Selbst sie schien zu lauschen.

Es dauerte ziemlich lange, fast zehn Minuten, in denen ich vor Nervosität schier zu platzen glaubte. Domenico strich immer wieder sanft über meinen Rücken.

Schließlich kam Mama wieder zu uns heraus.

«Ich hab gerade Morten auf dem Schirm. Er möchte gern mit euch sprechen», sagte sie.

Domenico und ich standen auf. Nicki schob seine Hand in die meine, und ich klammerte mich an seinen Fingern fest.

Morten? Was hatte Morten mit der Sache zu tun?

«Den wollte ich auch schon lange anrufen», murmelte Domenico beschämt, während wir Mama ins Büro folgten, wo sie ihren Laptop offen auf den Salontisch gestellt hatte.

Wir setzten uns gemeinsam davor und winkten Morten, der uns durch den Bildschirm hindurch entgegenblickte. Er grinste ein wenig und fuhr sich mit der Hand durch sein rotblondes Haar.

«Na endlich. Hab ich euch mal wieder auf dem Schirm. Das ist ja schon eine Ewigkeit her.»

«Ich weiß», seufzte Domenico. «Es tut mir leid. Es war so viel los in letzter Zeit … Und ich bin im Kommunizieren kein Held …»

«Ich weiß gerade noch, dass ich erneut Großvater geworden bin, und Solvej ist ganz aus dem Häuschen, weil sie schon wieder Tante geworden ist, aber sonst weiß ich nur von Mayas Mutter, dass ihr euch gerade ziemlich mit der Mafia und Konsorten angelegt habt.»

«Tja», murmelte Domenico.

«Komme gleich dazu», sagte Morten. «Erst mal: Wie geht es dir im großen Ganzen, Sohn?»

«Och, wie man's nimmt. Versuche mich gerade daran zu gewöhnen, dass das Meer nicht mehr vor meiner Haustür liegt und ich kein Boot mehr habe.»

«Ja, ihr seid dort in Basel ziemlich auf dem Trockenen», gab Morten zu. «Der Rhein ist zwar lang, aber nicht besonders breit.»

«Und dir? Wie geht es euch so?», fragte Domenico, der immer etwas verlegen war, wenn er mit seinem Vater sprach.

«Ach, ganz gut. Kann nicht klagen. Wir haben die ersten Minustemperaturen hier, aber so lange mir der Hintern nicht ganz einfriert, ist alles im grünen Bereich.»

«Was machen Kjet und Solvej?»

«Oi, die beiden! Machen sich ganz gut, würde ich sagen. Kjet hat allerdings ein wenig Stress mit seiner Geliebten, weil er noch nicht bereit ist, mit ihr zusammenzuziehen. Er und Solvej teilen sich ja nun eine Wohnung in der Stadt. Hängen halt schon sehr stark aneinander, diese beiden Racker. Zwillingsbande eben. Aber was soll's, sollen die das selber untereinander ausbaden. Sind schließlich alt genug.»

«Und wie geht es Rick?»

«Der gute alte Jimi Hendrix? Der klimpert auf seiner Klampfe und hofft, den nächsten Hit zu landen. Ist allerdings momentan ziemlich schwierig, scheint mir. Na, immerhin ist er glücklich mit seiner Runa. Mit der hat er wirklich das große Los gezogen.»

«Gibt es da jetzt irgendwann mal Nachwuchs?» Diese Frage kam von mir, trotz der prekären Situation. Hendrik hatte sich diesbezüglich immer sehr bedeckt gehalten, wenn wir ab und zu miteinander gechattet hatten.

«Also, ich bin jetzt schon dreifacher Großvater, und das mit knapp fünfzig. Ganz so eilig hab ich es ja nun doch nicht», schmunzelte Morten. «Nein, ehrlich: Ich weiß es nicht. Momentan sieht es so aus, als wollen sie lieber noch eine Weile mit ihrer Band durch die Welt tingeln.»

Ach ja, die guten alten Norweger. Wenn ich Morten so zuhörte, hatte ich richtig Lust, bald wieder dorthin zu fahren und sie alle wiederzusehen. Es war, als ob ein paar hell strahlende Funken von Hoffnung und von Frieden durch den Bildschirm in die angespannte Atmosphäre hier in unserem Zimmer vordringen wollten.

«Jetzt aber zu euch», sagte Morten mit ernster Stimme. Er rückte etwas näher an die Kamera über seinem Bildschirm, so dass wir deutlich seine blaugrauen Augen sehen konnten, die denen von Domenico so sehr ähnelten.

«Deine Mutter hat mir vorhin von eurer Situation erzählt, Maya.»

«Dass ich diesen bedrohlichen Anruf bekommen habe?» Langsam fand meine Stimme ihre normale Tonlage wieder. Mortens Präsenz, wenn auch nur virtuell, tat mir richtig gut.

«Ganz genau. Das fühlt sich ja alles doch ziemlich kriminell an. Damit ist nicht zu spaßen. Eine Saubande ist das!»

«Kann man so sagen», murmelte ich, während Domenico schwieg.

«Also, da gibt es meiner Meinung nach nur eine Lösung: Ihr kommt umgehend nach Norwegen.»

«Du meinst …?»

Ich starrte Morten fassungslos an.

«Ja, meine ich. Und zwar am besten noch heute oder morgen. Und am besten ohne Smartphone und ohne Computer.»

Ich tauschte erst einen Blick mit Nicki und dann mit Mama. Mama nickte heftig. Nicki legte seinen Kopf schief, als müsste er die Sache erst noch nach allen Seiten hin abwägen.

«Wenn die rausfinden, wo ihr seid, dann werden die nicht lange fackeln», fuhr Morten fort. «Junge, Junge, ihr hättet schon längst von Sizilien weggehen sollen. Ihr habt richtiggehend Glück gehabt, dass es so lange gedauert hat, bis sie die Verfolgung aufgenommen haben. Dreihundertfünfzig Millionen Euro sind schließlich kein Kinderkram. Etwa so viel war es doch, oder? Ich hab das ja alles in den Nachrichten gehört.»

«Aber sind wir denn in Norwegen sicher?», wollte ich wissen. Ich erinnerte mich daran, dass der Anrufer gesagt hatte, wir seien nirgends sicher, und sie hätten ihre Leute überall.

«Sagen wir mal so: Wenn ihr keine Spuren hinterlasst und eure Smartphones und Geräte wie gesagt nicht mit euch tragt, dann könnte es für die Verfolger etwas schwieriger werden. Und auch uninteressanter. Ich benutze jetzt ja auch eine verschlüsselte Verbindung, um mit euch zu chatten. Das Ganze hat mir Kjet mal eingerichtet, nachdem ich ständig anonyme Anrufe erhalten hatte, weil einer an mein Geld wollte. Hat ja nicht nur Vorteile, ein ehemals bekannter Sportler zu sein. Da möchte ich im Internet möglichst keine Spuren hinterlassen. Schon ziemlich nützlich, in der Familie so ein Computergenie zu haben.»

«Echt nicht schlecht», musste ich zugeben, während ich mich in Gedanken mit diesem neuen Plan anzufreunden versuchte.

Domenico war immer noch ruhig und hielt meine Hand, und ich spürte, dass sie ganz heiß war. Er konnte es nicht länger verbergen, dass auch er aufgewühlt war.

«Ich meine, seit Solvej und Kjetil ausgezogen sind, haben wir ja wieder viel Platz im Haus. Ihr könntet sogar zwei Zimmer ganz für euch und die Kinder haben. Und falls ihr wirklich sogar bis in den hohen Norden verfolgt werden solltet, haben wir in unserer Familie ein paar schlaue Köpfe, die euch zur Seite stehen können.»

«Das stimmt ...» Je mehr ich darüber nachdachte, umso mehr fing der Plan an, mir zu gefallen. Hatte ich nicht gerade vorhin noch daran gedacht, wie schön es wäre, mal wieder nach Norwegen zu reisen? Wobei ich mir noch nicht ausmalen konnte, wie lange unser Aufenthalt dort am Ende vielleicht dauern würde ...

Doch was dachte Nicki darüber?

«Und übrigens, bei uns liegt das Meer ja auch fast vor der Haustür.» Mit diesen Worten wandte sich Morten eindeutig an Domenico.

Und das war das beste Argument, das er überhaupt nur hätte vorbringen können. Ich sah, wie es in den Augen meines Mannes ein wenig zu funkeln begann. Er hob seinen Blick und schaute seinen Vater an, immer noch darauf bedacht, seine Gefühle zu verbergen und seine Coolness zu bewahren. Doch es gelang ihm nicht ganz.

«Das ... würdest du wirklich für uns tun?», fragte er leise. «Was sagt denn Liv dazu?»

«Nun, jetzt geht es schlicht und einfach darum, dass ihr in Sicherheit seid, ihr und eure Kinder. Das wird sie verstehen. Und wie gesagt: Platz haben wir.»

Domenico nickte nachdenklich. Nun war es an ihm, den Plan gedanklich auf seine Durchführung hin abzuklopfen und sich zu positionieren, während ich innerlich längst Ja gesagt hatte.

Der einzige Haken war nur: Wovon sollten wir in Norwegen leben? Wahrscheinlich würden wir ja mehrere Wochen dort sein, bis wir uns wieder Richtung Süden wagen konnten. Und wir konnten doch weder Morten und Liv noch meinen Eltern ständig auf der Tasche liegen.

«Ich könnte dir sicher auch einen Job bei der Marine besorgen, Nicki», sagte Morten da, als hätte er meine Gedanken lesen können. «Dann hast du dein Meer auch wieder zurück.»

«Ist das so?» Domenico konnte sein aufflammendes Interesse nun nicht mehr verbergen.

«Natürlich. Das ist sicher kein Problem», versicherte Morten. «Ich kenne einige Leute bei der Marine. Da könnten wir bestimmt etwas für dich finden, vielleicht sogar bei einer Fischereigesellschaft. Ihr müsstet allerdings mit einem Decknamen auftreten, aber darüber können wir ja noch reden, wenn ihr da seid.»

Ich hätte beinahe in die Hände geklatscht, so gut gefiel mir die Idee mittlerweile. Auch für mich würde es gewiss Möglichkeiten geben, irgendwo im medizinischen Bereich eine Temporärstelle zu finden. Ich konnte zwar kaum Norwegisch, aber dafür Englisch.

«Ich weiß aber nicht, ob ich gut genug Norwegisch kann», sprach Domenico nun aus, was ich eben gedacht hatte. «Ich hab damals während der Therapie ein bisschen was gelernt, aber das reicht wohl nicht aus.»

«Das wird schon», sagte Morten. «Ist ja nicht so schwierig. Und viele können hier bei uns auch Deutsch.»

«Okay», sagte Domenico, doch ich fühlte, dass nun auch er innerlich angebissen hatte.

«Und glaubt mir, Rick wäre außer sich vor Freude», schmunzelte Morten. «Also, überlegt es euch. Mein Angebot steht. Aber überlegt nicht zu lange. Wie gesagt, ich gebe dem Ganzen noch ein, zwei Tage, dann spätestens wird es mit Sicherheit sehr ungemütlich für euch.»

«Okay, wir geben dir noch heute Abend Bescheid», versprach Domenico. Doch ich ahnte, dass wir uns beide bereits entschieden hatten.

Morten gab uns noch ein paar Ratschläge mit auf den Weg, bevor er sich verabschiedete:

«Was deine Eltern betrifft, Maya: Es wäre gut, wenn sie sich umgehend bei der Polizei melden würden. Falls auch sie bedroht werden. Man weiß nie. Und entferne am besten jetzt gleich den Akku aus deinem Smartphone. Falls sie euch noch nicht geortet haben, werden sie es so noch etwas schwerer haben. Und noch was: Kommt am besten mit dem Zug. Dann müsst ihr nicht im Internet einen Flug buchen. So haben sie schon eine Spur weniger, die sie verfolgen können. Zugtickets könnt ihr ja anonym am Bahnschalter mit Bargeld kaufen.»

Wir bedankten uns bei Morten und verabschiedeten uns. Und schließlich verbrachten wir den ganzen Abend nur noch damit, mit meinen Eltern den Plan durchzudiskutieren. Beide, Mama und Papa, fanden es eine hervorragende Idee.

Es war die beste Lösung, die unsere heikle Situation uns jetzt noch bieten konnte.

Nach einigem Abwägen beschlossen wir, schon am nächsten Tag abzureisen. Immerhin würde die Reise mit der Bahn fast dreißig Stunden dauern.

«Ob ihr da noch Platz in einem Schlafwagen kriegt, ist natürlich fraglich», meinte Mama.

«Wird schon irgendwie gehen», sagte Domenico. Wie wir das alles mit zwei Kindern und einer Menge Gepäck mit dem Zug in Richtung Skandinavien schaffen würden, war mir allerdings noch ein Rätsel.

Ich lehnte mich zurück und schaute aus dem Fenster auf den glitzernden Rhein, während meine Eltern und Nicki noch ein paar Details diskutierten.

Auch wenn alles sehr plötzlich und unerwartet gekommen war, auch wenn die Gefahr wie eine eiskalte Klammer in meinem Nacken saß, begann ich mich trotzdem sehr vorsichtig auf das neue Kapitel in unserem gemeinsamen Familienbuch zu freuen, das sich soeben mit seinen allerersten Seiten vor uns geöffnet hatte und uns Spannung und Abenteuer versprach, Neuland und einmal mehr: pure Charakter- und Lebensschule.

Norwegen! Ein wunderschönes Land voller fast grenzenloser Möglichkeiten, aber gewiss auch mit einer Menge jetzt noch weitgehend unbekannter Herausforderungen. Es würde enorm viel auf uns zukommen. Wir würden ganz von vorne anfangen müssen, Domenico, Ariana, David und ich. Wie lange wir dort sein würden, wussten wir nicht. Ein paar Wochen, ein halbes Jahr … oder mehr?

Ich durfte im Moment noch nicht so konkret daran denken.

Eines war jetzt besonders wichtig: Wir würden endlich wieder alle zusammen sein, wir als Familie, und wir würden dieses neue Kapitel gemeinsam anpacken. Es würde uns erneut zusammenschweißen und uns immer wieder daran erinnern, dass wir das Wertvollste, das wir hatten, nämlich unsere kleine Family, sorgfältig hegen und pflegen mussten. Mit Liebe, mit Ausdauer und vollem Commitment.

Und das Beste war: Wir waren nicht allein. Wir hatten auch dort Menschen, die zu uns halten würden. Und ja, der gute alte Hendrik würde garantiert außer sich sein vor Freude …

Als wir uns später schlafen legten, Nicki und ich, Arm in Arm, fühlte ich zum ersten Mal seit langer Zeit wieder ein winzig kleines Glücksgefühl durch meine Seele streifen, das selbst von der dunklen Bedrohung, die auf uns lastete, nicht mehr zurückgedrängt werden konnte: Da draußen im Universum ist jemand, der uns sieht und der uns führt! …

Es wurde Zeit, Sizilien und alles, was damit zu tun hatte, erst einmal hinter uns zu lassen. Zumindest für eine Weile.

Und stattdessen nach vorne zu blicken und eine neue Seite im Buch unseres Lebens zu öffnen: Adventures in Norway! Wer hätte denn so was Tage zuvor überhaupt nur zu denken gewagt? Wer hätte das voraussehen können? – Ich nicht! …

Die Autorin

Susanne Wittpennig, geboren 1972, schreibt seit ihrer Kindheit leidenschaftlich gern Geschichten und illustriert sie auch selber. Ihr erstes Büchlein schrieb sie mit fünf Jahren, ihren ersten Roman mit zehn – zu der Zeit kam ihr zwei Jahre jüngerer Bruder Matthias durch einen Autounfall ums Leben. Die ersten Aufzeichnungen zu «Maya und Domenico» machte sie bereits mit elf Jahren.

Mittlerweile hat Susanne Wittpennig mit ihrer Bestsellerreihe «Maya und Domenico» zehn Bände veröffentlicht plus die Zeitreise-Trilogie «Time Travel Girl». Nach einem sechsjährigen Aufenthalt und dem Filmstudium in der norwegischen Hauptstadt Oslo lebt die Autorin heute wieder in ihrer Heimatstadt Basel und arbeitet neben dem Schreiben auch als Illustratorin, Schreibcoach, Drogistin und Stadtführerin.

Von derselben Autorin weiterhin erhältlich: Der erste Teil der Story

Maya und Domenico: Die krasse Geschichte einer ungewöhnlichen Freundschaft

256 Seiten
Taschenbuch, 12,0 × 19,0 cm

Bestellnummer 204.030
ISBN: 978-3-03848-030-3

Das Leben der vierzehnjährigen Maya wird auf den Kopf gestellt, als der freche und angeberische Domenico neu in die Klasse kommt. Das ist das, was ihr gerade noch gefehlt hat: Der etwas ältere Domenico sieht einerseits so gut aus, dass sie in seiner Gegenwart weiche Knie bekommt. Und andererseits ist er so unsympathisch, dass er ihrer Meinung nach dahin gehen kann, wo der Pfeffer wächst.

Trotzdem kommen sich die beiden näher, und Maya entdeckt hinter seiner Maske einen ganz anderen Domenico. Plötzlich wird sie mit einer für sie völlig fremden Welt konfrontiert und gerät in eine Konfliktsituation. Und das nicht nur innerlich, sondern auch mit ihrem Vater, der gegen die Freundschaft mit diesem mysteriösen Jungen ist. Ein Kampf beginnt, in dem Maya über sich selbst hinauswächst und Domenicos Leben fast aus den Fugen gerät. – Kurzum: eine mega spannende Story um Liebe, Eltern, Drogenproblematik, Gewalt in der Schule, Außenseiterdasein und Rivalenkämpfe. Und eines wird klar: Gegen den Strom zu schwimmen lohnt sich!

fontis

Von derselben Autorin weiterhin erhältlich: Der zweite Teil der Story

Maya und Domenico: Liebe zwischen zwei Welten

288 Seiten
Taschenbuch, 12,0 × 19,0 cm

Bestellnummer 113.903
ISBN: 978-3-7655-3903-9

Die fünfzehnjährige Maya kann es kaum fassen: Leon, der gut aussehende Neue aus dem Gymnasium, scheint ein Auge auf sie geworfen zu haben. Doch eigentlich ist ihr ganz und gar nicht nach einer Beziehung mit diesem Arztsohn zumute. Sie kann ihren geheimnisvollen Freund Domenico nicht vergessen, der vor fast einem Jahr sang- und klanglos mit seinem drogenabhängigen Zwillingsbruder Mingo nach Sizilien abgehauen ist.

Maya hat nur einen Wunsch: Sie will Domenico wiedersehen und wissen, was aus ihm geworden ist. Und ganz unverhofft wird ihr Traum wahr. Sie darf mit ihrem Vater zusammen eine Reise nach Sizilien machen. Doch wird sie wirklich finden, was sie sich erhofft?

Schließlich wühlt das Wiedersehen mit Domenico und Mingo nicht nur erneut ihr Leben auf, sondern stellt Maya auch vor eine schwierige Entscheidung. Hat diese Liebe überhaupt eine Zukunft? Und was für Geheimnisse versteckt Domenico noch vor ihr?

Von derselben Autorin weiterhin erhältlich: Der dritte Teil der Story

Maya und Domenico: Entscheidung mit Folgen

320 Seiten
Taschenbuch, 12,0 × 19,0 cm

Bestellnummer 204.031
ISBN: 978-3-03848-031-0

Die fast 16-jährige Maya erhält einen Brief von ihrem Freund Domenico aus Sizilien. Die Nachricht verheißt allerdings nichts Gutes: Domenico und sein Zwillingsbruder Mingo stecken mal wieder in ziemlichen Schwierigkeiten und sind auf der Flucht zurück nach Deutschland.

All die Gefühle für Domenico, die Maya so mühsam zu vergessen versucht hat, brechen wieder hervor. Als sie den beiden Brüdern und deren Halbschwester Bianca erneut gegenübersteht, wird klar, dass die Situation extrem schwierig ist. Probleme mit Polizei und Jugendbehörden stehen an, Bianca ist an einer schweren Grippe erkrankt, und Mingos Drogenprobleme scheinen ausweglos.

Maya, ihre Eltern und die Klassenlehrerin Frau Galiani versuchen zu helfen. Doch es kommt anders. Ein tragisches Unglück wirft Mayas Leben fast aus der Bahn und verbindet sie erneut mit Domenicos Schicksal. Sie merkt, dass sie ihre Liebe zu ihm nicht so einfach aus sich herausreißen kann. Auch wenn seine Welt so meilenweit von der ihren entfernt ist. Wie soll sie sich entscheiden?

fontis

Von derselben Autorin weiterhin erhältlich: Der vierte Teil der Story

Maya und Domenico: So nah und doch so fern

320 Seiten
Taschenbuch, 12,0 × 19,0 cm

Bestellnummer 204.032
ISBN: 978-3-03848-032-7

Endlich wagen die sechzehnjährige Maya und ihr etwas älterer Freund Domenico vorsichtig die ersten Schritte einer zarten, zerbrechlichen Liebesbeziehung. Maya, gutbürgerlich erzogen und beschützt aufgewachsen, und Domenico, der sein Leben vorwiegend auf der Straße verbracht hat, merken allerdings bald, dass das alles andere als einfach ist. Neben den umwerfenden Gefühlen der ersten großen Liebe ist Maya auch immer wieder mit all den Problemen aus Domenicos Vergangenheit konfrontiert, die nicht von einem Tag auf den anderen zu bewältigen sind. So schnell wollen diese Schatten eben nicht weichen. Zudem muss sich Maya noch mit Domenicos eifersüchtiger Halbschwester Bianca auseinandersetzen. Und mit dem Punk-Mädchen Carrie, das ein Kind von Domenicos Zwillingsbruder Mingo erwartet. Die Lage spitzt sich bei einer Schulreise nach London zu. Erneut stehen Maya und Domenico vor einer großen Entscheidung. Wird ihre tiefe Liebe es schaffen, die sich auftürmenden Hürden zu überwinden?

Von derselben Autorin weiterhin erhältlich: Der fünfte Teil der Story

Maya und Domenico: Schatten der Vergangenheit

352 Seiten
Taschenbuch, 12,0 × 19,0 cm

Bestellnummer 114.082
ISBN: 978-3-7655-4082-0

Die siebzehnjährige Maya erwartet die Rückkehr ihres Freundes Domenico aus Italien mit gemischten Gefühlen. Viele Fragen beschäftigen sie: Konnte er in der Therapie seine schwere Vergangenheit aufarbeiten? Wie wird es mit ihrer Beziehung weitergehen? Hat seine Seele etwas Ruhe gefunden, oder ist er immer noch so aufgewühlt und getrieben wie zuvor?

Als Domenico früher als erwartet zurückkommt, hat sich wirklich viel geändert. Doch gewisse Fragen werden brennender denn je. Und ehe Maya es sich versieht, befindet sie sich mit Domenico auf der Reise Richtung Norwegen – auf der Suche nach der anderen, immer noch im Dunklen liegenden Seite von Domenicos Herkunft. Doch was den beiden dort begegnet, hätten sie sich selbst in ihren kühnsten Träumen nicht ausmalen können.

Schafft Domenico es, sich den Schatten seiner Vergangenheit zu stellen und seinem leiblichen Vater gegenüberzutreten? Und ist es wirklich möglich, all die Versprechen einzuhalten, die er und Maya sich damals bei der Laterne gegeben haben?

fontis

Von derselben Autorin weiterhin erhältlich: Der sechste Teil der Story

Maya und Domenico: Auf immer und ewig?

368 Seiten
Taschenbuch, 12,0 × 19,0 cm

Bestellnummer 114.105
ISBN: 978-3-7655-4105-6

Die siebzehnjährige Maya und ihr Freund Domenico sind soeben aus Norwegen zurückgekehrt, als auch schon die nächste Schocknachricht ihr Leben erneut kräftig durchschüttelt: Mayas Mutter ist an Bauchspeicheldrüsenkrebs erkrankt.

Maya muss sich nicht nur innerlich auf diese neue Situation einstellen, sondern auch äußerlich – ihr Vater hat vor, mit ihrer Mutter zu einem Spezialisten nach Basel zu reisen, und Maya soll in dieser Zeit bei ihrer Tante wohnen. Auf dem Weg durch ihr dunkles Tränental hat Maya nur einen Halt: ihren Freund Domenico, der ihr mit aller Kraft zur Seite steht.

Doch auch Domenicos Leben ist noch längst nicht von allen Schatten und Herausforderungen befreit: Manuel, Carrie, Bianca, seine eigene Zukunft und auch seine Mutter verlangen ihm einiges ab. Nicht zuletzt wird er nach wie vor von den Straßengangs aus seinem alten Umfeld bedroht. Auch Maya ist je länger, je mehr in Gefahr. Der letzte Ausweg ist schließlich die Flucht aus der Stadt, was Maya und Domenico hilft, in einem einsamen Ferienhaus am See über ihre Zukunft nachzudenken. Bis eine neue Situation sie zu einer schnellen Entscheidung zwingt …

fontis

Von derselben Autorin weiterhin erhältlich: Der siebte Teil der Story

Maya und Domenico: Zwei Verliebte im Gegenwind

352 Seiten
Taschenbuch, 12,0 × 19,0 cm

Bestellnummer 114.144
ISBN: 978-3-7655-4144-5

Die bald achtzehnjährige Maya steht vor einem komplett neuen Lebensabschnitt: Ihr Freund Domenico hat ihr unverhofft einen Heiratsantrag gemacht, und ihre Eltern wollen das Haus verkaufen und auf Weltreise gehen. Doch vorher hat sie nur einen Wunsch: Endlich mal ein bisschen relaxen und mit Domenico zusammen Ferien auf Sizilien machen – fernab von all dem Stress. Doch wieder einmal kommt alles anders. Kaum sind Maya und Domenico in Monreale angekommen, befinden sie sich auch schon auf einer abenteuerlichen Motorradfahrt durch halb Sizilien – auf der Flucht vor Domenicos Vergangenheit, die ihm unermüdlich auf den Fersen ist.

Doch alles Fliehen und Verstecken hilft nichts: Ungeahnte Geheimnisse kommen zum Vorschein, die auf einmal ein völlig neues Licht auf Domenicos Geschichte werfen und seine Seele nochmals kräftig durchschütteln. Doch dann folgt ein ganz neuer Abschnitt: Berlin! …

fontis

Von derselben Autorin weiterhin erhältlich: Der achte Teil der Story

Maya und Domenico: Bitte bleib bei mir!

352 Seiten
Taschenbuch, 12,0 × 19,0 cm

Bestellnummer 114.197
ISBN: 978-3-7655-4197-1

Die 18-jährige Maya verlässt ihr Zuhause, um mit ihrem Verlobten Domenico nach Berlin zu ziehen. Damit beginnt ein neuer, aufregender Abschnitt für das junge Liebespaar. Doch ganz so harmonisch und romantisch, wie die zwei es sich ausgemalt haben, gestaltet sich das Zusammenleben nicht. Maya will «die Welt entdecken» und mit ihren neuen Freunden Teil eines Filmprojekts werden. Domenico jedoch, der in seinen wilden Jahren schon so viel durchgemacht hat, möchte sich zurückziehen und mit Maya seine eigene kleine Traumwelt aufbauen. Immer mehr tut sich eine Kluft auf, die kaum noch zu überbrücken ist. Schaffen es die beiden, einen gemeinsamen Weg für ihre so verschiedenen Interessen zu finden?

fontis

Von derselben Autorin weiterhin erhältlich: Der neunte Teil der Story

Maya und Domenico: Liebe heilt viele Wunden

384 Seiten
Taschenbuch, 12,0 × 19,0 cm

Bestellnummer 204.001
ISBN 978-3-03848-001-3

Es ist Winter. Und Maya ist allein auf dem Weg nach Norwegen. Ein letztes Mal noch will sie Domenico sehen, bevor er wohl ganz aus ihrem Leben verschwinden wird. Tausend quälende Fragen wühlen ihr Herz auf. Fragen, die alle nach einer Antwort verlangen. Wie konnte so eine tiefe Freundschaft zerbrechen? Wer war schuld? Wie soll es weitergehen? Lässt sich der Bruch je wieder kitten? Und was wird aus Domenico, aus ihr?

Nach einem bewegenden Abschied bei ihrer alten Straßenlaterne trennen sich ihre Wege fürs Erste. Keine Hoffnung mehr. Maya sucht nach neuen Zielen: Soll sie in Berlin bleiben oder wieder in ihre alte Heimatstadt zurückkehren? Soll sie wie geplant Medizin studieren? Und wie kann sie ihr Leben als Single gestalten? Soll sie sich auf die Suche nach einer neuen Liebe machen? Doch kann überhaupt jemand anders den Platz von Domenico einnehmen? Schritt für Schritt nimmt Maya ihr Leben in die Hand und findet langsam ihren Weg.

Bis eines Tages ein Anruf aus Sizilien ihre Gefühle und ihr ganzes Dasein erneut auf den Kopf stellt …

fontis

Von derselben Autorin weiterhin erhältlich: Der elfte Teil der Story

Maya und Domenico: Zwischen Dunkelheit und Hoffnung

336 Seiten
Taschenbuch, 12,0 × 19,0 cm

Bestellnummer 204.291
ISBN 978-3-03848-291-8

Maya und Domenico wollen nur eines: ihre Familie in Sicherheit bringen. Doch die Verfolger lassen ihnen keine Ruhe, selbst weit entfernt von Sizilien. In Norwegen scheint endlich ein Aufatmen möglich – zwischen verschneiten Feiertagen, dem Schutz der Familie und der Hoffnung auf ein ruhigeres Leben am Fjord.

Doch kaum sind sie angekommen, brechen alte Sorgen wieder auf. Domenico wird von inneren Kämpfen gequält, während Maya in der Kindertagesstätte um Anerkennung ringt und zugleich um ihre temperamentvolle Tochter bangt. Selbst inmitten festlicher Stunden liegt Spannung in der Luft, denn auch innerhalb der Familie tun sich Geheimnisse und Risse auf.

Hoffnung glimmt auf, als Hendriks Band die Chance auf den großen Durchbruch erhält – doch hinter den Kulissen spielen sich Dramen ab, die alles ins Wanken bringen. Dann verschwindet Domenico spurlos, und plötzlich steht nicht nur ihre Zukunft, sondern auch sein Leben auf dem Spiel.

Maya begreift, dass sie es mit einem Gegner zu tun haben, der viel größer ist, als sie beide jemals bewältigen können. Und ein einziger Schritt könnte genügen, um alles zu zerstören …